U0454420

| 中国人民大学核心通识课程 |

大国三农

讲 义

韩长赋

中国人民大学出版社
·北京·

开　篇 *

习近平总书记指出：“历史和现实都告诉我们，农为邦本，本固邦宁。我们要坚持用大历史观来看待农业、农村、农民问题，只有深刻理解了‘三农’问题，才能更好理解我们这个党、这个国家、这个民族。”我国是农业大国，农耕文明源远流长，农业始终是国民经济的基础，农民从来是最广大最深厚的社会基础。纵观几千年的中国历史，历朝历代，凡是农业兴旺、农村安宁、农民乐业的时期，大多政权巩固、社会稳定、国家昌盛。所谓务农重本，国之大纲。治国安邦、民族复兴，“三农”问题不可不察。

“三农”问题是农业、农村、农民问题的简称，是我们党经过长期实践探索总结提炼出来的。我们党关注“三农”问题，是顺应形势需要，坚持问题导向的。革命伊始，重点关注的是农民问题。我们党成立以后，逐步认识到中国革命的基本问题是农民问题，中国的革命实质上是党领导下的农民革命，工人阶级是领导力量，农民是最可靠的同盟军。在党的领导下，农民走上了历史舞台，争取在政治上和经济上获得解放，由此迸发出难以估量的革命热情，为夺取新民主主义革命在全国的胜利提供了源源不断的人力和物力支持。随着革命形势和任务的变化，党开始关注农业问题。瑞金时期，为了巩固红色政权，发展农业生产，为革命队伍提供了粮食和物资保障。延安时期，开展大生产运动，自己动手丰衣足食，巩固了根据地抗日民主政权，为人民军队发展和争取抗日战争最终胜利奠定了物质基础。新中国成立后，首先要解决5亿多人的吃饭问题，农业问题很快成为经济工作的重心，党领导广大农民完成土地改革，恢复和发展农业生产，为建立起独立的比较完整的工业体系和国民经济体系奠定了基础。改

* 本篇在中国人民大学“大国三农”课程开课演讲基础上整理而成。

革开放以后，更加关注农村问题。建立社会主义市场经济体制，实行市管县领导体制，市场法则和城市倾向使农村的土地、劳动力、资金等要素更多转移到工业和城市，城市发展速度明显快于农村，城乡差距日益凸显，农村问题引起充分关注。20世纪90年代，在中央农村工作会议上中央领导同志的讲话中，首先，把农业、农村和农民问题明确作为一个特定整体的提法使用，2004年中央一号文件第一次在中央正式文件中公开使用"三农"这一简约鲜明的提法。此后，中央将"三农"工作作为一个有机整体，统筹研究谋划，一体部署推进，连续出台21个指导"三农"工作的一号文件，为农业农村改革发展稳定指明了方向、提供了遵循、完善了政策。

改革开放特别是党的十八大以来，我们党领导解决"三农"问题，推动"三农"事业发展取得历史性成就、发生历史性变革，全面完成或正在完成三件大事。一是解决了全国人民的吃饭问题，保障了温饱无虞。新中国成立之初，我国人均粮食占有量仅为209公斤，粮食供应长期短缺。土地家庭承包之后很快解决了温饱。进入新世纪，到2023年，我国粮食实现历史性的"二十连丰"，最近9年一直稳定在1.3万亿斤以上，人均粮食占有量超过485公斤，大幅高于联合国粮食及农业组织（简称"联合国粮农组织"）公布的国际公认的人均400公斤粮食安全线。我们用占世界不到10%的耕地养活了占世界近20%的人口，这是破天荒的，是中国共产党领导中国农民创造的世界奇迹。二是解决了农村的绝对贫困问题，实现了全面小康。新中国成立时，国家积贫积弱、一穷二白，人民生活困苦不堪。改革开放初期，农村人口贫困发生率达97.5%。到2012年底，农村贫困人口减少到9 899万人，主要集中在"老、少、边、穷"地区，是贫中之贫、坚中之坚。党的十八大以来，通过"八年抗战"，打赢了人类历史上规模最大、力度最强、惠及人口最多的脱贫攻坚人民战争，到2020年底，所有的贫困乡村、贫困人口全部出列，全国农民实现全面脱贫，同步进入全面小康社会。这是中华民族伟大复兴的一个重要里程碑，是中国共产党的世纪德政。三是着力解决城乡差距问题，全面推进乡村振兴，加快农业农村现代化。党的十九大提出实施乡村振兴战略，党的二十大擘画了以中国式现代化推进中华民族伟大复兴的宏伟蓝图，党中央作出"两步走"的战略安排，即到 2035 年基本实现社会主义现代化，到 2050 年建成社会主义现代化强国。随着我国开启全面建设社会主义现代化国家新征程，"三农"工作的重心历史性转入全面推进乡村振兴、加快农业农村现代化。为此，党的二十大报告提出加快建设农业强国，部署全面推进乡村振兴，坚持城乡融合发展，建设宜居宜业和美乡村，全方位夯实粮食安全根基，拓宽农民增收致富渠道，巩固拓展脱贫攻坚成果。在中国共产党的领导下，新中国沧桑巨变，我国农业已经跨入了现代化，广大农村正发生翻天覆地的变化。当然，对标"四化同步"的要求，对标农业强国的任务，农业基础还不稳固、农村发展还不充分、农民生活还不富足，继续补上"三农"短板仍是中国式现代化要完成的历史任务。

多年来的实践充分表明，党的"三农"政策是正确的，"三农"工作的路子是对头的，"三农"问题正在伴随国家发展的总进程、循着自身演进的规律，不断解决、不断进步，农业农村的全面现代化、广大农民群众的美好向往正一步步变成现实。回顾总结起来，有三条重要历史经验：一是坚持党对"三农"工作的全面领导。我们党历来高度重视"三农"工作，回顾百年征程，"三农"工作始终是贯穿革命、建设、改革开放、新时代各个历史时期的一条重要主线，"三农"问题始终是关系党和国家事业兴衰成败的根本性问题，亿万农民在党的领导下实现了翻身解放、解决温饱、摆脱贫困、全面小康的历史性跨越。因此，党领导"三农"工作是我们党的优良传统，也是最大的政治优势，任何时候都要坚定不移坚持下去。二是坚持维护广大农民的根本利益。人民立场是我们党的根本政治立场，回顾百年征程，我们党带领广大农民取得革命、建设、改革的一个又一个胜利，很重要的一条就是始终坚持保障农民的物质利益和民主权利。"三农"问题的核心是农民问题，农民问题的核心是利益问题。什么时候重视和发展了农民的利益，农民就高兴和满意，我们的事业就顺利发展；什么时候忽视和损害了农民的利益，农民就有意见，我们的事业就会遭受挫折。尊重农民意愿，维护农民权益，是"三农"工作的一条根本原则。因此，任何时候都要实现好、维护好、发展好广大农民的利益，努力增加农民群众的获得感、幸福感和安全感。三是坚持一切从农村实际出发。实事求是是我们党的根本思想路线，回顾百年征程，一切从实际出发、从我国国情出发，是党领导革命、建设、改革事业不断取得成功的法宝。我国幅员辽阔，十里不同风、百里不同俗，各地情况千差万别，发展水平不尽相同，农业农村工作必须从农村实际出发，不可能一个具体做法管全国。符合国情农情、顺应发展规律，"三农"事业就发展得好，反之就会脱离实际、走上弯路。因此，做好"三农"工作必须立足各地资源禀赋和经济社会发展状况，做到因地制宜，分类指导，不搞整齐划一，不搞"一刀切"。以上这3条经验，从国内讲，是根本的；从国际讲，是独特的。

尤为重要的是，我们党在领导"三农"发展、解决"三农"问题的历史进程中，探索创造形成了一整套"三农"理论体系和政策体系，为做好"三农"工作提供了科学指南。这也是我们的宝贵财富。新时代，党的"三农"理论就是习近平总书记关于"三农"工作的重要论述。习近平总书记关于"三农"工作的一系列重要论述，科学回答了新时代"三农"发展的重大理论问题和实践问题，指明了"三农"发展的方向、目标和路径，我们应当深入学习，自觉遵循，努力践行。

我一辈子与"三农"结缘，生在农村、长在农村，当过农民、干过农业、也改造过农村，在中央和地方几十年工作的主战场也主要在"三农"，经历了我们国家农村波澜壮阔的改革发展历程。回过头来看，主要有四个阶段。第一个阶段是20世纪70年代，在黑龙江老家当生产大队党支部书记，那时候我20来岁，带着村里的乡亲们战天斗地干农活，为了改变父老乡亲的生活和家乡的面貌而努力；第二个阶段是20世纪90年代，在中央财经办农村组工作，专门从事"三农"政策研究，一干就是8个年头，先后参与了中央关于土地一轮延包、农村税费改革和扶贫开发等一系列重要政策文件的研究制定，为了减轻农民负担和促进脱贫致富而努力；第三个阶段是新世纪以来的头十几年，先后在农业部、农业农村部工作，先是干了3个年头的副部长，后来又干了11年的部长，为了保障粮食安全和增加农民收入而努力；第四个阶段是党的十九大以来，也是当部长后几年，开始在解决农村问题上下更多功夫，推进乡村振兴战略实施，开展农村人居环境整治、推动农村基础设施建设和提升农村基本公共服务水平，为了改变农村面貌和缩小城乡差距而努力。我干了几十年"三农"工作，长期从事"三农"政策理论研究和发展实践，对"三农"问题有着切身的体会和深切的了解，自然也有深厚的感情。我觉得有责任也有义务对这些年的积累与思考做些梳理和分享，让更多年轻人了解"三农"的历史，了解党的"三农"工作，帮助他们读懂"三农"改革发展的内在逻辑，为国家的"三农"人才培养做一些事情。

我国是农业大国，农民是最广大的群体，农村是最广袤的大地，全面建设社会主义现代化国家，最艰巨最繁重的任务依然在农村，最广泛最深厚的基础依然在农村。因此，讲国情不能不讲"三农"，讲现代化不能不讲"三农"，讲民族复兴也不能不讲"三农"。现在干部队伍中，愿意做农村工作、会做农村工作的少了，不少干部对农业农村情况不了解，农民的话他听不懂，他的话农民听不懂。这种情况在大学生里面也比较普遍。当今的大学生，即使是从农村走出来的，真正干过农活的也不多，对"三农"体会也不深，这是应当引起重视的。当前，我们已迈上全面建设社会主义现代化国家新征程。大学生们风华正茂、朝气蓬勃，正处于学习成长的黄金时期，未来将肩负起时代和人民赋予的历史使命。如果不了解农业、不了解农村、不了解农民，就很难全面深刻地了解我们这个党、这个国家、这个民族，也就不能走好属于这一代人的长征路。

受中国人民大学邀请，从2021年起，我在学校为大学生开设的"大国三农"课程中担任主讲。这是一门基于国情农情的专业类思想政治教育课，围绕学习贯彻习近平总书记关于"三农"工作的重要论述，重点从农村改革大逻辑、中国土地制度、国家粮食安全、农业农村现代化、乡村振兴战略、农民问题等方面进行授课。我是想通过这种学习和讲授，帮助同学们构建起比较完整的"三农"知识框架，进而把握研究和解决"三农"问题的大方向、大原则、大逻辑。三年下来，竟也形成了几十万字的教学成果，十五讲在内容上也形成了一个比较系统的课程体系。学校张东刚书记、林尚立校长希望我把"大国三农"这门课持续讲下去,并建议把讲过的和准备讲的内容汇编成书,由中国人民大学出版社出版,作为师生们学习了解"三农"的教学参考。按照学校领导的意见,我对这些讲稿做了认真细致的整理。我想这既是对"三农"工作的一次回顾,也是对"三农"感情的一个交代。若能由此激发年轻大学生对"三农"问题的兴趣,进而吸引更多莘莘学子投身"三农"事业,吾愿足矣!

韩长赋

2024 年 3 月于北京

目　录
Contents

第一讲　学好习近平总书记关于"三农"工作重要论述 / 1

习近平总书记关于"三农"工作重要论述 / 2

积极投身新时代农业农村现代化的伟大实践 / 18

第二讲　农村改革的历史逻辑 / 24

农村改革的背景和历程 / 24

农村改革的深层逻辑 / 37

农村改革的经验启示 / 45

第三讲　保障国家粮食安全 / 47

十几亿人要吃饭是中国最大的国情 / 47

坚持走中国特色粮食安全道路 / 68

第四讲　中国农业生产力布局 / 85

优化农业生产力布局的重大意义和原则 / 86

我国不同区域农业生产力布局的战略定位 / 89

我国重要农产品分品种区域布局 / 99

以农业供给侧结构性改革为主线做好农业生产力布局 / 107

第五讲　全面推进乡村振兴 / 110

实施乡村振兴战略的背景与意义 / 110

习近平总书记关于乡村振兴的重要论述 / 115

全面推进乡村振兴的重点任务 / 121

全面推进乡村振兴的支撑保障 / 130

第六讲　关于乡村产业发展 / 134

为什么要大力发展乡村产业? / 135

乡村产业的内涵和类型 / 138

乡村产业发展的路径模式 / 149

乡村产业发展面临的制约及所需政策 / 154

第七讲　中国式农业现代化 / 160

农业现代化的总体情况 / 160

我国农业现代化的目标、原则和标准 / 165

农业现代化的特征和任务 / 171

我国农业现代化的推进方式 / 182

第八讲　现代农业经营体系 / 186

为什么构建现代农业经营体系? / 187

什么是现代农业经营体系? / 190

现代农业经营体系的模式类型 / 195

怎样构建现代农业经营体系? / 206

第九讲　农业绿色发展 / 214

农业绿色发展概述 / 215

我国农业绿色发展历程 / 220

推进农业绿色发展的几个重点问题 / 226

推进农业绿色发展的思路举措 / 234

第十讲　中国农业科技发展 / 240

回望中国农业科技取得的革命性进步 / 241

中国农业农村现代化需要哪些科技支撑？/ 259

新时代推动我国农业科技进步的战略路径 / 269

第十一讲　中国特色农村土地制度 / 279

中国土地制度的历史变迁与国际比较 / 280

改革开放以来中国农村土地制度的创新实践 / 287

新时代农村土地制度改革的要求和方向 / 296

农村土地制度改革需要研究的若干实际问题 / 302

第十二讲　关于农业对外合作 / 311

中国农业对外合作基本情况 / 311

农业贸易 / 318

区域农业合作 / 326

第十三讲　关于农民收入问题 / 339

农民收入的本质与内涵 / 339

改革开放以来促进农民收入增长的政策举措、效果及问题 / 350

增加农民收入的思路与对策 / 369

第十四讲　农民工问题和农业转移人口市民化 / 379

农民工的产生及演变轨迹 / 379

农民工为国家发展作出了巨大贡献 / 384

中国特色的农民工制度 / 389

农民工面临的问题与解决思路 / 403

农民工的终结 / 409

第十五讲　中国共产党与中国农民 / 418

百年来我们党认识和解决农民问题的历史成就 / 419

我们党正确处理农民问题的历史经验 / 429

新的历史阶段需要重视和解决好的农民问题 / 434

第一讲
学好习近平总书记关于"三农"工作
重要论述*

    党的十八大以来，习近平总书记坚持用大历史观来看待农业农村农民问题，站在统筹中华民族伟大复兴战略全局和世界百年未有之大变局的高度，对"三农"工作重大理论和实践问题进行了科学回答，提出了一系列重要论述、重大判断、重大观点、重大举措，形成了习近平总书记关于"三农"工作重要论述。2022 年 6 月，中共中央党史和文献研究院编辑出版了习近平《论"三农"工作》，系统收入了党的十八大以来习近平总书记关于"三农"工作重要文稿 61 篇，其中部分文稿是首次公开发表。这部著作全方位展现了习近平总书记对"三农"工作的深刻洞察和科学把握，为做好新时代"三农"工作提供了行动纲领和根本遵循，中央就此专门下发文件部署学习，并举办培训班，我也第一时间进行了深入学习。此前的2019 年 4 月，中共中央党史和文献研究院编辑出版了《习近平关于"三农"工作论述摘编》，我参与组织了这项工作。在多年工作中，我有幸多次参加习近平总书记主持的会议和总书记深入农村的调研，亲耳聆听总书记的讲话指示，亲眼目睹总书记对农民群众的冷暖关心，总书记对"三农"的重视和情怀令人起敬。在学习领会习近平总书记关于"三农"工作

---

* 本篇源于在中国人民大学农业与农村发展学院 2022 届新生入学暨开学典礼上的专题讲座。

重要论述中，我深切感受到，总书记总是从政治战略高度看待"三农"问题，鲜明地将其置于治国理政、人民利益、确保国家长治久安、实现"两个一百年"奋斗目标的大局中来谋划来推动；总书记对"三农"实际情况和发展规律有深刻把握，所讲的情况贴近实际，所讲的道理切中要害，所提的要求深接地气，在农业农村农民重大问题上总能作出理性坚定、充满智慧的正确决断；总书记对"三农"充满真挚感情，讲农业、进农村、访农家，总是带着感情、发自内心，对"三农"可谓"知之深，爱之切"。

习近平总书记关于"三农"工作重要论述就是做好新时代新征程"三农"工作的总方针、总纲领、总遵循，不仅从事"三农"工作的干部要学，所有党员干部，包括我们的大学生，特别是涉农专业的大学生，都应该学，还要努力学懂弄通。

在这里，我想谈一些我学习的理解、体会和感受。主要包括四个方面：一是充分认识深入学习习近平总书记关于"三农"工作重要论述的重大意义；二是全面把握习近平总书记关于"三农"工作重要论述的理论体系；三是深刻领会习近平总书记关于"三农"工作重要论述蕴含的价值观、方法论和"三农"情怀；四是以习近平总书记关于"三农"工作重要论述为指引，胸怀国之大者，积极投身新时代农业农村现代化的伟大实践。

习近平总书记关于"三农"工作重要论述

一、充分认识深入学习习近平总书记关于"三农"工作重要论述的重大意义

习近平总书记关于"三农"工作重要论述，立意高远、内涵丰富、思想深刻，是我们做好新时代"三农"工作的理论指引和思想武器。学习好、贯彻好习近平总书记"三农"系列重要论述，对于增强实施乡村振兴战略的使命感紧迫感，以更大的决心、更明确的目标、更有力的举措，加快推进农业农村现代化，书写好中华民族伟大复兴的"三农"新篇章，具

有十分重要的现实意义和长远意义。

（一）习近平总书记关于"三农"工作重要论述是习近平新时代中国特色社会主义思想的重要组成部分

习近平新时代中国特色社会主义思想涵盖改革发展稳定、内政外交国防、治党治国治军方方面面，内容十分丰富，"三农"是其中的重要板块。习近平总书记始终高度重视"三农"工作，对"三农"重大问题深入思考、重大任务亲自部署、重大改革亲自推动，在出席的重要会议、发表的重要讲话、基层调研指导中，提出了一系列重要思想、重要观点，形成了指导新时代党的"三农"工作的理论体系。习近平总书记关于"三农"工作重要论述，是中国特色社会主义道路在农业农村的探索创造，是"五位一体"总体布局和"四个全面"战略布局在农业农村农民工作中的直接体现，是习近平新时代中国特色社会主义思想在"三农"领域的细化实化具体化。在全面学习习近平新时代中国特色社会主义思想的基础上，准确把握习近平总书记关于"三农"工作重要论述在其中的坐标方位、内在联系，有助于我们更好地理解总书记的思想，更加深刻领悟"两个确立"的决定性意义，增强"四个意识"、坚定"四个自信"、做到"两个维护"。

（二）习近平总书记关于"三农"工作重要论述是我们党的"三农"理论在新时代新征程的新发展

我们党历来高度重视农业农村农民工作，无论革命、建设时期，还是改革开放时期，都力求正确处理和解决好"三农"问题，这也是我们党从一个胜利走向另一个胜利的重要经验，在此过程中形成了既富有时代特点、解决当下问题，又一脉相承、不断发展创新的"三农"理论。党的十八大以来，以习近平同志为核心的党中央，创新性地提出了农村承包地"三权"分置、新国家粮食安全观、实施乡村振兴战略、坚持农业农村优先发展、坚决打赢脱贫攻坚战、加快农业农村现代化、加快建设农业强国等一系列重大思想重大任务。习近平《论"三农"工作》生动记录了总书记指导推动"三农"工作理论创新、实践创新、制度创新的历程。习近平总书记关于"三农"工作重要论述，是新时代加快农业农村现代化的重大理论，是推进城乡融合、协调发展、共同富裕的重大理论，是正确处理和解决"三农"问题的重大理论，是我们党"三农"理论的最新发展和历史性飞跃，其巨大理论价值和实践价值已经为党的十八大以来农业农村改革发展所取得的历史性成就所证明。

（三）习近平总书记关于"三农"工作重要论述是做好新时代新征程"三农"工作的科学指南

当前，我国正处于实现中华民族伟大复兴的关键时期，经济已由高速增长阶段转向高质量发展阶段，社会也由温饱小康向着共同富裕的目标前进。从经济社会发展全局看，农业农村仍然是现代化建设的短腿和短板，最大的不平衡是城乡发展不平衡，最大的不充分是农村发展不充分。习近平总书记关于"三农"工作重要论述，面向"两个一百年"奋斗目标，适应我国社会主要矛盾变化，对解决好"三农"问题方方面面作出了深刻阐述，明确了顶层设计和方向路径。习近平总书记特别强调，要着重解决好乡村发展不平衡不充分的问题，加快消除绝对贫困，全面建成小康社会，实施乡村振兴战略，实现城乡融合发展。习近平总书记关于"三农"工作重要论述，深刻洞察新时代"三农"发展趋势和规律、重大关系和重大任务，构成了指导走中国特色社会主义乡村振兴道路、加快实现农业农村现代化的理论体系，为新时代实施乡村振兴战略、做好"三农"工作提供了精神动力、理论指引和行动指南。我在农业（农村）部部长任上这些年有一个很深的体会，新时代"三农"工作就是遵循习近平总书记这一整套"三农"理论、重要指示走过来的，深学细悟，学以致用，感到心明眼亮，任务明确，路子清晰，很管用、很受用。

二、全面把握习近平总书记关于"三农"工作重要论述的理论体系

学习领会习近平总书记关于"三农"工作重要论述，要在学懂、弄通、做实上下功夫。中央出版的习近平《论"三农"工作》和《习近平关于

"三农"工作论述摘编》，为我们深入学习习近平总书记关于"三农"工作的新理念、新思想、新战略提供了最权威的教材。我的学习体会，可主要归纳为"十个学习掌握"：

一是学习掌握关于"三农"重中之重战略定位的重要论述。习近平总书记总是站在党和国家事业全局高度看待"三农"问题。他指出，要坚持用大历史观来看待农业、农村、农民问题，只有深刻理解了"三农"问题，才能更好理解我们这个党、这个国家、这个民族。把解决好"三农"问题作为全党工作重中之重，是我们党执政兴国的重要经验，必须长期坚持、毫不动摇。习近平总书记始终强调"三农"工作的基础性、重要性。他指出，农业农村农民问题是关系国计民生的根本性问题。"三农"向好，全局主动。围绕全面建设社会主义现代化国家和中华民族伟大复兴总任务，习近平总书记强调，必须看到，全面建设社会主义现代化国家，实现中华民族伟大复兴，最艰巨最繁重的任务依然在农村，最广泛最深厚的基础依然在农村。要把农业农村优先发展作为现代化建设的一项重大原则。着眼"两个大局"，习近平总书记进一步强调，从中华民族伟大复兴战略全局看，民族要复兴，乡村必振兴。从世界百年未有之大变局看，稳住农业基本盘、守好"三农"基础是应变局、开新局的"压舱石"。习近平总书记还强调：中国要强，农业必须强；中国要美，农村必须美；中国要富，农民必须富。要举全党全社会之力推动乡村振兴，促进农业高质高效、乡村宜居宜业、农民富裕富足。强国必须强农，农强方能国强。没有农业强国就没有整个现代化强国。习近平总书记的重要论述，立足全局、着眼大局，深刻阐明了新时代"三农"工作的历史方位和战略定位，为新时代全面推进国家现代化提供了根本指引。习近平总书记身体力行重"三农"抓"三农"，为全党作出了表率。

二是学习掌握关于保障国家粮食安全的重要论述。习近平总书记对国家粮食安全念兹在兹，党的十八大以来，更是在不同场合反复强调粮食安全的重要性。他指出，粮食安全是"国之大者"。粮食安全是永恒的主题。中国人的饭碗要牢牢端在自己手中，我们的饭碗应该主要装中国粮。保障粮食和重要农产品稳定安全供给始终是建设农业强国的头等大事。习近平总书记洞察世界大势、把握国情实际，提出要坚持以我为主、立足国内、确保产能、适度进口、科技支撑的国家粮食安全战略，还明确了确保谷物基本自给、口粮绝对安全的目标。他还指出，在粮食安全这个问题上，不能有丝毫麻痹大意，不能认为进入工业化，吃饭问题就可有可无，也不要指望依靠国际市场来解决。对怎样保障国家粮食安全，习近平总书记强调，保障国家粮食安全，关键在于落实藏粮于地、藏粮于技战略，要害是种子和耕地。耕地是粮食生产的命根子，要采取"长牙齿"的硬措施，要像保护大熊猫那样保护耕地。解决吃饭问题，根本出路在科技。种源安全关系到国家安全，必须下决心把我国种业搞上去。习近平总书记还强调，保障国家粮食安全，中央义不容辞，承担首要责任。各级地方政府要树立大局意识，增加粮食生产投入，自觉承担维护国家粮食安全责任，不能把担子全部压到中央身上；主产区、主销区、产销平衡区都有责任保面积、保产量，饭碗要一起端、责任要一起扛。粮食安全要实行党政同责，"米袋子"省长要负责，书记也要负责。稳定发展粮食生产，一定要让农民种粮有利可图、让主产区抓粮有积极性。习近平总书记还提出要树立大农业观、大食物观，更好满足人民群众日益多元化的食物消费需求。要向耕地草原森林海洋、向植物动物微生物要热量、要蛋白，全方位多途径开发食物资源。习近平总书记还提倡节约粮食。他强调，制止餐饮浪费是一项长期任务，要坚持不懈抓下去，推动建设节约型社会。他还倡导"光盘行动"。习近平总书记的重要论述，鲜明地提出了保障我国粮食安全的目标任务和基本方略，充分体现了习近平总书记高瞻远瞩的战略思维和居安思危的底线思维，为我们树立了胸怀"国之大者"典范。

三是学习掌握关于全面推进乡村振兴战略的重要论述。 习近平总书记在党的十九大报告中首次提出实施乡村振兴战略。习近平总书记指出，这是党中央从党和国家事业全局出发、着眼于实现"两个一百年"奋斗目标、顺应亿万农民对美好生活的向往作出的重大决策。这是中国特色社会主义进入新时代做好"三农"工作的总抓手。在2020年底召开的中央农村工作会议上习近平总书记明确指出，现在，我们的使命就是全面推进乡村振兴，这是"三农"工作重心的历史性转移。在2022年中央农村工作会议上，习近平总书记进一步强调，建设农业强国，当前要抓好乡村振兴。这件事刚刚破题，更为艰巨繁重的任务还在后面，决不能松劲歇脚，更不能换频道。围绕乡村振兴战略的基本内涵，习近平总书记指出，农业农村现代化是实施乡村振兴战略的总目标，坚持农业农村优先发展是总方针，产业兴旺、生态宜居、乡风文明、治理有效、生活富裕是总要求，建立健全城乡融合发展体制机制和政策体系是制度保障（即"三总一保障"）。习近平总书记还概括了要走中国特色社会主义乡村振兴道路，即城乡融合发展之路、共同富裕之路、质量兴农之路、乡村绿色发展之路、乡村文化兴盛之路、乡村善治之路、中国特色减贫之路（"七个之路"）。对如何推进乡村振兴，总书记提出了一系列明确要求。他强调，要把实施乡村振兴战略摆在优先位置，坚持五级书记抓乡村振兴，让乡村振兴成为全党全社会的共同行动。乡村振兴是党和国家的大战略，要加大真金白银的投入。要坚持乡村全面振兴，抓重点、补短板、强弱项，实现乡村产业振兴、人才振兴、文化振兴、生态振兴、组织振兴（即"五个振兴"），推动农业全面升级、农村全面进步、农民全面发展。实施乡村振兴战略是一项长期的历史性任务，要科学规划、注重质量、从容建设，不追求速度，更不能刮风搞运动。习近平总书记的重要论述，高瞻远瞩、点睛提要，为全面推进乡村振兴提供了科学指南和基本遵循。

四是学习掌握关于中国特色农业现代化的重要论述。党的十八大以来，习近平总书记多次在调研和讲话中对农业现代化作出重要指示，强调农业现代化的重大意义和中国道路。他指出，没有农业农村现代化，就没有整个国家现代化。没有农业现代化，没有农村繁荣富强，没有农民安居乐业，国家现代化是不完整、不全面、不牢固的。农业的根本出路在于现代化，不断提高农业综合生产能力。我国国情决定了发展现代农业必须走中国特色农业现代化道路。要把发展现代农业作为实施乡村振兴战略的重中之重。农业现代化，最重要的是农业科技现代化。习近平总书记指出，农业现代化关键在科技进步和创新。要加强农业与科技融合，加强农业科技创新。要用现代物质装备武装农业，给农业插上科技的翅膀。现代农业"三大体系"是农业现代化的重要支撑，习近平总书记强调，推进农业现代化要突出抓好加快建设现代农业产业体系、现代农业生产体系、现代农业经营体系三个重点。发展多种形式适度规模经营，培育新型农业经营主体，是建设现代农业的前进方向和必由之路。特别是要培育家庭农场和合作社两类主体。习近平总书记还特别强调，新型经营主体和适度规模经营是农业现代化的引领力量，大国小农是中国的国情，要促进小农户与现代农业有机衔接。习近平总书记的重要论述，着眼长远目标，紧贴国情农情，深刻揭示了我国现代农业发展的方向、规律和路径。

五是学习掌握关于推进农业高质量发展的重要论述。党的十八大以来，农业供给侧结构性改革不断深化，农业转入全面高质量发展阶段。习近平总书记指出，我国经济已由高速增长阶段转向高质量发展阶段。从我们农业来讲，必须深入推进农业供给侧结构性改革。在我国新形势下，农业的主要矛盾已经由总量不足转变为结构性矛盾，主要表现为阶段性的供过于求和供给不足并存。推进农业供给侧结构性改革，提高农业综合效益和竞争力，是当前和今后一个时期我国农业政策改革和完善的主要方向。要以市场需求为导向调整完善农业生产结构和产品结构，以科技为支撑走内涵式现代农业发展道路，以健全市场机制为目标改革完善农业支持保护政策，以家庭农场和农民合作社为抓手发展农业适度规模经营。新阶段农业发展的环境条件、目标要求都在发生变化，必须坚持新发展理念，依靠转变农业发展方式推进农业高质量发展。习近平总书记指出，今后农产品保供，既要保数量，也要保多样、保质量，要深入推进农业供给侧结构性改革。习近平总书记强调，农业高质量发展，必须牢固树立质量兴农、绿色兴农理念。他指出，食品安全源头在农产品，基础在农业，必须正本清源，首先把农产品质量抓好。要把农产品质量安全作为转变农业发展方式、加快现代农业建设的关键环节。关于农业绿色发展，习近平总书记指出，推进农业绿色发展是农业发展观的一场深刻革命；农业发展不仅要杜绝生态环境欠新账，而且要逐步还旧账。良好生态环境是农村的最大优势和宝贵财富，要让良好生态成为乡村振兴的支撑点。习近平总书记在调研时和会议讲话中还多次强调，要牢固树立绿水青山就是金山银山的理念，统筹山水林田湖草沙系统治理，坚持不懈开展退耕还林还草，推进荒漠化、石漠化、水土流失综合治理，加强农业面源污染治理，推进农村人居环境整治，加强土壤污染、地下水超采等治理和修复。习近平总书记的重要论述，明确了农业高质量发展、绿色发展的深刻内涵和基本要求，对现代农业建设和农业可持续发展具有重要的针对性和指导性。

六是学习掌握关于增加农民收入改善农村民生的重要论述。促进共同富裕，最艰巨最繁重的任务仍然在农村；实现农民富裕，最重要的条件是增加农民收入。习近平总书记指出，农业农村工作，说一千、道一万，增加农民收入是关键。检验农村工作实效的一个重要尺度，就是看农民的钱袋子鼓起来没有。增加农民收入是"三农"工作的中心任务。如何促进农民收入持续较快增长，习近平总书记强调综合发力，广辟途径，建立促进农民增收的长效机制。他指出，要提高农业生产效益，促进家庭经营收入稳定增长，使经营农业有钱赚。要引导农村劳动力转移就业，促进农民打工有钱挣。要加大对农业的补贴力度，国家力所能及地给农民一些钱。要稳步推进农村改革，创造条件赋予农民更多财产权利。农业农村创新发展，要以保障和改善农村民生为优先方向。实施乡村建设行动，继续把公共基础设施建设的重点放在农村，在推进城乡基本公共服务均等化上持续发力，注重加强普惠性、兜底性、基础性民生建设。小厕所，大民生。乡村建设是为农民而建，必须真正把好事办好，把实事办实。坚持数量服从质量、进度服从实效，求好不求快。习近平总书记还十分关注小农户的收入问题和农村"三留守"问题。习近平总书记的重要论述，指明了维护好、发展好、实现好农民利益的重点和途径，也充分体现了发展为了谁、发展成果由谁共享的根本问题和我们党以人民为中心的执政理念。

七是学习掌握关于城乡融合发展的重要论述。习近平总书记在党的十八届三中全会上指出，改革开放以来，我国农村面貌发生了翻天覆地的变化。但是，城乡二元结构没有根本改变，城乡发展差距不断拉大趋势没有根本扭转。根本解决这些问题，必须推进城乡发展一体化。2015 年，习近平总书记在中央城市工作会议讲话中重点强调了农村问题。在 2015 年第 22 次中央政治局集体学习时进一步指出，加快推进城乡发展一体化，是党的十八大提出的战略任务，也是落实"四个全面"战略布局的必然要求。

此后，习近平总书记多次强调这一战略思想。习近平总书记说，推进城乡发展一体化，是工业化、城镇化、农业现代化发展到一定阶段的必然要求，是国家现代化的重要标志。由于欠账过多、基础薄弱，我国城乡发展不平衡不协调的矛盾依然比较突出，加快推进城乡一体化发展意义更加凸显、要求更加紧迫。当前，我国经济实力和综合国力显著增强，具备了支撑城乡发展一体化的物质技术条件，到了工业反哺农业、城市支持农村的发展阶段。对于如何推进城乡发展一体化，把握好这个进程，习近平总书记强调，要重塑城乡关系，走城乡融合发展之路。要把工业和农业、城市和乡村作为一个整体统筹谋划，促进城乡在规划布局、要素配置、产业发展、公共服务、生态保护等方面相互融合和共同发展。着力点是通过建立城乡融合的体制机制，形成工农互促、城乡互补、协调发展、共同繁荣的新型工农城乡关系，目标是逐步实现城乡居民基本权益平等化、城乡公共服务均等化、城乡居民收入均衡化、城乡要素配置合理化，以及城乡产业发展融合化。为保障和推动城乡一体化，习近平总书记在党的十九大报告中提出建立健全城乡融合发展体制机制和政策体系。习近平总书记的重要论述，充分体现了统筹观念和协调理念，深刻揭示了我国经济社会发展存在的突出矛盾、内在关系、演进逻辑，为全面推进社会主义现代化建设指明了方向。

八是学习掌握关于扶贫工作的重要论述。党的十八大以来，习近平总书记把脱贫攻坚摆在治国理政的突出位置，作为全面建成小康社会的底线任务，亲自挂帅、亲自出征、亲自督战，率领全党打赢了脱贫攻坚战。脱贫攻坚关乎全面小康的"成色"，习近平总书记强调，小康不小康，关键看老乡，关键在贫困的老乡能不能脱贫。全面建成小康社会，最艰巨最繁重的任务在农村，特别是在贫困地区。没有农村的小康，特别是没有贫困地区的小康，就没有全面建成小康社会。小康路上，决不能落下一个贫困地区、一个贫困群众。习近平总书记还明确提出通过"五个一批"实现脱贫，即：发展生产脱贫一批、易地搬迁脱贫一批、生态补偿脱贫一批、发展教育脱贫一批、社会保障兜底一批。脱贫攻坚要坚持从严要求，真抓实干。习近平总书记指出，做好扶贫开发工作，尤其要拿出踏石留印、抓铁有痕的劲头，发扬钉钉子精神，锲而不舍、驰而不息抓下去。攻坚战就要用攻坚战的办法打，关键在准、实两个字。只有打得准，发出的力才能到位；只有干得实，打得准才能有力有效。"实"就是，领导工作要实、任务责任要实、资金保障要实、督查验收要实。坚持精准方略，提高脱贫实效。习近平总书记强调，精准扶贫，一定要精准施策。脱贫攻坚要取得实实在在的效果，关键是要找准路子、构建好的体制机制，抓重点、解难点、把握着力点。必须在精准施策上出实招、在精准推进上下实功、在精准落实上见实效。巩固拓展脱贫攻坚成果是全面推进乡村振兴的底线任务。要更多在增强脱贫地区和脱贫群众内生发展动力上下功夫。习近平总书记的重要论述，揭示了脱贫攻坚战的取胜之道，对下一步推进乡村振兴和解决"三农"问题仍然具有重要指导意义。今天再学习领会习近平总书记关于脱贫攻坚的重要论述，我认为有三点特别重要：一是脱贫摘帽不是终点，而是新生活、新奋斗的起点。要切实做好巩固拓展脱贫攻坚成果同乡村振兴有效衔接。二是打赢脱贫攻坚战，贵在精准、重在实干，这是脱贫攻坚的重要经验，也是今后做好"三农"工作的重要法宝。三是在实施乡村振兴战略过程中，要充分运用脱贫攻坚中形成的体制机制，把制度优势转化为治理效能，借鉴脱贫攻坚的办法推进乡村振兴。

九是学习掌握关于深化农村改革的重要论述。习近平总书记高度重视农村改革工作。习近平总书记强调，解决农业农村发展面临的各种矛盾和问题，根本要靠深化改革。全面推进乡村振兴，必须用好改革这一法宝。习近平总书记亲自部署推动了承包地"三权"分置改革、农村集体产权制度改革、农村宅基地改革试点等一系列农村重大改革任务。他提出，新形势下深化农村改革，主线仍然是处理好农民和土地的关系。最大的政策就是必须坚持和完善农村基本经营制度，坚持农村土地集体所有，坚持家庭经营的基础性地位，坚持稳定土地承包关系；要运用农村承包地确权登记颁证成果，扎实推进第二轮土地承包到期后再延长30年工作，保持农村土地承包关系稳定并长久不变。围绕土地制度改革，习近平总书记亲自主持制定一系列重要改革文件，部署了一批又一批改革试点。习近平总书记还强调，要深化农村改革，加快推进农村重点领域和关键环节改革，激发农村资源要素活力，完善农业支持保护制度。在改革中，习近平总书记始终坚持科学的方法论。他指出，要尊重基层和群众创造，推动改革不断取得新突破；凡是涉及农民基本权益、牵一发而动全身的事情，必须看准了再改，保持历史耐心；要尊重基层和群众创造，鼓励地方积极地试、大胆地闯，用好试点试验手段，推动改革不断取得新突破。在改革中，习近平总书记始终坚持底线思维。他反复强调，农村改革不论怎么改，不能把农村土地集体所有制改垮了，不能把耕地改少了，不能把粮食生产能力改弱了，不能把农民利益损害了。习近平总书记的重要论述，深刻阐释了深化农村改革的重要意义，指明了深化农村改革的方向和重点，并划出了底线和红线，为新时代深化农村改革提供了基本遵循。

十是学习掌握关于加强和改善党对农村工作领导的重要论述。习近平总书记多次强调，办好农村的事情，关键在党。党管农村工作是我们的传统，这个传统不能丢。在"三农"工作领导上，习近平总书记强调，要健全党委全面统一领导、政府负责、党委农村工作部门统筹协调的农村工作领导体制。乡村振兴是写入党章的重大战略，是新时代我们党解决"三农"问题的主要抓手。习近平总书记特别强调党对乡村振兴工作的领导。他要求，全面推进乡村振兴，必须健全党领导农村工作的组织体系、制度体系、工作机制。五级书记抓乡村振兴，县委书记要当好乡村振兴"一线总指挥"。各级党委要扛起政治责任，落实农业农村优先发展的方针，在干部配备上优先考虑，在要素配置上优先满足，在资金投入上优先保障，在公共服务上优先安排，以更大力度推动乡村振兴。乡村振兴牵涉的部门很多，县以上各级党委要发挥好农村工作领导小组牵头抓总、统筹协调作用，健全议事协调、督查考核等机制。基础不牢，地动山摇。习近平总书记特别重视和强调党的基层建设和作用。他指出，要加强和改进党对农村基层工作的全面领导，提高农村基层组织建设质量。农村工作千头万绪，抓好农村基层组织建设是关键。无论农村社会机构如何变化，无论各类经济社会组织如何发育成长，农村基层党组织的领导地位不能动摇、战斗堡垒作用不能削弱。习近平总书记特别关注基层治理。他提出，要健全自治、法治、德治相结合的乡村治理体系；要在实行自治和法治的同时，注重发挥好德治的作用，推动礼仪之邦、优秀传统文化和法治社会建设相辅相成。要以保障和改善农村民生为优先方向，树立系统治理、依法治理、综合治理、源头治理理念，确保广大农民安居乐业、农村社会安定有序。他还强调，乡村振兴，既要塑性，也要铸魂。农村精神文明建设是滋润人心、德化人心、凝聚人心的工作，要绵绵用力，下足功夫。习近平总书记的重要论述，深刻阐述了党在农业农村发展中的领导地位和根本保障，深刻揭示了基层建设、乡村治理和农村精神文明建设的重要性，为不断加强和改进党对农村工作的领导指明了方向。

习近平总书记关于"三农"工作重要论述，方方面面，博大精深，是一个系统完整的理论体系。我学习认为，以上"十个学习掌握"是其中的要点和重点，构成了习近平总书记关于"三农"工作重要论述的"四梁八柱"。我们要原原本本学、联系实际学、带着感情学，深入理解和把握习近平总书记关于"三农"工作的理论逻辑和思想源泉，将蕴含其中的理论品格、真理力量和深厚情怀转化为推动工作落实、促进事业发展的强大动力。

三、深刻领会习近平总书记关于"三农"工作重要论述蕴含的价值观、方法论和"三农"情怀

（一）习近平总书记关于"三农"工作重要论述体现的价值理念

价值观、宗旨观念是总开关。党的十八大后，习近平总书记在记者见面会上开宗明义指出，人民群众对美好生活的向往，就是我们的奋斗目标。党的十九大报告将"坚持以人民为中心"列为新时代坚持和发展中国特色社会主义的基本方略之一。党的二十大报告深刻阐述了前进道路上必须牢牢把握的五条重大原则。其中第三条原则是"坚持以人民为中心的发展思想"。习近平总书记关于"三农"工作重要论述体现了"以人民为中心"的价值观，回答了"三农"发展为了谁、依靠谁、发展成果由谁共享的根本问题。讲到脱贫，他说，我一直惦记着贫困地区的乡亲们，乡亲们一天不脱贫，我就一天放不下心来。习近平总书记走遍了所有集中连片特困地区。讲到农民生活时，他强调要让乡亲们过好光景。习近平总书记常

说："千头万绪的事，说到底是千家万户的事。""我无论多忙，都要抽时间到乡亲们中走一走看一看。"在广西考察时，当村民说"总书记，您平时这么忙，还来看我们，真的感谢您"，总书记说，"我忙就是忙这些事，'国之大者'就是人民的幸福生活。"这些都充分体现了习近平总书记在"三农"工作中以为农民谋福祉为根本依归，以农民喜怒哀乐为判断依据，充分彰显了总书记重农、爱农、为农、兴农的价值导向和理念，是我们党坚持人民立场在"三农"工作上的具体体现。

习近平总书记鲜明的"以人民为中心"的价值理念，来源于实践，根植于基层，发自于初心。在各个时期，习近平总书记总是围绕着人民群众的需要来施政。在正定，针对农民收入低、积极性不高的问题，带头全面推广大包干，发展"半城郊型"经济，工农业总产值、农民人均收入四年翻了一番。在宁德，为改善山区农民的贫困面貌，提出"扶贫先扶志"，倡导"滴水穿石""弱鸟先飞"的扶贫开发精神，两年时间，宁德贫困发生率大幅降低。在福建，心系人民群众身体健康和生命安全，率先打响全国治理"餐桌污染"第一枪，在全省建设食品放心工程。在浙江，针对新世纪初浙江富裕起来的农民群众对改善生态环境的迫切愿望，提出著名的"两山"理论，亲自部署推进"千村示范、万村整治"重要工程，大力改善农村人居环境。现在浙江农村到处都是"美丽乡村"。在上海，着力加快转变农村生产生活方式，探索依托现代化国际大都市优势，推动城乡融合发展。到中央工作以后，从全面建成小康社会全局出发，作出到2020年消除绝对贫困的庄严承诺，带领全党全社会打赢了脱贫攻坚战。

习近平总书记对关系农民福祉的小事念兹在兹，多次对农村厕所革命、"四好公路"建设、农产品质量安全、奶业振兴等作出重要批示，亲自部署推动解决。这些都是从群众最紧迫的利益期盼出发，为农民群众谋实实在在的福祉，得到了群众的衷心拥护。

贯穿习近平总书记关于"三农"工作重要论述的价值理念，体现出了坚定的人民立场，思想内核就是我们党全心全意为人民服务的根本宗旨。党员领导干部要深刻领会蕴含其中的党性光辉，从思想上认同，在实践中践行，自觉站稳人民立场这个根本政治立场，提高政治站位。做好"三农"工作，就要始终从农民的角度出发，以农民的期盼、农民的需求作为努力方向。如果背离了这个方向，不为农民谋利益谋幸福，就是舍本逐末，甚至自娱自乐、自我循环。这些年党的"三农"政策是对头的，农村工作是对路的。我以为一个根本出发点、落脚点，就是始终坚持人民立场，坚持从农村实际出发，保障农民物质利益，尊重农民民主权利，始终关注广大农民的利益、需要和积极性，不断增强农民的获得感、幸福感、安全感。

（二）习近平总书记关于"三农"工作重要论述蕴含的科学方法

习近平总书记关于"三农"工作重要论述，不仅有深刻的思想内涵、鲜明的价值理念，还蕴含着科学的思想方法和工作方法，闪耀着辩证唯物主义、历史唯物主义方法论的光芒，要用心领会体会，努力掌握运用。重点把握以下几个方面：

坚持战略思维。习近平总书记始终从全局和战略高度看待"三农"问题，总是把解决好"三农"问题摆在巩固党的执政基础、实现"两个一百年"奋斗目标的大局中来谋划推动。习近平总书记强调："三农"向好，全局主动；农业根基稳，发展底气足。这些重要论述，高屋建瓴，高瞻远瞩，牵住了经济社会发展全局的"牛鼻子"，也充分体现了习近平总书记的大境界、大格局、大胸怀。

坚持辩证思维。习近平总书记的许多论述都体现了严密的辩证思维，反映出对"两点论"思想方法和矛盾分析法的科学运用。他强调，农业农村农民问题是一个不可分割的整体；既要解决好农业问题，也要解决好农民问题；城镇和乡村是互促互进、共生共存的。如果只顾一头，不顾另一头，一边是繁荣的城市，一边是凋敝的乡村，那也不能算是实现了中华民族伟大复兴。对于农村土地制度改革，他强调，农村土地制度改革是件大事，必须审慎稳妥推进。一方面，我们要看到，规模经营是现代农业发展的重要基础，分散的、粗放的农业经营方式难以建成现代农业。另一方面，我们也要看到，改变分散的、粗放的农业经营方式是一个较长的历史过程，需要时间和条件，不可操之过急。对于发展适度规模经营，他指出，我国各地农业资源禀赋差异很大，不是所有地方都能搞集中连片规模经营，要处理好培育新型农业经营主体和扶持小农生产的关系，农业生产经营规模要坚持宜大则大、宜小则小，不搞一刀切，不搞强迫命令。

坚持历史思维。 习近平总书记十分重视对历史经验的借鉴和运用，坚持运用历史眼光思考谋划农业农村改革发展重大问题。在农村土地问题上，习近平总书记强调，农村土地承包关系要保持稳定，农民的土地不要随便动，农民失去土地，如果在城镇待不住，就容易引发大问题。这在历史上是有过深刻教训的。这是大历史，不是一时一刻可以看明白的。在这个问题上，我们要有足够的历史耐心。在农业经营方式上，他再三强调，我国小农生产有几千年的历史，"大国小农"是我国的基本国情农情，小规模家庭经营是农业的本源性制度。人均一亩三分地、户均不过十亩田的小农生产方式，是我国农业发展需要长期面对的现实。要实现小农户和现代农业发展有机衔接。对于实施乡村振兴战略，他指出，要遵循乡村建设规律，着眼长远谋定而后动，坚持科学规划、注重质量、从容建设，聚焦阶段任务，找准突破口，排出优先序，一件事情接着一件事情办，一年接着一年干，久久为功，积小胜为大成。切忌贪大求快、刮风搞运动，防止走弯路、翻烧饼。

坚持创新思维。 习近平总书记强调，改革和发展都要依靠创新驱动。他始终坚持与时俱进、开拓创新，创造性地解决"三农"发展的新矛盾新问题。他亲自部署推动了农村承包地"三权"分置改革，实现了农村生产关系的开拓创新；全面推进质量兴农、绿色兴农，实现了农村生产力的开拓创新。

坚持底线思维。 习近平总书记总是居安思危、未雨绸缪。他多次强调，凡事从坏处准备，努力争取最好结果。在粮食安全问题上，提出"确保谷物基本自给、口粮绝对安全"的战略底线；在农村改革问题上，强调"四个不能"的底线。

坚持目标导向和问题导向相结合。 习近平总书记总是瞄准"三农"现实问题开药方找路径，紧盯发展目标找办法求突破。着眼于全面建成小康社会、实现"两个一百年"奋斗目标，先后作出打赢脱贫攻坚战、实施乡村振兴战略的重大决策，并提出巩固拓展脱贫攻坚成果同乡村振兴有效衔接的具体方略，这是目标导向与问题导向相结合的典范。

这些科学方法在习近平《论"三农"工作》《习近平关于"三农"工作论述摘编》和习近平总书记重要讲话中随处可见。我认为，归结到一点，就是我们党实事求是的思想路线。一切从实际出发，具体情况具体分析，这是马克思主义活的灵魂，是我们党克难制胜的重要法宝。我们党坚持一切从实际出发，在不同的历史时期，明确不同的"形势和任务"，因时而变、顺势而为，一个时期集中解决一个时期的问题。党的十八大以来，围绕全面建成小康社会的紧迫任务，党中央提出打赢脱贫攻坚战；着眼实现第二个百年奋斗目标，提出实施乡村振兴战略，指出要坚持规划先行、从容建设，尽力而为、量力而行，不提脱离实际的目标，乡村建设要看山望水忆乡愁，不搞脱离农村实际的大拆大建，这些都体现了实事求是的思想路线。我们要学深悟透这些科学方法，立足国情农情，始终坚持从农村实际出发思考问题、制定政策、谋划工作，不断提升以科学理论为指导解决实际问题的能力，避免工作上的形式主义、官僚主义和片面性、简单化，不断增强工作的预见性、科学性、主动性和实效性。

（三）习近平总书记关于"三农"工作重要论述蕴含的深厚"三农"情怀

习近平总书记关于"三农"工作重要论述，字里行间总是透露出浓浓的"三农"情怀，处处反映出习近平总书记发自内心的对"三农"的关心厚爱。习近平总书记始终把亿万农民群众的冷暖放在心上，以百姓之心为心，对农民的愁与乐、乡村的兴与衰，始终萦怀在心。习近平总书记不管走到哪，总是深深牵挂着农民群众：走到田间地头，手里托着麦穗问农民收成；进入农户家里，打开锅盖看农民的伙食；坐上农民炕头，手拉着手嘘寒问暖；和老乡们围坐一起，掰着指头一项项算收入。习近平总书记强调，我们的工作就是让乡亲们过上好日子！群众拥护不拥护是我们检验工作的重要标准，党中央制定的政策好不好，要看乡亲们是哭还是笑。要是笑，就说明政策好。要是有人哭，我们就要注意，需要改正的就要改正，需要完善的就要完善。习近平总书记还强调，任何时候都不能忽视农业、忘记农民、淡漠农村；各级领导干部要多到农村去走一走、多到农民家里去看一看，了解农民诉求和期盼，化解农村社会矛盾，真心实意帮助农民解决生产生活中的实际困难，做广大农民的贴心人。

习近平总书记的"三农"情怀，与他的实践经历和深刻体察密切相关。习近平总书记在陕北当过 7 年农民，担任过大队书记，与农民一起背过粮食种过地，带领社员打井筑坝淤地造田建沼气，一个窑里睡觉吃饭拉家常，与农民群众结下了深厚的感情。他曾深情地回忆，上山下乡经历的影响是相当深的。他说："我人生第一步所学到的都是在梁家河。不要小看梁家河，这是有大学问的地方。"在正定、福建、浙江、上海等地的不同工作岗位上，他始终高度重视、关心关注、亲力亲为抓"三农"工作，关心农民疾苦，倾听农民呼声，为农民办实事办好事。党的十八大以来，习近平总书记把"三农"摆在治国理政的重要位置，出席了 2013 年、2017 年、2020 年、2022 年四次中央农村工作会议并发表重要讲话，每年参加"两会"代表团审议时都就"三农"作出重要指示，亲自推动设立"中国农民丰收节"，向亿万农民祝贺节日。这些都充分体现了习近平总书记对"三农"的深厚感情，对国情农情了然于胸，对农业农村农民念兹在兹，把农民当亲人，为全党上下自觉践行初心使命树立了光辉榜样。

习近平总书记作为党中央的核心、全党的核心，深知"三农"、心系"三农"、热爱"三农"，是国家之幸、"三农"之幸。我们学习领会习近平总书记关于"三农"工作重要论述，就要努力把握理论体系、强化思想自觉，体会价值理念、明确奋斗方向，掌握科学方法、提高工作水平，感悟"三农"情怀、增强工作动力，真正把价值观融入血液中，把方法论践行到行动上，带着深厚感情做好农业农村农民各项工作。

积极投身新时代农业农村现代化的伟大实践

党的十八大以来，中国特色社会主义进入了新时代，这是我国发展新的历史方位。我国已实现了在建党一百年时全面建成小康社会的第一个百年奋斗目标，正乘势而上开启全面建设社会主义现代化国家新征程，向第二个百年奋斗目标迈进。我们应当以习近平总书记关于"三农"工作重要论述为指引，胸怀国之大者，积极投身新时代农业农村现代化的伟大实践。根据党中央提出的规划和习近平总书记指出的方向，到2035年以及2050年，全面推进乡村振兴、加快建设农业强国是"三农"工作的新篇章，这其中我认为最重要的是要抓好三件大事。

（一）以保障国家粮食安全为首要任务，推进农业现代化

推进农业现代化，要始终绷紧粮食安全这根弦，我国有十几亿人口，吃饭问题始终是治国安邦头等大事。我国粮食生产连年丰收，连续9年保持在1.3万亿斤以上，现在中国14亿多人人均粮食占有量超过480公斤，远超国际公认的人均400公斤的粮食安全线，这是了不起的。但因人口增加和消费升级，粮食需求还在增长，粮食供求仍然是紧平衡。因此，习近平总书记强调，保障国家粮食安全是一个永恒课题。在实际工作中要重点做到"坚持一个方针、实施两个战略、调动三个方面、处理好四个关系"，不断提升我国粮食生产水平和保供能力。一是坚持立足国内实现基本自给的方针。我国人口多、粮食需求量大，世界每年粮食贸易量仅相当于我国粮食消费量的一半，靠国际粮食贸易根本无法保障我国粮食安全。解决中国人吃饭问题的基本方针和路径只能是立足国内，将中国人的饭碗牢牢端在自己手里。二是实施两个战略：实施藏粮于地、藏粮于技战略。加强耕地质量保护和提升，必须严守18亿亩耕地红线，守住17亿亩粮食播种面积和14亿亩谷物播种面积的底线，同时还要加强农业基础设施建设，建设高标准农田，提高耕地质量，紧紧依靠科技挖掘粮食增产潜力。尤其要推进种业振兴行动和提升农机装备水平。三是调动发挥三个方面的积极性：农民务农种粮积极性，政府重农抓粮积极性，科技人员研发推广积极性。四是正确处理好四个方面的利益关系。要处理好中央和地方的关系，保障国家粮食安全，中央地方都有责任，地方政府要对本地区粮食和重要农产品保供负责，不能把责任都交给中央；要处理好主产区与主销区的关系，

粮食安全主要是销区的问题，要进一步落实销区责任，不能把粮食安全的责任都甩给主产区，要建立销区和产区的省际横向利益补偿机制；要处理好政府要粮与农民要钱的关系，国家粮食安全责任在政府，而生产主体是农民，政府保障粮食安全，农民希望增加收入，既要教育引导农民顾大局，又要保证农民种粮不吃亏；要处理好生产者与消费者的关系，"一手托两家"，既要避免"谷贱伤农"，又要防止"米贵伤民"。价格是指挥棒，适度提高粮食价格，才能激励农民种粮。总之，要不断完善支持粮食生产政策，不断提升农业综合生产能力和现代化水平。

（二）以实施乡村振兴战略为抓手，推进农村现代化

推进农业农村现代化，最重要的抓手就是乡村振兴。那么，如何推进乡村振兴呢？习近平总书记已经为我们指明了方向，概括来讲，就是"一转""三总""五振兴""一行动"。**"一转"**就是进入新发展阶段，"三农"工作的重心转移到全面推进乡村振兴上。**"三总"**包括总目标、总方针和总要求。总目标就是农业农村现代化。以前我们主要讲农业现代化，党的十九大报告提出实现农业农村现代化，这是一个新的重大提法，要坚持农业现代化和农村现代化一体设计、一并推进、全面进步。总方针就是坚持农业农村优先发展。党的十九大报告提出优先发展方针，习近平总书记在中央农村工作会议上的讲话和 2018 年中央一号文件中明确提出"四个优先"的要求，以保障乡村振兴落实落地。总要求就是产业兴旺、生态宜居、乡风文明、治理有效、生活富裕 20 字。**"五振兴"**是习近平总书记在参加十三届全国人大一次会议山东代表团审议时提出来的，就是产业振兴、人才振兴、文化振兴、生态振兴、组织振兴。以"五振兴"为目标和路径，习近平总书记为我们制定了清晰明确的乡村振兴任务书和路线图，即紧紧围绕发展现代农业，围绕农村一二三产业融合发展，构建乡村产业体系，实现产业兴旺；把人力资本开发放在首要位置，强化乡村振兴人才支撑及科技支撑，解决"谁来振兴"的问题；弘扬社会主义核心价值观和社会正气，培育文明乡风、良好家风、淳朴民风；改善农村人居环境，打造农民安居乐业的美丽家园，让良好生态成为乡村振兴支撑点；建立健全

党委领导、政府负责、社会协同、公众参与、法治保障的现代乡村社会治理体制，建设善治乡村。"五振兴"首要的是产业振兴。习近平总书记指出，产业振兴是乡村振兴的重中之重；产业兴旺是解决农村一切问题的前提。**"一行动"**就是推进乡村建设行动。实施乡村建设行动是党的十九届五中全会作出的重大部署，是推进农业农村现代化的具体抓手。这是中央"十四五"规划建议中唯一上标题的行动。中共中央办公厅、国务院办公厅专门印发了《乡村建设行动实施方案》，部署了"1＋8＋3"的建设任务："1"就是加强乡村规划建设管理，"8"就是道路、供水、清洁能源、村级综合服务、仓储物流、数字乡村、住房、人居环境八项硬件建设，"3"就是基本公共服务、村级组织、精神文明三项软件建设。经过持续努力，到2035年使农村基本具备现代生活条件，成为宜居宜业和美乡村。

（三）以持续增加农民收入和基本公共服务均等化为重点，推动城乡融合发展共同富裕

增加农民收入是"三农"工作的中心任务。习近平总书记强调，促进共同富裕，最艰巨最繁重的任务仍然在农村。从"三农"工作角度来讲，主要的、基本的途径就是持续较快增加农民收入，保持到2035年农民收入增幅"两个高于"（高于GDP、高于城镇居民）。从城乡关系角度来讲，就是要积极推进城乡基本公共服务均等化。党的十八大以来，我国农民收入一直保持较快增长，农民收入增速连续十多年高于城镇居民收入增速。2020年农民人均可支配收入达到17 131元，提前一年实现党的十八大提出的翻一番目标。2023年农民人均可支配收入达到21 691元，城乡居民收入比为2.39∶1，收入差距呈缩小趋势。这个比例还较高，发达国家一般低于1.5∶1，浙江省目前为1.9∶1。在新的历史起点上，如何促进农民收入持续较快增长，持续缩小城乡居民收入差距，实现共同富裕的目标，我学习思考后认为需要做好五个方面：一是提质节本增效，把优质、绿色、生态、安全的农产品生产摆在突出位置，培育农产品品牌，让好产品卖个好价钱；抓节本增效，大力推广节水、节药、节肥、节电、节油技术，推广机械化、数字化，降低农业生产资料、人工、流通等成本；抓规模增

效，引导发展适度规模经营，培育壮大新型经营主体。二是推进产业化，包括农产品加工、电子商务，还有休闲农业、乡村旅游、农家乐这些产业，延长产业链，拓展价值链，让农民更多地分享农业增值的效益。三是城乡一体化，很多时候农村的问题要到城里找办法，城里的问题要到农村找办法。一方面是推进城乡基本公共服务的均等化，另一方面是深化户籍制度改革，让符合条件的农村转移人口市民化，提高就业稳定性和就业质量，增加农民工资性收入，同时使留下来的农村人口分享更多一些乡村资源。四是政策支持，加大国家财政对农业、对农民的支持力度，尤其是收入方面的补贴力度。发达国家农民的收入，40%甚至60%是靠政府补贴的，当然，我们国家农民多，不可能补助那么多，但我们的空间还是很大的。五是农村产权制度改革，农村集体资产，特别是经营性资产，要进行评估，搞股份合作制改革，深化农村集体经营性建设用地等改革，使资源变资产，资金变股金，农民变股东，让农民得到更多的财产性收入。总之，要从农民收入四结构（经营性收入、工资性收入、转型性收入、财产性收入）综合发力，促进全面、较快、持续增加。

共同富裕，涉及地区、行业、城乡差距，其中最突出的是城乡差距。农村发展不充分，城乡发展不平衡是社会主要矛盾的突出表现。因此，缩小城乡发展差距、城乡居民生活差距，是实现全体人民共同富裕最重要、最艰巨的任务，也自然是"三农"工作的重大课题。为达此目标，需要城乡两端共同发力，我以为最重要的是两个方面：一个是前面讲到的内在动力，千方百计增加农民收入；另一个是外在助力，就是建立健全城乡融合发展的体制机制和政策体系，以城带乡、以工促农和财政转移支付。具体来讲，就是加快农村公共基础设施和基本公共服务全覆盖。关于公共基础设施，中央提出，开展乡村建设行动，使农村基本具备现代生活条件。这是一个很重要很现实的目标任务，重点就是解决农村基础设施和人居环境问题。这方面近年来已有明显进步，要在城乡互联互通基础上不断提高水平。关于基本公共服务，这是缩小城乡差距最实际、最可感的方面，也是农民最直接、最普遍的关切。教育、医疗、社保等方向是统筹城乡，并逐步从制度接轨到标准接轨。城乡家庭财富无差别很难做到，不动产、金融资产可先不说，先使城乡居民基本生活条件、基本公共保障大体相当，让农民"过上城里人那样的日子"，真正有看得见、摸得着、日常化的获得感、幸福感、安全感。这样，人民群众共同富裕就有了更为实质的巨大进步，也可以说城乡居民共同富裕基本实现了。

"三农"工作有许多，但这三件是"国之大者"，这就是习近平总书记讲的农业高质高效、乡村宜居宜业、农民富裕富足，也是习近平总书记强调的"强美富"（农业强、农村美、农民富）。如果这三件事办好了，短板补上了，农村主要矛盾和问题就解决了，国家现代化就有了更坚实的基础。所以，这三件事应该高度重视，抓住不放。

总之，做好新时代新征程"三农"工作，要深入学习贯彻落实习近平总书记关于"三农"工作重要论述。新时代，农业农村是充满希望的田野，是干事创业的舞台。我们要积极踊跃投身"三农"事业，牢记初心使命，以强农兴农为己任，知农爱农，真抓实干，奋力开创推进乡村全面振兴、加快农业农村现代化的新局面，不断实现建设农业强国的宏伟目标。

第二讲
农村改革的历史逻辑

习近平总书记指出，我们要坚持用大历史观来看待农业、农村、农民问题，只有深刻理解了"三农"问题，才能更好理解我们这个党、这个国家、这个民族。在我们党的百年奋斗历程中，改革开放是波澜壮阔的重要历史篇章，中国的改革发端于农村。40多年来，在党的领导下，农村一系列石破天惊的改革壮举，推动我国农业农村发生了翻天覆地的巨大变化，并带动了城市改革。在这一伟大历史进程中，我们付出了艰苦努力，取得了辉煌成就。事非经过不知难，农村一系列重大改革事件发生和演进背后，都有着深刻背景和逻辑联系。作为农村改革的亲历者和参与者，我对这段历史做个梳理，与大家一起认识农村改革演进历程和改革背后的大逻辑。

农村改革的背景和历程

中国的改革首先是从农村开始的，农村改革首先从调整农民和土地的关系开始。在改革开放之前，我国农村发生过几件大事，可以说是改革的背景：**一是土地改革**。1947年10月，中央颁布《中国土地法大纲》，在解放区进行土地改革。丁玲的长篇小说《太阳照在桑干河上》、周立波的长

篇小说《暴风骤雨》艺术地再现了那段动人心魄的社会革命。1950 年 6 月
中央出台了《中华人民共和国土地改革法》，在全国范围内进行土地改革。
1952 年土地改革基本完成，3 亿多无地少地农民无偿分得 7 亿亩土地，实
现了"耕者有其田"的千年期盼。农民生产劳动热情空前高涨，1949 年全
国粮食产量为 2 263 亿斤，1952 年为 3 278 亿斤，3 年上了一个千亿斤台
阶，增产近 50%。**二是互助合作。**1951 年中央召开了第一次农业互助合作
会议，通过《关于农业生产互助合作的决议（草案）》，各地农村兴办互助
组。1953 年，中央通过了《关于发展农业生产合作社的决议》，各地开始
兴办初级农业生产合作社。所谓初级就是生产资料还是农户所有，牲畜和
较大点的农具合伙使用，按劳按股分红。初级社适应当时农村生产力需
要，既促进了生产，又防止出现新的贫富分化。1956 年开始办高级农业生
产合作社，将社员私有的主要生产资料转为集体所有，组织集体劳动，实
行记工分配。现在看，组织农民开展合作的方向是对的，但高级社有点搞
早了。**三是"大跃进"和人民公社化运动。**1958 年"大跃进"运动全面展
开，农业生产上各地争相"放卫星"，全国兴起办人民公社的高潮，把各
农业生产合作社的生产资料和公共财产转为人民公社所有，统一核算，统
一分配，公社的规模和现在乡镇差不多，几千户、上万户农民一个公社。
仅用了几个月的时间，全国农村就基本实现了人民公社化。"大跃进"时
期还大量兴修水利，建设了一大批水库，很多至今还在发挥作用，但人民
公社生产"大呼隆"、分配"大锅饭"，严重挫伤了农民的生产积极性，农
业生产大幅度下降。又遇到 1959—1961 年连续 3 年的自然灾害，经济形势
变得十分严峻。党中央为解决这些问题，于 1962 年 1 月 11 日至 2 月 7 日
在北京召开了扩大的中央工作会议，中央、省、地、县 7 000 多人参加，
规模之大前所未有，史称"七千人大会"。会议决定对经济政策以及对人
民公社制度进行调整。于 1962 年 9 月召开的党的八届十中全会通过了《农
村人民公社工作条例修正草案》，共 9 章 60 条，史称"农业六十条"。从原
来的"一大二公"体制后退到"三级所有，队为基础"，明确人民公社的
基本核算单位是生产队，农业形势开始好转。这几件大事，有其当时的历
史原因和客观因素，也反映了我们党在新中国成立后对解决农业和农民问

题、解决吃饭和贫困问题的艰辛探索，有成功也有失误，有经验也有教训。从农业和农民的角度看，农民温饱与贫困问题长期得不到解决，变革图存也就不可避免地发生了。1978 年 11 月，安徽省凤阳县梨园公社小岗生产队的 18 户农民秘密搞土地承包，在"大包干"的契约上按下了鲜红的手印，点燃了中国农村改革的星星之火。从小岗村发端，各地也相继探索了定额包工、专业承包、联产到劳、联产到组等多种农业生产责任制形式，农村改革由此发生了！

农村改革之所以能发生、率先发生并星火燎原，有两方面原因：**一是农民的首创精神。**农民没有饭吃，穷则思变。农民为了生活，甘愿承担风险也要打破"吃大锅饭"的体制，中国农民是有创造精神的，只要你不捆他们的手脚、承认他们的创造，他们就会找活路想办法。**二是党的领导与推动。**改革开放后实行解放思想、实事求是的思想路线。党中央在拨乱反正、深刻分析历史经验教训的同时，也在努力寻找能够充分调动农民生产积极性、符合我国农村生产情况的农业经营形式和发展方式；党的十一届三中全会作出决策，党和国家工作中心从"以阶级斗争为纲"转移到经济建设上来，实行改革开放。农村既是计划经济体制下相对薄弱的环节，也是人民生活改善、国家经济发展的薄弱环节，由此农村成了改革的突破口。

小岗村率先发起大包干，开启了中国改革新纪元。习近平总书记在视察小岗村时指出，大包干是"中国改革的第一声惊雷"。在党的领导下，农村改革以磅礴之势迅速展开，有很多影响广泛而深远的大事件、大举措。

一是全面实行家庭承包经营。1979 年初，安徽省委在肥西县山南公社开展多种责任制形式的试点。在时任省委书记万里等推动下，家庭联产承包责任制逐步在安徽推开。"包产到户""包干到户"，打破了大锅饭、大呼隆，解决了出工不出力、种地糊弄人的问题，可谓打破坚冰、立竿见影。此后几年里，四川、贵州、甘肃、广东等省搞包产到户的地方，都实现了大幅增产。1980 年 9 月，中央在北京召开各省市区党委第一书记座谈会，专题研究讨论农业生产责任制问题，印发了《关于进一步加强和完善农业生产责任制的几个问题》的会议纪要，即著名的中发〔1980〕75 号文件。文件指出，在那些边远山区和贫困落后的地区，长期"吃粮靠返销、生产靠贷款、生活靠救济"的生产队，应当支持群众的要求，**可以**包产到户，**也可以**包干到户，并在一个较长的时间内保持稳定。这也是人们后来形象概括的"可以，可以，也可以"（可以包产到组，可以包产到户，也可以包干到户）。1982 年以后，包干到户就在全国推开了。1982—1986年，中央连续出台 5 个一号文件，对家庭联产承包责任制逐步进行确认、细化、肯定、巩固与完善。特别是 1984 年的中央一号文件明确提出土地承包期延长至 15 年以上。到 1986 年初，全国超过 99.6% 的农户实行家庭承包经营。2 亿多农户获得了集体土地的承包经营权。至此，家庭联产承包责任制全面确立。这是带有根本性、基础性的制度安排，也顺乎逻辑地引发了后边的系列改革。星火燎原，热火朝天，"一包就灵"。1979—1984年，6 年时间全国粮食产量上了两个千亿斤台阶，由改革前 1978 年的6 095 亿斤增至 1984 年的 8 146 亿斤。我曾经填过一首词《沁园春·农村改革》，上阕是"小岗村头，土地承包，石破天惊。看天南地北，春风到处，人欢马跃，妇孺躬耕，黄土成金，温饱得酬，钟声不灵政策灵"，就是对这段历史的反映。

　　二是取消农产品统购统销。新中国成立后农业生产实现了较快发展，但由于大力推进工业化，城镇人口快速增加，人均粮食消费增长，粮食供需矛盾加剧。1953 年 10 月，中共中央发出《关于实行粮食的计划收购与计划供应的决议》，在全国实行粮食统购统销制度。后来列入统购统销的农产品越来越多，最多时达 180 多种，都得按计划上缴、凭票供应。当时有"粮票""布票""油票""糖票""肉票""鸡蛋票""奶卡"等等。在当时的短缺年代，统购统销短期内缓解了粮食供需矛盾，维护了社会稳定，为工业化提供了资金积累。但长期统购统销、工农产品价格"剪刀差"影响了农民的生产积极性，削弱了农业。在农村改革之后，土地家庭承包使农民有生产经营自主权，生产迅速增长、粮食供给相对充裕，改革统购统销制度水到渠成。自 1983 年起，国家分品种、分步骤陆续缩小统派购的品种和比重。到 1984 年底，统派购农产品从 1980 年的 183 种减少到 38 种。1985 年，国家不再对农村下达指令性粮食收购计划，改为"合同定购"，价格按"倒三七"比例计算，也就是三成按原统购价，七成按原超购价。农村首先全面放开价格和统购的农产品是鱼。1985 年 3 月，中央作出决定，水产品一律不派购，价格放开，实行市场调节，鼓励产销直接见面，渔民可以长途贩运，不受行政区划限制，一下子把渔业放活了，水产品总产量增长了十几倍，城乡居民不缺鱼吃了，渔民收入高于农民了。这就是市场的力量。1986 年以后，城市的统销逐步放开了，农村的粮、棉、油以外的其他产品全部放开了。这个过程中还有一个重要政策是放开农村集贸市场。1983 年国务院公布《城乡集市贸易管理办法》，农民可以自由交易剩余农产品，这也是家庭承包之后必然会出现的。以前这些都叫投机倒把、资本主义尾巴！1992 年党的十四大提出建立社会主义市场经济体制。1993 年党的十四届三中全会明确提出要深化农村经济体制改革，进一步搞活流通，逐步全面放开农产品经营。1993 年 11 月，国家决定从 1994 年起国家定购粮全部实行"保量放价"，即保留一定的定购数量，价格随行就市。到 1993 年末，全国 98％的县市放开了粮食购销和价格，这标志着长达 40 年的统购统销制度彻底结束，流通了 38 年（从 1955 年开始）的粮票进入收藏市场。经过十多年的改革，粮食统购统销体制已经结束，适应市场经济要求的购销体制逐步形成和完善。这是我国市场化改革的重大步骤。

三是废除人民公社。改革开放后，随着农村家庭承包经营制度的确立，农民有了生产经营自主权，"一大二公""政社合一"的人民公社体制事实上失去了原来的生产组织功能。1980 年 4 月，四川省广汉县（现为广汉市）向阳乡第一个取下人民公社管理委员会的牌子，挂上了乡政府的牌子。1982 年全国人大修订的《中华人民共和国宪法》，提出要改变人民公社政社合一的体制，设立乡政府，明确乡、民族乡、镇为农村基层政权组织。1983 年，中共中央、国务院发出《关于实行政社分开、建立乡政府的通知》，废除了长达 25 年的人民公社体制，这是农村管理体制的重大变革。人民公社解体后变为乡和镇，成为行政组织、基层政府，履行政府管理职能。生产大队则变为村民委员会，成为村民自治组织。生产队变为村民小组。到 1984 年底，99％以上的农村人民公社完成了政社分开改革，建立了

9.1万个乡（镇）政府和92.6万个村民委员会。到1985年这项工作基本完成，人民公社退出历史舞台。后来经过几次合乡并村，截至2021年底，全国共有2.96万个乡镇（不含街道）、49.2万个行政村。

四是乡镇企业异军突起。乡镇企业是我国农民的伟大创造，其前身是人民公社、生产大队办的社队企业。改革开放前，社队企业只能"三就地"：就地取材、就地加工、就地销售。改革开放后限制逐步放开，党的十一届四中全会通过的《中共中央关于加快农业发展的若干问题的决定》提出，社队企业要有一个大发展。1982年和1983年的中央一号文件，放宽了农村发展二三产业的政策。1984年中央发布《关于开创社队企业新局面的报告》，社队企业改称乡镇企业，进入第一个发展黄金期。邓小平同志称赞乡镇企业"异军突起"，是"完全没有预料到的最大收获"。1990年制定《中华人民共和国乡村集体所有制企业条例》，1996年出台《中华人民共和国乡镇企业法》，乡镇企业的发展迎来了又一个黄金期。20世纪90年代乡镇企业产值占工业总产值的1/3，成为农村经济的重要支柱和国民经济的重要组成部分。当时，乡镇企业有两种典型模式：一种是苏南模式，主要是在原来社队企业的基础上，发展以集体经济为主的乡镇企业，华西村是典型代表；另一种是温州模式，以家庭、联户等个体私营企业为主，突出特点就是小商品、大市场，义乌现在已经是全球知名的小商品批发市场。总的来看，乡镇企业大发展，主要是当时内外部条件都具备了。内部条件有两个：一个是农业形势好了，农民吃饱饭了，农村有了剩余和积累；另一个是家庭承包以后，农民有了生产经营的自主权，可以洗脚上田从事非农生产。外部条件也有两个：一个是短缺经济，当时生产、生活物资极度短缺，产品不愁卖；另一个是国家允许农民搞工业，也允许个人搞流通，温州农民背着两编织袋纽扣就可以到全国各地去卖，背着一大包运动服就可以到俄罗斯边贸！归根结底，还是改革开放、放活搞活造就了乡镇企业异军突起。21世纪以来，随着改革开放不断深入，城乡关系融合发展，乡镇企业通过产权制度改革等打破行政、区域界限，形成了个体私营、股份制、股份合作制等多种经营形式，成为社会主义市场经济体系的重要组成部分。

五是放开农村劳动力。 1958 年 1 月，《中华人民共和国户口登记条例》出台，明确将城乡居民区分为"农业户口"和"非农业户口"两种不同户籍，对人口流动实行严格限制和政府管制，农村劳动力在城乡和地区之间的流动受到严格限制。"车马归队，劳力归田"，这也是为了适应当时的"统购统销"。改革开放后，农业生产效率大幅提升，开始逐步放开农村劳动力就业限制，但也经历了一个较为漫长和曲折的过程。先是"允许流动"，再是"控制盲目流动"，后来是"引导有序流动"，后来是全面放开，再后来是"建立城乡统一的劳动力市场"。随着改革深入，城市化、工业化加快发展，农民开始进城打工，也就有了"农民工"的概念。农民工勤劳肯干，工资要求又不高，为我国大规模快速工业化、城镇化作出了突出贡献。但由于城乡二元体制，农民工不能在城市落户，也享受不到城里的社会保障和公共服务，只能游走于城乡两头，形成所谓"民工潮"。2006年，国务院制定出台《关于解决农民工问题的若干意见》（国发〔2006〕5号），提出了 10 方面 40 条政策措施，也就是"农民工四十条"。该意见明确了农民工是一类劳动力和一个社会群体，实际上承认了农民工是产业工人的一部分，初步构建起农民务工就业和在城市落户等政策体系。农村劳动力流动，从"离土不离乡"，到"离土又离乡"，再到"进城又落户"，从农村放开手脚，到城市打开城门，农民工规模越来越大，现在大数是2.9 亿，累计有 1 亿人在城市落户。当然，大多还是常住人口，不是户籍人口，但这也是个巨大历史进步。

六是推进税费改革。 在实行家庭承包经营、取消人民公社后，村集体"统"的功能弱化，经济实力和公共服务能力减弱，城里公共事务由国家办，农村事务由农民集资办，农民负担如同"下雨天背稻草，越背越重"。当时，农业税加上"三提五统"，一度占到农民纯收入的 15％以上，农民不堪重负，农村干群矛盾升级。1996 年，中共中央、国务院印发《关于切实做好减轻农民负担工作的决定》（中发〔1996〕13 号），明确提出把减轻农民负担作为重大政策和重要工作，严格限制"三提五统"，要求控制在上年农民人均纯收入的 5％以内，农民负担重的问题虽有好转，但并未根本解决。2000 年 3 月，中共中央、国务院为了从根本上减轻农民负担，印发了《关于进行农村税费改革试点工作的通知》（中发〔2000〕7号），并决定率先在安徽进行全省农村税费改革试点。2003年，农村税费改革试点在全国范围内全面铺开。2004年，中央提出进一步加大改革力度，作出"五年内取消农业税"的重大决定，并率先在黑龙江、吉林两省进行免征农业税改革试点。2005年12月，十届全国人大常委会第十九次会议通过决定，自2006年1月1日起废止《中华人民共和国农业税条例》，彻底取消农业税、牧业税、特产税、屠宰税，终结了延续2 600多年的"皇粮国税"，加上取消"三提五统"和"两工"折资，每年可以给农民减轻负担1 200亿元。"种地不上税，还给钱"，农民欣欣鼓舞感谢党。当时河北省灵寿县有一个农民叫王三妮，铸造了一个"告别田赋鼎"，表达了中国农民免税后的喜悦心情，这个鼎现存中国农业博物馆。我填的《沁园春·农村改革》，下阕讲的就是税费改革："江淮再度先行，减负担万众齐欢腾。喜税费改革，一场革命，免税清费，简政精兵。多予少取，利归三农，与民一诺百金轻"。

与此同时，国家开始逐步建立农业补贴制度，给予农民直接补贴，种粮农民直接补贴、农资综合补贴、农机购置补贴和农作物良种补贴"四补贴"资金规模，从2002年的几亿元十几亿元提高到2012年的1 668亿元。2016年为适应农业绿色发展、WTO规则等要求，把种粮农民直接补贴、农资综合补贴和农作物良种补贴合并调整成地力补贴。2016—2017年，实施玉米大豆生产者补贴。这些再加上水稻小麦最低收购价、稻谷补贴、棉花目标价格补贴、粮食作物完全成本和种植收入保险，就构成了主要农产品生产补贴的主体框架，与玉米大豆收储制度改革配套。国家还以农村税费改革为契机，全面推进以乡镇机构、农村义务教育和县乡财政管理体制改革为主要内容的农村综合改革，逐步建立起覆盖城乡的公共财政制度。农村基本公共服务支出主要由财政承担，这也就有了每年几百亿元的"一事一议"。近年来，国家不断增加农村教育、医疗和公共卫生经费以及村级办公经费，农民也开始有低保、养老、医疗保险，农村水电路气等公共基础设施也主要由国家投资，国家与农民的关系实现了由取到予的历史性转变。

七是改革完善粮食流通体制和收储制度。 改革开放以来，国家始终坚持市场化改革取向，引导推进建立健全农产品价格市场形成机制，同时对粮棉油糖等重要农产品生产，采取政府收储、价格支持、财政补贴等措施，加以支持保护。1998 年国务院颁布《粮食收购条例》，明确对小麦、玉米、稻谷等粮食收购实行保护价制度。2004 年，国家推进粮食流通体制改革，5 月出台《粮食流通管理条例》，印发《国务院关于进一步深化粮食流通体制改革的意见》，全面放开粮食收购市场和收购主体，实行粮食购销市场化和市场主体多元化；主销省率先放开粮食购销市场，随后主产省逐步放开；鼓励多种市场主体从事粮食收购和经营活动，包括个体工商户，"粮贩子"出现并合法了；放开粮食收购价格，价格主要由市场供求形成；取消粮食运输凭证制度和粮食准运证制度，严禁各种形式的区域性封锁，形成全国统一的粮食市场。与此同时，从 2004—2006 年开始，国家对小麦、稻谷等实施最低收购价政策，一直坚持至今。之后又对大豆、玉米、油菜籽、食糖、棉花等实施临时收储政策，即市场价格过低时由国家按保护价收储，以保护农民种粮积极性，并发挥国有粮企的粮食购销主渠道作用。这一轮改革标志着粮食购销流通体制真正迈上了社会主义市场经济轨道。

党的十八大以来，重要农产品收储制度改革进一步深化。2014 年取消了棉花临储政策，在新疆开展棉花目标价格改革试点。2015 年油菜籽退出保护价收购，并启动东北四省区大豆目标价格改革试点；2016 年将东北四省区玉米临时收储调整为"市场化收购＋生产者补贴"政策；2017 年对东北四省区大豆收购也做了同样调整。总的来看，建立粮食收储制度，对保护农民种粮积极性、保障粮食市场供应和粮价稳定发挥了重要作用。

八是稳定土地承包关系。 改革中，中央始终强调维护承包农户的合法权益，不能随意收回农民的承包地。1984 年中央一号文件明确，土地承包期一般应在 15 年以上。1991 年党的十三届八中全会提出，把以家庭承包为主的责任制、统分结合的双层经营体制，作为我国乡村集体经济组织的一项基本制度。之所以强调基本制度，就是指这一制度具有长期稳定性，不能随意改变。1993 年出台的《中共中央 国务院关于当前农业和农村经济发展的若干政策措施》明确提出，在原定的耕地承包到期之后，再延长 30 年不变。1998 年，党的十五届三中全会通过的《中共中央关于农业和农村工作若干重大问题的决定》，提出要抓紧制定确保农村土地承包关系长期稳定的法律法规，赋予农民长期而有保障的土地使用权。自 2003 年 3 月起施行的《中华人民共和国农村土地承包法》（简称《农村土地承包法》）规定，耕地的承包期为 30 年，承包期内发包方不得调整承包地。自 2007 年 10 月起施行的《中华人民共和国物权法》规定，承包期届满，由土地承包经营权人按照国家有关规定继续承包。2008 年党的十七届三中全会通过《中共中央关于推进农村改革发展若干重大问题的决定》，提出赋予农民更加充分而有保障的土地承包经营权，现有土地承包关系要保持稳定并长久不变。党的十八大之后，2013 年中央一号文件部署开展承包地确权登记颁证试点，经过不懈努力，到 2019 年这项历史性、基础性工作基本完成，把 15 亿多亩承包地确权给 2 亿多农户，让农民吃上了定心丸。2017 年，习近平总书记在党的十九大上宣布，第二轮土地承包到期后再延长 30 年。从实行第一轮土地承包算起，我国农村土地承包关系将稳定 75 年。2019 年《中共中央 国务院关于保持农村土地承包关系稳定并长久不变的意见》正式公布，明确了长久不变的政策内涵，归纳起来就是"两不变，一稳定"，即保持土地集体所有、家庭承包经营的基本制度长久不变，保持农户依法承包集体土地的基本权利长久不变，保持农户承包地稳定。无论是拥有承包地的农户还是流入承包地的新型农业经营主体，都有了稳定的预期，这有利于保护和提高地力，促进农村生产力发展，巩固和完善农村基本经营制度，保持农村社会稳定。

九是实行农村土地"三权"分置。 在实行家庭承包经营后，农村集体拥有土地所有权，农户拥有承包经营权，实现了所有权和承包经营权"两权分离"。21 世纪以来，随着农民大量外出务工，农村土地流转规模不断扩大，新型农业经营主体蓬勃发展，土地承包主体同经营主体分离的现象越来越普遍，土地承包权和经营权分离成为现实需要。在 2013 年中央农村工作会议上，习近平总书记提出了土地所有权、承包权、经营权"三权"分置并行的重大改革思想，这是继家庭联产承包责任制之后又一重大制度创新。2015 年党的十八届五中全会提出，完善农村土地所有权承包权经营权分置办法。2016 年，中共中央办公厅、国务院办公厅印发《关于完善农村土地所有权承包权经营权分置办法的意见》，对"三权"分置作出系统全面的制度安排。实行"三权"分置，坚持集体所有权，稳定农户承包权，放活土地经营权，实现了农民集体、承包农户、新型农业经营主体对土地权利的共享，为促进农村资源要素合理配置、引导土地经营权流转、发展多种形式适度规模经营奠定了制度基础，使我国农村基本经营制度焕发出新的生机和活力。目前，农村承包地经营权流转面积达到 5 亿多亩，超过全国农村承包耕地面积的 1/3。党的十八届三中全会以后，农村宅基地和集体建设用地改革也进行了试点。此外，我国还根据实践的发展，修订了《中华人民共和国土地管理法》（简称《土地管理法》）和《中华人民共和国农村土地承包法》，将"三权"分置政策转化为法律规定。

十是发展多种形式适度规模经营。 在实行家庭承包之初，土地承包经营权是禁止流转的。直到 1984 年，中央一号文件才提出：鼓励土地逐步向种田能手集中；社员在承包期内，可以自找对象协商转包。1993 年，党的十四届三中全会提出，允许土地使用权依法有偿转让。1998 年，党的十五届三中全会明确，农户承包地使用权可以自愿、有偿流转。2003 年《农村土地承包法》规定，土地承包经营权可以采取转包、出租、互换、转让或者其他方式流转。2013 年，党的十八届三中全会提出，允许农民以承包经营权入股发展农业产业化经营。2014 年，中共中央办公厅、国务院办公厅印发《关于引导农村土地经营权有序流转发展农业适度规模经营的意见》，要求发展多种形式规模经营，并强调要合理确定土地经营规模。2018 年中央政治局第八次集体学习时，习近平总书记强调，要突出抓好农民合作社和家庭农场两类新型农业经营主体发展。截至 2023 年底，纳入全国家庭农场名录管理的家庭农场有近 400 万家，依法登记的农民合作社超过 220 万家，县级以上农业产业化龙头企业 9 万多家，这些规模主体经营的土地已占到 40% 以上，成为现代农业的引领力量；100 多万个社会化服务主体提供服务面积 19 亿多亩次，辐射带动 9 100 多万小农户。

十一是推进农村集体产权制度改革。 改革开放后，农村集体经济得到较快发展，积累形成了大量集体资产，包括集体办的企业、房产、建设用地等。这些资产情况十分复杂：资产有哪些，是怎么形成的，都是谁在管理？现在当事人还在村里，还能说清楚，再过几年可能就说不清楚了。还有少数地方村干部把集体搞成家族式的，集体资产名义上是全村的，但支配权和收益分配权掌握在个别村干部家族手上。集体经济怎样健康发展，怎样有效管理，一直是个问题。2014 年，中央审议通过了农民股份合作和农村集体资产股份权能改革试点方案。截至 2020 年 8 月，农业农村部先后组织 28 个省份、89 个地市、442 个县整建制开展试点。改革试点的目标方向，就是要探索赋予农民更多财产权利，明确产权归属，完善各项权能，激活农村各类生产资源要素，建立符合市场经济要求的农村集体经济运营新机制。2016 年 12 月，中共中央、国务院印发《关于稳步推进农村集体产权制度改革的意见》，要求力争用 3 年左右时间基本完成清产核资、5 年左右时间基本完成改革。此后，每年中央一号文件都对农村集体产权制度改革作出部署。截至 2019 年底，集体资产清产核资工作基本完成，全国共清查核实集体账面资产 6.5 万亿元，其中经营性资产 3.1 万亿元，资源性资产土地总面积 65.5 亿亩，其中宅基地面积 1.7 亿亩，农村集体经济有了一本"明白账"。确认集体成员约 9 亿人，已有 53 万个村完成了农村集体产权制度改革，通过折股量化等方式把资产收益权明确到集体成员身上，建立起规范的内部管理制度。可以说，这项改革已经取得阶段性成效，摸清了集体家底、确认了成员身份、盘活了集体资产、发展了集体经济，让农民有了实实在在的获得感。

十二是建立健全农村公共服务体系。 20 世纪 90 年代后，我国经济进入快速发展期，城市发展迅速，在城乡二元经济体制的影响下，农村的发展与城市相比要滞后不少；与此同时，农村兴办的各种社会事业越来越多，农民对公共服务的需求也不断提升，这些事过去都要农民自己想办法解决，这也是农民经济负担重的一个重要原因。在这样的背景下，党的十六大首次提出要统筹城乡经济社会发展，进一步把农村纳入公共财政服务范围,将在农村建立公共服务制度提上日程,逐步构筑起包括农村义务教育"两免一补",农民的医保、低保和养老保险等社会保障,由农民集资转为财政投资为主的农村公共设施建设和"一事一议"补助等基层政权运转及社会管理四个方面的制度。这项改革是破天荒的,历史上是没有的,具有创造性和建设性。同时也要看到,虽然公共财政覆盖到了农村,公共设施也向农村延伸了,但是城乡还是两个标准。农村人口多,农村的公共服务体系建设不可能一步到位,要经历从无到有、从小到大的一个发展过程,从制度衔接到标准衔接的一个完善过程。习近平总书记在党的十九大报告中明确提出推进城乡融合发展,建立城乡融合发展的体制机制和政策体系。2022 年全国"两会"审议通过的十四五规划纲要对提升乡村基础设施和公共服务水平以及改善农村人居环境都单列章节进行部署,并启动实施农村电网改造升级、农产品冷链物流基地、农村污水处理设施等一系列现代农业农村建设工程。随着乡村振兴战略的全面实施,城乡一体、城乡融合的基本公共服务体系将逐步完善健全,到 2035 年将基本实现城乡基本公共服务均等化。

十三是深化农业供给侧结构性改革。这是新时期农业农村改革发展的新课题。我国粮食连年丰收,重要农产品供给充足。但也遇到了一些新问题,主要表现在结构方面和供给侧:优质绿色特色品牌农产品供给不足;农业生产成本"地板"上升,农产品价格又面临国际市场价格"天花板";农业资源环境约束也亮起了"红灯"。2015 年全国"两会"期间,习近平总书记在参加湖南代表团审议时强调,新形势下农业的主要矛盾已经由总量不足转变为结构性矛盾,推进农业供给侧结构性改革,是当前和今后一个时期我国农业政策改革和完善的主要方向。此后,我们大力推进农业供给侧结构性改革,坚持质量兴农、绿色兴农、科技兴农、品牌强农,调整产业结构、组织方式、生产方式,推进农村一二三产业融合发展,培育发展新产业新业态,加快构建现代农业生产体系、产业体系、经营体系。这次农业供给侧结构性改革与以往的结构调整有很大不同,是推动农业高质量发展的主动作为,是农业生产经营方式的重大变革,既有生产力的调整,又有生产关系的调整,还有相应的体制机制和政策变革。比如:推进农业绿色发展，建立绿色生态导向的农业补贴制度，推进玉米生产结构调整和收储制度改革，等等。

2021年，农业供给侧结构性改革已经取得初步成效，主要农产品加工转化率达到70.6％，农产品质量安全监测合格率多年稳定在97％以上，农作物化肥农药施用量连续实现了负增长，全国畜禽粪污综合利用率达到76％，秸秆综合利用率、农膜回收率分别达到87％和80％以上。

40多年的农村改革在风雨中前行，在探索中创新，极大解放和发展了农村生产力，推动和保持了农业农村的快速发展和长期稳定，同时也以有目共睹的巨大成就赢得了对改革的赞誉和支持。特别是党的十八大以来，在以习近平同志为核心的党中央坚强领导下，农村改革全面深化、系统集成，为农业农村发展增添了新活力、提供了新动能，促进农业农村发展取得了历史性成就。

总的来讲，农村改革有两方面巨大成就、巨大贡献：一方面是农村社会生产力得到极大解放，农业生产和农民生活发生了历史性变化。另一方面是为整个经济体制改革探了路、开了先。土地承包"两权分离"，对"包"字进城、混合所有、个体私营等多种所有制经济共同发展产生了影响，可以说，为建立和完善我国社会主义初级阶段的基本经济制度和市场经济体制进行了创造性探索。

农村改革的深层逻辑

我国改革开放40多年有"两个奇迹"举世公认：一个是经济快速发展，另一个是社会长期稳定。这其中一个重要的基础性因素，就是"三农"压舱石稳住了，老百姓有饭吃、有活干、有保底，农民工即使在城里待不住了，回乡还有块地。习近平总书记说：农业根基稳，发展底气足；"三农"向好，全局主动。40多年来我们党领导的农村改革，力度之大、程度之深、范围之广，完全称得上是伟大的社会革命。这其中涉及利益关系的重大调整、资源要素的重新配置、巨大的人口历史变迁，过程不可谓不艰辛曲折。但在这艰难复杂的探索之中，改革进程是平稳的、成效是明显的，没有出现大的动荡，也没有发生中途挫折。我们党是怎么做到的？习近平总书记在庆祝建党 100 周年大会上指出：我们要用历史映照现实、远观未来，从中国共产党的百年奋斗中看清楚过去我们为什么能够成功、弄明白未来我们怎样才能继续成功。回顾我们党领导农村改革的历史，我以为主要是比较好地处理了五个方面的重大关系。

第一个关系，就是处理好农民与土地的关系，这是农村改革的主线。土地是农业最重要的生产资料，是农民赖以生存和发展的最基本的物质条件，是财富之母、农业之本、农民之根、国民衣食之源。农民与土地的关系，是一个国家最为重要的生产关系之一。从古至今，农民都是中国最大的群体，能不能处理好农民与土地的关系，在很大程度上决定着政权的稳固、社会的稳定。

我们党领导革命、建设和改革的一条重要经验，就是正确处理农民问题，让农民拥有土地，团结农民跟党走。调整农民和土地的关系是农村改革的主线，为处理好这一关系，我们进行了一次又一次的理论创新和实践探索，积累了许多经验，也有一些教训，总结起来有如下几条。

一是农村土地制度安排首先要与农民的利益愿望相适应。土地制度安排直接关系人心向背和执政基础。与国外大规模种植园模式不一样，历史上中国就是人多地少，农民大多是自耕小农，靠土地为生，中国农民最关心的始终还是土地。新中国成立后，"耕者有其田"的愿望实现了，农民翻身作主，成为土地的主人。但在后期土地制度调整中，有一个时期农民生产经营自主权被剥夺了，8 亿农民搞饭吃，仍然吃不饱。小岗村的农民冒着坐牢的风险也要搞"大包干"，他们这是在捍卫土地权利和最基本的生存权利。改革开放 40 多年来我国农业持续发展、农村保持稳定，关键是农民的土地承包权和经营自主权得到了保障，农民积极性和创造性充分调动起来了。处理好农民与土地的关系，根本是要让农民成为土地的主人，依法保障农民对土地占有、使用、收益及流转等权利。

二是农村土地制度安排始终要遵循生产关系适应生产力发展的客观规律。农村土地制度变革的根本动力，表面上是人地矛盾，深层次还是生产关系适应生产力发展的客观规律。从"四海无闲田、农夫犹饿死"到"耕者有其田",从"大集体""大锅饭"到"包产到户",从"两权分离"到"三权"分置,历史一再表明,生产关系如果超越发展阶段,必定会对生产力发展起到阻碍甚至破坏作用;当生产力发展到一定水平时,如果生产关系不能积极地调整适应,也会阻碍生产力发展。推进农村土地制度创新,既不能超越发展阶段,也不能滞后于发展水平,必须始终遵循生产关系适应生产力发展的规律。

三是农村土地制度安排始终要与经济社会发展实际相适应。土地制度是基础性制度,任何一种土地制度的确立,都受当时经济、政治、文化、社会等因素影响,具有历史性和阶段性特点。我们是发展中国家,到现在仍有2亿多农户,土地既是生产资料,也是农民兜底的社会保障。在农村改革进程中,中央始终强调稳定农村土地承包关系,让农民吃上"定心丸"。随着工业化、城镇化加快发展,针对大量农村人口进城但稳定性还不高的实际,我们积极探索放活土地经营权的有效路径,又不把放弃农村土地承包权、宅基地使用权作为农民进城落户的条件,这样一来,农民进退有据。这种制度安排较好适应了现阶段我国经济社会发展水平:既满足了生产需求,又保持了社会稳定;既促进了要素流动,又防范了社会风险。2008年全球金融危机时,2 000万农民工下岗,2020年受新冠疫情影响,又有近3 000万农民工留乡或二次返乡,相当于一个中等国家的人口数量,都没有影响社会稳定。一个重要因素是现行土地制度安排为农民流动就业提供了较大的回旋空间。农村土地制度的发展与完善是一个长期过程,要有一定的历史耐心,从农村生产力和经济社会发展实际出发推进改革。

第二个关系,就是处理好公平与效率的关系,这是农村改革的核心问题。农村改革从一开始就伴随着这个问题。土地家庭承包经营方式就生动地蕴含着公平与效率的辩证关系。不搞家庭承包,出工不出力,种地不打粮,没有效率,所以家庭承包如雨后春笋般迅速推开。同时,家庭承包又是公平的,是家家户户都承包。当时,有的地方是按家庭人口承包,有的地方既按人口又按劳动力承包,体现公平,保障所有农民的基本生活和就业。后来，中央确定实行以家庭承包经营为基础、统分结合的双层经营体制，实际上也是处理好效率与公平关系的成功探索。

改革中很多问题从深层次看都涉及公平与效率问题。是公平优先，还是效率优先？党的十四大提出建立社会主义市场经济体制，把社会主义和市场经济结合在一起，意义非常重大。西方国家许多人不理解，实际上这是中国特色的马克思主义政治经济学，也是效率和公平的有机结合。如何处理好公平与效率的关系？形象地讲，公平和效率就是跷跷板的两头，要始终注意保持两者之间的平衡，任何时候都不能顾此失彼，而要统筹兼顾，这也是辩证法。在这方面，我们进行了长期探索实践。1993 年党的十四届三中全会《中共中央关于建立社会主义市场经济体制若干问题的决定》明确提出，"效率优先、兼顾公平"。

为什么要效率优先？马克思讲，分配本身是生产的产物。只有效率提高了，生产力发展了，有了剩余产品，谈公平才有意义。在大集体时代，农户自己养牲口是越养越肥，生产队养是越养越瘦，2、3 分自留地的产量相当于 1 亩集体地的产量，就是因为形式上的公平实质上影响了效率。所以，要通过改革激发人们的积极性主动性创造性，坚持发展生产力，提高效率，先做大蛋糕。

为什么要兼顾公平？我们是社会主义国家，共同富裕是社会主义的本质特征，如果一部分人先富之后，不能带动更多的人共同富裕，先富也无法长久，甚至会因收入差距拉大、两极分化，造成社会动荡。我们党在坚持生产力标准的同时，也坚持共同富裕的方向。在经济发展和财富积累的过程中，尤其是达到一定水平后，就要考虑让发展成果更多更公平惠及全体人民。全面建成小康社会之后，进入全面建设现代化国家新阶段，应当更加注意"蛋糕分配"和社会公平问题，所以 2020 年底召开的党的十九届五中全会有一个新提法：要推动全体人民共同富裕取得更为明显的实质性进展。

第三个关系，就是处理好农民、集体、国家三者之间的关系，这是农村改革的实质内容。改革就是利益的再调整再分配，农村改革成功与否，关键在于平衡好农民、集体、国家三者之间的利益关系。农村改革从起始到现在，从实质上说都是在调整优化这三者之间的关系。大包干，直来直去不拐弯，"交够国家的，留足集体的，剩下都是自己的"，就是三者关系的生动描述。

一是以保障农民物质利益和民主权利为出发点，这是处理农民与集体、国家关系的基本原则。"三农"问题的核心是农民问题，农民问题的核心是利益问题。如果农民利益得不到保护，生产成果享受不到，就不可能有积极性。如果农民的合法权益得不到保障，农民还会拥护改革吗？党的十一届三中全会就明确提出，必须首先调动我国几亿农民的积极性，必须在经济上充分关心他们的物质利益，在政治上切实保障他们的民主权利。现在看，一些同志对此的认识还是不够清楚。比如，我们有些同志总觉得给农民补贴多了，遇到问题就想掏农民的口袋，认为农民进城了村里还有块地是"两头占"，不了解农村土地是农民集体所有。习近平总书记讲：判断农村政策要看农民是笑还是哭，如是笑就要坚持，如是哭就要调整。这是我们做好"三农"工作必须坚持的原则和遵循的方法论。只有始终把保障农民的物质利益和民主权利作为出发点和落脚点，农村改革才能行稳致远。

二是围绕"统"和"分"，统筹处理好农民与集体的关系。农村改革最重要的制度成果，是建立了以家庭承包经营为基础、统分结合的双层经营体制，这是我国农村的基本经营制度。习近平总书记讲：坚持农村土地农民集体所有，这是农村基本经营制度的"魂"；坚持家庭经营基础性地位，这是农村基本经营制度的"根"。在这个制度框架内，农民个人都是集体的一分子，农村土地归农民集体所有，这是"统"；但在经营上又以家庭为基本单元，农民自主经营、自负盈亏，这是"分"。为什么要强调"统"？因为这符合社会主义公有制的内在要求和人多地少的基本国情，防止土地兼并，对于一家一户办不了、办不好、办起来不合算的事，可以发挥农村集体"统"的作用，集中力量办大事。为什么要坚持"分"？因为这符合农业生产经营的规律，符合农业生命再生产过程的特点。有人说家庭承包已经过时了，不适应现代农业发展要求。这种说法是片面的，实际上家庭经营可以容纳不同水平的生产力。在国外，现代大农场也还是家庭经营。当然，中国国情农情不同，家庭经营规模普遍较小，小农户众多，需要发展社会化服务，促进小农户和现代农业有机衔接，同时，支持条件较好的农户发展壮大成为家庭农场或联合起来兴办合作社，这是符合中国实际的农业现代化道路。

三是协调"予"和"取"，统筹处理好农民与国家的关系。在计划经济时代，国家主要是"取"，通过工农产品价格"剪刀差"等方式从农业上提取积累，为工业化提供支撑；改革开放后，农村青壮劳动力、资金、土地等资源要素大量流向城市，为城市发展贡献了大量的要素价格"剪刀差"。历史地看，农民为我国工业化、城镇化作出了重大贡献，因此对农民好一点是应该的，这也是一种"还账"。2006年我国全面取消农业税，2007年开始给种粮农民直补，这是一个标志性节点，也可以说是多予少取的分界线。新世纪以来，国家逐步调整与农民的关系，从工业反哺农业、城市支持农村到多予少取放活，再到城乡融合发展，逐步建立强农惠农富农政策，建立由国家支持的义务教育制度、以国家补助为主的农村社保制度，农民与国家的关系进入新的历史阶段。

第四个关系，就是处理好市场与政府的关系，这是农村改革的关键所在。农村改革的一大贡献，就是冲破计划经济体制，开启了市场化改革进程。随着改革的不断深化，农业市场化程度不断提高。但农业又是一个经济再生产和自然再生产相互交织的产业，保的是全国人民的饭碗，具有很强的社会性；"洪范八政，食为政首"，农产品带有一定的公共产品特性。这决定了农业尤其离不开政府的支持和保护。处理好市场与政府的关系，贯穿于农村改革全过程。背后始终有两股力量在推动：一股是市场的力量，表现为反复发生的规律性事件和自发性行为；另一股是政府的力量，表现为不同时期的行政推动。把握好两者的关系，使市场与政府两者相得益彰、互相促进，保障了农村改革顺利推进。在这个过程中，重点回答了两个问题：

一是如何发现和尊重市场经济规律？改革过程中的市场力量，不像政府行为那么直观，它是"看不见的手"，通过一些反复发生的事件显示其不可回避。如当年"割农村资本主义尾巴"，割了一茬又一茬；整治"小开荒"，铲了一块又开一块。可以说是"野火烧不尽，春风吹又生"，稍有政策松动，就以不同形式到处冒头。这背后就是市场经济规律在起作用。如果一件事情反复出现，那就是规律在起作用；如果一个问题到处出现，那就是机制在起作用。人不能违背规律，但可以创新机制来顺应利用规律，这就是改革。党的十八届三中全会提出，发挥市场的决定性作用，更好发挥政府作用。纵观农村改革的过程，其实就是不断放权给市场、放活农民主体的过程，市场的决定性作用不断得到发挥，政府则管好该管之事。

二是如何更好地发挥政府作用？农业和政府关系最近，因为"三农"问题不仅是经济问题，也是社会问题、政治问题，事关经济社会发展大局。解决吃饭问题，世界上没有哪个国家全部推给市场。粮食、生猪等民生必需品，如果不掌握在自己手上，那是要被卡脖子的。新冠疫情以来，30多个国家限制粮食出口、增加国内储备，引发了国际粮食市场恐慌。如果我们的粮食不过关、没有保障，那么这次真可能出大问题。我们常讲，粮食丰收主要靠三条：政策好、人努力、天帮忙。政策好，这就是发挥政府的作用，在党和政府的强有力支持和调控下，才实现了历史性的"二十连丰"。支持和保护农业也是国际通例，欧盟、日韩都给农业高额补贴和严格保护，欧盟国家农民收入的40%来自补贴，日本大米价格比国际市场高好几倍，但就不进口大米。美国是全球最大的农产品出口国，也通过农业保险、直接补贴、科技运用、出口促进等多种方式保护农业和农场主。所以，党的十九届五中全会又提出了"有效市场"和"有为政府"的概念。我们也要坚持农业农村优先发展，进一步健全完善农业支持保护体系，政府在规划引导、政策支持、资金投入、市场监管、法治保障等方面发挥更多作用，引导要素配置向农业农村倾斜。

第五个关系，就是处理好城市与乡村的关系，这是农村改革的重点难点。城乡关系，实际上也是工农关系。习近平总书记强调，如何处理好工农关系、城乡关系，在一定程度上决定着现代化的成败。党的十九大提出，我国社会主要矛盾已经转化为人民日益增长的美好生活需要和不平衡不充分的发展之间的矛盾。不平衡不充分，最突出的就是城乡发展不平衡，农村发展不充分。经过40多年改革开放和快速发展，中国变化进步巨大。与世界现代化强国相比，差距表现在三个方面：一个是科技和人才，核心技术受制于人；另一个是生态环境，蓝天白云比发达国家少；再一个就是农村发展滞后，城乡差距明显。到城里看是发达国家，到大部分农村看还是发展中国家。建设现代化强国，必须处理好工农城乡关系，加快补上农业农村短板。我们在这方面的认识和探索也在不断深化。

新中国成立70多年来，我国城乡关系变化大体上经历了三个阶段。首先是，自20世纪50年代起，主要是城市导向、以农补工，依靠农业农村的支持，在一穷二白的基础上建设工业化，初步形成了比较完整的工业体系和国民经济体系，但也形成了城乡分离的二元结构。改革开放后，注重解决农村问题，城乡藩篱逐步被打破。党的十六大提出统筹城乡发展，开始以工补农、以城带乡。党的十六届五中全会提出建设社会主义新农村，公共设施、公共服务开始下农村，但农村土地、劳动力、资金等资源要素依然还是向城市净流出，农业农村还是在为城市发展作贡献、作牺牲。党的十八大以来，中央明确提出"四化同步"，就是推动新型工业化、信息化、城镇化、农业现代化同步发展，更加注重缩小城乡发展差距。党的十九大进一步提出，要坚持农业农村优先发展，实施乡村振兴战略，同时提出建立健全城乡融合发展的体制机制和政策体系。党的二十届三中全会对促进城乡融合发展作出了具体部署。全面推进乡村振兴，带来了城乡关系的重大转变和中国农村的重大变化。

我国的基本国情决定了，"三农"问题到什么时候都是关系全局的战略性问题。在现代化进程中，城的比重上升，乡的比重下降，是客观规律，但不管工业化、城镇化进展到哪一步，农业都要发展，乡村都不会消亡，城乡将长期共生并存，这也是客观规律。将来即便城镇化率达到70%，农村仍将有4亿多人口。习近平总书记强调，没有农业农村现代化，就没有整个国家现代化。如果一边是繁荣的城市、一边是凋敝的农村，这不符合我们党的执政宗旨，也不符合社会主义的本质要求。如果说全面建成小康阶段的标志性工程是脱贫攻坚，消除绝对贫困，那么，进入全面建设现代化国家阶段的标志性工程就是乡村振兴，缩小城乡差距，实现城乡融合发展。我们要加快建立健全城乡融合发展体制机制和政策体系，促进城市与乡村融合发展、相得益彰。当然，这个城乡融合发展，是农业农村优先发展前提下的融合发展，而不是都搞大社区，把农村建成缩小版的城市，把农村土地非农化，最后把农村融没了。

上述五大关系相互影响、相互作用、相互促进，推动农村改革一步一步深化，这就是农村改革的历史逻辑，蕴含着农村改革的价值观和方法论。今后深化农村改革，要继续重视和处理好这几方面关系，在不断的理论创新和实践探索中，推动改革行稳致远。

农村改革的经验启示

我们党领导的波澜壮阔的农村改革，成就巨大、经验丰厚，弥足珍贵、值得发扬。一是始终坚持农民主体地位。坚持以人民为中心的发展思想，保护农民物质利益，尊重农民民主权利，是农村改革的根本出发点和落脚点。二是始终坚持市场化方向。坚持发挥市场在资源配置中的决定性作用，健全完善农产品市场体系，完善农村产权制度和要素市场化配置，畅通农村土地、资金、人才、技术等各类要素的流通渠道，提高配置效率。同时，充分发挥政府作用，优化农业农村营商环境，让市场和政府各司其职、优势互补。三是始终坚持以土地制度改革为牵引。坚持农村基本经营制度不动摇，保持历史耐心，搞好顶层设计，把稳改革方向。不管怎么改，不能把农村土地集体所有制改垮了、不能把耕地改少了、不能把粮食产量改下去了、不能把农民利益损害了。四是始终坚持一切从农村实际出发。要立足资源条件、经济社会发展阶段，开展符合实际的实践探索和制度创新，不搞一刀切、齐步走，办好事也要农民愿意，符合农村实际。五是始终坚持试点先行的方法论。继续坚持发挥好试点试验对全局性改革的示范、突破、带动作用，看准了的，及时总结推广，一时看不准的，继续试验观察，并及时把经过实践检验的改革举措，以制度法律的形式固定下来，以制度管根本、管长远。六是始终坚持城乡统筹考虑、一体设计。

坚持新型城镇化与全面推进乡村振兴统筹规划、一体设计、一体推进，加快建立工农互促、城乡互补、协调发展、共同繁荣的新型工农城乡关系。

总结农村改革的历史经验，其中最根本的在于始终坚持党的领导。党管农村工作是我们的传统。改革开放以来，我们党实施正确的"三农"方针政策，为农村改革掌舵引航、指引方向。特别是党的十八大以来，习近平总书记反复强调，要始终把解决好"三农"问题作为全党工作重中之重，对"三农"工作作出了一系列重要论述，为新时代农村改革提供了科学指南和根本遵循。我们要始终坚持党对农村工作的全面领导，保障农业农村改革发展始终沿着正确方向前进。

党的十一届三中全会是划时代的，开启了改革开放和社会主义现代化建设新时期。党的十八届三中全会也是划时代的，开启了新时代全面深化改革、系统整体设计推进改革的新征程，开创了我国改革开放的全新局面。党的二十届三中全会对新时代深化农村改革作出了新的部署。改革开放只有进行时，没有完成时。我们已经站在全面建成小康社会、实现第一个百年奋斗目标，开启全面建设社会主义现代化国家新征程、实现第二个百年奋斗目标的历史节点。脱贫攻坚取得全面胜利之后，"三农"工作重心转到了乡村全面振兴上。习近平总书记指出，改革是乡村振兴的重要法宝，建设农业强国关键要靠改革。迈上新征程，奔向新目标，还要以更大力度深化新一轮农村改革。通过深化改革，进一步激发农业农村发展新活力，为全面推进乡村振兴、加快农业农村现代化提供强大持久的动力。

第三讲
保障国家粮食安全

十几亿人要吃饭是中国最大的国情

"国以民为本，民以食为天"。粮食不仅是人类生存和生活的必需品，也是一种必不可少的战略物资。粮食安全关乎国计民生，关乎经济社会发展和政局稳定。我国是一个人口大国，十几亿人要吃饭是中国最大的国情，是头等大事，任何时候都不能掉以轻心。习近平总书记反复强调，洪范八政，食为政首。我国是人口众多的大国，解决好吃饭问题，是治国理政的头等大事。必须坚持立足国内实现基本自给的方针，把中国人的饭碗牢牢端在自己手上，我们的饭碗应该主要装中国粮。

下面重点交流三个方面的内容。

一、保障国家粮食安全是个永恒的课题

纵观古今，横贯中外，为政之要，首在足食。研究讨论粮食安全问题，任何时候都不过时，都是需要研究解决的重大课题。

（一）我国历朝历代都把吃饭问题视为大事

中国五千多年的文明史，是一部农业不断进步发展的历史。从先秦时代的神农尝百草、后稷教民稼穑等神话传说，到民间口口相传的"五谷丰登""瑞雪兆丰年"等农业祝语，无不昭示着农业生产在中华文明发展史上的重要性。

历朝历代，都把吃饭问题视为大事。《史记·郦生陆贾列传》中提出："王者以民人为天，而民人以食为天。"《周书·武成》中说："重民五教，惟食丧祭。惇信明义，崇德报功。"农事被列为五常之教的第一项。班固《汉书·食货志》说："洪范八政，食为政首。"据《尚书·洪范》记载，周武王灭商后，箕子向其建议应重视"八政"，即食、货、祀、司空、司徒、司寇、宾、师等，分别是指粮食、布帛与货币、祭祀、工程与土地管理、赋役征敛、刑狱、礼仪、士子教育诸事。这"八政"是中国古代国家施政的八个重要方面，其中农业更是治国安邦的头等大事。

春秋战国时期，百家争鸣，各学派观点纷呈、各成体系，但这些思想家们都一致认为粮食安全是国家兴盛的根基。儒家对于粮食安全问题是相当重视的，子贡曾向孔子请教治理国家的办法，孔子说："足食，足兵，民信之矣。"也就是说，只要有充足的粮食、充足的战备以及人民的信任就可以了。荀子在《荀子·王制》中，将强国按一定的标准划分为王、霸与强三种。霸者只有通过"辟田野，实仓廪，便备用，案谨募选阅材伎之士，然后渐庆赏以先之，严刑罚以纠之"，也就是只有做好充足的粮食储备，确保国家粮食安全，进而选贤任能，才能真正成为霸者。

韩非子是法家思想的集大成者，特别强调粮食对于国家安全与富强的重要性。他对于粮食安全的认识主要从国家的角度出发，曾直接指出"富国以农"。他还曾用磐石和象人作比喻来突出粮食生产和农业的重要性："磐石千里，不可谓富；象人百万，不可谓强。石非不大，数非不众也，而不可谓富强者，磐不生粟，象人不可使距敌也。今商官技艺之士，亦不垦而食，是地不垦，与磐石一贯也。儒侠毋军劳，显而荣者，则民不使，与象人同事也。夫祸知磐石象人，而不知祸商官儒侠为不垦之地、不使之民，不知事类者也。"

老子是道家学派的宗师，也十分重视农业生产。在《老子道德经河上公章句》中提到"农事废，田不修。大军之后，必有凶年。天应之以恶气，即害五谷，五谷尽则伤人也"，明显地表现出对于废弃农事的厌恶和人民受饥的关怀。此外，老子还具备十分丰富的生态伦理思想，提出"道法自然"的理论，对我们发展现代生态农业、实现农业可持续发展具有重要的借鉴意义。

墨子是墨家学派的代表人物，有很强的经世济民的思想。他自称是"鄙人"，被人称为"布衣之士"。墨子认为无论是人民，还是统治者，都离不开粮食，如果粮食安全得不到基本的保障，国家安全也就失去了依凭。在《墨子》中有大量关于粮食安全问题的论述，如"备者，国之重也。食者，国之宝也；兵者，国之爪也；城者，所以自守也；此三者，国之具也"，是在说粮食、军队和城池是国家生存的基本条件，在这里墨子将粮食排在第一位，更是凸显了他对于粮食安全重要性的认识。

相信大家对齐桓公和管仲的故事都不陌生。齐桓公继位前与公子纠的国位之争，导致齐国实力衰退，而齐国的邻国鲁国对齐国的土地虎视眈眈，让齐桓公十分苦恼。这时管仲献出一计，让齐桓公和臣子近侍穿鲁国的丝绸织品，引领当时的穿着时尚，但规定齐国的百姓不能私自织蚕丝，必须从鲁国和梁国进口衣服，而且对能够买到两国丝织品的商人进行补贴。这样一来，鲁梁两国的百姓便可以从丝织贸易上赚取大量财富，两国的百姓开始着迷于商业贸易，而忽略农业生产。等到两国的粮食生产难以满足国内需求时，齐国下令全国不准穿鲁梁两国的丝织衣服，并断绝和鲁梁两国的经济往来。很快鲁梁两国就陷入了饥荒之中，不久便不战而降，后来齐鲁归一。

秦国推进商鞅变法，实行耕战政策。商鞅变法的第一道政令便是《垦令》，它要求秦国的官吏、贵族、商人必须与农民一起全力除草开荒，增产粮食。商鞅还利用政策优惠吸引魏、韩、赵等国的人口，以充实农业人口。商鞅曾指出"今以草茅之地，徕三晋之民，而使之事本，此其损敌也与战胜同实，而秦得之以为粟"，又宣布"今利其田宅而复之三世""不起十年之征"，这些政策吸引了大量三晋之民入秦，对秦国的发展壮大发挥了重要作用。公元前221年，秦始皇一统六国，建立了我国历史上第一个中央封建集权国家。统一后秦始皇仍然坚决奉行农战政策，在全国范围实行重农积粟。

中国历史上的农民革命，起因多数都是农民吃不上饭。比如方腊起义的起因之一就是苛捐杂税太重，很多老百姓吃不饱饭。史书记载：方腊乃椎牛酾酒，召恶少之尤者百余人会饮。酒数行，腊起曰："天下国家，本同一理。今有子弟耕织，终岁劳苦，少有粟帛，父兄悉取而靡荡之；稍不如意，则鞭笞酷虐，至死弗恤，于汝甘乎？"皆曰："不能！"腊涕泣曰："独吾民终岁勤动，妻子冻馁，求一日饱食不可得，诸君以为何如？"皆愤愤曰："惟命！"起义的口号中也大都强调均分土地或粮食。比如李自成起义时的"迎闯王，闯王来了不纳粮"，太平天国起义时提出的"无处不均匀，无人不饱暖。凡天下田，天下人同耕"，得到了广大农民的欢迎和支持。

在革命战争时期，打土豪、分田地、减租减息、土地改革，也为我党团结群众、争取革命胜利奠定了坚实的基础。开始于宋代的土地鱼鳞册，是官府最大的档案库，农民起义或改朝换代，攻下一座城，首先把土地档案库保护起来。

既然提到了历朝历代对粮食的重视，那么也简单谈一下历史上粮食产量情况。粮食的总产量和人均占有量是重要的衡量指标。根据吴慧先生编著的《中国历代粮食亩产研究》，西汉末年粮食总产量为1 368万吨，当时只有6 000万人，人均粮食占有量达到了456斤。唐朝、北宋、明朝的总产量分别达到4 396万吨、5 795万吨和17 410万吨，人均占有量分别为1 256斤、1 159斤和1 741斤。如果按照这个数据计算，新中国成立以后，我国粮食总产量在1964年才超过明朝，而且到目前为止，人均粮食占有量仍不足1 000斤。当然，那个历史年代形成的人口和粮食数据只能是一个参考。可能有人会说，那时经济以农业为主，现在经济相对发达，人民生活水平提高了，人均粮食消费量已明显下降。大家要注意，虽然直接食用粮食数量减少了，但间接消费量在增加，下面我还会具体讲到。

（二）我们党和政府高度重视粮食安全问题

解决好全国人民的吃饭问题始终是治国安邦的头等大事。毛泽东同志早年就提出："世界上什么问题最大，吃饭问题最大。"此后几十年他一直在"吃饭是第一件大事"的思想指导下，致力于解决好人民的吃饭问题。他告诫全党："农业关系国计民生极大。要注意，不抓粮食很危险。不抓粮食，总有一天要天下大乱。"邓小平同志1982年5月在谈到我国经济建设的历史经验时指出："不管天下发生什么事，只要人民吃饱肚子，一切就好办了。"1983年1月邓小平指出："农业是根本，不要忘掉。"习近平总书记强调：只要粮食不出大问题，中国的事就稳得住。脱贫攻坚强调的"两不愁三保障"，排第一位的就是要不愁吃。十几亿人口要吃饭，这是我国最大的国情，手中有粮、心中不慌在任何时候都是真理，要确保国家粮食安全，把中国人的饭碗牢牢端在自己手中。

新中国成立后，为了解决好全国人民的吃饭问题，党中央出台了一系列政策措施，主要从两方面着手：一是实行土地改革，实现了耕者有其田，极大激发了农户的种粮积极性，粮食产量大幅度增加；二是加强市场管理，打击囤积居奇行为，稳定粮价和市场。改革开放后，制定和实施了一系列旨在稳定和提高粮食生产的政策措施，比较重大的如实行家庭联产承包责任制，推动农业科技进步，加大对粮食生产区的扶持力度，等等。

为了保障国家粮食安全，国家逐步建立完善了农业支持保护政策体系。一是实行最严格的耕地保护制度，坚持"十八亿亩耕地红线"不动摇，加强高标准农田建设。二是实施粮食安全党政同责。2020年底召开的中央农村工作会议首次提出，地方各级党委和政府要扛起粮食安全的政治责任，实行党政同责，"米袋子"省长要负责，书记也要负责。三是确立和完善粮食储备制度，实现"丰年吃进、歉年吐出"，平衡粮食供需总量。四是坚持保底稳价收购制度，保护了农民种粮的积极性，促进了粮食生产的稳定增长。五是落实各项农业补贴政策，减轻了农民负担，稳定了农业生产发展，农民收入得到提升。

新世纪以来我国粮食产量实现"二十连丰"。自 2015 年以来，粮食总产量稳定在 1.3 万亿斤以上，人均粮食占有量超过 485 公斤，远高于人均 400 公斤的国际粮食安全线。历朝历代都没有解决好的吃饭问题，中国共产党解决了。实践充分证明，党中央关于实施国家粮食安全战略的决策部署是完全正确的。

（三）粮食安全是世界各国普遍关注的战略问题

粮食安全与能源安全、金融安全并称为三大经济安全。美国战略家基辛格说过：谁控制了石油，就控制了所有国家；谁控制了货币，就控制了全球经济；谁控制了粮食，就控制了人类。其中的粮食是人类生存之本，粮食安全是经济发展之基，探讨世界经济安全问题，首先要关注粮食安全问题。农业的重要性在经济形势好的时候可能没那么明显，但在经济困难的时候就会凸显出来。特别是一些发展中国家粮食丰收，为保证有效供给、稳定物价水平发挥了重要作用。目前，货币超发导致的通胀压力逐渐加大，世界经济前景还有很多不确定性、不稳定性，在这种严峻形势下，粮食安全的重要性更加凸显。

在这里，我想介绍一下粮食安全这个概念的由来。粮食安全概念的提出有其深刻的历史背景。20 世纪 60 年代，世界经济快速发展、人口爆炸性增长。到了 70 年代初，连续几年的恶劣气候和自然灾害导致世界性的粮食歉收，特别是主要粮食生产国的产量大幅下降，世界范围内的粮食供求矛盾异常突出，从而引发了第二次世界大战后最为严重的粮食危机。在这次世界性的粮食危机中，受影响最大的是广大发展中国家，撒哈拉沙漠以南非洲国家因无钱购买粮食或缺少国际粮食援助甚至出现了人口非正常死亡率急剧上升的现象。

在这样的背景下，联合国粮食及农业组织（简称"联合国粮农组织"）于 1974 年 11 月在罗马召开世界粮食大会，大会通过了《世界消灭饥饿和营养不良宣言》和《世界粮食安全国际约定》。《世界粮食安全国际约定》首次提出"粮食安全"的概念，即"粮食安全是要保证任何人在任何时候都能够得到为了生存和健康所需要的足够食物"。同时，该约定要求各国采取措施，保证世界谷物年末最低安全系数——当年末谷物库存量至少相当于次年谷物消费量的 17％～18％（其中：6％为缓冲库存，11％～12％为周转库存，周转库存相当于两个月的口粮消费）。该约定还明确：如果一个国家谷物库存安全系数低于 17％，则为不安全；如果低于 14％，则为紧急状态。显然，这样的粮食安全概念重点强调的是粮食供给的数量。

此后，联合国粮农组织对粮食安全概念先后进行了两次充实和完善。一次是在 1983 年，另一次是在 1996 年。联合国粮农组织于 1983 年 4 月给出的粮食安全新表述是："确保所有人在任何时候都能买得到和买得起他们所需要的基本食物。"这一新表述突出了粮食安全的三项基本目标：一是确保能够生产出足够的粮食；二是最大限度地稳定粮食的供给；三是确保所有需要粮食的人都能获得粮食。在 1996 年 11 月召开的世界粮食首脑会议上，联合国粮农组织再次对粮食安全的内涵给出了新的表述："只有当所有人在任何时候都能够在物质上和经济上获得足够、安全和富有营养的粮食，来满足其积极和健康生活的膳食需要及食物喜好时，才实现了粮食安全。"这种表述进一步丰富了粮食安全的内容，更加突出了粮食安全的质量。从偏重于粮食的数量安全到既重数量安全也强调质量安全，一方面反映出经济社会发展对粮食安全提出了新的和更高的要求，另一方面也反映出人们对粮食安全问题认识的更加深入和更为全面。

中国是粮食生产大国，也是人口大国，即粮食需求大国，中国解决了吃饭问题，就是对世界粮食安全的最大贡献。习近平总书记强调，粮食安全是国之大者。中国人的饭碗要牢牢端在自己手中，越是面对风险挑战，越要稳住农业。我国粮食连年丰收、库存充实、储备充足、供应充裕，市场运行和价格总体平稳。但是面对错综复杂的国际环境，面对国内巨大的粮食供需压力，保障国家粮食安全这根弦任何时候都不能放松。

二、当前我国及国际粮食供求形势

（一）我国粮食供需总量处于紧平衡态势

我国粮食供求紧平衡的基本态势，一方面受制于粮食供给状况，另一方面受制于粮食需求变化。

——从供给看，粮食连年丰产，但增产压力加大。

近年来，国家把确保粮食安全作为农业首要任务，加强政策指导推动，强化科技装备支撑，实现了粮食的连续 20 年丰产，粮食总产量连续 9 年稳定在 1.3 万亿斤水平以上。其中，稻谷、小麦、玉米三大谷物自给率多年稳定在 95% 以上，稻谷、小麦两大口粮自给率超过 100%，为应对风险挑战、稳定经济社会大局发挥了"压舱石""稳定器"作用，也为维护世界粮食安全作出了积极贡献。在新冠疫情全球大流行期间，一些国家限制粮食出口，国际农产品市场剧烈波动，而我国粮食等重要农产品供给充裕，保证了社会的稳定。习近平总书记指出，这次新冠疫情如此严重，但我国社会始终保持稳定，粮食和重要农副产品稳定供给功不可没。同时，我们也要清醒地认识到，在当前的农业生产方面也存在诸多制约，这些制约导致国家粮食供求将长期处于紧平衡的基本态势，这是由我们必须面对的世情、国情、农情、粮情决定的。

——从需求看，随着工业化、城镇化的快速推进和人民生活水平的不断提升，粮食消费需求水平将呈现刚性增长。影响需求增长的因素有三个：

第一是人口增长。现阶段，我国人口数量仍然处于上升通道，大多预测人口峰值不会超过 14.6 亿且将在 2030 年以前达到。按 14.6 亿测算，比现在要增加近 5 000 万人，以现在国内的粮食人均占有量计算，5 000 万人需要 240 亿公斤粮食。这么多粮食，需要多少土地呢？国家统计局公布的数据显示，2022 年，我国稻谷单位面积产量为每公顷 7 080 公斤，小麦为每公顷 5 856 公斤，玉米为每公顷 6 436 公斤，豆类为每公顷 1 979 公斤，薯类为每公顷 4 144 公斤。也就是说，把这 240 亿公斤粮食折算成土地，如果种水稻，就需要约 340 万公顷土地；种小麦，就需要约 410 万公顷土地；种玉米，就需要约 380 万公顷土地；种豆类，就需要约 1 200 万公顷土地；种薯类，就需要约 580 万公顷土地。

第二是消费升级。现在我国人口城镇化率已经超过 60%，将来会超过70%。与农村居民相比，城里人消费水平较高，对粮食包括粮食加工品、转化品的消耗更大。即使是农村人，未来的消费结构也会不断升级，对肉、蛋、奶以及蔬菜、水果等消费的占比会不断增大。

近年来，随着人民生活水平的不断提高，我国居民的饮食消费结构发生了较大的变化。具体到粮食上，人均消费增加还是减少呢？我们可以简单估算一下。国家统计局的数据显示，2013年我国人均口粮消费量为148.7公斤，而2021年是人均144.6公斤，也就是说，2021年比2013年减少了4.1公斤/人。从直接的粮食消耗来看，似乎人均消费量在不断减少，但随着人民的饮食结构越来越多元化，计算人均粮食消耗时不能只考虑直接食用的部分，还要考虑间接消耗的部分。肉蛋奶的产出需要更多的粮食来转化，蔬菜、瓜果虽然不用粮食转化，但也需要地来种，而且还是好地。一直以来，人们的认识有个误区，认为城里人比农村人吃的粮食少，对农业资源的需求就少，其实不然。城里人直接消费的口粮，也就是吃的饭，确实比农村人少；但是，城里人消费的肉、蛋、奶以及蔬菜、水果等明显高于农村人，而这些都需要用粮食来转化，或者需要占用优质粮田来生产，这就直接增加或间接影响了粮食消费。比如，农民一次吃一个苹果，而城里人喝一杯果汁就要榨两个苹果。所以实际上，一个城里人消耗的农业资源远高于一个农村人，城市化会明显增加和拉动农产品消费。这些年，我们对肉、蛋、奶以及水果等消费的占比一直是不断增大的。如果计算上肉蛋奶等消费，我们会发现人均粮食的消耗是增加的。与2013年相比，2021年肉类、禽类、水产品、蛋类、奶类人均消费量分别增加了7.3公斤/人、5.1公斤/人、3.8公斤/人、5公斤/人和2.7公斤/人，人均增加总量是23.9公斤/人。干鲜瓜果类增加了20.3公斤/人。

从食物链的角度看，能量传递效率为10%～20%，一些民俗的说法也是一斤肉五斤粮。也有学者通过计算，给出了较为精确的说法：每公斤猪肉、牛肉、羊肉、禽肉、禽蛋分别需要5公斤、3.6公斤、2.7公斤、2.8公斤、2.8公斤的饲料粮才能转化。上文提到，与2013年相比，2021年肉类、禽类、水产品、蛋类、奶类消费量增加了23.9公斤/人。无论按照上面哪种方式折算，最后计算的结果都是人均消耗的粮食实际上是增加的。即使不计算干鲜瓜果类，人均间接消耗的粮食也至少增加了60公斤/人。间接消耗增加量减去直接消费减少量，8年期间，平均每人每年消耗的粮食至少增加了 55 公斤。

第三是加工需要。主要是对以玉米为主的深加工衍生品的需求，玉米加工用于饲料、酒精、制油、制药乃至工业，是一个很大的量，这部分需求增量每年在 250 万吨以上。根据《中国农业展望报告（2020—2029）》的预测，随着玉米深加工企业新增、扩建产能逐步落地以及市场化进程的进一步深化，玉米工业消费将呈现刚性增长，年均增长率为 2.5%～3%，到 2025 年会超过 9 200 万吨，到 2029 年将接近 1 亿吨。所以，粮食需求刚性增长的趋势还将持续一个相当长时期。从整体上看，需求增长、资源减少，将使粮食供求长期处于紧平衡状态。

（二）我国粮食供求结构性矛盾凸显

——从作物结构看，稻谷、小麦产需基本平衡，玉米供需偏紧，大豆自给率低。

稻谷、小麦是我国最基础的两大口粮作物。在粮食安全方面，老百姓最关心的能不能吃饱问题，主要针对的是这两种作物。国家统计局公布的数据显示，2022 年我国稻谷产量为 20 849.5 万吨，小麦产量为 13 772.3 万吨。而《中国农业展望报告（2022—2031）》预测，2022 年稻谷消费量为 21 089 万吨，小麦消费量为 13 868 万吨。这么算下来，每年生产的稻谷和小麦与消费量基本差不多，加上充裕的库存，口粮绝对安全有保障。

2022 年我国玉米产量是 27 720.3 万吨，预测消费量为 28 870 万吨，产需缺口超过 1 000 万吨。从数据上看，玉米的供求确实偏紧，进口数据也能说明问题。2021 年我国玉米进口量为 2 835 万吨，比上年度增长 152.2%，约占当年玉米总产量的 1/10。数据能够说明一定的问题，但只能代表当下。实际上，在 2016 年之前，我国玉米的供给是过剩的，当时为了解决"三高"（产量高、库存量高、进口量高）问题，才采取了一系列调减措施，现在看，效果还是不错的。与其他粮食作物相比，玉米产业链条相对较长，消费用途更为广泛，直接食用是少数，作为饲料和淀粉、酒精等工业的加工原料是大头，因此调节相对灵活。今年缺，不代表明年还缺，现在价格上来了，农民自然就会多种，产量也就上来了。

我国粮食缺的主要是大豆，2022 年国内大豆产量为 2 028.5 万吨，创历史新高，但却进口了 9 000 万吨左右，对外依存度超过 80%，主要是国内大豆生产增速远低于消费增速。进口的大豆相当于利用了国外近 7 亿亩耕地，而且进口来源国相对集中，供应链容易受到冲击。我国主要从巴西、美国、阿根廷进口大豆。在 2021 年进口的大豆中，60.2% 来自巴西、33.5% 来自美国、3.9% 来自阿根廷。这里要说明一点，联合国粮农组织以及世界上主要粮食生产国家的粮食概念是指谷物，主要是稻谷、小麦、玉米三大谷物，有些国家包括杂粮如高粱，大豆是统计在油籽里面的。这一点与我们国家不同，我们所讲的粮食是粮豆薯统称的概念。

此外，我国大豆和玉米种植带高度重叠，东北四省区大豆产量占全国总量的六成，玉米产量占全国总产量的四成左右，用老百姓的话来讲就是"大豆和玉米种在一块地里"。在二者都需要增加供给的情况下，如何协调，如何双赢，也很值得我们思考。

——从品质结构看，我国的农产品质量和品质结构还有一定的提升空间。比如小麦，小麦主要分四种类型：强筋小麦，主要用来做面包；中强筋小麦、中筋小麦，主要用来做面条和馒头；弱筋小麦，主要用来做蛋糕和饼干。现在是中强筋小麦和中筋小麦比较多，缺优质的强筋小麦和优质的弱筋小麦，需要部分进口以满足国内需求。再比如玉米，90% 以上都是普通饲用玉米，青贮玉米、甜玉米、糯玉米、高蛋白玉米、高油玉米等专用玉米不到 10%。此外，优质稻米、高油大豆、特色杂粮等还有一定缺口，部分需要通过进口进行调剂。

党的十九大指出，新时代社会的主要矛盾已经转化为人民日益增长的美好生活需要和不平衡不充分的发展之间的矛盾。为满足人们的更高要求和更加多元化的食物需求，我们也应该生产出更高品质的农产品。国家推行的农业供给侧结构性改革也是要在确保国家粮食安全的基础上，以提高农业供给质量为主攻方向，促进农业农村发展由主要满足量的需求，向更加注重满足质的需求转变。

——从区域结构看，生产区域不断集中，能稳定调出粮食的省份减少。我国有 13 个粮食主产区、7 个主销区和 11 个平衡区。其中，13 个主产区按行政区划分别是：河北、内蒙古、辽宁、吉林、黑龙江、江苏、安徽、江西、山东、河南、湖北、湖南、四川。2003 年进行粮食流通体制改革时，主产区的确定方法是同时满足以下三个指标：1999—2001 年三年平均产量在 250 亿斤以上、人均占有量在 650 斤以上、商品库存量达到 85 亿斤。粮食生产主要集中在这 13 个主产区。近些年，90％以上的粮食增产来自粮食主产区。2022 年，13 个粮食主产区的粮食产量占到全国的 78.2％。在粮食主产区之间，生产也在不断集中。2003 年，净调出率在 5％以上的省份有 10 个，到 2010 年减少到 8 个，到 2020 年只剩下吉林、内蒙古、黑龙江、安徽、河南 5 个。

我国粮食主要集中在 3 个优势区域，分别是东北平原、黄淮海平原和长江流域。东北地区是我国最大的玉米、优质粳稻和大豆产区，包括内蒙古、辽宁、吉林、黑龙江四省区，粮食产量占全国的 27％左右。黄淮海地区是我国小麦、玉米及稻谷优势产区，包括河北、山东、河南、安徽、江苏 5 个省，粮食产量占全国的 35％左右。长江流域是我国稻谷集中产区，包括江西、湖北、湖南、四川 4 个省，粮食产量占全国的 17％左右。

——分品种看，三大主粮和大豆在全国各地几乎都有种植，但主产区的集中特点也十分明显。

水稻是我国最大的口粮品种，在我国种植地域广阔，除青海外的省份都有种植。区域上集中趋势明显。在政策扶持、市场需求和产业发展的带动下，我国逐渐形成东北、长江流域和东南沿海三大水稻产区，其中，长江流域是我国最大的水稻产区，水稻种植面积和产量均占全国的 65％左右。季节上早中晚稻分明。单季稻的生产主要集中在除广东、广西、海南和青海以外的全国各地，是我国种植面积最大、单产和总产最高的水稻品种类型。双季稻（早晚稻）的生产主要集中在华南和长江中下游等光温资源丰富地区。籼稻主要分布于我国南方稻区以及北方稻区的河南信阳、陕西安康，约占全国水稻种植面积的 70％。粳稻主要分布在我国北方稻区、长江中下游地区以及华南、西南的高海拔山区，约占全国水稻种植面积的 30％。

小麦是我国两大口粮作物之一，也是重要的商品粮、战略储备粮品种。我国小麦种植主要集中在黄淮海冬麦区、长江中下游冬麦区、西南冬麦区、西北冬春麦区、东北春麦区五大区域。其中，黄淮海冬麦区是我国最大的小麦生产基地，该区包括河北、山东、北京、天津全部，河南中北部、江苏和安徽北部、山西中南部以及陕西关中地区，播种面积占全国的70%左右，是我国发展优质强筋、中筋小麦适宜区之一。长江中下游冬麦区包括江苏和安徽两省淮河以南、湖北北部以及河南南部，是我国冬小麦的主要产区之一，是我国发展优质弱筋小麦适宜区之一。

玉米是我国三大谷物之一，是我国种植面积最大、产量最多的粮食作物。北方春玉米区、黄淮海夏玉米区是我国最重要的玉米产区。北方春玉米区包括黑龙江、吉林、辽宁、内蒙古、宁夏、甘肃、新疆，河北北部、陕西北部与山西中北部，以及太行山沿线玉米种植区，玉米种植面积占全国的一半左右。黄淮海夏玉米区包括河南、山东、天津、北京、河北南部、山西南部、陕西中南部和江苏、安徽淮河以北区域，玉米种植面积占全国的35%左右。

大豆是世界最主要的油料作物，是优质蛋白和油脂的主要来源，也是我国进口量最大的农产品。我国大豆生产主要集中在东北、黄淮海、西南三大区域。东北大豆产区包括内蒙古、辽宁、吉林、黑龙江4省（区），是我国最大的大豆产区，种植面积和产量均占全国的60%左右。黄淮海大豆产区包括河北、山东、河南、江苏、安徽，种植面积和产量约占全国的18%左右。

粮食生产中有几个最，也和大家分享一下。我国粮食生产第一大省是黑龙江省（1 550多亿斤），全国每9碗饭里有1碗产自黑龙江。黑龙江的水稻、玉米、大豆产量都居全国第一，是保障国家粮食安全的压舱石。我国小麦产量第一大省是河南，种植面积和产量均占全国的四分之一左右，全国每4个馒头中就有1个产自河南。全国第一产粮大市是黑龙江省哈尔滨市（近300亿斤）。全国第一产粮大县是黑龙江省富锦市（65亿多斤）。

（三）国际粮食供需形势

在国际上，粮食通常被理解为谷物，因此，我们主要讲一下国际谷物的供需和贸易情况。

——从供需总量看，世界谷物供需大体平衡，供给略小于需求。进入新世纪以来，全球谷物产量有了明显的增长，贸易量也有了较大幅度的增加，基本贸易格局在波动中调整变化。谷物总产量从 2000 年的 20.60 亿吨增加到 2021 年的 28.13 亿吨，贸易量从 2.24 亿吨增加到 5.10 亿吨，贸易量占总产量的比重从 10.87% 上升到 18.13%。根据美国农业部数据，2021/2022 年度全球谷物总消费量为 28.05 亿吨，库存消费比为 28.26%。

——从不同国家和地区看，全球谷物生产主要集中在亚洲、美洲和欧洲。中国和美国、欧盟、印度、巴西的产量优势明显，这些国家和地区合计谷物产量占全球的 60% 以上。在贸易方面，全球谷物出口主要集中在自然条件优越、生产技术水平较高和粮食人均占有量较大的国家和地区。美国、乌克兰、阿根廷、欧盟和俄罗斯是主要谷物出口国和地区，2021 年这五个国家和地区的谷物出口量合计为 2.87 亿吨，占全球谷物出口总量的 55.05%。而全球谷物的进口格局则相对稳定，进口市场的集中度比较低。欧盟、墨西哥、日本、埃及和中国是谷物的主要进口市场，2021 年这五个国家和地区的谷物进口量合计为 1.36 亿吨，占全球谷物进口总量的 15.58%。还有一些地区，粮食产量不足，但由于经济水平相对较低，进口也不多，导致部分民众食物获取不足，如非洲以及亚洲的一些国家。

根据联合国粮食及农业组织、国际农业发展基金、联合国儿童基金会、联合国世界粮食计划署、世界卫生组织联合发布的《2022 年世界粮食安全和营养状况》，2021 年全球受饥饿影响的人数达 8.28 亿。从数量上看，亚洲的人数依然最多（4.25 亿），非洲位列第二（2.78 亿），其后为拉丁美洲及加勒比地区（5 650 万）。从比例上看，全球食物不足发生率为 9.0%，其中非洲最为严重，共有 19.1% 的非洲人口处于食物不足状态，比亚洲（8.4%）和拉丁美洲及加勒比地区（7.8%）分别高出 10.7、11.3 个百分点。目前来看，非洲的饥饿人数增长最快，联合国粮食及农业组织预测，到 2030 年，世界长期饥饿人口中将有半数以上位于非洲。

——分品种看，不同作物的生产和贸易格局又有其各自的特点。

玉米是全球第一大谷物。除南极洲之外，世界各大洲有 70 多个国家种植玉米。据美国农业部月度供需报告预测，2021 年全球玉米产量达到 12.17 亿吨，占全球谷物总产量的 43.51％。世界上玉米产量最高的三个国家分别是美国、中国和巴西，2021 年三个国家玉米产量合计 7.71 亿吨，占世界玉米总产量的 63.4％。在贸易方面，2000—2021 年，全球玉米贸易量由 0.8 亿吨增长至 1.94 亿吨，占全球谷物贸易量的 39.66％。

世界 40％的人口以小麦为主食。2021 年全球小麦产量达到 7.79 亿吨，占全球谷物总产量的 27.82％。世界上小麦产量最高的五个国家和地区是欧盟、中国、印度、俄罗斯和美国，2021 年这五个国家和地区的小麦产量合计 5.05 亿吨，占世界小麦总产量的 64.76％。在贸易方面，2000—2021 年，全球小麦贸易量由 1 亿吨增长至 2.03 亿吨，占全球谷物贸易量的 41.6％。

大米是亚洲和非洲多数国家居民的主要口粮。2021 年全球大米产量达到 5.15 亿吨，占全球谷物总产量的 18.41％。世界水稻生产大部分集中在亚洲的东亚、东南亚、南亚的季风区以及东南亚的热带雨林区，亚洲面积和总产量常年分别占世界的 87％和 90％左右。在贸易方面，2000—2021 年，全球大米贸易量由 0.2 亿吨增长至 0.56 亿吨，占全球谷物贸易量的 11.4％。

国际粮食贸易具有不确定性。经过几十年发展变化，世界形成了相对稳定的粮食供求和贸易格局，世界粮食交易范围已从局部、区域性市场扩展为全球市场。但气候变化、生物质能源发展、国际投机资本炒作等非传统因素增加了粮食贸易的不确定性和风险。国际政治、突发事件导致粮食禁运和可获得性受到威胁。如金融危机、新冠疫情、乌克兰危机，都暂对粮食生产、贸易带来了直接冲击。现阶段，我国利用国内国际两个市场两种资源的能力不断增强，但不可回避的是我国尚未建立持续稳定的全球农产品供应网络，粮食进口产品、进口来源地、进口通道较为集中。作为粮食消费大国，我国的粮食消费量远高于国际粮食贸易量。我们既要看到利用国际市场进行品种调剂与余缺调剂的潜力与空间，也要充分估计国际市场存在的各种风险与不确定性。

三、中国人的饭碗要牢牢端在自己手中

（一）谁来养活中国人？中国人用行动回答了这个问题

对于如中国这样的人口大国来说，解决好吃饭问题极为重要。大家可能都听过"谁来养活中国"这句话，这句话最初来自美国学者莱斯特·布朗的质疑。1994 年，他发表了长达 141 页的《谁来养活中国——来自一个小行星的醒世报告》。他认为，中国由于日益严重的水资源短缺、高速的工业化进程对农田的大量侵蚀、破坏，加上人口增长，到 21 世纪初，可能需要从国外进口大量粮食，并引起世界粮价的上涨，对世界的粮食供应产生巨大影响，导致全球粮食大恐慌。

中国有十几亿人口，每年需要消耗大量粮食。这么多张嘴要吃饭，到底我们是否能养活得了自己？1996 年，我国首次发布《中国的粮食问题》白皮书，阐述了我国粮食安全的战略目标和政策措施，提出我国粮食自给率不低于 95％的目标，向世界表明中国政府和人民有能力依靠自己的力量解决中国人的吃饭问题。《国家粮食安全中长期规划纲要（2008—2020)》进一步明确了国家粮食安全的目标任务、战略重点和政策措施。新中国成立以来，特别是改革开放以来的成功实践证明，我国用占世界不到 1/10 的耕地，生产了占世界约 1/4 的粮食，养活了占世界近 1/5 的人口。这是对世界粮食安全作出的重大贡献，也用实际行动回答了谁来养活中国人的问题。

特别值得一提的是，自 2004 年以来，我国粮食已连续 20 年丰产。这么长时期的连续丰产，不仅历史罕见，也是世界罕见。据我们了解，世界排名前六位的主要产粮国中只有美国、印度曾经出现过五连增。一般来说，我们粮食生产的规律是 4～5 年一个周期，大体表现为"两丰一平一歉"的周期循环。远的不说，自改革开放以来，我国粮食生产就经历过两次大的波动：一次是在 20 世纪 80 年代后期，土地家庭承包以后连年丰收，出现卖粮难问题，农民积极性受挫，粮食生产出现较大波动；再一次是 20 世纪 90 年代后期，1996—1998 年，粮食丰收，达到 1 万亿斤，随后几年又开始出现波动减产，这个局面一直持续到 2004 年才得以扭转。我国作为全球人口数量第一、粮食产量第一的大国，粮食连续丰产和增产，打破了过去的"怪圈"，创造了世人称叹的中国奇迹，不仅增强了我们把中国人的饭碗牢牢端在自己手中的信心，也彰显了中国特色社会主义制度的独特优势。

（二）手中有粮心中不慌，实施新的国家粮食安全战略

党的十八大以来，中央明确提出了构建新形势下国家粮食安全战略，即坚持"以我为主、立足国内、确保产能、适度进口、科技支撑"，同时鲜明提出了"确保谷物基本自给、口粮绝对安全"的战略底线。以我为主，就是要把国家粮食安全的主动权牢牢掌握在自己手中；立足国内，就是要把国家粮食安全的物质基础建立在国内粮食生产和粮食产业持续稳定发展基础上；确保产能，就是要紧紧扭住保护和提高粮食综合生产能力这个国家粮食安全的"牛鼻子"；适度进口，就是要通过利用国外资源与市场进行一定数量的余缺调剂和必要的品种调剂；科技支撑，就是要把依靠科技进步作为提升国家粮食安全能力与水平的突破口和主攻方向。

习近平总书记强调，保障国家粮食安全，任何时候这根弦都不能松，中国人的饭碗任何时候都要牢牢端在自己手中，我们的饭碗应该主要装中国粮。新形势下国家粮食安全战略的内涵，可以概括为"四点一线"：

第一，把握战略立足点，始终坚持以我为主、立足国内。 就是我们的饭碗主要装自己的粮食。我国作为世界上最大的粮食生产国和消费国，受耕地、淡水等资源约束，粮食有缺口是客观现实，需要有效利用国际市场和国外资源。但 14 亿多中国人不能靠买饭吃、讨饭吃过日子。为什么强调立足国内？因为我国人口多、粮食需求量大，靠国际粮食贸易无法保障我国的粮食安全。其一，全世界粮食还不太够吃。2021/2022 年度，全世界谷物产量是 27.97 亿吨，但消费量是 28.05 亿吨，还差 800 万吨。其二，国际贸易量很小。世界粮食贸易量每年大体在 5 亿吨左右，仅相当于我国粮食消费量的一半左右。比如，稻谷是我国口粮消费的主体，占口粮的近 60%，大米消费量为每年 1.45 亿吨，而国际市场大米贸易量也就是 5 600

万吨，约是我国大米消费量的 40%，通过国际市场调剂的空间十分有限。其三，我国大国效应明显。由于体量大，进出口在国际上所占比重高，往往是买什么什么贵，卖什么什么贱。其四，运输成本问题。我国幅员辽阔，进口粮食从上海、广东到岸后再转运到贵州、甘肃，尤其是偏远的农村，成本太高，消费者吃不起。有人讲，进口粮食，等于进口土地和水，这话确实有一定道理，但从国情看，只能适当进口，不能依靠进口。所以，尽管近年来我国粮食生产取得了很好的成绩，但还是始终要有危机意识，全球新冠疫情所带来的影响更是给我们敲响了警钟。在新冠疫情暴发之初，为了确保自己国内粮食和重要农产品的安全供给，各国纷纷捂紧自己的"米袋子"，一些国家相继实行交通封锁及限制民生物资出口政策，多个粮食出口国宣布或启动了粮食出口限制措施以求自保。各国限制出口的品种不一，采用的方式不同。例如：在 2020 年疫情暴发初期，3 月 24 日越南决定在疫情期间停止签署新的大米出口合同，3 月 28 日埃及停止对未来三个月各种豆类产品的出口，3 月 31 日白俄罗斯对包括荞麦、荞麦米、洋葱和大蒜在内的一些主食产品实施为期三个月的出口禁令，等等。这些出口限制措施引发了当时世界对粮食安全的恐慌，让疫情下的全球粮食安全雪上加霜。联合国粮农组织曾表示，除非快速采取行动，保证全球粮食供应链通畅，缓解疫情蔓延对整个粮食体系的影响，否则全球将面临粮食危机迫近的风险。如果仔细观察，可以发现，尽管实施出口限制的农产品品种不一，有粮食产品、蔬菜、油料、鸡蛋等，但以稻麦口粮的出口限制为主，充分显现出稻谷和小麦，也就是口粮的战略价值。

这里有两个问题需要搞清楚：一个是能不能买得到？我在前面已经提到过，目前全球的粮食贸易量仅有 5 亿吨左右，仅相当于我国粮食消费量的一半左右，既不够我们吃，也不可能都卖给我们。总的来看，国际市场调剂空间有限，真到用时买不到。另一个是靠买粮吃会有什么后果？在粮食贸易上，我国的大国效应明显，对粮食市场价格的影响较大。如果我国长期从国际市场大量采购粮食，可能引起国际市场粮价大幅上涨，不仅要付出高昂的代价，也会影响我国与一些发展中国家的关系。2021 年，全球受饥饿影响的人数达 8.28 亿，而且多是非洲等不发达国家的人口，它们是我国外交战略的重要依靠力量。因此，只有立足国内保障 14 亿多人的吃饭问题，才是可靠的。

第二，把握战略着眼点，明确保障国家粮食安全的优先序。也就是我们的饭碗主要装哪些自己生产的粮食。过去我们曾想保全部，保所有品种，这是当时历史条件下没有办法的办法。现在耕地就这么多，需求又那么大，必须有保有压、有取有舍，集中力量先把最基本最重要的保住。重点是要做到"两保"：首先是"保口粮"。大米、小麦是我国的基本口粮品种，全国 60％左右的人以大米为主食，40％左右的人以面食为主食。这就需要合理配置资源，优先保障水稻和小麦的生产，水稻面积要大体稳定在 4.5 亿亩的水平，小麦面积要大体稳定在 3.5 亿亩的水平。其次是"保谷物"。保谷物主要是保稻谷、小麦和玉米，这三大谷物产量占我国粮食总产量的 90％左右，面积大体要稳定在 14 亿亩以上。前面已经讲到，稻谷和小麦作为口粮品种要保，玉米是重要的饲料粮和工业用粮，近年来需求增长最快，也要保。2022 年，我国玉米种植面积为 6.46 亿亩，还应该稳中有增。对于大豆和油料也要提高自给率，"油瓶子"也要攥在自己手上。

第三，把握战略着力点，努力确保产能、强化科技支撑。这里所说的就是我们靠什么来提升粮食综合生产能力，让自己的饭碗多装自己的粮食。重点是要解决好种子和耕地两个要害。种子是农业的"芯片"，耕地是粮食生产的"命根子"，只有把这两个要害抓住了，才能从基础上根本上确保国家粮食安全。党的十八大以来，现代种业发展取得了明显成效。农作物自主选育品种面积占比超过 95％，水稻、小麦两大口粮作物品种100％自给，玉米、大豆等种源立足国内也有保障。总体上，我国种子供应有保障、风险可控。但有些品种的自主创新确实与发达国家有差距，如果出现极端断供情况，可能会影响相关行业的发展速度、质量和效益。因此必须加快启动实施种源"卡脖子"技术攻关，保持水稻、小麦等品种的竞争优势，缩小玉米、大豆以及生猪、奶牛等品种和国际先进水平的差距，坚决打赢种业振兴行动。在耕地方面，我们也要重点从两个方面着手推进：一个方面是确保耕地数量，坚决遏制"非农化"、防止"非粮化"，保住 18 亿亩耕地红线，把有限的耕地资源优先用于粮食生产。另一个方面是大力提升耕地质量，抓好高标准农田建设，确保耕地质量持续稳定和不断提升。首先把"口粮田"建成旱涝保收的"吨粮田"，逐步把永久基本农田都建成高标准农田。

第四，把握战略平衡点，适度进口农产品，用好两种资源、两个市场。也就是我们的饭碗也需要适当装一点外国粮。我国地不足、水不够、资源环境压力大，为满足市场多样化的需求，适度进口是必要的，主要是做好"两调"：一是品种余缺调剂。我国强筋小麦、弱筋小麦、啤酒大麦等专用品种仍供不应求，需要通过适量进口来弥补国内不足。进口一些调剂品种，比如泰国香米、意大利通心粉等，不仅要满足国内消费者的多样化需求，还要满足每年来华投资、旅游、工作的大量外国人的消费需求。近些年，代表口粮的稻谷和小麦产需基本平衡，库存也处于历史高位，可以满足国内市场一年的需求，适当进口一点主要是为了品种口味调剂。二是年度平衡调节。战国时期，魏国丞相李悝就把"平籴法"作为变法的重要内容，实质就是调节粮食市场和价格，防止谷贱伤农、米贵伤民。在计划经济时期，靠的是国内调节，现在是开放的时代，需要统筹国内国际两个市场。在国际粮价低的时候，可适量进口粮食来补充国内库存，减轻国内资源环境压力。但要把握好进口的规模和节奏，防止某个品种集中大量进口冲击国内生产，给农民就业增收带来不利影响。

第五，守住战略底线，确保谷物基本自给、口粮绝对安全。也就是我们的饭碗里究竟能装多少自己的粮食，确保装什么。要对"两保"细化，这里需要量化"两个指标"、划定"两条底线"。量化"两个指标"，从资源条件、需求结构以及国内外经验看，做到"谷物基本自给"，就要保持谷物自给率在95％以上；做到"口粮绝对安全"，就是稻谷、小麦的自给率要基本达到100％。这是保障国家粮食安全的硬指标，也是硬约束。划定"两条底线"，实现上述自给率目标，稳定播种面积是基础。从目前的粮食单产水平和未来科技进步的潜力看，在守住18亿亩耕地红线的前提下，必须守住粮食播种面积17亿亩以上和谷物播种面积14亿亩以上的底线。如果耕地守不住，播种面积稳不住，我们的饭碗就端不牢。目前，我们已经划定了"两区"，也就是粮食生产功能区和重要农产品生产保护区。

按照国务院"三年划定，五年建成，永久管护"的统一部署，自 2020 年开始推进"两区"建设，建好以后，可以保障我们小麦和稻谷两大口粮的安全。

如果从供求关系上、从工作上再对粮食安全问题作一点深入的分析，我以为保障粮食安全应弄清楚以下几个问题：

第一，粮食供给问题主要是城里人的问题，不是农村人的问题。从全国来讲，除一些受灾地区和纯牧区外，农民总体上不存在粮食问题。农民是生产者，生产的粮食不需要像过去那样，自己饿肚子也要先交公粮，现在他们首先会满足自己的需求，剩余的再拿去卖掉。在一些经济发达的南方地区，有的农民就种点自己吃，留出时间去打工。再看看城里人的情况：一是城镇人口不断增多。目前我国城镇常住人口总数超过 9 亿人，城镇化率以年均 1% 以上的速度增长。大批农民进城后由粮食生产者转变为粮食消费者。二是消费水平不断提高。首先是消费结构提升。消费加工食品需要消耗更多的原料。城里人蔬菜、水果、肉蛋奶吃得多，蔬菜、水果需要耕地来生产，畜产品需要更多的粮食来转化。

第二，粮食供给问题主要是主销区的问题，不是主产区的问题。全国将近 80% 的粮食产量来自黑龙江、河南、吉林等 13 个主产区，粮食净调出的省份有 5 个，而广东、浙江等 7 个主销区粮食产需缺口逐年扩大。过去是北煤南运、南粮北运，现在是北粮南运、南猪北移。

第三，保障粮食供给问题主要是政府要解决的问题，不是农民要解决的问题。保证老百姓吃上饭是政府的第一责任。政府要粮，农民要钱，这个矛盾怎么统一？这涉及政策的判断、取向和制定问题。人民公社时期，这两者目标是统一的，实际上都没有实现；实行家庭联产承包责任制之后，政府目标和农民期盼存在一定差异。过去靠行政命令推动农民务农种粮，现在农民有了生产经营自主权，行政推动不那么管用了，要依靠政策引导、经济激励、增加收入调动农民的生产积极性，这样才能保障国家粮食安全和主要农产品有效供给。

所以，在国家粮食安全问题上，政府要尽责，销区和城里人也要尽力、尽心，不能把粮食生产、粮食安全的责任都甩给主产区和农民，应当给粮食生产必要的补贴，承受粮价的合理上涨，全国上下万众一心，发展粮食生产，保障国家粮食安全。

总之，粮食是战略物资，在粮食问题上我们不能忘记历史、盲目乐观，不能今天吃饱了，就忘了昨天饿肚子的滋味；不能粮食连年丰收，就看不到今后保障粮食安全的难度和压力，确保粮食安全任务依然艰巨。对于我们这样一个拥有 14 亿多人口的大国来说，没有粮食安全就没有一切。

坚持走中国特色粮食安全道路

我国作为世界第一人口大国，经过 70 多年的不懈努力，不仅从根本上解决了亿万人民的生活温饱问题，而且实现了十几亿人从温饱迈向小康的历史性跨越，特别是自 2015 年以来粮食总产量连续 9 年稳定在 1.3 万亿斤以上。这不仅确保了我们自己国家的粮食安全，也为世界粮食安全作出了重大贡献。究其原因，在很大程度上就是我们在实践探索中走出了一条具有中国特色的国家粮食安全道路。

一、粮食安全在探索中前行

中国依靠自己的力量成功解决了 14 亿多人口的吃饭问题，用占世界不到 10% 的耕地养活了占世界近 20% 的人口，提前实现了联合国千年发展减贫目标，为世界粮食安全作出了重要贡献。

（一）不断推动粮食产量迈上新台阶

1949 年，全国粮食产量只有 11 318 万吨（1.13 亿吨），人均粮食占有量仅有 209 公斤。经过长期坚持不懈的努力，我国粮食总产量取得了巨大提升，如果以亿吨计，先后迈上了五个台阶，即 1966 年总产量为 21 400 万吨（迈上 2 亿吨台阶），1978 年总产量为 30 477 万吨（迈上 3 亿吨台阶），1984 年总产量为 40 731 万吨（迈上 4 亿吨台阶），1996 年总产量为 50 454 万吨（迈上 5 亿吨台阶），2012 年总产量为 61 223 万吨（迈上 6 亿吨台阶）。这其中值得一提的是，改革开放初期，我们推行的农村改革、家庭承包释放了农业生产力，激发了农民积极性。从 1978 年到 1984 年，粮食总产量六年间连续登上两个亿吨级台阶，说明制度变革释放的生产潜力是巨大的。

（二）不断提高粮食生产科技水平

科学技术是第一生产力。20 世纪 50 年代末，毛泽东同志把农业增产的基本措施概括为"土、肥、水、种、密、保、管、工"八个字，这就是著名的"农业八字宪法"。1973 年，中国农业科学院和湖南省农业科学院组织全国杂交水稻科研协作，实现了三系配套的重大突破，成功选育出如今已广为人知的杂交水稻，为提高水稻产量开辟了新途径，袁隆平因此也被誉为"杂交水稻之父"。党的十一届三中全会以后，国家大力支持引导农业科技发展。邓小平曾指出，农业问题的出路，最终要由生物工程来解决，要靠尖端技术。1989 年，我国首次将科技兴农作为振兴农业的重大战略措施。1991 年，党的十三届八中全会明确提出：推进农业现代化，必须坚持科技、教育兴农的发展战略。经过不断努力，我国粮食生产在农业科技发展的带动下，单产水平持续提升。1949 年我国粮食平均亩产仅为 68.6 公斤，1965 年以后稳定在 100 公斤以上，1982 年突破 200 公斤，1998 年突破 300 公斤，到 2022 年达到 386.8 公斤，70 多年来粮食单产增加了 4.6 倍。

科技进步对粮食增产提质增效的支撑作用，主要表现在以下三个方面：一是农业育种创新取得突破性进展，建立了超级稻、矮败小麦、杂交玉米等高效育种技术体系，粮食品种大规模更新换代，主要粮食作物基本实现了良种全覆盖。二是农业科技成果转化应用的步伐加快，科学施肥、节水灌溉、地膜覆盖、绿色防控等技术得到大面积推广，水肥药利用率明显提高，病虫草害损失率大幅降低。三是农业机械装备取得巨大进步，农机作业极大地提高了劳动效率和耕作水平，更有效地利用了天时地利，保障了农作物适播适收，规避了自然灾害。目前，我国农业科技进步贡献率超过 60％，粮食作物自主选育品种面积占比提高到 95％以上，三大粮食作物化肥、农药利用率均超过 40％。三大谷物耕种收机械作业率全国平均达到 90％左右。

（三）不断改善粮食生产基础设施条件

水利是农业的命脉。新中国成立之初，全国仅有 22 座大中型灌溉水库，农田有效灌溉面积达 2.39 亿亩。1978 年，全国农田有效灌溉面积增加到 6.75 亿亩，比新中国成立之初增长 182％。改革开放以来，我国加快了农田水利建设步伐，加大了农田基础设施建设力度。以优质粮食产业工程为带动，以农业综合开发为依托，加快中低产田改造步伐，增强农业综合生产能力。扎实推进高标准农田建设，改善农业生产条件，提高农业抗灾减灾能力。到 2022 年累计建成 10 亿亩高标准农田，基本上做到旱涝保收，夯实了粮食安全基础。到 2021 年，全国农田有效灌溉面积达到 10.35 亿亩，分别是 1949 年和 1978 年的 4.3 倍和 1.5 倍，节水灌溉面积发展到 5.85 亿亩，农田灌溉水有效利用系数达到 0.57。

农业的根本出路在于机械化。我国的农业机械化事业，是从 20 世纪 50 年代初期开始白手起家的，当时的机械工业基础十分薄弱，农业机械工业几乎处于空白，甚至解决农具严重不足问题都成了当时恢复农业生产的急迫问题。1952 年，我国农业机械总动力仅为 18.4 万千瓦。1959 年 9 月，农业机械部成立，国务院于 1966 年 7 月、1971 年 8 月和 1978 年 1 月相继召开了三次全国农业机械化会议，我国农业机械化事业进入快速发展时期。进入 21 世纪，在 2004 年颁布实施的《中华人民共和国农业机械化促进法》和开始实行的农机购置补贴以及小麦跨区作业"南征北战"的推动影响下，我国的农业机械化事业真正步入了快车道，粮食生产的全程机械化成了主攻方向。到 2018 年，我国农业机械总动力突破 10 亿千瓦，比 1952 年增长约 5 434 倍。我国主要农作物耕种收综合机械化水平在 2010 年达到 52.3％，超过 50％则标志着我国农业生产方式实现了由以人畜力生产方式为主转变为以机械化生产方式为主的历史性跨越。2022 年，主要农作物耕种收综合机械化率已超过 73％，小麦、水稻、玉米三大粮食作物的耕种收综合机械化率分别达到 97％、86％、90％，基本实现机械化。

（四）不断优化粮食生产区域布局

新中国成立特别是改革开放以来，受农业科技、地理环境、区域差异和人地矛盾等因素影响，我国粮食生产和加工区域布局已经发生了重大变化，主要表现在粮食主产区优势逐渐彰显，产业集中化、专业化、优质化的发展格局逐步形成。

一是从"南粮北调"到"北粮南运"。新中国成立之初，我国粮食主产区主要在南方，一直有"湖广熟，天下足"的说法，粮食流动方向是"南粮北调"。从 20 世纪 70 年代中期至 80 年代中期开始，南方籼米开始流入北方，北方玉米流向南方，逐步形成了北方粮食总体上向南方调运的格局。从 1982 年开始，南方粮食产量占全国粮食产量的比重总体上呈逐步下降趋势，北方总体上呈上升趋势，粮食主产区逐渐转移到北方，区域格局发生了重大变化。

二是粮食优势区域布局基本形成。党中央、国务院将优化粮食生产区域布局作为保障国家粮食安全的重要内容来抓，在 21 世纪初即推进优势农产品区域布局。这几年，国家加快建立粮食生产功能区和重要农产品生产保护区，提出建设国家粮食安全产业带。随着粮食生产区域布局和要素组合不断变化，粮食主产区优势逐渐彰显，逐渐形成了东北稻谷、玉米和大豆优势产业带，黄淮海平原小麦、玉米和大豆规模生产优势区，长江经济带双季稻和优质小麦生产核心区，西北优质小麦、玉米和马铃薯优势区，等等。其中，长江流域和东北三省水稻面积占全国的 80％以上，冀鲁豫苏皖小麦面积占全国的 70％以上，东北玉米约占全国的 40％，东北大豆约占全国的 65％。全国 13 个粮食主产区粮食产量占全国的 78％，提供商品粮占全国的 80％以上。

三是粮食加工业向产区布局。在粮食产业化不断向纵深推进的过程中，围绕稻谷、小麦、玉米、大豆、马铃薯等粮食主产区，我国初步形成了黑龙江东部粳稻加工产业带、黄淮海优质专用小麦加工产业带、东北及内蒙古东部玉米和大豆加工产业带等优势粮食加工产业带，并涌现出一批优势突出、特色明显的粮食加工业密集区，粮食加工业向产区集中布局的趋势更加明显。与此同时，粮食加工产业园区建设步伐不断加快，规范化程度不断提高。这些园区结合本地的资源优势，围绕主要粮食品种进行专业化生产，延长产业链条，优化了产业布局，推动了技术进步，对当地及周边地区粮食加工业的发展起到了很好的示范带动作用。

（五）不断完善粮食生产支持保护制度

近年来，我国粮食生产支持保护力度不断加大，结构持续优化。

一是最低收购价政策。政策执行目标主体主要是稻谷和小麦。稻谷最低收购价政策2004年出台，2005年开始实施，小麦最低收购价政策2006年开始实施。在最低收购价政策实施之初，首要目标是保供给。但随着粮食生产成本不断增加，农民种粮收益逐步缩小，为保障种粮农民的合理收益，政府逐步提高粮食最低收购价。2020年，为适应WTO规则的要求，开始实行小麦、稻谷最低价限量收购政策。总的来看，实行粮食最低收购价政策，市场价格看好时农民直接在市场销售，粮价偏低时政府托市收购，对保护农民种粮积极性、保障粮食市场供应和粮价稳定发挥了重要作用。

二是生产者补贴政策。当前，政策执行目标主体主要是玉米和大豆。2009年，国家在东北地区启动实施玉米临时收储政策，对调动农民种粮积极性起到了积极作用。但在实际执行过程中，临时收储已演变为固定收储，且收储价格逐年提高，客观上扭曲了市场价格信号，既造成了价格倒挂，也影响了畜牧养殖和玉米加工业的发展。2016年，国家取消了玉米临时收储政策，在东北三省和内蒙古实施"市场化收购＋生产者补贴"制度，也就是玉米价格由市场形成，同时给玉米生产者实行补贴。大豆临时收储政策的执行时间为2009年至2013年。2014年东北地区大豆实行目标价格补贴试点，取消了大豆临时收储政策。2017年，国家将大豆目标价格调整为"市场化收购＋生产者补贴"制度。对粮食生产者按种植品种给予补贴，对帮助农民降低生产成本、承受市场风险发挥了直接作用，也有效激励了农民发展玉米、大豆生产，实现了政府的调控目标。

三是生产扶持政策。主要包括农业支持保护补贴政策、农机购置补贴政策、农业保险补贴政策和产粮大县奖励政策等。其中，农业支持保护补贴政策主要支持耕地地力保护和粮食适度规模经营；农机购置补贴政策重点向粮食作物倾斜；农业保险补贴政策已覆盖玉米、水稻、小麦等粮食品种；产粮大县奖励政策主要是对粮食主产区的扶持政策，一个县的财政转移支付大体上是每年 5 000 万元左右，个别产粮超 50 亿斤的大县，能达到 1 亿多元。这些补贴与奖励政策对提高我国粮食综合生产能力、调动种粮农民和产粮大县的积极性起到了重要作用，有效保障了粮食生产的持续稳定发展。

四是农业资源及生态保护补助政策。与粮食相关的政策主要包括耕地等主要生态系统补偿政策和农业资源环境突出问题治理政策，其核心是建立健全绿色发展方式补贴制度，这方面的空间很大。其中，在财政补助政策的支持下，自 2015 年起国家开始在东北 4 省（区）开展黑土地保护利用试点，2016 年国家启动耕地轮作休耕制度试点，2019 年国家在北方部分地区实行保护性耕作试点等，对恢复地力、提高粮食生产能力起到了积极作用。

五是支持粮食产业发展的政策。首先是优质粮食工程，国家从 2017 年开始每年陆续投入奖励资金，重点支持粮食产后服务体系、粮食质量安全检验监测体系建设和"中国好粮油"行动计划。其次是支持粮食产业化发展，支持方向包括一二三产业融合发展、农业产业化、多种形式适度规模经营、农业生产性服务业建设、现代农业产业园建设、乡村特色产业发展、特色农产品优势区建设、产业扶贫等政策。

目前，我国已经基本建立了粮食生产支持保护制度体系。在中央政策的带动下，各地也纷纷出台含金量高的支农惠农政策。例如：有些地区如黑龙江省按照粮食播种面积进行补贴；有些地区如山东省、河南省等对土地流转进行补贴；有些地区如沿海省份对水稻种植大户和新型农业经营主体购买种子种苗、肥料农药等农资进行补贴；还有些地区如广东省、浙江省等对双季稻生产进行补贴；等等。这些政策实惠之多、力度之大、覆盖之广、调控之有效都是前所未有的，在调动农民务农种粮和地方政府重农抓粮的积极性方面发挥了不可替代的作用。

二、保障粮食安全任重道远

虽然我国粮食综合生产能力在逐步提高，但粮食稳产增产的长效机制尚未形成，农业基础仍然薄弱，粮食需求刚性增长的趋势在短期内不可逆转，保障粮食安全任务艰巨。

（一）资源环境制约不断加大

农业生产经营活动是自然再生产与经济再生产的统一，在农业生产经营活动中必须遵循包括动植物的生长发育规律在内的各种自然规律。因此，资源环境对粮食生产的影响可以说是一种硬约束，对此我们应有清醒的认识。粮食是从地里长出来的，耕地是根本，水利是命脉，生态环境是屏障。

一是耕地资源约束。从耕地数量看，我国耕地面积约为19亿亩，排在世界第三位，但人均耕地面积约为1.3亩，不到世界人均水平的1/3，在世界190多个国家中排第126位。从耕地质量看，我国耕地受干旱、洪涝、盐碱、陡坡、瘠薄等多种因素影响，中低产田所占比重较大，陡坡开垦、草原开垦、围湖造田等形成的耕地面积较多。耕地退化面积已占总面积的40%，东北黑土层由新中国成立初期的80厘米降至30厘米，土壤有机质含量也明显下降。耕地占优补劣问题突出，被占的多是基本农田、优质耕地，而补的却是生地、劣质土地。耕地质量整体不高对粮食单产提升造成了很大压力。从耕地资源分布看，我国东部地区特别是东部沿海省份，人口多耕地少，但在西北地区则是人口少耕地多，反映出我国的耕地资源分布与人口分布不相匹配。

二是水资源约束。从水资源总量看，我国是一个缺水大国，被联合国列为13个贫水国家之一，全国50%的国土面积年降雨量低于400毫米。我国淡水资源总量为2.8万亿立方米，人均水资源占有量为2 240立方米，约为世界平均水平的1/4。在水资源开发利用中，农业既是用水大户，也是缺水大户。目前我国每年农业生产缺水300亿立方米，未来城市生活用水、工业用水和生态用水还要挤压农业用水空间。从水资源时空分布看，时空分布的不均衡加剧了水资源对粮食生产的约束。从时间分布看，我国水资源年内、年际变化都比较大，大部分地区降雨量最多的四个月占了全年降雨量的70%左右。从空间分布看，我国水资源分布趋势是从东南向西北逐渐递减。从水资源和耕地资源的匹配看，耕地资源是"南少北多，东少西多"，而水资源是"南多北少，东多西少"。我国北方地区耕地面积占全国耕地面积的3/5，但水资源占有量不足全国水资源总量的1/5，南方地区耕地面积占全国的2/5，水资源总量占全国的4/5。也就是说，我国地少的地区水多，水少的地区地多，水资源和耕地资源是错配的，而且还非常严重。

三是生态环境约束。我国是一个发展中的农业大国，过去依靠化肥农药的高投入带来了粮食的高产出，但同时也带来了突出的环境问题。不合理使用化肥、农药、农膜等化学品农资，会导致严重的农业面源污染，进而损害粮食生产的生态基础。此外，我国地域广博，不同地区的气候条件千差万别，农业气象灾害种类比较多，包括干旱、洪涝、台风和极端天气等多种形式，多种气象灾害都导致了粮食产量下降。我国农业因灾损失的70%～80%是由气象灾害造成的。

（二）科技支撑还不够强

我国粮食总产不断登上新台阶，农业科技在增产提质增效方面的作用功不可没。但也应当看到，尽管我国农业科技进步贡献率从1996年的15.5%提高到2021年的61%，25年提高了45.5个百分点，但发达国家在2015年时农业科技进步贡献率就已达70%～80%，这说明我国农业科技与发达国家相比还有一段差距，意味着我国通过科技创新发展农业的潜力还有较大的空间。

我国农业科技创新存在着"四多四少"现象，表现为常规技术多、重大关键技术和创新技术少，产量技术多、品质技术少，生产技术多、加工技术少，知识形态技术多、能转化为现实生产力的技术少。同时我国农业科技成果转化率偏低，与发达国家也有明显的差距，有较多的农业科技成果没能转化为实际生产力，农业科技研发和农业生产实践之间存在较多脱节的地方，即科技创新的供需不匹配。

（三）基础设施仍然薄弱

粮食生产基础设施问题主要体现在两个方面：一方面，农田水利设施老化。我国中低产田占耕地总面积的 2/3，大型灌区骨干工程完好率为 60%，中小灌区干支渠完好率为 50%，灌溉排水泵站老化破坏率接近 75%。近年来，国家出台政策项目加强农田水利建设，但建设速度仍然跟不上需求，特别是小型农田水利设施建设面窄，农业抗灾能力仍显薄弱。另一方面，现代要素投入不足。现代投入要素的使用对农业发展尤其是粮食增产的作用巨大。受农业基础设施薄弱、投资周期长回报低、经营风险大等因素制约，先进技术装备进入农业仍然比较缓慢，大马力、高科技装备还主要依靠国外进口，大型农业基础设施建设基本靠政府投入，而粮食生产区财力又有限，社会资本因农业基础设施投入的特点很少进入。在加快推进农业农村现代化的背景下，现代要素投入不足问题无疑会增加持续提升粮食综合生产能力的难度。

（四）种植效益总体不高

粮食生产供给在很大程度上取决于农业生产主体的种粮积极性，而种粮积极性主要取决于种粮的经营效益和比较收益。粮食主产区农民收入偏低，低于全国平均水平，这不是个好现象。脱贫地区和粮食主产区农民收入增幅要明显高于全国平均水平。其一，种粮的经营效益呈下降趋势。尽管近些年粮食补贴规模不断增大，但总体上还不能弥补成本快速上升导致的利润下降。种粮成本上升主要表现在三个方面：一是化肥、农药价格上涨，导致物质和服务费用（农机）支出快速增长；二是农村劳动力大量外出，导致农业劳动力成本明显上升；三是土地资源日益紧缺，导致土地流转费用显著增加。数据显示，2004—2020 年稻谷、小麦和玉米三大主粮的平均生产总成本从 395 元/亩上涨到 1 120 元/亩，上涨 183.5%；其中，人工成本从 141 元/亩上涨到 414 元/亩，上涨 193.6%；土地成本从 54 元/亩上涨到 239 元/亩，上涨 342.6%；物质与服务费用从 200 元/亩上涨到

468 元/亩，上涨 134.0％。可以看出，人工成本和土地成本的上涨速度要快于物质与服务费用的上涨速度。其二，种粮的比较效益偏低。有的地方，种 1 亩大棚蔬菜的收益大约相当于 9 亩粮食的收益，种 1 亩特色水果的收益相当于 10 亩粮食的收益；农民外出打工的收入大大高于种田收入，农民一亩粮食的纯收益只有 200～300 元，辛辛苦苦种一亩田，还不如外出打几天工。这些都导致了农民种粮积极性不高。

（五）"谁来种粮"问题日益凸显

随着城镇化、工业化进程的加快，农民大量外出务工，农民工达 2.9 亿人，一些地方劳动力外出比例高达 70％～80％，留在农村务农的多为"386199 部队"，就是农村多为妇女、儿童和老人，文化程度低，老龄化程度达 30％，平均年龄达 55 岁，导致我国农业劳动力出现结构性短缺，"谁来种粮"问题凸显。有一句话概括说"40 后干不动，以 50、60 后为主在种，70 后不愿种，80 后不会种，90 后不知道家里的庄稼在哪儿种"。此外，我国土地经营规模小，"怎么种地"也是个问题。我国现有承包农户 2.2 亿户，户均经营规模 7.5 亩，经营耕地 10 亩以下的农户有 2.1 亿户，人均一亩三分地，户均不过十亩田。农业人口人均耕地 2.34 亩，几乎是世界上最少的，大约是美国的 1/200、阿根廷的 1/50、巴西的 1/15、印度的 1/2。在今后相当长一个时期内，广大承包农户仍然是我国农业生产经营数量最多的主体，土地小规模经营为主的格局在短期内不会发生根本改变。而小规模经营，再加上种粮效益不高，使不少农民缺乏提升种粮水平、增加种粮投入的动力。

三、多措并举保障国家粮食安全

今后保障国家粮食安全到底怎么做？关于这个问题，习近平总书记讲了四句话：根本在耕地，命脉在水利，出路在科技，动力在政策。这是保障国家粮食安全的措施和方向。从我国的国情和现实生产看，再加上两句话，基础在农民、重点在大县。实施好新形势下国家粮食安全战略，保障国家粮食安全，就要坚持走中国特色粮食安全道路，重点做到坚持一个方针、实施两个战略、用好三个分区、处理好四个关系、做好五指并抓。

（一）一个方针：立足国内实现基本自给的方针

我国人口多、粮食需求量大，世界每年粮食贸易量仅相当于我国粮食消费量的一半左右，靠国际粮食贸易根本无法保障我国粮食安全。此外，由于我国粮食生产的耕地、水等资源条件缺乏且分布不均，粮食供求长期处于紧平衡状态，任何外部供给冲击都会对我国粮食安全造成一定程度的影响，所以解决我国粮食安全问题的基本方针和路线只能是立足国内，将中国人的饭碗牢牢端在自己手中。

（二）两个战略：实施藏粮于地、藏粮于技战略

我们靠什么来提升粮食综合生产能力，让自己的饭碗装满自己的粮食？

首先是藏粮于地。加强耕地质量保护和提升，这是国家粮食安全的命脉所系。皮之不存，毛将焉附。习近平总书记多次强调，"耕地是粮食生产的命根子""耕地保护既要保数量，也要提质量""保护耕地要像保护文物那样来做，甚至要像保护大熊猫那样来做"。这些年，我国耕地数量减少，既有工业化、城镇化发展占地的原因，也有用地不节约、不集约的原因。只有守住耕地，才能守住明天的饭碗。如果耕地守不住，都"非农化"了，粮食生产就成了无本之木、无源之水，我们就没有了赖以吃饭的家底。这是关系子孙后代的长远战略问题。

守住粮食生产的耕地红线，必须实行最严格的耕地保护制度和最严格的节约用地制度。核心就是深入实施藏粮于地的战略，必须严守18亿亩耕地红线，守住17亿亩粮食播种面积和14亿亩谷物播种面积的底线。一是要严格控制乱占耕地建房，正确处理好耕地保护和支持发展的关系；二是要确保在耕地占补平衡的同时，补划耕地的质量不降低，避免出现"狸猫换太子"现象；三是永久基本农田不能再占，而且主要用来种粮。

守住耕地红线不仅是数量上的，而且是质量上的。这些年，农业基础

设施建设持续加强，是粮食连年增产的重要原因，但靠天吃饭的局面仍未根本改变。如果发生大范围干旱，我们还不能有效应对。要确保产能，就要在保证耕地面积稳定的前提下，建设旱涝保收的高标准农田。高标准农田，就是指土地平整、土壤肥沃、集中连片、设施完善、农电配套、生态良好、抗灾能力强，与现代农业生产和经营方式相适应的旱涝保收、持续高产稳产的农田。到 2022 年，我国累计建成 10 亿亩旱涝保收高标准农田，每亩产能一季不低于 1 000 斤，保证 1 万亿斤以上粮食产能。

其次是藏粮于技。在耕地、水等资源约束日益强化的背景下，粮食增产的根本出路在科技。要紧紧依靠科技挖掘粮食增产潜力，这是实现粮食持续增产的根本出路。目前，我国正处在推进农业现代化的关键时期，促进农业和粮食生产可持续发展，必须比以往任何时候都更加重视和依靠农业科技进步。

一项技术创造一个奇迹。要适应资源禀赋和发展阶段的变化，及时调整农业技术进步路线，以解决好地少水缺的资源环境约束为导向，以发展高产、优质、高效、生态、安全现代农业为基本要求，不断提高农业科技进步贡献率。一是组织开展重大农业科技攻关，推进良种攻关，加快培育一批高产稳产、优质专用、绿色生态、适宜机械化和轻简化的新品种，尤其是加快培育高产优质玉米、大豆品种。二是促进农业节本增效，集成推广节水、节肥、节药、节膜、节能等技术，发展资源节约型农业，提高农业生产效益。三是解决好农业技术推广"最后一公里"问题，加快推进农业科技成果转化应用，加强基层农技推广体系改革与建设，让科技成果和关键技术进村入户。

劳动过程机械化，是农业节本增效的重要手段，也是促进和提升粮食生产的有效手段。我国农业生产方式已由传统的以人力畜力为主转向以机械作业为主。今后要完善农机购置补贴政策，在主产区推进水稻、小麦、玉米三大主粮全程机械化。我国农业信息化建设起步虽晚，但发展较快、前景广阔。要推动信息服务进村入户，要推动农机化与信息化结合，发展数字农业，发挥信息化对农业现代化建设和粮食安全的助推作用。

（三）三个分区：利用好粮食生产功能区、重要农产品生产保护区和特色农产品优势区

建设粮食生产功能区、重要农产品生产保护区和特色农产品优势区是巩固与提升我国粮食和重要农产品供给保障能力的重大战略性举措，是从我国实际出发确保国家粮食安全的一项非常重要的制度性安排。2017 年 3 月，国务院出台了《关于建立粮食生产功能区和重要农产品生产保护区的指导意见》，对"两区"建设作出了全面的安排部署，划定水稻、小麦、玉米等粮食生产功能区 9 亿亩，大豆、油菜籽等重要农产品生产保护区 2 亿多亩。按照新时期国家粮食安全战略，以稻麦两大口粮自给率 100% 和玉米、水稻、小麦三大谷物自给率保持在 95% 左右为目标，划定水稻和小麦生产功能区的面积占现有稻麦用地面积的 83%，可以保障 95% 的口粮生产；划定水稻、小麦和玉米生产功能区的面积占现有三大谷物用地面积的 80%，可以保障 90% 以上的谷物自给率。加上"两区"之外的产能，"口粮绝对安全、谷物基本自给"的底线目标可以有充分的保障。此外，按照发挥比较优势、优化种植结构、稳定农民收益的思路划定 1 亿亩的大豆生产保护区，也能够确保现有大豆的供给水平不降低。经过三年的努力，"两区"划定工作在 2019 年已经完成，当前和今后的工作重点是把"两区"建设好，使"两区"在确保国家粮食安全和保障重要农产品有效供给方面发挥基础支撑作用。

2017 年，农业部等 9 部门发布了《关于开展特色农产品优势区创建工作的通知》，国家发展改革委、农业部、国家林业局联合印发了《特色农产品优势区建设规划纲要》，在全国开展特色农产品优势区创建工作。截至 2020 年底，共遴选出 4 批中国特色农产品优势区名单，其中包括马铃薯、红薯等粮食作物，还有水果、瓜菜等也是"大食物"，对保障国家粮食安全起到了补充作用。

（四）四个关系：正确处理好四个方面的利益关系

保障国家粮食安全是一个复杂的系统工程，涉及多个环节、多个利益

主体，需要处理好多个方面的利益关系。

第一，要处理好责任与积极性的关系。从总体上看，中央和地方保障国家粮食安全的责任关系尚未完全理顺，保障国家粮食安全的责任更多地由中央承担，地方虽然是落实粮食安全责任的主体，但由于粮食生产是低效益产业，对 GDP 和税收的贡献小，因此一些地方政府在抓粮食生产上投入的精力不多，积极性不高，与中央确保粮食安全的目标不相适应。这个问题要解决，就要落实米袋子省长负责制。要实行粮食安全党政同责，压实地方党委政府责任。

第二，要处理好主产区与主销区的关系。当前的主要问题是，主产区和主销区利益与责任不对称。主产区承担粮食生产责任多、获得回报少；主销区承担责任轻、对主产区的依赖程度高，导致粮食主产区产粮越多则包袱越重、财政越穷，地方政府财政压力大。现在能够实现粮食自给的省份逐年减少，缺粮省份逐年增加。要建立完善主销区与主产区利益补偿机制。

第三，要处理好政府要粮与农民要钱的关系。国家粮食安全责任在政府，而生产主体是农民，政府保障粮食安全，农民追求经济效益，有时二者存在矛盾。随着农民收入结构的变化，种粮收入所占比重不断下降，一些地方农民种粮的目的只是解决口粮问题，粮食生产的兼业化倾向日益突出。有些农民讲，"光靠种粮养不活家""哪个赚钱种哪个，哪个赚钱来得快种哪个"，就是从农民的角度看待种粮效益的真实写照。要制定和完善政策，健全种粮农民收益保障机制，让农民种粮不吃亏，有钱赚。

第四，要处理好生产者与消费者的关系。生产者与消费者是整个粮食产业链条中最重要的利益主体，调整二者利益关系的核心是粮价。生产者最关心的是粮食能否卖个好价钱，消费者最关心的是能否买到价廉物美的粮食。处理好生产者与消费者之间的利益关系，既要避免"谷贱伤农"，又要防止"米贵伤民"，这既是理顺价格关系最重要的原则，也是目前调控价格的难点。总的来说，在商品比价关系中，粮食还是便宜的，更多还是要先顾农民这一头。这实际上也是保粮吃饭优先。

（五）五指并抓：重点从五个方面加大抓粮力度

一是抓主体。要加快培育新型农业经营主体。这是解决"谁来种粮"、发展现代农业的应对之策，也是深化农村改革的一个重点。习近平总书记强调：要解决好"谁来种地"问题，培养造就新型农民队伍，确保农业后继有人；要以解决好地怎么种为导向，加快构建新型农业经营体系。确保粮食安全，首先要有人种地。近年来，我国农村劳动力加快向非农产业和城镇转移，农业兼业化、农民老龄化、农村空心化日益严重，"谁来种地"问题日益突出。为此，要坚持家庭经营在农业中的基础性地位，重点发展种粮大户、家庭农场等新型农业经营主体，推进家庭经营、集体经营、合作经营、企业经营等共同发展的农业经营方式创新，大力发展粮食规模化经营和农业社会化服务，积极推广"家庭农场＋专业服务公司"模式，建设高素质农业生产经营队伍。

二是抓种业。一粒种子改变一个世界。要把发展现代种业放在保障国家粮食安全的突出位置，打好种业翻身仗，把民族种业搞上去。要深化种业科技体制改革，强化种子企业技术创新主体地位，加快推进育种制种基地建设，开展重点品种联合攻关，实施生物育种项目，着力提升品种创新能力。同时，要加强种子市场监管，保护知识产权，打击套牌侵权、制假售假等违法行为，确保种子产业健康发展。

三是抓防灾。我国农业自然灾害多发频发，如暴雨、干旱、凝冻、冰雹、寒潮、倒春寒、病虫草害等，都会对粮食生产造成很大影响，很多地区还是靠天吃饭。要加大农业防灾减灾救灾力度，切实做好监测预警、应急处置、疫情防控、灾后技术指导等工作，牢牢把握农业防灾减灾的主动权。要完善信息共享和联合会商机制，强化灾害预警服务，提高预报预警准确性和针对性。加强指导服务，根据气象灾害和作物生育进程做好科学防灾减灾，把灾害降到最低程度。特别是要采取工程和技术措施，提高防汛抗旱能力，"水冲一条线，天旱一大片"，旱灾还是粮食生产的主要威胁。

四是抓政策。完善粮食生产扶持政策体系，坚持不懈把强农惠农富农政策落到实处。扶持政策的方向是健全种粮农民收益保障机制和主产区利益补偿机制，核心是提高农民种粮积极性和地方政府抓粮积极性。一方面，要加大对农民种粮的政策扶持，构建"补贴＋价格＋保险"的政策支持"组合拳"。21 世纪以来，我国农业补贴资金从无到有、从少到多，农业补贴制度得到了广大农民的衷心拥护。今后，要改革和完善农业补贴制度，继续扩大总量，新增补贴重点向种粮大户、家庭农场、农民合作社等新型经营主体倾斜，让多生产粮食者多得补贴，引导农民多种粮、种好粮。要适当提高粮食收购价格，保证农民对种粮收益有稳定预期。要为种粮农民提供价格保险和收入保险，让农民种粮无后顾之忧。在完善强化政策的同时，更重要的是在狠抓政策落实上下功夫。另一方面，要加大对粮食主产区的扶持力度。国家扶持粮食生产的政策措施要进一步向粮食主产区和产粮大县聚焦，项目投入要向主产区和产粮大县倾斜，指导服务要向主产区和产粮大县延伸，支持主产区和产粮大县加强农业基础设施建设。产粮大县多数是财政小县，要进一步加大中央财政转移支付力度，增加对产粮大县的奖励。完善产粮大县利益补偿机制，总的要使主产区种粮不吃亏，让重农抓粮的地方在政治上有荣誉、在财政上有实惠、在工作上有动力。

五是抓节粮减损。如何降低粮食产后损耗是一个世界性的难题。联合国粮农组织发布的《食物浪费足迹：对自然资源的影响》报告显示，全球每年食物浪费总量高达 13 亿吨，约占食物总量的 1/3，相当于每年 14 亿公顷耕地资源的投入和 2 500 亿立方米水资源的消耗；当前全世界每年生产但被浪费的粮食所耗用的水相当于伏尔加河年流量的 3 倍，而生产这些粮食所排放的温室气体高达 33 亿吨。我国粮食产后损耗和浪费总量也比较大。据联合国粮农组织估计，中国每年在收割、运输、储备、加工过程中损失的粮食超过 6％。《中国农业展望报告》的农产品平衡表数据显示，我国稻谷、小麦、玉米三大主粮 2021 年的粮食损耗量达到 2 800 万吨。最后一个损耗环节就是消费环节的浪费，其中主要是餐饮浪费。随着生活水平的改善，我国城乡居民外出就餐的比例越来越高，外出就餐频率和消费量也持续提高，而外出就餐的浪费惊人。有人估算过，我国每年在餐桌上浪费的粮食价值高达 2 000 亿元，浪费的食物相当于 2 亿人一年的口粮。有关方面对北京、上海、成都和拉萨四个代表性城市 366 家餐馆的实地调研结果表明，餐饮业人均食物浪费量为 93 克/（人·餐），浪费率达到 11.7%。

粮食产后损失存在于收购、储存、运输、加工、消费等多个环节，如果中国能够在这个棘手的世界性难题上找到办法，率先实现突破，不但可以减少国内粮食损耗，有效缓解国内粮食供给偏紧的问题，也会对世界粮食安全作出贡献。在这个问题上，我们要坚持系统观念，加强顶层设计和整体谋划，通过构建节粮减损的政策体系、管理体系和技术体系，整合研究和行政力量，进行系统治理。要以提升粮食全产业链综合利用率为主轴，努力在重要领域和关键环节减损上取得新突破。要聚焦收获损失、储粮损失、过度加工、餐饮浪费等关键问题，根据不同区域、不同品种和不同环节，合理确定损耗水平和评价标准，分类编制标准规划和制定改革措施，提高政策的精准性和有效性。

仓廪实而知礼节，粮食足则安天下。年轻人是祖国的希望和未来，是"三农"事业发展的后备军。确保中国粮食安全，年轻人肩负重任。希望年轻人秉持报效国家的理念，刻苦学习、德才并进，培养创新精神，锻炼实践能力，实现全面发展，使自己真正成为祖国需要、人民满意的高层次人才。对"三农"感兴趣的年轻人可以通过进一步的学习与深造，在祖国"三农"事业发展中实现自己的人生价值。

第四讲
中国农业生产力布局

习近平总书记在参加 2022 年全国"两会"政协联组会议时强调："要在保护好生态环境的前提下，从耕地资源向整个国土资源拓展，宜粮则粮、宜经则经、宜牧则牧、宜渔则渔、宜林则林，形成同市场需求相适应、同资源环境承载力相匹配的现代农业生产结构和区域布局。"生产力布局，通俗讲就是自然资源、劳动力、科技、资本等生产力诸要素的空间布局，生产力布局的过程实质上是对资源优化配置，发挥比较优势，实现最优效果。农业生产力布局是国家生产力布局的重要方面，是一门大学问。目前，国际上有很多国家都形成了相对稳定的农业生产力布局。加拿大农产品主要分布在西部省份，该地区大麦产量占全国的 90％以上，小麦产量占全国的 95％。美国形成了东北部乳畜带、中北部玉米带、大平原小麦带、南部棉花带和太平洋沿岸综合农业区"四带一区"。英国形成了园艺生产区、小麦和大麦生产区、甜菜生产区、绵羊养殖区等"四大区域"，如英格兰小麦、苏格兰畜牧。法国形成了以谷物、甜菜、蔬菜为主的集约农业区，以肉、禽、蛋、乳为主的牧业区，以葡萄、经济作物、畜产和木材为主的多种经营区（如位于法国西南部的波尔多产区，就是最为著名的葡萄酒产区之一），以及特种农业区。要优化我国农业生产力布局，分区域明确战略定位，分品种明确推进路径，努力提高农业综合生产能力，保障粮食等重要农产品有效供给。

下面我将围绕"我国农业生产力布局"主要介绍四个方面：一是优化农业生产力布局的重大意义和原则。二是我国不同区域农业生产力布局的战略定位。三是我国重要农产品分品种区域布局。四是以农业供给侧结构性改革为主线做好农业生产力布局。

优化农业生产力布局的重大意义和原则

（一）优化农业生产力布局的重大意义

改革开放以来，通过开展全国性农业资源调查和农业综合区划，我国实施了两轮优势农产品区域布局规划。其中，2003 年我国印发第一轮优势农产品区域布局规划，提出 11 种优势农产品及其优势区域布局，2008 年印发第二轮优势农产品区域布局规划，按照"大稳定、小调整和相对集中连片"的原则对布局进行了再优化，逐步形成了与自然资源相匹配，与市场需求相衔接的农业生产力布局。比如，东北玉米大豆优势区、黄淮海小麦玉米优势区、长江中下游平原水稻油菜优势区、新疆棉花优势区、广西云南糖料优势区、海南云南天然橡胶区。2020 年 10 月召开的党的十九届五中全会明确提出，要"优化农业生产结构和区域布局"。国家在这个时间节点提出要求，正当其时、意义重大。

一是优化农业生产力布局是立足稀缺资源禀赋、促进可持续发展的现实需要。我国地大物博，从总量上讲确实是这样，但与 14 亿这个基数一比，就成了"人多地少水缺"。目前，我国人均耕地面积约为 1.3 亩，不到世界人均水平的四成。我国人均水资源只有 2 000 多立方米，仅为世界平均水平的 1/3。特别是我国水资源分布严重不均衡，淮河以及北方地区的耕地面积超过 60%，但是水资源只占全国的 20% 左右。当前及今后一个时期，随着工业化、城镇化快速推进，每年还将减少几百万亩耕地，城市生活用水、工业用水和生态用水还将挤压农业用水空间。在耕地和水资源约束日益趋紧的背景下，只有通过优化农业生产力布局，构建与资源禀赋相匹配的生产力，才能最大限度地提高资源利用率、土地产出率和劳动生产率，促进农业可持续发展，延续用占世界不到 10％的耕地养活占世界近 20％人口的奇迹。

二是优化农业生产力布局是发挥比较优势、保障国家粮食安全的战略举措。2022 年，我国人均粮食占有量为 485 公斤，高于国际公认的人均 400 公斤的粮食安全线，实现了谷物基本自给、口粮绝对安全。但也要看到，我国粮食供求紧平衡的态势没有改变，就像大豆每年有 9 000 万吨左右的缺口，这几年玉米也出现缺口，2020 年缺口达到 3 000 万吨左右。未来随着人口增加、城镇化推进、食品消费升级，粮食需求在相当长时间内仍将保持刚性增长，粮食供求态势将越来越偏紧平衡。据专家测算，我国粮食需求每年还将增加 100 多亿斤。在这种背景下，保障国家粮食安全，必须优化农业生产力布局，发挥不同区域的比较优势，特别是巩固提升主产区生产能力。目前，我国有 13 个粮食主产区，这些区域耕地面积占全国的 60％，粮食产量占全国的 75％、粮食商品量占全国的 80％，调出量占全国的 9 成多。概括起来讲，粮食主产区对我国粮食安全的贡献就是"6789"。如果说粮食安全是国家安全的压舱石，那么粮食主产区就是国家粮食安全的压舱石。

三是优化农业生产力布局是促进农业高质量发展、加快农业现代化的客观要求。当前，我国农业的主要矛盾已由总量不足转变为结构性矛盾，质量效益和竞争力不高的问题日益凸显，促进农业高质量发展、加快农业现代化将是今后一个时期农业建设的主旋律。我国资源丰富，除了 19 多亿亩耕地，还有近 2 亿亩果园、30 多亿亩森林、近 60 亿亩草原、3.2 万公里海岸线，以及众多河流湖泊，优化农业生产力布局有很大的文章可作、有很大的潜力可挖。优化农业生产力布局，要在最适宜的地区生产最适宜的农产品，提升农业生产规模化、科技化、设施化、信息化水平，增加优质绿色农产品供给，提高全产业链增值收益，探索特色化、差异化的农业现代化发展道路。

四是优化农业生产力布局是推进农业结构战略性调整和促进农民持续增收的有效途径。现在我国已经历史性地解决了绝对贫困问题，下一步还要继续保持农民收入持续较快增长的势头，努力缩小城乡收入差距，最终实现共同富裕。目前，家庭经营收入占农民收入的比重超过 30%，是农民增收的重要渠道。但这些年由于增产空间受限、价格提升面临"天花板"，增收动力减弱，亟须开辟农民增收新渠道、培育新增长点。通过优化农业生产力布局，把优势农产品做大、做强，形成规模化生产后，能够带动加工、储藏、运输等相关产业发展，形成生产集中、加工集聚、产业融合发展的格局，拓展农业增值空间，让农民更多分享二三产业增值收益。比如，近年来河南省通过发展订单生产，推进强筋弱筋小麦规模化、产业化、品牌化生产，形成完整产业链，带动农民卖的小麦每斤多卖了 0.1~0.2 元。还有湖北潜江，2020 年"虾稻共作"面积已达到 85 万亩，带动就业超过 20 万人，龙虾养殖户户均增收 1.6 万元，亩均收益达到 6 000 元。

五是优化农业生产力布局是提高国际竞争力、更好融入全球产业链的基础支撑。党的十九届五中全会提出，加快构建以国内大循环为主体、国内国际双循环相互促进的新发展格局。目前，我国农业与世界农业已经深度融合，世界离不开中国，中国也离不开世界。我国大豆、棉花进口量已分别占国内消费的 4/5 和 1/3。近年来，贸易保护主义和单边主义抬头，加之中美经贸摩擦、新冠疫情、地缘冲突等影响，国际农产品供应链不稳定性、不确定性增加，我国农产品进口量大、集中度高的风险不断凸显。同时，国内外市场对农产品质量的要求越来越高，迫切需要增加绿色优质农产品供给。优化农业生产力布局，有利于把优势区域率先建成产出高效、产品安全、资源节约、环境友好的现代农业生产基地和示范基地，推进农产品绿色化、优质化、特色化、品牌化发展，降低生产成本，提高产品质量和档次，发挥区域比较优势，增强我国农产品整体竞争力，使有竞争力的优势农产品保持出口的良好势头，让需要长期进口的农产品保持必要的自给率。

（二）优化农业生产力布局的原则

在优化农业生产力布局时，还要把握以下原则。

一是比较优势原则。农业受地理、气候、自然条件等因素影响较大。

在农业生产力布局调整中，必须搞清楚什么地方有什么样的资源禀赋、适合发展什么、有什么样的生产传统，将本地具有比较优势的产业作为地区发展的主导产业，实现产业发展的效率最大化。

二是增产保供原则。我国人口超大，农产品需求量超多，优化农业生产力布局，必须把保障粮食等重要农产品有效供给作为基础和前提。要优先在适宜地区布局粮食等大宗农产品，将优质耕地资源优先用于保障粮食安全和重要农产品生产，端稳端牢中国人的饭碗。

三是规模效益原则。农业生产也要讲效益，讲竞争力。一般情况下，随着农业生产规模的扩大，相应地，平均成本会下降，效益就会提升。因此，要在匹配资源环境承载力的基础上，推广先进农业机械，壮大新型农业经营主体，发展农业适度规模经营，不断提高土地产出率、资源利用率和劳动生产率。

四是全产业链原则。布局农业生产力，不能只考虑种植环节，要综合考虑一二三产业融合发展需求，强化全产业链的完整链条规划，统筹考虑产、收、运、储、加、销等环节布局，通过延长农业产业链，提升价值链，从而整体提升农业效益和现代化水平。

我国不同区域农业生产力布局的战略定位

我国农业资源丰富多样，造就了具有不同特征的农业优势区域。我国农业的多样性主要体现在以下四个方面：一是地形地貌多样。我国地形复杂，由西向东呈现海拔差异明显的三大阶梯，高原、山地和丘陵约占国土面积的 2/3，平原和盆地只占 1/3。同时，还有黄土高原地貌、喀斯特地貌、雅丹地貌、丹霞地貌等多种地貌。二是土壤类型多样。我国土壤概括起来主要是"五色土"（青红黄白黑），像黄土高原的黄土、东北的黑土、南方的红壤等，各类土地所含有机物和矿物质不同、酸碱性不一，适宜种植的作物也不尽相同。三是气候资源多样。我国受地形地貌和季风环流影响，既有热带、亚热带和温带季风气候，也有温带大陆性、高原山地和海洋性气候。由东南沿海向西北内陆，水热条件空间分布明显，"南国春意浓，北国正冰封"，就生动体现了南北的差异。四是生态类型多样。森林、湿地、草原、荒漠、海洋等生态系统均有分布。400毫米等降水量线是我国半湿润区和半干旱区的分界线，被视为中国生态环境线，与"胡焕庸线"基本重合，东边是"绿树村边合，青山郭外斜"，西边是"大漠孤烟直，长河落日圆"。

基于不同区域的资源禀赋，2010年国务院印发的《全国主体功能区规划》，提出以"七区二十三带"为主体的农业发展战略格局。"七区"是指东北平原等7个农产品主产区，"二十三带"是指七区中以水稻、小麦等农产品生产为主的23个产业带。2016年，国务院印发的《全国农业现代化规划（2016—2020年)》，根据国家区域农业发展战略要求和国家主体功能区规划，立足各地资源禀赋变化情况，从优化农业生产力布局和拓展农业多功能性出发，进一步将全国划分为东北区、华北区、长江中下游区、华南区、北方农牧交错区、西北区、西南区、青藏区和海洋渔业区等9个区域，明确区域农业发展定位和目标任务。

（一）东北区

东北区包括黑龙江、吉林、辽宁三省和内蒙古自治区的东四盟市（赤峰市、通辽市、兴安盟和呼伦贝尔市），地势平坦开阔，外围是黑龙江、乌苏里江、图们江和鸭绿江等流域低地，中间是大兴安岭、小兴安岭和辽东丘陵，内部则是广阔的东北平原，人们常说这里是"山环水绕，沃野千里"。东北区耕地平整连片，耕地面积约为5.4亿亩，占全国耕地面积的28.5%，适宜大规模机械化作业，北大荒农垦集团就位于这一地区。水资源总量相对丰富，年降水量为300~1 000毫米。特别是以广袤肥沃的黑土地著称，黑土地的有机质含量大约是黄土地的10倍，是肥力最高、最适宜农耕的土地。

长期以来，东北区提供了大量粮食、肉类产品，为保障国家粮食安全作出了重大贡献，赢得了"北大仓"的美誉，成为世界著名的"黄金玉米带"，也是我国优质粳稻、大豆的重要产区。目前，东北区粮食产量约占全国粮食总产量的 25.1%，其中大豆、玉米产量分别占全国的 63.3% 和 41.6%；肉类产量占全国的 12.9%，其中猪肉、牛肉和羊肉产量分别占全国的 11.5%、22.4% 和 13.8%，牛奶产量占全国的 22.2%。

习近平总书记强调，东北是维护国家粮食安全的"压舱石"。这是东北的首要担当，要以发展现代化大农业为主攻方向。具体来说，东北要充分利用农业资源的综合优势，建设国家的"粮仓""肉库""加工车间"。"粮仓"即打造国家粮食生产核心区。充分发挥东北区农业生态环境和水土资源配置优势，通过调整种植结构，合理开发利用土地资源和水资源，巩固提升三江平原、松嫩平原粮食生产战略地位，稳定水稻种植面积，建设玉米、水稻、大豆等国家粮食安全产业带，打造全国重要的粮食生产和战略储备基地。"肉库"即建设畜牧养殖生产基地。东北粮多、秸秆多，是建立全国优质畜牧业基地的理想区域。要依托这些优势资源，鼓励东北地区以种养结合为路径，着力发展生猪、奶牛、肉牛、肉羊和家禽标准化规模养殖场，打造肉蛋奶等高质量农产品综合供应基地。"加工车间"即建设农产品精深加工产业基地。支持东北地区围绕粮食、肉牛肉羊、奶业、设施精品蔬菜等主导产业，打造一批粮油加工仓储物流一体化产业园区、农业产业强镇，统筹农产品初加工、精深加工和副产物利用，推动稻变米、猪变肉、奶变酪，提高农产品增值空间。

（二）华北区

华北区又称黄淮海平原区，是黄河、淮河、海河等河流携带的泥沙冲积形成的平原，包括河北、山东、河南，以及江苏北部、安徽北部。华北区耕地面积约 3.43 亿亩、占全国耕地面积的 17% 左右，是全国最大的冲积平原，有利于大范围机械化。华北区属温带季风气候，四季分明，年均气温为 10℃~15℃，年降水量为 500~900 毫米，光热资源丰富，热量资源能满足多种作物一年两熟种植（或两年三熟），对农业生产十分有利。该地区是我国优质小麦、玉米、花生、棉花、蔬菜、肉类的主要产区，粮食产量约占全国粮食总产量的 31.7%，肉类、禽蛋、牛奶产量分别占全国的 21.6%、38.2% 和 28.5%。

华北区位优势、人才优势、资本优势明显，农业生产集约化、产业融合化程度高，在保障粮食等重要农产品有效供给方面发挥着重要作用。未来发展的主攻方向主要有三方面：一是"高产高效生态农业区"。突出优质高效、绿色生态、生态涵养三大功能，大力发展高产绿色基地型农业、高效节水型农业和生态保育型农业，调减地下水严重超采区高耗水作物种植面积，打造服务都市的产品供给大基地、农业科技创新成果转化大平台、农产品加工物流业转移承接大园区、生态修复和环境改善大屏障。二是"菜篮子生产基地"。围绕京津乃至全国消费需求，建设蔬菜、肉蛋奶、水产品等主要"菜篮子"产品生产供应基地，加强集约化育苗设施、畜禽现代种业、田间生产设施和商品化处理设施建设，建立无规定动物疫病区和全程绿色防控示范基地，改善蔬菜生产设施、畜禽水产养殖条件，提高畜禽标准化规模生产水平，发展水产品健康养殖。三是"食品加工优势区"。以"粮头食尾""农头工尾"为抓手，引导大豆、玉米、小麦等粮食加工企业向主产区聚集，培育壮大食品加工企业，打造具有国际影响力的食品产业集群，不断提高粮食产业质量效益和竞争力。

（三）长江中下游区

长江中下游地区包括浙江、江西、湖北、湖南，以及江苏中南部、安徽南部。该区域主要由长江及其支流冲积而成，地势平坦，水网密布，土地肥沃，农业发展条件好，光热条件可以满足一年三熟，是中国重要的水稻、棉花、油菜产区，素有"鱼米之乡"之称，早在明代就有"湖广熟、天下足"的说法。长江中下游地区粮食产量占全国粮食总产量的16.9%，其中稻谷产量占全国稻谷总产量的43%，油料产量占全国油料总产量的29.9%。也就是说，全国约1/5的粮食、1/3的油料、1/2的稻谷由长江中下游地区提供，该地区是我国名副其实的"谷仓""油库"。

长江中下游区是我国经济发展的龙头，对于稳定农业生产，特别是粮食、油菜籽生产具有重要意义。要继续在巩固提升粮油生产能力上下功夫，着力稳定双季稻面积，推广水稻集中育秧和机械插秧，选育推广适口性好的优质水稻品种。充分利用冬闲田种植油菜，选育推广早熟、高油、多抗、宜机收的"双低"油菜，扩大油菜种植面积。党的十九大提出推动长江经济带高质量发展，贯彻落实中央关于长江要"共抓大保护、不搞大开发"的决策部署，长江中下游农业在稳定粮油生产、巩固提升粮油综合生产能力的基础上，必须立足长江经济带生态优先、绿色发展大局，重点向三方面推进。一是生产清洁化。大力发展绿色、生态、循环农业，加强农业投入品规范化管理，提高水、肥等各种农业资源的利用效率，稳定发展生猪生产，推进畜禽粪污资源化利用。二是规模集约化。长江中下游地区耕地资源高度紧张，城市化和工业与农业争地矛盾比较突出。需要通过推进农村一二三产业融合发展，积极发展农产品加工业，提升产业链现代化水平，拓展农村就业渠道，提高农业规模化和产业化水平。三是功能生态化。充分发挥农业生态涵养功能，探索农林牧渔融合循环发展模式，修复和完善生态环境，恢复田间生物群落和生态链，整体构建生态循环农业产业体系。特别是要持续推进长江"共抓大保护、不搞大开发"，全面实施长江"十年禁渔"，让子孙后代年年有鱼。

（四）华南区

华南区包括广东、福建、广西和海南4省，大部属南亚热带湿润气候，是全国水资源最丰富的地区。该地区是我国最大的亚热带和热带作物种植区，种植种类繁多、资源丰富多样，仅栽培的农作物种类就有40余种。这里光、热、水等资源耦合程度较佳，四季宜农，农作物生长季很长，可一年三熟甚至四熟，可以种植三造连作水稻，蔬菜一年可收8~11茬，茶树一年可以采摘7~8次，蚕茧一年可收8次，果树四季繁茂，鲜果常年上市。华南地区粮食产量占比较小，仅占全国的4.9%，糖料、水产品、天然橡胶产量占比较大，分别约占全国的75.7%、33.4%、50.3%。

华南区农业发展主要聚焦在四个方面。一是种。位于海南的南繁科研育种基地，是我国种业创新发展的"加速器"。通过南繁科研育种基地，我国主要农作物完成了6~7次更新换代，每次品种更新的增产幅度都在10%以上，特别是在水稻育种中取得的多项突破，对提高水稻和玉米单产、保障国家粮食安全发挥了重要作用。今后，要在稳定粮食种植面积的基础上，用好种业创新这一优势，为提高本区域甚至全国粮食自给率做贡献。二是糖。建设好广西、海南和广东蔗区，加快推广高产高糖脱毒健康种苗，补上机收作业短板，大幅降低生产成本，提高精深加工水平，把牢中国人的"糖罐子"。三是胶。建设好海南、云南、广东天然橡胶主产区，适度调增海南岛中西部优势区种植面积，调减风害侵袭严重的东部沿海地区种植面积，积极发展特种胶园、生态胶园，把海南植胶区建设成为世界天然橡胶科技硅谷和种质资源库。在云南的西双版纳、普洱市产区加快发展特种胶园，在海拔较高产区发展生态胶园，力争将云南打造成国内天然橡胶生产供应主基地。稳定广东植胶区种植面积，适当调减风害寒害侵袭较为严重地块的种植，大力发展以浓缩天然胶乳为主的精加工，深耕产业链、价值链，打造成为技术集成孵化地、高端橡胶供应和精深加工产业聚集区。四是水产品。重点是稳定水产养殖面积，优化海水养殖结构和布局，扶持远洋渔业发展。广东、福建地处我国东南部，濒临东海、南海，海域面积辽阔，非常适合发展海水养殖业和海洋捕捞业，是我国的重要渔业强省。《2021 中国渔业统计年鉴》发布的数据显示，广东省水产品总产量、水产养殖产量均位居全国第一，继续保持中国第一水产大省位置；2020 年，福建省水产品总产量跃居全国第二位。广东通过高标准建设智能渔场、海洋牧场、深水网箱养殖基地，建设了一批现代渔港经济区和海外渔业基地，提高了海产品加工能力，积极打造"粤海粮仓"。福建突出围绕推进品牌渔业加快发展、智慧渔业稳步发展和生态渔业深入发展，积极推进水产千亿产业链建设，培育形成了大黄鱼、鳗鲡、石斑鱼等十大特色品种。

（五）北方农牧交错区

北方农牧交错区包括河北省承德市、张家口市，山西省大同市、忻州市、吕梁市、朔州市，陕西省延安市、榆林市，宁夏回族自治区固原市，甘肃省庆阳市、平凉市，内蒙古自治区呼和浩特市、包头市、乌兰察布市等。这里年降水量为 400～600 毫米，尤其是山西、陕西中部的汾渭谷地等，地势平坦，土壤肥沃，地表水和地下水资源丰富，是良好的农耕区。

该地区耕地面积约为 1.3 亿亩，约占全国耕地面积的 6.7％，是我国传统的小麦、马铃薯、杂粮、冬春油菜和温带水果产区。粮食产量约占全国的 3.8％，其中玉米和小麦产量分别约占全国的 10.4％和 1.4％，肉类产量约占全国的 3.2％。

由于降水量少，植被少、蓄水能力弱，河流丰枯悬殊，长期以来，缺水问题一直制约着北方农牧交错区的农业发展，农田有效灌溉率仅为 28.54％。2020 年习近平在宁夏调研时强调，要注意解决好稻水矛盾，采用节水技术，积极发展节水型、高附加值的种养业，保护好黄河水资源。目前，北方农牧交错区农业发展的定位是节水保生态，集聚提效益。一方面，大力发展旱作节水农业，以改变传统农牧业生产方式、提升农业基础设施、普及蓄水保水补水技术等为重点，巩固粮油生产能力，适度调减高耗水作物种植。建设具有北方农牧交错区特色的现代高效旱作农业区，提高农业可持续发展能力。另一方面，积极发展特色高效农业，因地制宜发展水果、蔬菜、药材、杂粮杂豆等特色产业，引导资源要素向优势产区集中，打造优势特色产业集群。比如，目前，陕西苹果产量占全国的 1/4，苹果汁产量占世界的 1/3，出口世界 80 多个国家和地区，市场规模达到千亿元，成为人民的"摇钱树"。

（六）西北区

西北区包括内蒙古自治区中西部（除东四盟外）、宁夏回族自治区北部、甘肃西部和新疆维吾尔自治区。这里土地资源、光照资源丰富，年降水量为 50～400 毫米，地理景观呈现为农田生态系统、草原生态系统交错镶嵌分布，农业生产发展以畜牧业和种植业并重，是我国典型的农牧交错区。西北地区农作物以一年一熟为主，是我国棉花、甜菜、水果、优质牧草等经济作物和牛羊肉、牛奶等畜产品的主产区。粮食产量占全国的 10.4％，棉花产量占全国的 91％以上，牛肉、羊肉和牛奶产量分别占全国的 18.8％、34.6％和 28.0％。

西北地区农业发展重点是做好四保。一是保水土。坚持以水定地、以地定种，以提高水资源利用效率为根本途径，推广节水灌溉、水肥一体等现代节水技术，有序发展林果、戈壁生态设施农业等产业。二是保棉花。新疆光照充足、热量丰富、空气干燥、昼夜温差大，拥有棉花生产的天然优势。2023年新疆棉花产量达511.2万吨，占全国棉花总产量的91％，是国家主要棉花基地，也是少数民族收入重要来源，所以国家支持新疆棉花生产。要继续稳定西北地区特别是新疆棉花生产，推动棉花产业高质量发展，努力把西北地区建设成为高质量棉花产区。三是保生态。积极推进饲草料生产，发展草食畜牧业，严格落实草畜平衡制度，采取禁牧、休牧与轮牧相结合，天然草场利用与高标准饲草基地建设相结合的方式，提高饲草料生产能力和养殖质量效益。四是保文化。西北地区是我国少数民族聚集区，农业有其民族特色，有文化传承功能。要加强农业文化的挖掘，注重维吾尔族农耕文化、哈萨克等民族游牧文化保护，开发绿洲农业景观，打造绿洲农业文化精品。

（七）西南区

西南区包括贵州省、重庆市、四川省、云南省，是典型的喀斯特地貌，"一山有四季，十里不同天"是西南地区气候多样、小气候立体分布的真实写照。整体上看，该地区大部雨量丰沛，年降水量为600～2 000毫米，近95％的面积是丘陵山地和高原。耕地面积为2.4亿亩，占全国耕地面积的12％。该地区典型水多土少，农作物以一年两熟或三熟为主，生物多样性突出，农产品种类丰富，是我国水稻、玉米、马铃薯、蔬菜、油菜籽重要产区和糖料蔗主要产区。粮食产量占全国的11.2％，其中稻谷和大豆产量分别约占全国的13.7％和10.8％；肉类产量约占全国的17.7％，其中猪肉和牛肉分别约占全国的21.7％和15.7％；油料、糖料、蔬菜和天然橡胶产量分别占全国的18.5％、14.7％、12.7％和49.6％。

人地矛盾紧张是西南区农业发展的最大制约，土地细碎、石漠化、水土流失、季节性干旱等问题突出。交通不便，农业发展规模小，坡耕地比重大，不利于机械化作业。比如重庆，地形山高坡陡、沟壑纵横、户均耕地不足5亩，单块1亩以下的耕地占80％以上，耕地分散在3处以上农户数占比高达60％。如何在"鸡窝地""巴掌田"上发展现代农业，是西南地区需要解决的现实问题。一是合理优化产业结构。坚持以地定种、稳经扩饲、增饲促牧，稳定水稻面积，扩大优质饲草料生产，提高糖料蔗生产现代化水平，稳步提升生猪等畜牧产业发展水平。二是因地制宜发展特色农业。充分利用气候多样、光热资源丰富、生产类型多样等优势，大力发展适宜不同地形、高度、坡向的农林经济和草食畜牧业，建设西南现代高效特色农业产业带。三是传承发扬多民族山区农耕文化。西南地区少数民族众多，仅云南就分布了彝族、壮族、白族、傣族等二十多个少数民族，是中国农耕文化资源最富集的地区之一。需要依托多民族优势，深入挖掘不同民族的农耕文化特点，积极拓展农业多种功能，大力发展休闲农业、体验农业、观光农业，丰富农业发展业态。

（八）青藏区

青藏区包括西藏、青海。青藏高原群山起伏，河流众多，有着独特的高原特色，平均海拔高度在 4 000 米以上，被称为"世界屋脊"。青藏区内天然草场面积广阔，农业生产以传统的高原农牧业为主，农作物以一年一熟的小麦、青稞为主。粮食产量占全国的 3.34%，肉类产量占全国的 0.5%，牛奶产量占全国的 1.27%。特别是牦牛产业发展潜力巨大，牦牛作为世界三大高寒动物之一，甚至被誉为"高原之舟"，牦牛肉被誉为"牛肉之冠"，2022 年牦牛净肉产量为 43 万吨，产值达到 334 亿元。

习近平总书记强调：青藏高原最大的价值在生态、最大的责任在生态、最大的潜力也在生态。总体上看，青藏区生态环境脆弱，耕地土层薄、土壤贫瘠，存在冰川消退、冻土消融、灾害风险等威胁，草原生长量低，载畜量有限。多年来，随着高原地区人口增长、资源开发规模失控和利用方式不当等，土地沙漠化、天然草场退化、土壤盐碱化等生态环境问题愈加明显，成为制约农牧业持续发展的主要因素。未来青藏高原重点是严守生态保护红线，避免过度开发，以维护现有自然生态系统完整性为主，推进农业绿色、环保、可持续发展。农业发展要坚持生态优先。坚守农业农村生态保护红线、环境质量底线、资源利用上线，修复退化森林、湿地、草原，实行禁牧和草畜平衡制度，推进农牧结合、种养一体，促进发展生产与保护生态相适应，确保高原生物安全和农业生态系统结构稳定，维护生态安全，尤其是保护三江源，保护"中华水塔"。同时，兼顾高原特色产业发展。稳定发展青稞、小麦等种植，发展牦牛、藏系绵羊、绒山羊等特色畜牧业，提升区域特色农产品供给能力和良种覆盖率。

（九）海洋渔业区

海洋是人类获取食物及优质蛋白的"蓝色粮仓"。我国拥有300多万平方公里的海域，海洋空间资源、水体资源和生物资源蕴藏量巨大，具有广阔的开发潜力。习近平总书记在福建工作时，就提出念好"山海经"。改革开放40多年来，我国以海水养殖为重点的海洋渔业迅猛发展，掀起了海藻、海洋虾类、海洋贝类、海洋鱼类、海珍品养殖的5次产业浪潮，养殖总产量自1990年以来一直稳居世界首位。与此同时，局部水域环境恶化、产品品质下滑、养殖病害严重的问题日益突出，传统的海水养殖模式已难以适应海洋生态环境保护的要求，迫切需要加强海洋农业管理、加大科技投入与创新力度、加快海洋渔业生产方式转变。建设中国"海上粮仓"，海洋牧场就是重要的发展方向之一。

海洋牧场，就是用人工鱼礁给鱼在海底建房子，种上海藻海草，再配套一些集鱼的辅助措施，让鱼可以有地方安身繁殖。我国海洋牧场建设起步于20世纪70年代，近年来发展较快，目前，全国已建成海洋牧场300多个，投放鱼礁超过6 000万立方米，通过贝藻类增殖养殖，每年可以固碳19.4万吨、消氮1.7万吨、减磷1 690吨，生态效益超过600亿元。今后，推进海洋牧场建设，重点是三个方面。一是生态优先。始终将资源环境保护放在首要位置，科学投放人工生态礁、种植珊瑚，有序开展海洋生物增殖放流活动，营造适合海洋生物繁衍、栖息和生长的海洋生态环境，实现水生生物资源的自然繁殖和补充，促进海洋生态系统的改善和修复。二是质量导向。目前，我国渔业生产规模已经很大，人均水产品消费水平已经不低，必须从过去追求数量转到重点追求质量上来。根据不同海域条件合理布局养护型、增殖型和休闲型等不同类型海洋牧场，推动养殖升级、捕捞转型，调整渔业产业结构，促进海洋渔业实现高质量发展。三是融合发展。充分发挥海洋牧场、沿海渔港的平台集成作用，推动海洋牧场与水产品加工流通、旅游观光等二三产业紧密融合，发展休闲垂钓、渔家乐、渔事体验等综合性休闲渔业，拓展渔业多种功能，延伸产业链条，提高渔业产业产值。

我国重要农产品分品种区域布局

多年来，国家对重要农产品生产供给保障及时作出全面系统部署。按照国内必保、国内自给为主、保持一定自给率，实行分类施策，主要品种涉及稻谷、小麦、玉米、大豆、食糖、棉花、猪肉、牛羊肉、乳制品、食用植物油等。

（一）稻谷

稻谷是世界三大谷物（稻谷、玉米、小麦）之一，是全世界食用人口最多的农产品，以稻米为主食的人口占全世界人口的50％以上。我国稻谷总产量、消费量居世界首位，稻米是我国第一大口粮，60％左右中国人的饭碗里装的是大米饭。在我国稻谷主要有两大类，也就是籼稻和粳稻。目前稻谷生产大体上是北粳南籼，已形成东北、长江流域和东南沿海三大水稻主产区，种植面积和产量均超过全国的95％以上。其中，黑龙江省是我国最大的粳稻生产省，常年种植面积约6 000万亩，占全国粳稻种植面积的45％左右。湖南省是我国最大的籼稻生产省，常年种植面积也接近6 000万亩，占全国籼稻种植面积的20％左右。

未来随着人口总量的变化，虽然口粮消费量将下降，但酿酒、调味品等加工需求增加，稻谷消费量将有所增长，并且质量要求也将进一步提高。

为适应需求变化，未来发展的主要方向是稳面积、提品质、增效益。一是稳面积。保饭碗、保口粮，首先要保大米。要坚持并完善稻谷最低收购价格政策，建设好水稻生产功能区，大力推广农业生产社会化服务，调动稻谷主产区和农民种粮积极性，确保水稻种植面积稳定在4.5亿亩以上、产量稳定在 2 亿吨以上。二是提品质。适应市场需求变化，持续推进水稻结构调整，不断优化水稻生产布局，筛选推广高产优质高抗水稻新品种，积极发展优质稻，促进单产提高、品质提升。三是增效益。适应人民群众不断升级的消费水平和个性化消费需求，立足稻米地域特征和资源禀赋，做足"特"字文章，培育壮大一批大米区域公用品牌和特色产品品牌，提高大米产业质量效益和竞争力。

（二）小麦

我国小麦产量居世界第一位，总产量约占世界的 1/6，是我国两大口粮（稻谷和小麦）之一，主要用来做馒头和面条，我国 40% 左右的居民以此为主食。2015 年以来，我国小麦常年产量稳定在 1.3 亿吨以上，自给率达 100%。从季节看，小麦包括冬小麦和春小麦，其中冬小麦种植面积占小麦种植总面积的 95% 左右，春小麦主要分布在东北和西北地区。从用途看，小麦包括强筋小麦、中筋小麦和弱筋小麦。强筋小麦主要适用于制作拉面、饺子等对面筋强度要求高的食品，中筋小麦适用于制作馒头等对面筋强度要求不高的面制品，弱筋小麦适用于制作饼干糕点。目前，我国生产的主要是中筋小麦，近几年强筋小麦和弱筋小麦的比例持续提高，2020年达到 35.8%，但仍不能满足国内消费需求，需要进口调剂。从区域看，产区主要集中在黄淮海，占总产量的 75%。这里提一下小麦生产大省河南。河南是"中原粮仓"，也是食品加工之都，生产了全国 1/4 的馒头、1/3的方便面、70% 的速冻水饺。

为适应居民消费升级需要，未来我国小麦布局的方向是"抓两头、带中间"，也就是稳定中筋小麦，提高强筋小麦和弱筋小麦的比例。其中，黄淮海地区重点发展优质强筋小麦和中筋小麦，建成全国最大的商品小麦生产基地和加工转化聚集区。长江中下游区、西南区着力改善品种和品质结构，逐步建成全国最大的弱筋小麦生产基地。西北区积极发展面包、面条、馒头加工用优质专用小麦，建成全国优质强筋小麦和中筋小麦生产基地。东北区（主要是大兴安岭南麓）发展优质小麦生产，打造"硬红春"优质强筋小麦生产基地。

（三）玉米

玉米是全球种植范围最广、产量最大的谷类作物，居三大谷物之首。我国是玉米生产和消费大国，播种面积、总产量、消费量仅次于美国，均居世界第二位。玉米是能量饲料的主要来源，也是淀粉等工业制品的原料，产业链条长，对养殖业和工业发展具有重要作用。前些年，我国玉米供大于求，库存高企，财政负担重。为此，国家主动推进玉米价格市场化改革，调整优化生产结构，玉米供需形势发生明显变化，2017 年开始玉米由产大于需转为产不足需，2021 年进口量达到 2 800 多万吨。

未来受畜牧业发展、精深加工需求增加等多重因素影响，玉米需求仍将刚性增加，供求平衡偏紧态势将长期存在。未来一个时期，我国玉米生产发展的主要方向为"4321"。巩固 4 大优势产区，即北方春玉米区、黄淮海夏玉米区、西南山地玉米区和西北旱地玉米区。特别是在东北地区开展玉米大豆轮作，在黄淮海地区推广玉米大豆带状复合种植，能够有效解决玉米与大豆争地问题。统筹 3 个玉米品种，即积极发展高淀粉籽粒玉米种植技术，扩大兼用型全株青贮玉米的生产规模，推进优质鲜食玉米的生产及加工。抓好提单产和降成本 2 个关键。目前我国玉米单产水平只有美国的 60% 左右，还有很大提升潜力，要通过玉米种质资源引进、挖掘和创新利用，着力培育抗逆、高产、优质、适于密植和机械化作业的突破性新品种。着力推进玉米耕种收全程机械化，特别是把发展玉米机收作为重点，尽快突破玉米收获关键技术和机具研发薄弱环节，解决收获费工、费时、成本高的问题。实现 1 个目标，即确保玉米基本自给，将玉米产业主动权牢牢掌握在自己手中，坚决防止玉米成为"第二个大豆"。

（四）大豆

大豆是植物蛋白和食用油脂的重要来源，在居民饮食消费中占有重要地位。我国是大豆物种原产地，大豆主要种植在东北四省区（黑龙江、吉林、辽宁、内蒙古）和黄淮海地区。我国目前生产的大豆都是非转基因大豆，主要用于制作豆制品、酱油等食用产品。进口大豆基本上都是转基因的，主要用于压榨，生产豆油和饲用豆粕。这些年由于养殖业快速发展，大豆需求快速增加。为适应这一变化，一方面，着力恢复国内生产。通过实施"大豆振兴计划"，着力恢复东北四省区种植面积。2020年全国大豆播种面积扩大到1.48亿亩，连续5年增加；亩产达到132公斤，比2015年提高了20公斤左右；产量达到1960万吨，创历史新高。另一方面，稳定进口。2020年大豆进口突破1亿吨，达到10 033万吨，占国内消费量的80%以上，如果按照国内亩产132公斤测算，相当于近8亿亩播种面积。

综合考虑我国水土资源和消费水平，大豆不可能完全自给，食用大豆靠自己、油用大豆主要靠进口的格局不会改变。面对这种形势，要用好国内和国际两种资源。一方面，发展国内生产以满足食用需求。做豆腐、磨豆浆、生豆芽等食用大豆需求一定要确保。重点是扩面积和提单产。其一，扩面积。继续扩大东北地区大豆种植面积，同时扩大黄淮海和南方地区大豆轮作、间套作和大豆玉米带状复合种植，力争"十四五"时期大豆播种面积扩大到1.6亿亩，产量达到2 300万吨左右。其二，提单产。加快推广高产品种，集成配套绿色高效技术模式，加快生物技术在育种上的应用，提升大豆良种繁育能力，释放大豆良种的增产潜能。另一方面，构建多元进口渠道以保障食用植物油和豆粕需求。重点是巩固巴西、美国、阿根廷等传统渠道，拓展中东欧、中亚、俄罗斯等新渠道，避免"把鸡蛋放在同一个篮子里"。

（五）食糖

糖与脂肪、蛋白质一起构成人类的三大能源，糖也是食品工业的重要原料。我国是食糖生产和消费大国，也是世界上为数不多的可以同时生产甘蔗糖和甜菜糖的国家之一，其中甘蔗糖和甜菜糖的产量比约为9∶1。经过多年的发展，我国糖料蔗生产逐渐向广西、云南集中，两地种植面积和产量均占全国糖料蔗的80%以上。甜菜生产稳步增加，主要集中在内蒙古、新疆、河北、黑龙江、甘肃等地，种植面积和产量均占全国甜菜的98%左右。

目前，我国年人均食糖消费量约为11公斤，不及世界平均水平的

50%。随着城镇化进程的加快、食品加工业的稳定增长，我国食糖消费量将进一步增长。

未来我国食糖发展的方向为"一稳一扩"。"稳"就是稳定糖料蔗生产。目前，广西已建成糖料蔗"双高"基地500万亩。经抽样调查，基地内糖料蔗亩产为7吨左右，比全国平均水平高2吨左右，对单产及效益提升、蔗农增收发挥了重要作用。要继续加强广西、云南"双高"糖料蔗生产基地建设，提高良种化和机械化水平。同时，适度恢复广东和海南的生产。"扩"就是扩大甜菜生产。适度开发盐碱地，逐步扩大内蒙古东部、西北和东北等地的种植面积。

（六）棉花

丰衣足食，一是吃饭，二是穿衣，所以棉花不搞不行。我国既是棉花生产大国，也是棉花消费大国。由于棉花种植费时费力、比较效益低等多重因素，我国棉花生产布局由20世纪末的黄河流域、长江流域和西北内陆地区"三足鼎立"格局，逐渐演变为新疆"一家独大"的局面。国家统计局公布的全国棉花产量数据显示，2023年，新疆棉花产量为511.2万吨，总产占全国九成以上。至此，新疆棉花总产量连续5年稳定在500万吨以上，面积、单产、总产、商品调出量连续29年居全国第一。

近些年我国棉花及相关产品需求总体平稳，棉花总消费量每年稳定在750万～850万吨，其中有一部分用于纺织品出口。预计随着全球经济增长放缓，纺织行业加快向东南亚等地区转移，以及纺织原料替代品迅猛发展，我国棉花消费总量将呈稳中略增态势。我国棉花未来发展的方向是在生产上"抓主不放辅"、在产业上继续推进"两头在外"布局。"抓主"就是抓好新疆这个主产区。加大新疆棉花高标准农田建设力度，示范推广机械化采棉，着力提高长绒棉等高品质棉比重，打造棉花产业全链条基地。"不放辅"就是不能放弃黄河和长江流域区两个辅助区。稳定现有规模，鼓励山东、河北、河南沿河沿海滩涂盐碱地等区域适当扩大棉花种植，鼓励长江沿线利用滩涂等适宜性较强地区适当扩大棉花种植。"两头在外"是加工贸易最突出的特征，即"原料从外进，产品在外销"，具体包括来料加工、进料加工等形式。统筹利用国内国际两个市场两种资源,进口国外优质棉花,发挥国内加工优势,继续推动棉纺织品和服装出口。

(七)猪肉

猪肉是我国多数居民的主要动物蛋白来源,养猪业是关系国计民生的重要基础产业。我国既是养猪大国,也是猪肉消费大国,生猪养殖量和猪肉消费量均占世界总量的一半左右,猪肉在城乡居民肉类消费中约占六成。近些年我国生猪养殖发生了很大变化。一是规模化水平提高。以前每家养一两头猪,现在存栏 500 头以上的生猪养殖规模化率已经达到 60%,前 20 大养猪企业出栏量占全国的 20% 左右。二是区域布局逐步优化。南方水网地区生猪养殖密度下降,产能逐步向玉米主产区和环境容量大的地区转移。三是生猪产量发生较大波动。2018 年非洲猪瘟传入我国,对生猪生产造成重大影响,2019 年猪肉产量减少到 4 255 万吨,较常年下降 21%。2021 年上半年生猪生产已恢复到正常水平,年底全国生猪存栏 4.49 亿头,能繁母猪存栏 4 329 万头。目前,猪肉在我国居民肉类消费中占据主体地位,占比达到 63%,而欧美国家猪肉占比仅为 25% 左右。随着消费水平的提高和人们饮食结构的调整,未来我国居民猪肉消费比例将继续下降,当前的猪肉产量能够满足国内需求甚至略有富余。

目前,我国人均年猪肉消费量在 30 公斤左右。未来虽然我国城镇化进程加快,人民群众收入水平提高,但受老龄化程度加深、消费需求升级以及肉类产品供给多元化等因素影响,猪肉消费将总体稳定,预计未来 5~10 年消费量稳定在 5 600 万吨左右。未来在新增产能布局上主要是"北进西移"。"北进"就是引导生猪产能向东北进军,充分利用玉米资源和农作物秸秆资源丰富的优势,扩大生猪产能,推进生猪养殖标准化、规模化、绿色化发展。"西移"就是生猪产能向西部环境容量大的地区转移。黄淮海、中南地区等传统生猪及产品调出区,还要为全国稳产保供大局作出贡献。东南沿海地区以及北京、上海等特大城市也不能只想吃肉不想养猪,要通过跨区合作建立养殖基地等方式,努力提高自给率。

（八）牛羊肉

　　肉牛和肉羊是草食畜牧业的主要品种，牛羊肉是城乡居民重要的"菜篮子"产品。我国是牛羊肉生产和消费大国，牛羊肉产量分别居世界第三位和第一位。近年来，为适应居民"吃得好"的需要，我国肉牛和肉羊加快发展，2021年产量达到1 212万吨，其中牛肉产量698万吨，羊肉产量514万吨，消费量达到1 500万吨，供求处于紧平衡状态。经过这几年的发展，基本形成了中原、西北、西南和东北四大牛羊肉产区，四大产区牛羊肉产量占到全国的98％左右。

　　未来随着居民收入水平的提升，牛羊肉消费将保持增长态势，必须扩大国内生产以更好满足消费者需求。肉牛和肉羊发展的总体方向是坚持稳定牧区、发展农区，推进农牧结合、种养结合、草畜配套、循环发展。在路径上突出抓好三大区域：一是东北区，发挥粮食资源和秸秆资源丰富的优势，大力发展适度规模舍饲养殖；二是南方区，挖掘草山草坡资源利用潜力，扩大牛羊肉生产，同时保护提升地方优良品种，因地制宜发展特色养殖；三是西部区，科学利用草原资源，建设人工饲草料基地，推进粮改饲，壮大饲草料产业，稳定牛羊肉生产。

（九）乳制品

　　乳制品是以生鲜乳或其制品为主要原料，经加工制成的产品。牛奶、羊奶等奶类生产是保障乳制品供给的奶源基础，其中牛奶占大头，比例超过95％。2008年三聚氰胺事件对我国乳业造成沉重打击，重创了消费者信心。事件发生后，特别是2014年提出"奶业振兴"后，我国乳企发奋图强，不断提高养殖规模化、标准化、机械化水平，提高乳品质量。2021年，我国存栏100头以上奶牛规模养殖比重超过70％，机械化挤奶率达到100％，三聚氰胺等违禁添加物抽检合格率连年保持在100％，生鲜乳蛋白质平均含量和菌落总数均好于世界水平。总的来看，我国奶品品质已达到奶业发达国家水平。

　　2021年我国人均奶类占有量为42.6公斤，仅为世界平均水平的1/3、发展中国家的 1/2、奶业发达国家的 1/7。当然，这些国家牛奶消费水平主要是吃奶酪，10 斤牛奶才能产出 1 斤奶酪。未来乳业发展既要保数量又要提质量，路径就是"三好"：一好就是种好草。发展全株青贮玉米及高产优质苜蓿，做大做强饲草业。二好就是养好牛。开展标准化示范场创建，提升奶牛养殖机械化、信息化、智能化水平。三好就是产好奶。健全法规标准体系，构建严密的全产业链质量安全监管体系，实行精准化、全时段管理。

（十）食用植物油

油料作物是油脂和蛋白质的重要来源，食用植物油是重要的民生产品。我国食用植物油的来源主要是油料和大豆，油料主要包括油菜籽、花生等草本油料和油茶、核桃等木本油料。2021 年，国产食用植物油自给率仅为 1/3 左右。随着消费结构升级，我国食用植物油需求仍呈增长态势，既要科学消费减少浪费，又要在扩大国内产量上挖潜力，拎好"油瓶子"。

实现路径是"两统筹、一拓展"。一是统筹油料与大豆生产。在稳定粮食面积的前提下，在努力扩大大豆种植面积的同时，积极开发长江中下游地区冬闲田和滩涂地种植油菜，发展西北地区油葵、芝麻、胡麻等小宗特色油料作物。同时，扩大北方农牧交错带花生种植面积，适当扩大黄淮海地区夏花生种植面积。二是统筹草本油料与木本油料生产。在稳步扩大草本油料作物生产的同时，加快发展南方油茶、北方核桃等木本油料。通过改造低产低效油茶园，充分利用荒山荒坡荒地扩种油茶，并配套机收等适宜机械。三是多渠道拓展油源。一方面，增加玉米油产量。另一方面，增加米糠油和精制棉籽油等供给。此外，还可以拓展牡丹籽油、葡萄籽油、橄榄油等油源。在稳步扩大国内生产的同时，也要构建多元进口渠道，走出去开展产能合作，提高资源掌控力。

除此以外，蔬菜、水果、禽肉和水产品等国内产能相对充足，供给数量能够满足消费需求。蔬菜要加快自主品种研发，实行标准化、特色化、规模化生产，促进产销衔接。水果生产要向优势产区集中，加快品种更新换代，大力发展名特优产品，提质增效。禽肉和水产品要重点优化产品结构，推动标准化健康养殖，严格产品质量控制，丰富居民餐桌。我国白肉（禽肉）消费比例还要提高，发达国家白肉消费量占肉类消费总量的比例为45%，我国目前只有26%，仍以消费猪肉为主，占比60%以上。

以农业供给侧结构性改革为主线做好农业生产力布局

　　改革开放40多年来，我国农业发展不断迈上新台阶，粮食生产实现"二十连丰"，各类农产品丰富多样、供应充足。与此同时，农业发展也面临新情况新问题，农产品需求结构加快升级，但供给结构调整相对滞后，呈现出农产品供给过剩与供给不足并存、结构性供需失衡的阶段性特征。一方面，名特优农产品仍然偏少，消费者青睐的好东西供不应求，有些中高端农产品还大量从国外进口，我国每年需要进口几百万吨强筋弱筋小麦，用来制作面包和糕点，进口乳制品折合鲜乳占消费量的1/3。另一方面，很多"大路货"质量不高、品牌不响，农民辛辛苦苦生产出来的产品"卖不出去、卖不上价"，有时还积压滞销。

　　为解决供需矛盾，国家提出推进农业供给侧结构性改革。2016年3月，习近平总书记在参加"两会"湖南代表团审议时指出：新形势下，农业主要矛盾已经由总量不足转变为结构性矛盾，主要表现为阶段性的供过于求和供给不足并存。推进农业供给侧结构性改革，提高农业综合效益和竞争力，是当前和今后一个时期我国农业政策改革和完善的主要方向。农业供给侧结构性改革中的重要一环就是优化农业区域。众所周知，农业生产不同于工业生产，是以自然再生产为基础的，具有明显的地域特征与资源禀赋特征。通过优化区域布局，在最适宜的地方生产最适宜的产品，不仅成本低、产出效率高，而且品质好，能够将区域资源优势转化为效益和竞争优势。近年来，农业农村部推动生产要素向优势区聚集，形成了一批具有区域特色的农业主导产品、支柱产业和知名品牌。

今后，围绕农业供给侧结构性改革和优化农业生产力布局，重点是建好"三个区"、打造"一品牌"。

一是粮食生产功能区。这是确保国家粮食安全的核心区域，主要是在水土资源条件较好、具有粮食种植传统的地块划定。建设粮食生产功能区的概念是 2010 年浙江省首先提出并着手实施的，目标是在浙江省划定 800 万亩优质耕地，建设并固定其粮食生产功能，以保障一定的粮食自给率。2015 年中央一号文件首次正式提出探索建立粮食生产功能区，将口粮生产能力落实到田块地头、保障措施落实到具体项目。按照新时期国家粮食安全战略，以稻麦两大口粮自给率 100% 和水稻、小麦、玉米三大谷物自给率保持在 95% 左右为目标，测算了粮食生产功能区 9 亿亩划定面积，其中，6 亿亩用于口粮生产，也就是种植水稻、小麦。

二是重要农产品生产保护区。顺应区域产业转移、产业升级的大趋势，突出生产条件、生产成本具有相对优势的产区，突出保护东北大豆、新疆棉花、长江流域油菜籽、广西和云南糖料蔗等重点产区，发挥比较优势，划定重要农产品生产保护区。经测算，需划定重要农产品生产保护区 2.38 亿亩，以确保现有供给水平不降低，其中，大豆保护区 1 亿亩、油菜籽保护区 7 000 万亩、棉花保护区 3 500 万亩、糖料蔗保护区 1 500 万亩。从 2017 年开始经过 3 年努力，全国已划定完成 9 亿亩粮食生产功能区、2.38 亿亩重要农产品生产保护区（与粮食生产功能区重叠 8 000 万亩），基本实现上图入库，精准落实到 4 800 多万个地块，这是稳定粮食等重要农产品供给保障的"基本盘"。据统计，"两区"（粮食生产功能区和重要农产品生产保护区）建成后，能满足我国约 95% 的口粮、90% 的谷物、14% 的大豆、60% 的棉花、45% 的油菜籽、60% 的糖料蔗和 12% 的天然橡胶需要。

三是特色农产品优势区。我国特色农产品种类多、产业发展不均衡、市场需求差异大，需要优化特色农产品生产布局，做大做强优势特色农业产业。为此，我国从 2017 年开始创建特色农产品优势区，鼓励地方立足资源禀赋和比较优势，聚焦特色产品，以筑强产业基础、优化产业链条、带动农民增收为目标开展创建工作。农业农村部分 4 批创建了 308 个特色农产品优势区，涵盖特色粮经作物、特色园艺产品、特色畜产品、特色水产品、林特产品五大类 29 个重点品种（类），加快将这些地方的资源优势转变为产品优势、经济优势。今后还将继续选择全国或省域有影响力、带动力、竞争力的特色产品，创建特色农产品优势区，打造特色品牌，提升产品品质，带动农民增收。

四是打造农产品区域公用品牌。品牌是农业竞争力的核心标志，也是推进农业高质量发展的重要抓手。2017 年中央一号文件提出，推进农产品区域公用品牌建设，支持地方以优势企业和行业协会为依托打造区域特色品牌。农业部将 2017 年确定为"农业品牌推进年"。结合中国特色农产品优势区创建，农业农村部提出"一个特优区塑强一个区域公用品牌"。目前，农业农村部已指导发布 300 个区域公用品牌，涌现出了盘锦大米、洛川苹果、武夷山大红袍、潜江龙虾等一大批驰名中外、消费者青睐的优质特色农产品，区域公用品牌已经成为"金字招牌"。今后我国还将立足各地资源禀赋和农业发展基础，深入推进品牌强农，聚焦特色农产品优势区打造国家级品牌矩阵，让农业区域公用品牌更加响亮，带动提升中国农业的形象和水平。

第五讲
全面推进乡村振兴

　　乡村振兴是党的十九大作出的战略部署，是习近平总书记亲自谋划、亲自部署、亲自推动的重大战略，是事关全面建设社会主义现代化国家、全面推进中华民族伟大复兴的历史性任务。学习贯彻习近平总书记重要讲话精神，深入研究乡村振兴问题，很有意义。

实施乡村振兴战略的背景与意义

　　乡村振兴，是新时代新征程我们党重视解决"三农"问题的升级版，是实现全体人民共同富裕的基本盘，推进乡村全面振兴是新时代新征程"三农"工作的总抓手。

　　中国是农业大国，重农固本是安民之基、治国之要。在我国革命、建设、改革各个历史时期，特别是党的十八大以来，我们党坚持把解决好"三农"问题作为全党工作的重中之重，推动农业农村取得历史性成就、发生历史性变革。习近平总书记在党的十九大报告中首次提出实施乡村振兴战略，并作为七大战略之一写入了党章。这是今后相当长一段时间里，到 2035 年乃至 2050 年全面建成社会主义现代化强国之前，"三农"工作的中心词和重要任务。

党的十九大以来，我们贯彻落实习近平总书记系列重要指示批示，采取一系列重大举措加快推进乡村振兴。经过几年的学习实践，对乡村振兴战略重大意义的认识也在不断深化。

第一，实施乡村振兴战略，着眼于"两个一百年"奋斗目标，体现了鲜明的目标导向。党的十九大提出分阶段实现"两个一百年"奋斗目标：从 2020 年到 2035 年，在全面建成小康社会的基础上，再奋斗 15 年，基本实现社会主义现代化；从 2035 年到本世纪中叶，在基本实现现代化的基础上，再奋斗 15 年，把我国建成富强民主文明和谐美丽的社会主义现代化强国。对表"两个一百年"奋斗目标，在决胜全面建成小康社会阶段，要消除绝对贫困，打好脱贫攻坚战；在全面建设社会主义现代化国家阶段，就要缩小城乡差距，推动农业全面升级、农村全面进步、农民全面发展，这也是带有标志性的硬任务，这就提出了实施乡村振兴战略的重大任务。随后印发的 2018 年中央一号文件和国家乡村振兴战略规划，明确提出了乡村振兴的阶段性目标任务，总体上分三个阶段：到 2020 年，乡村振兴取得重要进展，制度框架和政策体系基本形成；到 2035 年，乡村振兴取得决定性进展，农业农村现代化基本实现；到 2050 年，乡村全面振兴，农业强、农村美、农民富全面实现。这三个阶段的安排与"两个一百年"奋斗目标的整体战略安排是契合的。

党的十九届五中全会正好处于"两个一百年"奋斗目标的历史交汇点上：一头接续全面建成小康社会的百年史诗，一头开启全面建设社会主义现代化国家的宏伟篇章。从党的十九大首次提出乡村振兴战略，到党的十九届五中全会提出全面推进乡村振兴，这是一个接续前进、不断深入的过程，是经济社会发展的客观要求，也是广大农民群众的热切期盼。其中的关键词就是"全面"，这既是目标也是要求，是重点更是难点。首先，实施区域要全面，东、中、西部都得干，脱贫地区和发达地区都得抓；其次，工作任务要全面，乡村产业、人才、文化、生态、组织"五个振兴"一起抓，农村经济、政治、文化、社会、生态文明和党的建设统筹推进；最后，服务对象也要全面，从集中资源支持贫困群众、贫困地区，转为促进所有乡村、全体农民加快实现全面现代化。总之，就要通过全面推进乡村振兴、加快农业农村现代化，缩小城乡差距，让农业农村农民在全面现代化和共同富裕道路上赶上来、不掉队，由同步进入全面小康到同步达到全面现代化。党的二十大系统部署新时代新征程"三农"工作，提出要全面推进乡村振兴，加快建设农业强国，扎实推动乡村产业、人才、文化、生态、组织振兴。这是对标全面建成社会主义现代化强国、实现中华民族伟大复兴战略蓝图，对"三农"提出的新任务新要求。在2022年中央农村工作会议上，习近平总书记进一步提出，未来5年"三农"工作要全面推进乡村振兴，到2035年基本实现农业现代化，到本世纪中叶建成农业强国。全面推进乡村振兴、加快推进农业农村现代化、加快建设农业强国，是一个有机的整体。

第二，实施乡村振兴战略，着眼于推动解决新的社会主要矛盾，体现了鲜明的问题导向。党的十九大报告提出，进入新时代，我国社会主要矛盾已经转化为人民日益增长的美好生活需要和不平衡不充分的发展之间的矛盾。这是一个重大的、科学的、历史性的判断。我国社会主要矛盾，最早是1956年党的八大提出的，当时的提法是，我国社会主要矛盾的实质是先进的社会主义制度同落后的社会生产力之间的矛盾；1981年党的十一届六中全会进一步提出，社会主要矛盾是人民日益增长的物质文化需要同落后的社会生产之间的矛盾。从党的八大到党的十九大，一个甲子过去了，中国已不是落后生产力了，中央在作出社会主要矛盾发生转化这个重大判断的同时，提出实施乡村振兴战略，这不是巧合，而是深刻把握现代化建设和城乡发展规律，立足国情作出的战略性决策，是着眼于解决经济社会发展不平衡不充分问题作出的统筹安排。

我国发展不平衡不充分问题表现在很多方面，但最突出的是城乡发展不平衡、农村发展不充分，"三农"依然是我国经济社会发展最明显的短板。从"四化同步"看，现在我国已进入后工业化时代，我国的制造业在全世界是不落后的，信息通信业走在前列，5G技术处于世界领先水平。城市发展水平也不低，城区人口过百万的城市有105个，在全世界是最多的，全球前十大城市就有两个在中国。很多外宾说中国是发达国家，因为他们看的都是大城市，到北京逛三里屯，到上海游黄浦江，到广州看小蛮腰，到处高楼林立、灯火辉煌、叹为观止。但到农村看一看，感觉就会不一样。目前城乡差距还很大，主要表现在：首先，城乡收入差距大。近年来城乡居民收入比在持续缩小，但绝对差距还在扩大。2023 年城镇居民人均可支配收入为 51 821 元，农村居民为 21 691 元，绝对差距为 30 130 元，农村居民人均可支配收入仅相当于城镇居民的 41.9%，而且可支配收入在计算支出时，城镇居民基本都是生活支出，农民还有生产性支出。其次，城乡基础设施差距大。城市道路四通八达、地铁公交出行便利，但还有约 60% 的村生活污水未得到有效处理，约 25% 的农户没有用上卫生厕所。最后，城乡公共服务差距大。农村居民养老金水平远低于城镇职工。农村居民医保以及农村学校、卫生院与城市相比也有差距。当然，这些年农村在这方面的进步也是很大的。推进乡村振兴战略，就是要着力补上这些短板和差距。如果补不上、补不齐，不能算是完成了乡村振兴的历史任务。如果一边是越来越现代化的城市，一边却是越来越萧条的乡村，不能算是实现了中华民族的伟大复兴。中央对脱贫攻坚和乡村振兴在战略上的考量是一样的：打赢脱贫攻坚战是消除绝对贫困，保证全面建成小康社会；全面推进乡村振兴是缩小城乡差距，保障全面建成社会主义现代化强国。

　　第三，实施乡村振兴战略，贯穿以人民为中心的发展思想，体现了鲜明的宗旨意识。党的十八大，习近平总书记在记者见面会上鲜明指出，人民对美好生活的向往，就是我们的奋斗目标。党的十九大报告开宗明义地指出，中国共产党人的初心和使命，就是为中国人民谋幸福，为中华民族谋复兴。在庆祝中国共产党成立 100 周年大会上，习近平总书记指出，江山就是人民、人民就是江山，打江山、守江山，守的是人民的心。纵观历史，我们党干革命、搞建设、抓改革，都是为人民谋利益，让人民过上好日子。做好"三农"工作，就是为农业谋发展，为农民谋利益，为乡村谋振兴。在党的领导下，我国农业发展取得了举世瞩目的成就，我们用占世界不到 10% 的耕地养活了占世界近 20% 的人口；全国农民群众实现了由温饱、小康到全面小康的历史性跨越；农村面貌发生了翻天覆地的变化。现在农民的生活越来越好，期待有更满意的收入、更便利的生产生活设施、更加生态宜居的村庄环境、更丰富的精神文化生活。

从"三农"角度来讲，我们解决的是农业农村农民问题，放大到全局大局来讲，我们解决的是现代化建设和共同富裕问题。正如习近平总书记所指出的，中国要强农业必须强，中国要美农村必须美，中国要富农民必须富。党的十九届五中全会首次提出了扎实推动共同富裕的战略任务，并明确提出到2035年全体人民共同富裕取得更为明显的实质性进展。2021年8月召开的中央财经委员会第十次会议，对扎实促进共同富裕问题进行了系统研究、顶层谋划。习近平总书记特别强调，促进共同富裕，最艰巨最繁重的任务仍然在农村，要促进农村农民共同富裕，巩固拓展脱贫攻坚成果，全面推进乡村振兴，加强农村基础设施和公共服务体系建设，改善农村人居环境。相关研究认为，即便到了2035年，城镇化率达到70%以后，我国也仍将有4亿多人在农村生活。如果这部分农村居民的发展问题没有得到解决，全体人民共同富裕也就难以实现。农民同我们党有特殊亲密的关系，历史形成，血肉相连，是我们党的重要执政基础，也是我们党领导革命、建设、改革的依靠力量。习近平总书记多次强调，要"让乡亲们的日子越过越红火"，是愿景，是期待，也是我们党的承诺。要始终把农村农民作为共同富裕的最大短板弱项，把全面推进乡村振兴作为推动共同富裕的标志性工程，让农村农民在共同富裕道路上不掉队、赶上来。这也是党的初心和宗旨所在。

2021年是中国共产党建党100周年，也是全面推进乡村振兴的第一年。到2049年新中国成立100周年时，城乡发展差距问题基本解决了，"四化"同步了，全面建成社会主义现代化强国也就实现了，共同富裕也就实现了。从这个意义上说，全面推进乡村振兴，不只是"三农"的任务，而是关系全局、战略的重大任务；不是年度性工作任务，也不只是五年、十年任务，而是贯穿全面建设社会主义现代化国家全过程的长期性历史任务。各级领导干部，特别是"三农"战线上的同志，要提高政治站位，认清乡村振兴的重要地位，增强使命感、责任感、光荣感，从思想到行动真正进入，倾情推动乡村振兴！

习近平总书记关于乡村振兴的重要论述

习近平总书记很早就与农结缘，《习近平的七年知青岁月》记载，总书记 15 岁就离开北京到陕北插队，在延安当了 7 年农民，担任过大队书记，与农民一起背过粮食种过地，带领社员打井筑坝淤地造田建沼气，一个窑里睡觉吃饭拉家常，他从那个时候起就了解农民，体验农村，与农民群众建立了深厚感情，也开始了对解决中国"三农"问题的思考与探索。此后在正定、厦门、宁德、福州工作，再到主政福建、浙江、上海，习近平总书记一直高度重视、长期关注、持续推进"三农"发展，进行了大量理论思考和实践探索。党的十八大以来，习近平总书记站在党和国家事业发展全局的高度，就"三农"问题发表了一系列重要讲话，对实施乡村振兴战略作了一系列重要论述。在 2017 年底召开的中央农村工作会议上，习近平总书记系统提出了走中国特色社会主义乡村振兴道路，坚持走城乡融合发展之路、走共同富裕之路、走质量兴农之路、走乡村绿色发展之路、走乡村文化兴盛之路、走乡村善治之路和走中国特色减贫之路"七个之路"。2018 年全国"两会"期间参加山东代表团审议时，习近平总书记强调要推动乡村产业振兴、人才振兴、文化振兴、生态振兴、组织振兴"五个振兴"，这实际上提出了乡村振兴的工作方向和布局。2018 年 9 月主持中共中央政治局第八次集体学习时，习近平总书记再次对实施乡村振兴战略进行系统阐述，在讲话中明确提出了实施乡村振兴战略的总目标、总方针、总要求和制度保障这"三总一保障"。在 2020 年底召开的中央农村工作会议上，习近平总书记开篇就讲，这次是他主动提出要来讲讲的，目的是向全党全社会发出明确信号："三农"工作在新征程上仍然极端重要，须臾不可放松，务必抓紧抓实。他高屋建瓴指明了乡村振兴在全面建设社会主义现代化国家新征程中的战略地位，发出了全面推进乡村振兴的动员令。在 2022 年中央农村工作会议上，习近平总书记就全面推进乡村振兴、加快建设农业强国作出战略部署，着眼强国复兴全局大局，系统阐释了建设农业强国、加快农业农村现代化、全面推进乡村振兴、保障国家粮食安全等一系列问题，明确了当前和今后一个时期"三农"工作的目标任务、战略重点和主攻方向，是党的"三农"工作理论创新的最新成果。这些重要论述科学回答了为什么要振兴乡村、怎样振兴乡村等一系列重大理论问题和实践问题，是习近平新时代中国特色社会主义思想的重要组成部分，也是新时代新征程全面推进乡村振兴的指导思想和行动指南。学懂弄通习近平总书记关于乡村振兴的一系列重要论述，可以进一步增强我们做好乡村振兴工作的坚定性和自觉性。这里我体会，应当从如下八个方面加深理解。

（一）坚持把乡村振兴作为中华民族伟大复兴的重大任务

习近平总书记指出，从中华民族伟大复兴战略全局看，民族要复兴，乡村必振兴。我理解这就是要把全面推进乡村振兴作为实现中华民族伟大复兴的一项重大任务。总书记把乡村振兴与中华民族伟大复兴"中国梦"直接联系起来，指明了乡村振兴在中华民族伟大复兴进程中的特殊重要地位，特别的战略考量。习近平总书记强调，全面建设社会主义现代化国家，最艰巨最繁重的任务依然在农村；强国必先强农，农强方能国强；没有农业强国就没有整个现代化强国；没有农业农村现代化，社会主义现代化就是不全面的。这一论述深刻阐明了新时代新征程"三农"工作的基础地位、战略定位。乡村振兴是国之大者。党的十八大以来，我们坚持把解决好"三农"问题作为全党工作的重中之重，打赢了人类历史上规模空前、力度最大、惠及人口最多的脱贫攻坚战。在完成脱贫攻坚任务、进入全面建成小康社会的时候，习近平总书记指出：现在，我们的使命就是全面推进乡村振兴，这是"三农"工作重心的历史性转移。全面推进乡村振兴的深度、广度、难度都不亚于脱贫攻坚。这是习近平总书记立足我国国情农情，用大历史观全面看待"三农"问题作出的重大科学判断。我理解，如果说，脱贫攻坚是全面建成小康社会的标志性工程，那么，乡村振兴就是全面建成现代化强国的标志性工程。

（二）坚持农业农村现代化的总目标

习近平总书记在 2018 年中共中央政治局第八次集体学习时指出，农业农村现代化是实施乡村振兴战略的总目标。对于农业农村现代化，习近平总书记强调，在向第二个百年奋斗目标迈进的历史关口，巩固和拓展脱贫攻坚成果，全面推进乡村振兴，加快农业农村现代化，是需要全党高度重视的一个关系大局的重大问题；建设农业强国要一体推进农业现代化和农村现代化，实现乡村由表及里、形神兼备的全面提升；有力有效推进乡村全面振兴，以加快农业农村现代化更好推进中国式现代化建设。建设社会主义现代化国家是全方面全领域的，不能少了农业农村这一头，全面现代化，就是农业要与工业、信息一同现代化，农村要与城镇、农民要与市民一起现代化。这是一个目标，也是一种责任、一种压力，更是一种追求。习近平总书记还强调，农村现代化既包括"物"的现代化，也包括"人"的现代化，还包括乡村治理体系和治理能力的现代化。这构成了一个完整的体系，体现了对现代化建设规律的科学把握，也是全面推进乡村振兴的主要目标和出发点落脚点。农业农村现代化是一个重大提法，我们以前都讲农业现代化，党的十九大加上了农村现代化，就是说今后农业和农村的现代化要一体设计、统筹推进，本质上就是要实现农业强、农村美、农民富，说得更直接一点就是现代农业＋美丽乡村。

（三）坚持 5 句话 20 个字的总要求

习近平总书记在党的十九大报告中提出了关于乡村振兴的 5 句话 20 个字的总要求："产业兴旺、生态宜居、乡风文明、治理有效、生活富裕"。这个总要求明确了朝着什么样的方向全面推进乡村振兴。党的十六届五中全会提出过社会主义新农村建设的目标要求，也是 5 句话 20 个字："生产发展、生活宽裕、乡风文明、村容整洁、管理民主"。乡村振兴的总要求与之相比，内涵更丰富，标准更高，反映了我国社会主要矛盾的变化，回应了广大农民群众对美好生活的更高期待。产业兴旺是乡村振兴的重点，产业兴，百业兴，也是乡村全面振兴的物质基础。生态宜居是乡村振兴的关键，农村美、中国美，全面振兴的乡村应当有绿水青山和清新清净的田园风光，保留独特的乡土味道和乡村风貌。乡风文明是乡村振兴的保障，乡风正、文化盛，乡村振兴不能丢了乡土文化、农耕文明这个魂。治理有效是乡村振兴的基础，乡村治、社会稳，要让社会正气得到弘扬、违法行为得到惩治，使农村社会更加和谐稳定、治理更加安定有序。生活富裕是乡村振兴的根本，农民富、国家强，推进乡村振兴，最根本是要让农民的钱袋子进一步鼓起来，日子过得更加富裕体面，通俗地说，就是要让农民过上"跟城里人一样的日子"。在 2020 年底召开的中央农村工作会议上，习近平总书记还提出，促进农业高质高效、乡村宜居宜业、农民富裕富足，这与上面讲的 5 句话的总要求精神是一致的，我们要总体把握、全面推进。

（四）坚持农业农村优先发展的总方针

习近平总书记在党的十九大报告中首次提出坚持农业农村优先发展，明确把农业农村工作摆在党和国家工作全局的优先位置；在 2017 年底召开的中央农村工作会议上，习近平总书记深刻阐述了坚持农业农村优先发展的重大意义和科学内涵，提出了"四个优先"的明确要求，就是在干部配备上优先考虑，在要素配置上优先满足，在资金投入上优先保障，在公共服务上优先安排；在 2018 年中共中央政治局第八次集体学习时，习近平总书记明确提出坚持农业农村优先发展是总方针。农业农村优先发展这个总方针，是瞄着补短板、强弱项、解决矛盾去的，目的就是尽快补齐农业农村这个短板弱项，着力解决城乡间这一最突出的不平衡、农村发展这一最明显的不充分，推动农业农村更快、更高质量发展，这充分体现了我们党对"三农"战略地位认识的发展和创新，阐明了对工农城乡发展优先序的战略定位。在全面推进农业农村现代化进程中，要切实贯彻好这个方针。在实际工作中要防止出现"三农"工作"说起来重要、干起来次要、忙起来不要"的倾向。

（五）坚持建立健全城乡融合发展的体制机制

习近平总书记指出，要把乡村振兴战略这篇大文章做好，必须走城乡融合发展之路；我们一开始就没有提城市化，而是提城镇化，目的就是促进城乡融合；能否处理好城乡关系，关乎社会主义现代化建设全局。要强化以工补农、以城带乡，加快形成工农互促、城乡互补、协调发展、共同繁荣的新型工农城乡关系。他还明确指出，建立健全城乡融合发展的体制机制，是实施乡村振兴战略的制度保障。这些重要论述表明，推进乡村振兴，就要打破城乡二元分割的体制藩篱，重塑工农城乡关系，推动城乡要素双向流动、平等交换以及公共资源均衡配置，真正实现城市带动乡村发展。改革开放以来，我国城市发展突飞猛进，现在城市已经建得很好了，城乡融合发展实质上是要体现向农村倾斜，建立体现农业农村优先的融合发展体制机制和政策体系。现阶段，城乡差距大最直观的是基础设施和公共服务差距大，近几年，一些地方打着城乡融合的旗号搞村庄大拆大建，主要目的是将腾出的宅基地面积置换成城市建设用地指标；一些地方盲目合村并居，"逼农民上楼"，损害了农民利益，甚至影响到农村稳定。城乡融合绝不是把农村都变成城市，不是把农村"融"没了，更不能以乡村的凋敝为代价实现城市的繁荣，两者应该相辅相成、相得益彰，良性互动、融合发展。

（六）坚持遵循乡村发展规律

习近平总书记强调，乡村建设要遵循城乡发展建设规律，做到先规划后建设，切忌贪大求快、刮风搞运动，防止走弯路、翻烧饼。要注重因地制宜、科学引导，坚持数量服从质量、进度服从实效，求好不求快，坚决反对劳民伤财、搞形式摆样子。这些重要论述，为全面推进乡村振兴提供了科学的方法论和工作指导。我们国家这么大，农村情况千差万别，东部和西部，郊区和山区，农区和牧区，内地和边海地区，能一样吗？如果不因区施策，一个办法包打天下，搞一刀切，能落实下去吗？如果不久久为功，而是刮风搞运动，效果能好吗？因此，乡村振兴一定要从实际出发，既要抓紧抓实，又要保持历史耐心，推动乡村振兴特别是乡村建设健康发展。

（七）坚持尊重农民主体地位

习近平总书记指出，要围绕农民群众最关心最直接最现实的利益问题，加快补齐农村发展和民生短板，让亿万农民有更多实实在在的获得感、幸福感、安全感；乡村建设是为农民而建，必须真正把好事办好、把实事办实。这些重要论述，体现了坚定的人民立场，鲜明回答了乡村振兴为了谁依靠谁的问题。改革开放 40 多年来，我们推进农业农村改革发展，始终坚持一条重要原则，就是把保障农民物质利益、维护民主权利作为根本出发点落脚点，这也是我们党正确处理"三农"问题的一条基本经验，坚持从农民利益出发，一切为了农民、依靠农民，得到了亿万农民群众的衷心拥护，坚定了跟党走、跟党干的意志和决心。乡村建设要始终坚持为农民而建，尊重农民意愿，调动农民积极性和主动性，真正让农民成为乡村振兴的参与者、建设者和受益者，决不能政府什么事都大包大揽，替农民"当家"，出现"干部干、农民看"的现象。

（八）坚持加强党对乡村振兴的领导

习近平总书记强调，办好农村的事情，实现乡村振兴，关键在党；要建立实施乡村振兴战略领导责任制，实行中央统筹、省负总责、市县抓落实的工作机制；党委和政府一把手是第一责任人，五级书记齐抓乡村振兴；市县两级更要把"三农"工作作为重头戏，花大精力来抓，特别是县委书记要当好乡村振兴"一线总指挥"。这些重要论述，深刻指出了党的领导是全面推进乡村振兴的政治保障。脱贫攻坚之所以能够攻坚拔寨，取得全面胜利，一条重要经验就是习近平总书记亲自挂帅出征，形成了五级书记抓脱贫、全党动员打攻坚战的局面。推进乡村振兴，要发扬我们党重视领导农村工作的传统，充分借鉴脱贫攻坚的经验。

习近平总书记关于乡村振兴的重要论述，高瞻远瞩、系统深刻，内涵丰富、要求明确，我们要深入学习领会，武装头脑，指导工作。我学习习近平总书记的重要论述，有三点强烈的感受：一是以为农民谋福祉、为乡村谋振兴为根本依归的价值理念；二是坚持实事求是，一切从农村实际出发的科学方法论；三是始终把亿万农民的愁与乐、广大乡村的兴与衰放在心上的深厚"三农"情怀。还有一个强烈认识，就是要举全党、全国、全社会之力来大办"三农"，带着感情、扛着责任、撸袖奋斗，把乡村全面振兴的美好蓝图变成现实。

全面推进乡村振兴的重点任务

实施乡村振兴战略要干的事很多，涉及农村经济、政治、文化、社会、生态文明和党的建设方方面面。全面推进乡村振兴，关键要落到真抓实干的具体行动上，主要是"一衔接、五振兴"。

第一，实现巩固拓展脱贫攻坚成果同乡村振兴有效衔接。习近平总书记指出，脱贫摘帽不是终点，而是新生活、新奋斗的起点。在 2020 年中央农村工作会议上，习近平总书记专门用一部分来讲巩固拓展脱贫攻坚成果。这既是提醒我们，巩固拓展脱贫攻坚成果绝非易事，要将其摆在突出位置继续抓紧抓牢；也是告诉我们，实现巩固拓展脱贫攻坚成果同乡村振兴有效衔接至关重要，关系着第二个百年奋斗目标的底色。要通过全面推进乡村振兴来巩固拓展脱贫攻坚成果，借鉴脱贫攻坚的经验做法来推进乡村振兴。

一是守住不出现规模性返贫这条底线。脱贫攻坚是党中央作出的庄严承诺，是对全国全世界作出的郑重宣誓，成果必须经得起历史和实践的检验。实事求是地讲，个别个案的返贫，在短时期内是可能出现的，但不出现规模性返贫这条底线必须牢牢守住。据有关方面统计，脱贫人口中不稳定户、边缘易致贫户还有不少。这部分群体，稍不注意，因病、因灾、因上学、因意外事故等，都有可能重新返贫致贫。因此，需要加大脱贫地区产业发展、脱贫群众稳定就业、搬迁群众后续扶持、扶贫资产有效管理等工作力度，特别是健全防止返贫的动态监测帮扶机制，跟踪他们的收入水平变化和"两不愁三保障"巩固情况，本着"早发现、早干预、早帮扶"的原则，继续精准施策，发现一个帮扶一个，动态清零。

二是借鉴脱贫攻坚的办法推进乡村振兴。主要是突出"两个衔接"。其一，政策上要衔接。在脱贫攻坚过程中，国家出台了一系列含金量大、精准度高、执行力强的政策举措，各方面梳理出来有 16 类 200 多项，这些政策要在乡村振兴中调整优化、有效衔接。其二，工作上也要衔接。脱贫攻坚战期间，构建了一套系统完备的包括责任体系、工作体系、政策体系、投入体系、帮扶体系、社会动员体系、监督体系、考核评估体系在内的脱贫攻坚制度体系，已形成的工作方法要坚持下来，已建立的工作队伍要保持下来，相关的考核机制要借鉴过来，转化为乡村振兴的资源和动力。

第二，推进乡村产业振兴，努力让农民生活更加富裕富足。习近平总书记指出，产业振兴是乡村振兴的重中之重，也是实际工作的切入点；要依托农业农村特色资源，向开发农业多种功能、挖掘乡村多元价值要效益，向一二三产业融合发展要效益。对乡村产业振兴，中央已作出部署，国务院专门印发了指导意见。发展乡村产业具有难得的历史机遇，有着巨量的资源要素、巨量的市场需求，蕴藏着巨大的潜力。同时，也存在产业门类不全、产业链条较短、质量效益不高等问题，需要加强引导和扶持。具体讲，应把握三个方面：

一是把握乡村产业的内涵。乡村产业，顾名思义是在乡土大地上发展起来的产业，它有别于城市产业，联农带农的特征更加明显，为的是提升农业、繁荣农村、富裕农民。习近平总书记强调各地推动乡村振兴，要把"土特产"这三个字琢磨透。"土"讲的是基于一方水土，开发乡土资源；"特"讲的是突出地域特点，体现当地风情；"产"讲的是真正建成产业、形成集群。概括起来，有 5 个特点：其一，根植于县乡村。乡村产业的性质和定位是"姓农、立农、为农、兴农"，目标是打造离农村最近、与农民最亲、联农业最紧的产业。其二，以农业农村特色资源为依托。充分依托农业农村特有的种养业、绿水青山、田园风光和乡土文化等特色资源，打造彰显地域特色、体现乡土气息、优势特色鲜明的不同类型的产业。其三，以农民为主体。农村的资源环境，既是农民的财富，也是农民的发展机会，要让农民充分享有。发展乡村产业要让农民参与，带动农民增收致富。其四，以一二三产业融合发展为路径。今天的乡村产业，已不再是单纯的种养，还包括加工、包装、流通、营销等环节，以及农村电商、共享农庄等新产业新业态。其五，承载乡村价值。我们常说"一方水土养一方人"，这既包括一方资源可以满足老百姓的物质需求，也包含着一方水土对一方人的品格塑造。乡村价值是对乡村生产生活、生态环境、乡风民俗、历史文化等的积累和沉淀，发展乡村产业应充分开发利用特有的乡村价值。

二是拓展乡村产业的类型。我国乡村地域辽阔，资源禀赋多元，经济社会条件各不相同，这使得乡村产业的类型丰富多样。从目前情况看，主要包括6种。其一，现代种养业。首要是保障粮食和重要农产品稳定安全供给，通过规模化、机械化、集约化、市场化、信息化推动传统种养业转型升级，提高农业质量效益和竞争力。其二，农产品加工业。农业不加工，等于一场空。农产品加工业从种养业延伸出来，包括初加工、精深加工、综合利用加工等，具有体量大、产业关联度高、农民受益面广的特点。其三，乡土特色产业。包括特色种养、特色食品、特色手工和特色文化等。这些传统土特产业和产品，承载着历史的记忆，传承着民族的文化，有着独特的产业价值。现在，有不少农村创业者通过承包山林草地，养殖林下鸡、山地鸡，有人叫飞鸡、战斗鸡，价格高还供不应求；还有的利用稻麦秸秆、竹枝柳条等原材料，编制出果盘、花篮、摆饰、小动物等美轮美奂的工艺品，化腐朽为神奇，深受消费者欢迎。这就是特色效应，也是特色溢价。其四，乡村休闲旅游业。俗话说"物以稀为贵"。现在城市越来越大，城市人口越来越多，乡村也越来越成为稀缺资源。要注重挖掘乡村生态涵养和文化体验功能，打造休闲农庄、农业公园、农业嘉年华等新业态，建设休闲观光、乡村民宿、健康养生等园区景点，让农区变景区、农房变客房、产品变礼品。其五，乡村新型服务业。包括生产性服务业和生活性服务业。有关资料分析，美国农民只占全美国总人口的约2%，而相关农业服务业就业人数却占总人口的10%以上。随着我国农业生产集约化、规模化水平不断提高，分工分业特征日趋明显，在一定程度上促进了生产性服务业的快速发展。同时，大量城里人回归农村养老、康养、休闲、旅游，也为农村生活性服务业发展提供了广阔空间。其六，乡村信息产业。在数字经济发展上，农业农村第一次和城里人站在了同一起跑线上，这是难得的机遇，推进数字创业、发展农村电商、实现乡村数字化大有可为。除了以上这6种乡村产业，乡村产业还有很多，比如乡村建筑产业、环保产业、文化产业、创意产业、物流产业。

三是打造乡村产业的载体。近几年，各地围绕乡村产业振兴进行了许多探索，形成了一些行之有效的方法和路子。其一，产业园区。建设现代农业产业园既可以发挥平台效应，有效克服乡村基础设施和配套服务不足的现实短板，降低农业企业的运营成本，又能够吸引和聚集现代生产要素，打造集生产、加工、流通、销售于一体的全产业链，构建起现代农业产业体系。其二，龙头企业。这是现代农业经营体系中最具活力、最具创新能力和产业链运作能力的经营主体。其三，专业市场。上连农民、农业企业等生产端，下接消费者、加工企业等市场终端，可以有效打通农村"物流"和"信息流"，为区域内农业企业和组织提供可共享的交易平台和销售网络。其四，区域品牌。打造塑强区域公用品牌，培育有竞争力的企业品牌，促进质量兴农、品牌强农。其五，产业集群。在更大范围、更高层次上发展产业，打造区域优势特色产业，实现串珠成线、连块成带、集群成链，培育大型经济圈、区域增长极。

第三，推进乡村人才振兴，努力打造振兴乡村的人才队伍。人才振兴是全面推进乡村振兴的基础。改革开放以来，大量农村劳动力走向城市，这是城市化发展的必然结果。这个过程也造成农村青壮劳力和优质人才的大量流失，乡村出现"空心化"现象。这些年，我到各地调研，听到最多的就是农村缺能人、缺干部、缺人才。进入新征程，迫切需要培养各类农业农村人才队伍，夯实乡村振兴的人才基础。

一是加强乡村人才培养。本土人才生于斯、长于斯，他们熟悉本地情况，对当地农业发展有着更深的情感。促进乡村振兴，需要把本土人才资源当作重要支撑，完善人才成长机制，充分激发乡村人才的创新精神和创造能力，加快培养一批领头雁、带头人。

二是加快乡村人才引进。引进人才，可以吸收先进的发展理念、管理技术和经验，关键是筑巢引凤，多从政策上想办法，建立有效的激励机制，搭建干事创业的平台，凝聚各类人才投身乡村振兴。一方面，引导外出农民工、复员兵返乡创业；另一方面，吸引大中专毕业生、科技人员到农村创业。

三是健全乡村人才保障机制。制度保障是留住人才、引进人才的关键。只有从制度层面解除了人才的后顾之忧，才能让他们更加心无旁骛地干事创业。具体来讲，就是要改善农村环境，创造便利条件，提供政策支持。在硬件上，着力改善农村基础设施和公共服务，让人才能在农村待得住、留得下；在软件上，营造好的人才成长和干事创业环境，形成事业有干头、干事有劲头、成事有盼头的良好局面。

第四，推进乡村文化振兴，努力培育农村先进文化和文明乡风。 习近平总书记指出，农村是我国传统文明的发源地，乡土文化的根不能断；乡村振兴，既要塑形，也要铸魂；要敬畏历史、敬畏文化、敬畏生态，留住乡风乡韵乡愁；推进农村现代化，不仅物质生活要富裕，精神生活也要富足。"富裕富足"，富足就包括精神文化方面。农业农村现代化，应该包括农业、农村、农民三个方面的现代化，都离不开文化。应立足我国乡村实际，积极推进精神文明建设，深入挖掘、继承发扬农耕文化所蕴含的优秀思想观念、人文精神、道德规范，并与城市文化对接融合，推动农耕文化创造性转化、创新性发展，让优秀乡土文化在广大乡村焕发出勃勃生机。

一是推进农村移风易俗。这些年，一些传统的、优秀的乡村文化价值在一些地方逐渐式微，迷信、赌博、大操大办红白喜事等不良风气不同程度存在，一些地方宗族势力有所抬头。比如，一些地方农村青年结婚，彩礼就要几十万元，好不容易挣点钱都花在这上面了。陈规陋习要坚决摒弃。农村的思想文化阵地，我们不去占领，那些邪门歪道、歪风邪气就会占上风。很多地方开展文明村、文明镇创建，发挥了乡规民约的作用，评选星级文明户，实行以"积分奖励"兑换生活用品的制度，收到了很好的效果，应大力推广。

二是丰富乡村文化生活。着眼于满足农民群众的精神文化需求，充分利用乡村特有资源，挖掘乡土气息和文化内涵，创新开展形式多样的文化活动。通过举办乡村春晚、"村超"、"村BA"、文化巡演、送戏下乡等，让村民们在家门口就能享受接地气的文化表演；通过组织传统文化、传统礼仪、传统手艺等知识普及和培训，让村民们留住乡村记忆，守望乡情乡愁；通过支持农民群众成立文化社团、组建文艺表演队等，增强全员参与意识，让乡亲们"动起来""热闹起来"，营造良好的文化氛围，让广大农村充满生机和活力，在文化中陶冶人们的情操。

三是注重文化设施建设。乡村文化基础设施建在农村、服务农村，承担着向农民群众普及知识、传播文化的公益性职能，是为广大农民群众提供学习、交流、休闲、娱乐的重要平台和场所。各级政府应该把文化设施建设作为改善农村公共服务的重要内容，在政策项目上给予重点扶持。结合乡村实际和农民需求，因地制宜建设文化馆、图书馆、村史馆、农家书屋、文化广场、村社戏台、文化服务中心等，有条件的地方还可以建设电子阅览室、数字图书馆等，推进文化信息资源进村入户，全面提升农村公共文化服务效能。

四是发展乡村文化产业。依托乡村特色文化资源，开发文化产品，培育文化产业，能够为乡村振兴带来良好的经济效益和社会效益。以市场为导向，以企业为载体，积极推进文化项目孵化落地，建设一批特色鲜明、优势突出的乡村文化产业强镇、产业园区和产业集群。比如，围绕当地红色文化资源，可以推进以红色为主题的相关产业开发运营，弘扬革命传统，传承红色文化。围绕当地田园风光资源，可以把农民丰收节、摄影艺术节等文化活动搬到田野和农居，吸引游客前往，带动乡村经济。

第五，推进乡村生态振兴，努力实现农业绿色发展和乡村美丽宜居。 习近平总书记指出，实施乡村振兴战略，一个重要任务就是推行绿色发展方式和生活方式，让生态美起来、环境靓起来，再现山清水秀、天蓝地绿、村美人和的美丽画卷；要坚持绿水青山就是金山银山的理念，坚定不移走生态优先、绿色发展之路。这几年，农村生态环境有了很大改善，但与生态宜居的要求还有差距。推进乡村生态振兴，应重点把握以下两个方面：

一是扎实推进农村人居环境整治。农村如厕难、洗澡难、行路难、废弃物处理难的问题，是影响农民生活质量的主要痛点，也是不少生活在城市的农二代不愿回农村、城里人不愿去农村的一个重要原因。2018年以来，我国把农村人居环境整治作为乡村振兴的"当头炮"，围绕农村厕所革命、农业农村污染治理、畜禽粪污资源化利用等方面采取了一系列措施，取得了明显进展和成效。但应看到，一些地方村庄环境脏乱差的情况仍不同程度存在。农村人居环境整治是一项系统工程，不是一朝一夕就能完成的，需要梯度推进、逐步提升，所以在实施农村人居环境整治 3 年行动后，还要继续开展整治提升 5 年行动。当前农村人居环境整治提升的重点是推进"三大革命"。其一，农村厕所革命。习近平总书记指出，小厕所、大民生。解决好厕所问题在新农村建设中具有标志性意义，要把它作为乡村振兴战略的一项具体工作来推进。其二，农村生活垃圾革命。目前农村生活垃圾收运处置体系已基本覆盖行政村，下一步的重点是探索符合农村实际的垃圾分类方法和村庄保洁机制。其三，农村生活污水革命。目前看这项工作任务最重，需要的投资最多，难点在于村庄居住分散，设施设备建造和维护成本都很高，需要因地制宜分类建设污水处理设施。

二是在产业发展和乡村建设中保护农业生态。习近平总书记指出，良好生态环境是农村最大优势和宝贵财富。要守住生态保护红线，推动乡村自然资本加快增值，让良好生态成为乡村振兴的支撑点。长期以来，我们为了解决农产品供给问题，在一定程度上牺牲了资源和环境，现在我们生产能力强了，科技水平高了，对环境问题不仅不能欠新账，还要多还旧账。一方面，统筹做好山水林田湖草沙系统治理，加快对环境污染和生态失衡地区的治理修复，坚决守牢生态保护的红线；另一方面，积极发展农村生态产业，绿色是农业的本色，也是农业的资源，要保护好田园风光、美丽村庄、特色村寨，将农业与旅游、文化、康养等产业融合起来，让土地上长出"金元宝"，让绿水青山变成金山银山。

第六，推进乡村组织振兴，努力建设共建共治共享的善治乡村。我国农村地域辽阔，农民居住分散，乡情千差万别，社会管理任务繁重。根据有关部门的统计数字，我国自然村数量 2002 年是 360 万个，到 2012 年减少到 270 万个，每年减少近 9 万个，近年来虽然减少速度放缓，但仍呈下降趋势。据第七次全国人口普查，2020 年我国乡村常住人口有 5.09 亿人，比 2010 年减少了 1.6 亿人，每年减少 1 600 多万人。有关方面预测，今后一段时间，每年还将有上千万人转移到城市，每年还有 2.9 亿左右的农民工在城乡间流动。这些都给乡村治理带来了新的问题和挑战。比如，一些地方农村基层党组织软弱涣散、人才缺乏，空心村、"三留守"问题突出。习近平总书记指出，乡村治理是国家治理的基石；乡村振兴离不开和谐稳定的社会环境。为此，中央印发了加强和改进乡村治理的指导意见，对乡村治理作出全面部署。这其中，有三件事非常重要：

一是加强农村基层党组织建设。习近平总书记反复强调，农村基层党组织是党在农村全部工作和战斗力的基础；要健全村党组织领导的村级组织体系，把基层党组织建设成为有效实现党的领导的坚强战斗堡垒。如何更好发挥农村基层党组织的战斗堡垒作用呢？其一，抓实建强农村基层党支部，选好配强党组织带头人；其二，加强和改善村党组织对村级各类组织的领导，比如村民委员会、农村集体经济组织、村级合作经济组织，以及其他的一些群众性自治组织；其三，发挥党员在乡村治理中的先锋模范作用，通过党员联系农户、党员户挂牌等方式，带动农民群众全面参与乡村治理。

二是健全"三治结合"的乡村治理体系。健全党组织领导的自治、法治、德治相结合的乡村治理体系，是实现乡村善治的有效途径。村民自治是乡村治理的一种基本形态，需要强化农民的主人翁意识，提高农民主动参与乡村公共事务的积极性，让农民自己"说事、议事、主事"。法治是乡村治理的前提、基础，也是保障，要引导基层干部和农民群众尊法、学法、守法、用法，依法表达诉求、解决纠纷、维护权益。乡村治理和城市管理不太一样，最突出的特点是，乡村是一个熟人社会，费孝通先生 1936 年到江苏省苏州市吴江区七都镇开弦弓村开展调研，写出了著名的《江村经济》。2018 年我也专门到这个村子进行了调研，发现村里的人口结构和经济生活发生了很大变化，但社会人际关系仍然存在着以亲缘、血缘和地缘为中心的差序格局，德治在稳定乡村社会秩序方面发挥着不可替代的作用。农村的很多风俗习惯、村规民约，是村民们约定俗成、自觉遵循的行为规范，至今仍然发挥着重要作用，用不着大张旗鼓地宣传，就可以润物无声地教化大众，形成一定的约束力，因此要充分重视德治的作用。现在，乡村治理还要利用好信息化方式。浙江一些地方在"三治"的基础上加上了"智治"，借助数字科技提高治理能力和治理水平。

三是深入推进平安乡村建设。农村稳，国家稳。稳住农村这一头，加强治安管理，建设平安乡村，减少不稳定因素，一直以来都是农村工作的重要内容。一方面，要深入推进扫黑除恶专项斗争，健全农村治安防控体系和公共安全体系，给老百姓一个公道清明的乡村，让农民有更多的安全感。另一方面，要推广新时代"枫桥经验"，建立完善多元化的纠纷解决机制，做好矛盾纠纷源头化解和突发事件应急处置工作，从源头上预防减少社会矛盾。

推进乡村振兴，落实上述任务，一项重大举措就是实施乡村建设行动。这是"十四五"规划中唯一上标题的行动。中央一号文件作了专门部署，中共中央办公厅、国务院办公厅印发了实施方案。乡村振兴不搞运动，但要行动。从全国层面来看，当前乡村建设行动重点是抓好三件事：一是推进农村人居环境整治。二是加快改善农村公共基础设施。农村公共基础设施缺失或不完善，是乡村发展滞后的一大表现，也是农村民生的一大堵点。应该讲，经过多年建设，农村公共基础设施建设步伐不断加快，农村生产生活条件明显改善，但与农民群众日益增长的美好生活需要相比，还有不小的差距。还要继续解决两个方面的问题：一个是完善提升问题。推动农村基础设施建设提档升级，特别是加快道路、农田水利设施建设，全面改善农村水电路气房讯等条件；另一个是运行机制问题。农村基础设施建好了，如果只利用不管护，时间久了就会老化失修、功能退化，甚至会带来安全隐患。在全面补齐基础设施建设短板的同时，还应同步建立管护运行机制，确保农村公共基础设施安全运行、长期发挥效益。三是着力改善农村公共服务。这些年，农村公共服务从无到有，解决了从0到1的问题，但由于历史欠账多，社会保障水平低，仍然是城乡差距的突出表现之一。为适应全面现代化的要求，应加快推动公共服务下乡，在农村教育、医疗卫生、社会保障和救助上逐步"填平补齐"，实现城乡公共服务基本相当，也就是城里有的农村也要有，当然标准会有差异。这里，"基本"是个重要概念，城乡公共服务实行同等标准需要有一个过程，但我们应奔着这个目标不断努力，逐步实现从制度并轨到标准并轨，从普惠向平等转变。要把县域作为城乡融合发展的重要切入点，赋予县级更多资源整合使用的自主权，强化县城综合服务能力。要争取在一个县域内把各种公共服务搞一致，有条件的地方还可以把乡镇建设成为服务农民的区域中心，带动提升村级就近便捷服务农民的能力，从而让农民在县域内就能享受到公平而有质量的服务。

全面推进乡村振兴的支撑保障

全面推进乡村振兴的深度、广度、难度都不亚于脱贫攻坚，需要攻坚克难创造条件，突出重点狠抓落实，久久为功持续推进。如何保证农业农村优先发展的方针得到贯彻落实，如何保证有力有效推进乡村全面振兴？我认为应重点把握好以下四个方面。

第一，加强党对"三农"工作的全面领导。2019 年中共中央颁布了《中国共产党农村工作条例》，将党领导农村工作的原则、任务、政策、要求等以党内法规的形式确定下来。要全面贯彻落实该条例精神，推动"五级书记抓乡村振兴"的要求落实落地，把党的领导的政治优势转化为工作优势。关键是发挥好考核指挥棒作用。2022 年中共中央办公厅、国务院办公厅出台了《乡村振兴责任制实施办法》，要推动各地建立党政领导班子和领导干部抓乡村振兴实绩考核制度。探索建立常态化督查考核制度，推动责任落实、政策落实、工作落实。重点是实行县委和县委书记负责制。中国的县很重要，县委是我们党执政兴国的"一线指挥部"，县委书记要把主要精力放在"三农"工作上，当好乡村振兴的"一线总指挥"，推动乡村振兴任务和政策措施落地见效。

第二，坚持规划先行。这一轮乡村建设，决定着未来二三十年的村庄风貌和乡村发展。随着城镇化的快速推进，村庄减少的趋势还将持续相当长一段时间，如果不加区别地都去搞建设，会造成很大浪费。因此，需要走先规划后建设的路子。编制规划应把握好三条原则：一是坚持城乡融合、一体设计理念，强化县域国土空间规划对城镇、村庄、产业园区等空间布局的统筹，统筹规划产业发展、人口布局、土地利用、生态保护、城镇开发、村落分布等，实现县、乡、村功能衔接互补。二是坚持因地制宜、久久为功。制定乡村规划涉及广大农民的切身利益。这几年在乡村规划建设过程中，个别地方急躁冒进，强行推进合村并居，层层下指标、定任务、赶进度，"赶农民上楼"，有的农民新房还没建好，旧房就被强拆了，不得不建窝棚、搭帐篷，农民意见很大。村庄规划既要有急迫感，不能消极被动等待，又要立足乡村实际，充分考虑农村特点和农民需要，把握好节奏，循序渐进，提高村庄规划编制的实效性、可操作性和执行约束力。三是坚持遵循乡村建设规律，科学把握乡村差异性，立足现有基础，保留乡村特色风貌，保留特色村、民俗村、古村落，不能简单照搬城镇规划，搞大拆大建、"贪大求洋"，把乡村搞成"缩小版的城市"，应努力打造各具特色的现代版"富春山居图"。

第三，推进新一轮农村改革。习近平总书记指出，改革是乡村振兴的重要法宝。改革说到底是解决资源优化配置问题，解决人的积极性、主动性、创造性问题，解决全社会发展活力问题。要以土地制度改革为牵引，把住处理好农民和土地的关系这条主线，深入推进新一轮农村改革，着力破解制约乡村振兴的体制机制障碍，全面激活主体、激活要素、激活市场，增强乡村发展活力。就全面推进乡村振兴而言，重点是解决好多年困扰乡村发展的"人、地、钱"问题。

人的问题，就是要解决"谁来振兴"的问题。中央召开了人才工作会议，发出了新时代推进人才强国战略的动员令。中共中央办公厅、国务院办公厅印发了《关于加快推进乡村人才振兴的意见》。在加快农业农村现代化中确立人才引领发展的战略地位，破除人才总量不足、质量不高的困境，破解引不进、留不住的障碍，是重大任务，也是重大课题。要通过改革进一步创新农村人才政策，农村要想留住人，人的政策应该更灵活。

地的问题，就是要保障乡村发展用地需求。发展乡村产业、推进乡村建设，满足用地需求是绕不过去的坎儿。解决乡村振兴用地难问题，除新增用地指标、探索点状供地等外，还有两大块资源可以通过改革盘活。一个是农村现有集体经营性建设用地，大约有 4 200 万亩，这是一大块现成的资源。中央已经明确了集体经营性建设用地可以直接入市。2021 年中央一号文件又明确提出，完善盘活农村存量建设用地政策，实行负面清单管理。负面清单，可以说是一个重大提法、重大政策，但还没引起足够关注和探索。如果清单之外皆可为，就能更有效地盘活更多乡村建设和产业用地。各地如果结合实际把这件事做起来，就能够解决大问题，但必须加强土地用途监管，坚决遏制"大棚房"等农地"非农化"乱象反弹。另一个是农村宅基地，这也是很大的一块资源，全国大致有 1.7 亿亩。现在的问题是一方面大量的空心村中房屋闲置浪费，另一方面一些地方多年未批宅基地，滥占耕地建房问题较为严重。应稳慎推进农村宅基地制度改革，加强农村宅基地规范管理，探索盘活农民闲置住宅，发展乡村旅游，增加农民财产性收入。但城里人到农村买宅基地盖私宅这个口子不能开，更不能搞别墅大院、私人会馆。

钱的问题，就是要推动各方面资源要素向乡村配置。脱贫攻坚之所以能取得全胜，离不开巨量的投入。全面推进乡村振兴，领域更广、水平更高、任务更重，资金需求量将会更大，要真刀真枪地干，需要真金白银地投。要完善乡村振兴投入机制，千方百计拓展乡村振兴资金渠道，加快形成财政优先保障、金融重点倾斜、社会积极参与的多元投入格局。中央已经明确，继续把农业农村作为一般公共预算优先保障的领域，中央预算内投资进一步向农业农村倾斜。同时，土地出让收入优先支持乡村振兴的政策也很关键。中央已经出台政策文件，规定到2025 年，土地出让收入用于农业农村的比例要达到50％以上。这是一项重要改革和城乡关系调整。现在也到了该把土地增值收益更多用于农村的时候了！乡村振兴有大量的投资需求，光靠财政是不够的，必须有金融参与支持。金融机构也有投资热情，但供需上存在对接不上、对接不畅的问题，还需要在体制机制上多想些办法。所以要推进金融方面的改革，创新金融产品和服务，为乡村振兴助力。现在社会各界支持参与乡村振兴的热情很高，需要发布社会资本投资农业农村指引，鼓励和引导工商企业投资农村，"万企帮万村"。

第四，始终坚持党的农村政策。改革开放以来，特别是党的十八大以来，我们已经形成了一套完整的、成熟的、正确的"三农"政策体系，这是确保农民创造性、积极性和农村稳定的根本。在实施乡村振兴战略过程中，要始终坚持。要确保土地承包关系稳定和基本经营制度完善，确保党中央制定的强农、惠农、富农政策包括支农补贴稳定，确保粮食和重要农产品价格稳定。不能因为农村形势好了，农民收入增加了，农村人口减少了，政策就缩水、落实就打折扣。这是一条大原则，是发挥农民主体地位、夯实农业基础地位的重要保障。

推进乡村全面振兴，还有一条特别重要，就是学习运用好浙江"千万工程"经验做法。"千万工程"是习近平总书记在浙江工作时亲自谋划、亲自部署、亲自推动的一项重大工程。20年来，"千万工程"不仅造就了浙江万千美丽乡村，而且造福了万千农民群众，创造了推进乡村振兴的成功经验和实践范例。"千万工程"对全面推进乡村振兴的经验启示有三条。一是由点到面逐步升级。2003年6月，浙江启动"千万工程"，从全省4万个村庄中选择1万个左右的行政村进行全面整治，把其中1 000个左右的中心村建成示范村。20年来，"千万工程"逐步推广到全省所有行政村，内涵不断丰富。以村庄的环境整治与人居环境改善为切入口，在实践中不断深化，从"千村示范、万村整治"引领起步，推动乡村更加整洁有序，到"千村精品、万村美丽"深化提升，推动乡村更加美丽宜居，再到"千村未来、万村共富"迭代升级，强化数字赋能，逐步形成"千村向未来、万村奔共富、城乡促融合、全域创和美"的生动局面。二是由表及里塑形铸魂。浙江"千万工程"不仅改变了乡村人居环境，还深刻地改变了乡村的发展理念、产业结构、公共服务、治理方式以及城乡关系，乡村振兴战略的五大目标"产业兴旺、生态宜居、乡风文明、治理有效、生活富裕"都在浙江"千万工程"中得到探索和实现。三是一以贯之久久为功。浙江历届省委、省政府20年来一以贯之不换频道，一张蓝图绘到底、一任接着一任干，每5年出台一个行动计划，每个重要阶段出台一个实施意见，每年召开一次现场推进会，实现一个阶段性目标，又奔向新的目标，积小胜为大胜，创造了接续奋斗不停歇、锲而不舍抓落实的典范。可以说，"千万工程"实际上就是乡村振兴的先行工程。浙江农村的今天就是走向振兴的中国农村的明天！

第六讲
关于乡村产业发展

谈到乡村产业振兴，我们不妨从"产业"和"乡村产业"的概念说起。根据词典的定义，产业是指由利益相互联系的、具有不同分工的、由各个相关行业所组成的业态总称。它是社会分工和生产力不断发展的产物，随着社会分工的产生而产生，并随着社会分工的发展而发展。20世纪20年代，国际劳工局最早对产业作了比较系统的划分，即把一个国家的所有产业分为初级生产部门、次级生产部门和服务部门。后来，许多国家在划分产业时都参照了国际劳工局的分类方法。1935年，新西兰奥塔哥大学教授费歇尔在《安全与进步的冲突》一书中首次提出三次产业论，将国民经济部门划分为第一产业、第二产业和第三产业。我国也采用三次产业的划分方法：第一产业为农业，第二产业为工业，第三产业为服务业。乡村产业，顾名思义就是在乡村领域的各种业态的总和。从我国发展实际看，乡村与城镇作为两个行政区划概念，乡村以农业人口为主，农副业生产相对集中；而城市以非农业人口为主，工商业和服务业相对集中。随着我国城乡一体化进程的加快，乡村领域的业态会由农副业为主不断向工商业、服务业拓展，进而实现一二三产业交互融合，推动城乡经济社会相互促进、融合发展。

党的十九大作出实施乡村振兴战略的重大部署后，习近平总书记和党中央多次对乡村振兴作出部署安排，明确乡村振兴是包括产业振兴、人才振兴、文化振兴、生态振兴、组织振兴的全面振兴，提出了"产业兴旺、生态宜居、乡风文明、治理有效、生活富裕"的20字总要求。习近平总书记在2020年底召开的中央农村工作会议上强调："脱贫攻坚取得胜利后，要全面推进乡村振兴，这是'三农'工作重心的历史性转移"，要求举全党全社会之力推动乡村振兴，把加快发展乡村产业作为全面推进乡村振兴落地见效的第一件事进行部署。这里头，产业都是排在首位的，乡村产业的重要性关键性可见一斑。正如习近平总书记所指出的，产业振兴是乡村振兴的物质基础，是解决农村一切问题的前提，产业振兴是乡村振兴的重中之重。新阶段新征程，广袤乡村迎来了难得的发展机遇，要把乡村产业发展摆上重要位置，以产业振兴带动乡村全面振兴，努力促进农业高质高效、乡村宜居宜业、农民富裕富足。

这里，围绕乡村产业振兴问题，我想和大家重点交流四个方面的内容：一是为什么要大力发展乡村产业，其现实意义在哪；二是乡村产业的内涵是什么，主要有哪些类型；三是未来乡村产业发展的路径模式有哪些，跟以往有什么不同；四是加快发展乡村产业面临什么制约，需要出台哪些关键性的政策措施。

为什么要大力发展乡村产业？

改革开放以来，我国城乡面貌发生了很大改变，城乡居民生活水平都有了很大提高。但应看到，城乡二元结构仍然是目前我国最大的结构性问题，农业农村发展滞后仍然是我国发展不平衡不充分最突出的表现。进入新发展阶段，抢抓机遇、补上短板、弯道超车，着力破解农业效益偏低、农村建设滞后、农民收入偏低等现实问题，都需要我们紧紧抓住产业振兴这个重要抓手和切入点，引领推进乡村全面振兴，推动农村地区经济社会发展质量变革、效率变革、动力变革，为加快构建城乡融合发展新格局夯实基础、提供支撑。

（一）加快农业高质量发展，产业振兴是重要举措

习近平总书记高度重视高质量发展，多次作出重要指示批示。那么，何谓高质量发展？就是能够很好满足人民日益增长的美好生活需要的发展，是创新成为第一动力、协调成为内生特点、绿色成为普遍形态、开放成为必由之路、共享成为根本目的的发展。经过几十年的努力，我国农业农村发展取得了历史性成就，成功解决了 14 亿多中国人的吃饭问题，用占世界不到 10% 的耕地养活了占世界近 20% 的人口，成为世界农业史上的奇迹；消除了农村绝对贫困，现行标准下 9 899 万农村贫困人口全部脱贫，832 个贫困县全部摘帽，12.8 万个贫困村全部出列，创造了又一个彪炳史册的人间奇迹；农业现代化有了质的飞跃，农业科技进步贡献率突破 60%，农作物耕种收综合机械化率超过 70%，主要农作物良种实现全覆盖，累计建成超过 10 亿亩旱涝保收、高产稳产的高标准农田；中国特色"三农"政策体系基本形成，农业支持保护制度不断完善，农村基本经营制度持续巩固，农村改革"四梁八柱"全面构建，为全面建成小康社会提供了有力支撑，也为全面推进乡村振兴打下了制度基础。

在肯定成绩的同时也应看到，我国虽然是农业大国，但还称不上农业强国，产业发展与乡村振兴的要求还有较大差距。主要表现在：农业生产效率偏低。主要粮食作物单产水平与发达国家相比还有一定差距，2021 年我国主要粮食作物小麦、玉米、大豆平均亩产分别为 387 公斤、419 公斤、130 公斤，只有世界先进水平法国（461 公斤）的 84%、美国（740 公斤）的 57% 和美国（230 公斤）的 57%。农业发展质量偏低。从生产看，主要农产品供给总体偏紧，2022 年稻谷消费量比产量高出 200 多万吨，玉米产需缺口超过 1 000 万吨，大豆缺口超过 9 000 万吨（对外依存度超过 80%）。从加工看，我国农产品加工转化率为 72%，比发达国家低 15～20 个百分点；农产品精深加工水平普遍较低，有近 60% 的共产物没有得到高值利用，只能进行低值化处理或作为废物丢掉。未来发展乡村产业，要在生产、加工等全产业链条上下功夫，以市场为导向，以新型经营主体为主导，以利益联结为纽带，对资本、技术、资源等要素进行集约化配置，带

动由种养业向产加销一体化拓展，拓展产业发展广度深度，带动农业高质量发展。

（二）推动农民就业增收，产业振兴是重要支撑

近年来，农民收入持续较快增长，增速连续 10 多年跑赢城镇居民，2021 年全国农村居民人均可支配收入达到 18 931 元。但城乡居民收入绝对差距还在不断拉大，2021 年差距达到 28 481 元。农民收入水平总体还处于底层。李克强总理曾经讲过，中国有 6 亿人是中低收入群体，月均收入在 1 000 元左右，其中大多数都是农民。农民收入来源主要是工资性收入、经营性收入、财产性收入和转移性收入四块，工资性收入 2022 年大体占 42%。随着国内产业转型升级，农民外出务工的岗位减少、收入增速放缓，继续靠外出务工实现收入增长的难度较大。经营性收入大体占 35%，是收入的重要来源。财产性收入大体占 2%。由于农村土地产权制度不够健全，农村金融发展相对迟缓，农民财产性收入与城镇居民相比仍有较大差距。转移性收入大体占 21%，受 WTO 补贴政策等限制，未来大幅增长的可能性不大。

新阶段农民就业增收的一个很重要的途径是发展乡村产业，这一方面来自做大做强根植于乡村的现代农业产业，把更多的增值收益留在农村、留给农民，增加经营性收入；另一方面来自把一些适合在农村发展的产业引过来，促进农民就地就近就业创业，增加工资性收入。拿乡村产业来说，2021 年我国第一产业增加值为 8.3 万亿元，仅占 GDP 的 7.3%；而农副食品加工业营业收入为 4.8 万亿元，食品制造业营业收入为 2.1 万亿元，酒、饮料和精制茶制造业营业收入为 1.6 万亿元。乡村产业如果打通产加销、实现一二三产业融合发展，其效益增量是很可观的，对于农民增收的带动作用也是巨大的。拿农民就地就近就业来说，近年来农民工在本省务工的越来越多，2021 年占到了 3/4，农民工留乡创业需求也在不断增加。据中国农业大学国家农业农村发展研究院调查，2020 年外出农民工中有 22.6% 打算留乡就业、2.6% 打算留乡创业，这是一种新的变化趋势。有产业才能有就业，才能有收入。乡村振兴要把乡村产业作为重要着力点，

依托农村得天独厚的资源条件，支持各类新型经营主体和返乡入乡人员，因地制宜发展乡村特色产业、农产品加工流通业、乡村服务业、乡村信息产业等，广辟农民就业增收渠道，让农民的腰包鼓起来、笑脸多起来。

（三）缩小城乡差距，产业振兴是重要动力

改革开放 40 多年来，我国城市发生了翻天覆地的变化，即便西部的城市也都发展不错、很现代，但把城市和农村比较一下仍然是两个天地。突出表现在：城乡基础设施差距大。很多城市家庭 24 小时热水直供，但农村一些地方基本饮水安全尚没有保障；城市道路四通八达、地铁公交出行便利，但还有不少行政村通组道路没有硬化。城乡公共服务差距大。农民工参加城镇医疗保险的比例较低，农村居民养老金水平与城镇职工相比差距较大，低保标准低于城市，农村学校、卫生院等与城市也存在不小差距。

习近平总书记指出：如果一边是越来越现代化的城市，一边却是越来越萧条的乡村，那也不能算是实现了中华民族伟大复兴。实施乡村振兴战略，就是要缩小城乡差距，解决好城乡发展不平衡问题。要做到这一点，一方面要用好外力，强化以工补农、以城带乡，加快形成工农互促、城乡互补、协调发展、共同繁荣的新型工农城乡关系，以工业化、城镇化带动乡村振兴；另一方面就是练好内功，激发农业农村发展活力，把农村自身发展起来。乡村如果没有兴旺发达的产业，人才就引不来留不住，村集体也就没有经济来源，基础设施建设、乡村公共服务也就无从谈起，农村繁荣稳定就可能落空。所以，乡村自身发展，最基础最关键的就是产业。要唱好乡村产业振兴这台重头戏，以产业兴旺聚拢人气、推动发展，让农业成为有奔头的产业，让农民成为有体面的职业，让农村成为安居乐业的美好家园。

乡村产业的内涵和类型

新阶段发展乡村产业，要顺应经济社会发展规律，适应乡村资源、产

业基础、人文历史等特点，既有别于城市产业又体现乡村特色，既立足传统种养业又不局限于种养业，其联农带农特征更加明显，乡土特色更加浓厚。具体来讲，要重点把握以下两个方面。

（一）乡村产业的内涵

国务院《关于促进乡村产业振兴的指导意见》明确指出，乡村产业根植于县域，以农业农村资源为依托，以农民为主体，以农村一二三产业融合发展为路径，地域特色鲜明、创新创业活跃、业态类型丰富、利益联结紧密，是提升农业、繁荣农村、富裕农民的产业。

一是根植于县域。乡村产业的性质和定位是"姓农、立农、为农、兴农"，目标是打造离农村最近、与农民最亲、联农业最紧的产业。姓农，就是乡村产业的经营主体或参与主体是农民，多数由农村能人在本乡本土创办，带领农民发展乡村二三产业。实践证明，乡村能人成长于乡土、情系于乡愁，更容易获得群众在情感上的认同，其所从事的行业多与乡村联系紧密，群众能在生活中有切身感受，从而更愿意仿效践行，在农村发展中起到"领头雁"的作用。立农，就是充分发挥农村在土地、劳力、原材料等方面的成本优势，引导适合农村的企业不断向县域布局，进而向有条件的镇村延伸，把园区兴办在城市建成区以外，特别是中小微企业尽可能设立在乡镇和村，一些大型农业企业集团的加工基地和物流设施也尽可能布局在乡镇和村，为城乡融合发展架起桥梁和纽带。为农，就是着眼建立有效的联农带农机制，将乡村产业链布局规划在县域内，无论是产业增值收益，还是招工就业岗位，都与当地农民紧密衔接起来，不仅让农民有活干，更让农民有钱赚，充分享受产业发展带来的红利。兴农，就是通过发展乡村产业，促进城乡要素平等交换、双向流动，畅通城乡经济循环，缩小城乡发展差距，让农村留得住人，减少农民外出务工带来的留守儿童、留守老人等问题，使农村"人气"越来越旺，使农民的获得感、幸福感、安全感显著增强。

二是以农业农村资源为依托。我国地域广阔，各地农业农村资源条件各不相同，需要立足实际找准定位，因地制宜确定产业发展主攻方向，充分依托农业农村特有的种养业、绿水青山、田园风光和乡土文化等特色资源，改造传统种养业，发展特色手工业，打造彰显地域特色、体现乡土气息、优势特色鲜明的不同类型的乡村产业，更好把农村资源优势转变成产品优势和产值优势。正如习近平总书记常讲的，绿水青山是金山银山，冰天雪地也是金山银山。过去，冰天雪地曾是制约产业发展的不利因素，如今越来越多地被作为一种宝贵资源，用以发展冰雪运动、冰雪旅游等新业态，特别是北京冬奥会、冬残奥会的成功举办，让人们更加重视乡村冰雪资源的独特经济社会价值。

案例：黑龙江——冰雪经济为乡村产业振兴"添翼"

说起冰雪旅游，黑龙江无疑是热度最高的目的地之一，其得天独厚的冰天雪地具有独特的魅力，吸引着国内外游客纷至沓来。2018—2019 年冬季旅游季，省外有 2 000 多万人次涌入黑龙江赏冰观雪。"北极村"漠河以雪为媒打造精品旅游线路，近几年每年到访游客都在 10 万人次以上。游客可以置身零下 52.3 摄氏度，踏进 50 厘米以上积雪，体验中国最北地理极点的极夜天象、极寒气候。

资料来源：冰天雪地也是金山银山 打造国际冰雪旅游度假胜地．央广网，2020 - 08 - 14.

现在大家越来越感受到，乡村的田园风光、独特风俗、慢节奏生活、原产地优势对城里人越来越有吸引力，以前是农村人向往城里人的生活，想尽办法搬到城里，现在许多城里人想在农村落脚落户，有的甚至想把户口再迁回农村。

三是以农民为主体。农村的资源环境，既是农民的财富，也是农民的发展机会，要让农民充分享有。发展乡村产业，不是搞新一轮乡镇企业，而是要改造传统种养业，培育特色手工业，吸纳更多的农村富余劳动力就地就近就业，让更多农民参与产业发展，分享产业增值收益。这些年，我们积极支持乡村本土能人、返乡农民工，利用其熟悉农业农村、视野开阔、善于经营、有一定资金积累的优势，组织兴办乡村二三产业，同时动员鼓励各类人才到农村创新创业，支持工商资本到农村投资，都是为了带动农民增收致富。这是我们的初心，也是我们的底线。因此，在传统农业仍然难以获得较高利润的情况下，吸引城市工商资本下乡一定要稳妥谨慎。前些年一些地方曾发生过工商资本下乡圈地后抛荒骗取国家补贴，甚至变相搞别墅等房地产开发的情况，这些做法都是错误和危险的，是产业发展中要警惕的一个误区。发展乡村产业一定要以农民为主体，充分调动农民的主动性和创造性，鼓励老板下乡不能代替更不能抛弃老乡，不能搞了农业现代化而农民却被边缘化，不能三产融合了产业做大了却跟农民没什么关系了。

四是以农村一二三产业融合发展为路径。产业融合是全球经济发展的大趋势，也是世界各国推动产业发展的新选择。乡村产业融合亦是如此。今天的乡村产业，已不再是单纯的种养业，还包括加工、包装、流通、营销等环节，以及土地托管、代耕代种、统防统治等生产性服务业，养老托幼、休闲旅游、文化娱乐等生活性服务业，农村电商、共享农庄、智慧农场等新产业新业态，"农业＋"日益成为农村产业融合发展的新高地。要积极顺应这种新变化，推动乡村从主要"卖产品"，向更多"卖风景""卖服务""卖体验"转变，把过去"藏在深山无人知"的好产品变成畅销热销的"网红爆品"，把传承千年的乡土文化传播到世界各地。近些年，农业农村部积极推动三产融合，推进产业园、示范园等标志性、引领性园区建设，建设了250个国家现代农业产业园、1 600多个农产品加工园、300个农村产业融合示范园、1 309个农业产业强镇，这都是乡村一二三产业融合的重要载体。

五是承载乡村价值。我们常说"一方水土养一方人"，这既包括一方资源可以满足老百姓的物质需求，也包含着一方水土对一方人的品格塑造，这都是乡村价值的具体体现。乡村价值是对乡村生产生活、生态环境、乡风民俗、历史文化等的积累和沉淀，已经成为农村地区可持续发展的重要资源，也是实施乡村振兴战略的强劲动力。开发利用乡村价值，一方面要注重传承与保护，比如发展地方特色种养业和手工业，具有鲜明的地域特色与传统价值，具有不可复制和替代性；另一方面要注重拓展与提升，比如发展乡村旅游、文化体验等新产业新业态，探索乡村价值变现增值的新途径。

（二）乡村产业的类型

概括起来讲，乡村产业主要包括现代种养业、农产品加工业、乡土特色产业、乡村休闲旅游业、乡村新型服务业、乡村数字信息产业、乡村建筑产业、乡村文化产业等八种类型。

一是现代种养业。 种养业是农业生产的最主要形式，也是农民的老本行，千百年来先人们在土地上日出而作、日落而息，维持生活、繁衍生息。与城市相比，农村地区在土地、劳动力、自然生态资源等方面有天然的竞争优势，发展现代种养业是壮大乡村产业的应有之义和重要内容。近年来，随着农业科技的不断发展，先进的生产理念和技术、创新的组织方式和模式得到广泛应用，种养业规模化、标准化、品牌化程度不断提高，手机种田、盖楼养猪现象越来越多，不仅更好保障了粮食安全和重要农产品有效供给，而且显著提高了农业质量效益和竞争力。现代种养业是当前和今后相当长一个时期农业农村分量最重的主产业，应大力提高其现代化水平，特别是解决好"机器代人""数据管理"等问题，推动向机械化、智慧化、精细化方向发展。据对已脱贫摘帽的 832 个国家级贫困县的调查，95％以上的县发展棉油糖、果菜茶、烟药花等特色种植业，50％以上的县发展特色牲畜、禽类、水产等特色养殖业，用足用好现代种养业农民参与度高的特点，能够有效带动农民增收致富。

案例：山西省大同市云州区——"大同黄花"成为乡亲们的"致富花"

山西省大同市云州区，过去叫大同县，该县的"大同黄花"富锌富硒，五瓣七蕊，全国闻名。但长期以来，因为面临"五怕"，即怕天旱、怕虫害、怕头三年没收成、怕雨涝晒不干、怕缺劳力采摘难，即使土里有"黄金"农民也不敢"挖"，守着"香饽饽"过穷日子。脱贫攻坚战中该县把黄花产业作为重要产业来抓，黄花种到哪儿，水利机井就打到哪儿，晾晒用的水泥场地就修到哪儿，农业保险、烘干设备购置等政策补贴跟着老百姓的需求走，农户种植黄花的热情高涨，由"不想种"变为"争着种"，短短几年时间全县黄花面积发展到 17 万亩，建成了 100 多家黄花专业合作社，年产值达 7 亿元，农民人均增收 5 000 元。2020 年习近平总书记在视察大同时，嘱咐大家把黄花产业保护好、发展好，做成大产业，让黄花成为乡亲们的"致富花"。

资料来源：山西大同云州区：小黄花做成大产业．央视网，2020－08－04.

二是农产品加工业。基层干部认为，农业不加工，等于一场空。农产品加工业是发展潜力最大的乡村产业，它从种养业延伸出来，具有体量大、产业关联度高、农民受益面广的特点。农产品加工一般分为初加工、精深加工、综合利用加工等，是提升农产品附加值的关键环节，也是促进农民就业增收的重要产业类型。经过几十年的发展，我国农产品加工业规模不断扩大、总量快速增长、水平显著提高。在初加工上，重点发展果蔬等鲜活农产品的预冷、保鲜、清洗、分级、包装等，以及粮食等耐储农产品的烘干、储藏、脱壳、去杂、磨制等。在精深加工上，通过生物、工程、环保等技术集成应用，促进农产品多次加工，实现多次增值；通过新型杀菌、高效分离、自动分选等技术，发展精细加工，开发类别多样、营养健康、方便快捷的系列化产品。大家都知道，河南是农业大省，但实际上河南也是农产品加工大省，粮食加工能力全国第一，素有中国的厨房之称。全国每 4 个馒头中，就有 1 个产自河南；每 3 包方便面中，就有 1 包产自河南；每 10 个速冻饺子中，就有 7 个产自河南。2015 年河南全省食品加工业主营业务收入首次突破万亿元大关，成为经济发展的支柱产业。在综合利用加工上，对作物秸秆、稻壳米糠、油料饼粕、果蔬皮渣等副产物进行资源化利用，实现变废为宝、化害为利。作物秸秆可用于造纸，加工黄腐酸肥料，还可以作为种植食用菌的原料。稻谷的加工副产物稻壳，可作为燃料进行生物质发电，米糠可用来提取米糠毛油，再精炼成高端的食用米糠油。2021 年，全国农产品加工业营业收入超过 24.7 万亿元，规模以上农产品加工企业达 8.4 万家、营业收入超过 18.1 万亿元。

三是乡土特色产业。乡土特色产业是乡村产业的重要组成部分，是地域特征鲜明、乡土气息浓厚的小众类乡村产业，涵盖特色种养、特色食品、特色手工和特色文化等，不仅能够满足人们日益多样化、特色化的市场需求，而且具有保护传统技艺、传承民族文化的功能。比如，竹编、蜡染、剪纸、木雕、石刻、银饰、民族服饰等具有地域特色的传统手工业产品，卤制品、酱制品、豆制品、榨菜、腊肠、熏肉等传统食品加工业产品，这些传统土特产品既深受消费者喜爱，也能有力带动农民和手工业者增收，更能承载历史、记录乡愁、拉动旅游，具有良好的产业开发前景。现在，有不少农村创业者通过承包山林草地，养殖林下鸡、山地鸡，价格高还供不应求，这就是特色效应，也是特色溢价。我曾到广西百色市平果县调研。该县早在10多年前就引进了龙头企业来带动农户发展林下养鸡，目前全县已发展林下养鸡集中区100多个，规模户有2 000多户，年出栏量达3 500多万羽，年产值超过12亿元，养鸡户年均增收5万元以上，林下养鸡成为促进农业增效、农民增收的主导产业。总之，在发展乡土特色产业上，各地应立足传统习俗和地域特色，坚持人无我有、人有我特，通过错位竞争，开发更多的乡土食品、乡土工艺、乡土文化等独特产品，打造高品质、有口碑的"金字招牌"。初步统计，2021年各地共创响特色品牌2 438万个，培育推介乡村特色产品和能工巧匠662个，认定全国"一村一品"示范村镇3 673个，推介乡村特色产业十亿元镇（乡）174个、乡村特色产业亿元村249个，培育产值超100亿元的优势特色产业集群80个，成为乡村产业发展的重要依托力量。

四是乡村休闲旅游业。 休闲农业和乡村旅游，是促进农村一二三产业融合发展、带动农民就业增收、满足城乡居民美好生活向往的重要民生产业。俗话说"物以稀为贵"，越是少见的、难见的大家越觉得稀罕。此所谓"竹篱茅舍风光好，高楼大厦总不如"。随着城镇化的快速发展，乡村的田园风光、良好生态、独特风俗越来越成为一种稀缺性资源，休闲农业和乡村旅游将进入"大蓝海"。因此，应充分发挥资源优势，挖掘乡村生态涵养和文化体验功能，突出特色化、差异化和多样化，打造休闲农庄、农业公园、农业嘉年华等新业态，建设一批休闲观光、乡村民宿、健康养生等园区景点，让农区变成景区、农房变成客房、产品变成礼品。近年来，许多地方主打美丽休闲乡村建设，推出一系列精品旅游线路，举办"春观花、夏纳凉、秋采摘、冬滑雪"系列推介活动，宣传推介乡村田园风光和农耕文化，吸引城镇居民到乡村望山、看水、忆乡愁。据统计，2019年全国乡村旅游接待游客32亿人次、营业收入超过8 500亿元，直接带动吸纳就业人数1 200万人，带动受益农户800多万户。

案例：浙江省安吉市鲁家村——贫困村成为全国乡村典范的蜕变之路

浙江省安吉市鲁家村，原来是一个环境脏乱差的贫困村，2013年中央一号文件首次提出"家庭农场"的发展理念后，村党委决定"无中生有"，邀请上海、广州知名设计院结合当地特色，规划农场布局，整治当地环境，大力发展休闲农业与乡村旅游，打造了"开门就是花园、全村都是景区"的乡间乐园。采用"公司＋村＋家庭农场"的经营方式，让村民可以"拿租金、挣薪金、分股金"。目前，鲁家村集体资产已从不足30万元增至近2.9亿元，全村人均纯收入从2011年的1.47万元增加至4.71万元。

资料来源：田园变乐园——中国乡村绿色发展的鲁家村实践. 新华网，2021-05-23.

五是乡村新型服务业。乡村新型服务业是为适应农村生产生活方式变化应运而生的产业，其业态类型丰富，经营方式灵活，吸纳就业能力强，正显著改变着农民的生产生活，具有很好的发展前景和生命力。近年来，乡村新型服务业发展较快，生产性服务业遍地开花，已出现面向全国的服务组织，生活性服务业在一些发达地区也已较为普遍。在生产性服务业方面，这类服务业不仅是对"谁来种地"问题的有效解答，而且在相当大程度上承担起了促进小农户和现代农业发展有机衔接的重要使命。依据有关资料，美国农民只占全美国总人口的1%多一点，而相关农业服务业就业人数却占总人口的17%～20%。我国有2亿多农户，农业从业人员平均年龄约为50岁，60岁以上的比例超过24%。可以想见，未来农业生产性服务业的市场需求将快速增长，迫切需要农资供应、技术推广、农机作业、疫病防治、金融保险、产品分级、仓储物流等服务的社会化和专业化，为千家万户的农民提供产前、产中、产后服务。在生活性服务业方面，当前农村人口结构正发生深刻变化，老龄化速度加快，高龄、失能和患病老人的照料护理需求越来越多，再加上大量城里人到农村康养、休闲、旅游，为农村生活性服务业发展提供了广阔空间。

六是乡村数字信息产业。这是以互联网、物联网、大数据等为基础的数字信息技术在农业农村领域的应用场景，具体包括智慧农业、数字治理、农村电商等业态，是推动乡村发展、缩小城乡差距的重大战略机遇。最近几年，数字经济加速向农业领域、农村地区拓展，让农民第一次和城里人站在了同一技术起跑线上。因此必须抓住这个机遇，在推进乡村数字化上有所作为、有大作为。在数字产业升级方面，2019年中共中央办公厅、国务院办公厅联合印发《数字乡村发展战略纲要》，擘画了到2035年和2050年数字乡村发展的战略蓝图。下一步应把数字信息技术广泛引入乡村产业，加快物联网、云计算、大数据、区块链、人工智能等现代信息技术的推广应用，打造科技农业、智慧农业、品牌农业，实现产业的数字化转型升级。在农村电商发展方面，应积极引导电商、物流、商贸、金融、供销、邮政、快递等各类电子商务主体到乡村布局，构建农村购物网络平台，实施"互联网＋"农产品出村进城工程，让更多农产品走出乡村进入城市。说起电商，估计大家都有切身经历和感受，尤其是受到年轻人的青睐。通过电商将农产品快速销售到全国乃至全世界，成为农产品流通领域乃至农村生产生活的一项重大变革。

案例：广东省湛江市徐闻县——大数据赋能！推动菠萝产销数字化发展

我曾到广东省湛江市徐闻县做过调研。该县是全国最大的菠萝产地，有"菠萝的海"美誉。菠萝种植面积达35万亩，产量近70万吨，中国每3个菠萝中就有1个产自徐闻。为了开拓销售市场，徐闻县率先在广东全省试行农产品"12221"营销模式，即推出一个菠萝大数据，组建销区采购商和培养产区经纪人两支队伍，拓展销区和产区两大市场，策划采购商走进徐闻和徐闻菠萝走进大市场两场活动，实现品牌打造、销量提升、市场引导、品种改良、农民致富等一揽子目标。面对新冠疫情冲击，全县40

家本土电商积极对接知名销售平台，农民、农企、地方主官走进直播间为菠萝代言带货，腾讯微视、快手、抖音等平台发布"徐闻菠萝"主题短视频，各方携手发力，全县菠萝实现产销两旺，日销量最高达到 7 000 吨。

七是乡村建筑产业。乡村建筑产业是在乡村建设由"自家房子自己建"转向"专业人干专业事"的过程中新产生的传统行业，对于提升乡村建设水平、拉动投资具有积极的促进作用。2021 年中央一号文件明确提出，大力实施乡村建设行动，继续把公共基础设施建设的重点放在农村，着力推进往村覆盖、往户延伸。随着乡村建设进入全面实施阶段，农民改善住房条件、农村建设公共基础设施、农业上马农产品加工项目、乡村发展休闲观光旅游等都需要施工动土，都离不开建筑工程，乡村建筑业将迎来巨大的发展空间。据国家统计局发布的《2021 年农民工监测调查报告》数据，2021 年全国从事建筑业的农民工超过 5 500 多万人，占农民工总量的 19%，可见农民有从事建筑业的传统和技能，发展乡村建筑产业有空间、有条件，前景十分广阔。

八是乡村文化产业。作为一种软实力，乡村文化产业依托农耕文明、乡土文化而生，业态丰富多样、需求空间巨大，起着既"富口袋"，也"富脑袋"的重要作用。过去一个时期，一些地方财政用于文化建设的投入明显不足，农村地区文化基础总体比较薄弱。当然，农村也有好的文化传统，许多在民间口口相传的技艺，活跃在民间的草台班子，以及几千年流传下来的传统节日习俗等，作为乡村文化产业发展的土壤保存了下来。近年来，乡村文化振兴被提上日程并摆在重要位置，文化产业赋能乡村振兴计划启动实施，乡村文化产业迎来发展利好。应大力挖掘乡村特有的文化资源，积极开发生产、生活、民俗、民宿、养生等各具特色、喜闻乐见的文化产品和服务，努力打造文化产业品牌，引领带动乡村文化振兴。

随着农村创新创业环境的不断改善，越来越多的农民工、大学生、退役军人和科技人员等返乡入乡创业，越来越多的社会资本投资乡村，乡村产业门类增多、业态类型丰富，一批彰显地域特色、体现乡村价值的乡村企业蓬勃兴起，为我国乡村产业发展注入了新动能。从产业门类看，日益呈现多样性特征。前面，我讲到了八种产业类型。当然，除了这八种，还有很多，比如乡村环保产业、乡村创意产业、乡村物流产业等等，不一而足、各具特色，都是新阶段乡村产业的重要内容。从主体类型看，日益呈现多元性特征。乡村振兴离不开人这个主体，离开主体去谈乡村振兴，必然是水中月、镜中花。从各地产业发展实际看，主体主要有以下三种类型：

其一是新型农业主体。截至 2023 年底，纳入全国家庭农场名录管理的家庭农场有近 400 万家，依法登记的农民合作社超过 220 万家，辐射带动全国近一半农户；全国农业社会化服务组织总量超过 100 万个，服务面积 19 亿多亩次。这些新型农业经营主体和服务主体根植于农村，服务于农业和农民，与小农户建立起紧密的利益联结机制，逐步把小农户引入现代农业发展的轨道。

其二是返乡入乡人员。在国家的支持和引导下，各地陆续制定并落实支持返乡入乡人员创新创业政策，吸引农民工、大中专毕业生、科技人员等到乡村创新创业，加快了乡村产业发展的步伐。初步统计，目前全国各类返乡入乡创新创业人员超过 1 100 万人，"田秀才""土专家""农创客"等本乡创业创新人员超过 3 000 万人。这个群体是乡村产业发展的生力军，在带动农民就业增收上具有较大的发展潜力。内蒙古多伦县返乡创业大学生杨丽丽，带领村里的贫困妇女，把过去随意丢弃的莜麦秸秆编织成栩栩如生的麦秸画。这些画成为很好的乡村旅游纪念品，助力每人每月增收近 2 000 元。

其三是工商企业下乡。工商企业投资乡村产业，可以带动资本、技术等生产要素流向农业农村，推进传统农村产业转型升级、产业链条延长。近年来，各地有序引导工商企业到乡村投资兴办农民参与度高、受益面广的产业，在推进乡村产业提档升级、带动农民就地就近就业、增加务工收入方面取得了较好成效。据有关资料，目前我国工商企业每年投入乡村产业的资金都在万亿元以上，已成为乡村产业振兴的重要推动力量。

乡村产业发展的路径模式

近年来，各地落实中央部署要求，结合实际积极探索，有力有序推进乡村产业发展，取得了显著成效、积累了宝贵经验，为加快构建产业体系健全完备、质量效益明显提升、就业结构更加优化、融合发展水平显著提高、内生动力持续增强的乡村产业体系打下了良好的基础。但也存在产业链条较短、加工增值率不高、一二三产业融合不深等问题，没有形成"接二连三""隔二连三"的格局。同时，受城乡二元结构等各种因素影响，长期以来我国农业也多是三产分离，种地的归种地、加工的归加工、卖东西的归卖东西，这在一定程度上造成了乡村产业发展的分割性。我国广大农村千差万别，发展条件、产业基础不尽相同，发展乡村产业既要坚持因地制宜、因业发展，又要注意总结推广实践中行之有效的路径和模式。概括起来讲，主要有以下五种模式：

（一）产业园区

现代农业产业园是新时代推进乡村振兴的重要抓手。产业园一头连着工业、一头连着农业，一边接着城市、一边接着农村，是城市人才、技术、资金等要素流向农村的重要载体，是返乡下乡人员干事创业的重要平台，是联工促农、联城带乡的桥梁纽带。以园区形式发展乡村产业具有哪些优势？一是可以发挥平台效应，有效克服乡村基础设施和配套服务不足的现实短板，快速改善乡村产业发展环境，有效降低农业企业的运营成本。二是可以吸引和聚集现代生产要素，打造集生产、加工、流通、销售于一体的全产业链，推进农村一二三产业融合发展，把产业链尽可能留在县、乡、村，带动农民就近就地就业增收。三是推动科技和管理创新。现代农业产业园既是产业园，也是示范园、科技园、质量园，能够示范带动现代技术和理念向农业农村辐射，引领乡村产业转型升级高质量发展。

前面提到，国家认定了 250 个国家现代农业产业园，这些产业园已形成 358 个主导产业，培育壮大了一批全国知名产业。

案例：广东新会陈皮现代农业产业园——富民兴村，
推动特色农业高质量发展

在广东新会陈皮现代农业产业园中，新会柑（陈皮）核心种植基地占地 8 万亩，带动全区形成种植基地 13.9 万亩；加工企业数量由 2016 年的 50 家增加到 2022 年的 349 家，全产业链产值由 2016 年的 36 亿元增加到 2022 年的 190 亿元，培育出"中国陈皮第一股"江门丽宫国际食品股份有限公司，纳税额超过 1 亿元；联农带农成效初显，目前已组建合作社 356 家，培育家庭农场 1 612 多家，带动全区农民直接受益 15 亿元。

（二）龙头企业

龙头企业是现代农业经营体系中最具活力、最具创新能力和产业链运作能力的经营主体，是引领农村一二三产业融合发展的重要主体。抓住了龙头企业，就抓住了产业发展的关键。一方面，龙头企业能对各类乡村资源要素进行优化重组，延伸产业链条，带动农民增收。龙头企业将工业化生产和全产业链全价值链理念导入农业，以市场为纽带，通过产销订单、土地托管、资产入股等方式不断完善利益联结机制，将更多就业岗位和产业链增值收益留给农民，"培育一个企业、壮大一个产业、致富一方农民"。另一方面，龙头企业善于求新、求变，能抓住新技术革命、新消费需求的契机，发展新产业新业态新模式，可以在促进科技进步和管理创新中发挥重要作用。

截至 2021 年底，全国有县级以上农业龙头企业超过 9 万家，其中省级以上龙头企业近 2 万家，国家级龙头企业 1 959 家，初步形成了国家、省、市、县四级联动的乡村产业"新雁阵"。初步统计，市级以上龙头企业带动稳定就业约 1 400 万人。

2018 年，宁夏昊王米业集团有限公司联合相关公司、合作社、家庭农场、种植大户及服务机构等 32 家成员单位，共同成立了优质大米产业化联合体，围绕优质粮食种植、加工、销售建立全产业链服务体系。在种植环节，联合体制订年度生产计划，提出水稻种植品种、收购质量标准和生产种植要求，提供农资供应、植保作业、绿色防控、技术指导、金融保险等服务，帮助农户、家庭农场、合作社搞好水稻种植，做到品种、培训、耕种、施肥、植保、管理、收获"七统一"。在收购环节，通过与种植户签订收购协议，按照每斤高于市场均价 0.2 元的价格进行收购，解决了农民销售上的后顾之忧。在加工销售环节，对协议收购稻谷采取统一加工、统一包装、统一品牌、统一销售的经营模式，开发出"冷鲜香""红宝米""蟹田米"等系列大米产品，深受消费者喜爱，年加工能力超过 20 万吨。截至 2020 年底，联合体实现总产值 10 亿元，带动农户 9 500 户，户均增收 8 200 元，成功探索出了一条兴企、强社、富民的合作发展之路。

（三）专业市场

市场是国民经济的晴雨表，所谓"市场兴，则百业兴"。专业市场作为一种大规模集中交易的市场制度安排，处于整个经济活动产业链条的中间环节，上连农民、农业企业等生产端，下接个体消费者、加工企业等市场终端，不仅是城乡居民消费的重要场所，也是服务地方经济的重要平台。在硬件平台建设上，可依托当地农业产业化发展和基础设施条件，以投资新建、收购回租、改造提升等方式，建设一批大宗农产品物流中心、农产品批发市场、产地特色农产品市场和农贸市场。完善农产品仓储保鲜、冷链物流、道路、邮路、网络等基础设施，打通农村"物流"和"信息流"，为区域内的农业企业和组织提供可共享的规模巨大的交易平台和销售网络，促进商家聚集，带动农产品销售，形成价格优势、政策优势和环境优势。在专业人才建设上，应加强农产品专业市场管理人员培训，打造专业化的市场运行管理团队，提高农产品专业市场的经营管理水平。同时，加强农产品经纪人队伍建设，扶持一批从事产销对接的农产品专业合作社和生产流通型合作经济组织，培育一支熟悉农产品产销、具备现代营销理念的农产品营销新生力量。

农业农村部高度重视农产品产地市场体系建设，2011 年与陕西省人民政府共同启动了首个全国性农产品产地市场建设，2015 年印发了《全国农产品产地市场发展纲要》，并与国家发展改革委、商务部、交通运输部等部委联合印发了 10 多个文件以推动完善农产品产地市场体系。截至 2021 年 9 月，共与 18 个省份启动建设了洛川苹果、牡丹江木耳、舟山水产、赣南脐橙、重庆生猪、斗南花卉、眉县猕猴桃、荆州水产、定西马铃薯等 21 个全国性农产品产地市场，认定了 745 个定点市场，带动各地建设了一批田头市场，在促进农产品生产流通中发挥了很好的辐射带动作用。

案例：云南省昆明市斗南镇斗南村——从"以路为市"到国家级花卉交易市场

20 世纪 70 年代，云南省昆明市斗南镇斗南村全村种植蔬菜，虽有"蔬菜之乡"美称，但村民的收入只能基本维持生计。1983 年，村民化忠义开始种剑兰，当年收益达到 3 000 元，是种菜的数十倍，斗南村民纷纷加入种花行列。随着种植规模的扩大，花农们在村里集市上像卖蔬菜一样卖鲜花，形成了以路为市的 50 多米长的"斗南花街"。1995 年，一个占地 8 000 多平方米的斗南花卉市场应运而生，斗南村告别了"以路为市"的历史。经过多年发展，形成了全国唯一一个国家级花卉交易市场。2021 年鲜切花交易量达 102.57 亿枝，交易额达 112.44 亿元，双双突破百亿。云南省 60% 的鲜切花和周边国家、省份的花卉在小镇范围内入场交易，出口 50 多个国家和地区，在全国鲜切花市场上所占份额超过 50%，连续 20 多年鲜切花交易量、交易额、现金量、交易人次和出口额均居全国第一。

（四）区域品牌

品牌是产业竞争力的核心标志，是带动、整合和促进乡村产业发展的重要抓手，是让绿水青山成为金山银山的"金钥匙"。习近平总书记强调，

"品牌是信誉的凝结"，"粮食也要打出品牌，这样价格好、效益好"。没有品牌，农产品就很难最大化实现从产业优势转化为市场价值。因此，全国2 800多个县级行政区、330多个地级市，每个县市区都应根据自己的资源特点、产业基础和文化传承，因地制宜制定具有战略性、前瞻性的品牌发展规划，实施差异化竞争的品牌战略。一是与特色农产品优势区建设紧密结合，一个特优区塑强一个区域公用品牌，创响一批"土字号""乡字号"特色产品品牌。二是与粮食生产功能区、重要农产品生产保护区结合，积极培育粮棉油、肉蛋奶等"大而优"的大宗农产品品牌。三是以龙头企业等新型农业经营主体为载体，培育一批叫得响、有影响力的区域公用品牌和企业品牌。农业农村部启动实施地理标志农产品保护工程，2019—2020年各地共落实中央农业生产发展专项资金13多亿元，支持443个地理标志农产品发展，认定登记地理标志农产品品牌3 090个，充分利用中国国际农产品交易会、中国国际茶叶博览会等国内知名农业展会，举办省部长推介、"我为品牌农产品代言"名人公益推介、"乡人乡味"农民推介、"稻花香里说丰年"市县长推介等一系列品牌推介活动，打响了大兴西瓜、沁州黄小米、锡林郭勒羊肉、五常大米、巴城阳澄湖大闸蟹、西湖龙井、金乡大蒜、百色芒果、中宁枸杞、和田御枣等一系列知名农产品，有力推动了农产品提质升级和农产品产销两旺。在产业扶贫中，农业农村部支持贫困地区打造区域公用品牌、企业品牌和产品品牌，截至2021年832个脱贫贫困县累计认证绿色、有机、地理标志农产品1.2万个，发展了一批"独一份""特中特""好中优"农产品，有效带动了群众稳定增收。

需要注意的是，打造品牌不容易，要让品牌在市场中屹立不倒、持久下去更不容易，关键是要提升品牌含金量，加大企业失信成本，倒逼企业坚守商业道德，诚信生产经营，打造品牌核心竞争力。2008年的三聚氰胺奶粉事件，一夜之间使曾登上国家科学技术进步奖最高科技领奖台的民族品牌"三鹿"轰然倒塌——公司破产、高管被判刑，国产奶一度笼罩在一片质疑声中，在其后的若干年都影响了人们对国产奶粉的信任，给我们敲响了警钟，必须深刻吸取教训，引以为戒。

（五）产业集群

产业集群是大规模的"企业＋基地＋市场"联合体，类似于生物有机体的产业群落。一般来讲，产业集群具备三个基本要素：一是企业，在某一地理空间，由具有竞争或合作关系、在位置上相对集中、在业务上紧密关联的若干农业企业组成；二是基地，企业具有自己的生产、加工、研发基地，有稳定的原料来源、统一的过程管理和可靠的质量保证；三是市场，企业产品市场相对稳定，具有一定的规模效应和品牌效应。

2020—2022 年，农财两部共安排中央财政资金 185.5 亿元，统筹布局产业链功能板块，选择地位突出、规模较大、业态丰富的主导产业，共建设 140 个资源要素汇聚、全产业链延伸、经营主体多元、联农带农紧密的优势特色产业集群，覆盖 1 031 个县，吸引 1 899 家省级以上农业产业化龙头企业、3 064 家省级以上农民合作社示范社，带动 1 240 万农民在全产业链各环节就业。近些年，福建省坚持走特色路、打特色牌，着力做大做强茶叶、蔬菜、水果、畜禽、水产、林竹、花卉苗木、食用菌、乡村旅游、乡村物流等十大乡村特色产业，2020 年十大产业全产业链总产值超过 2 万亿元。

乡村产业发展面临的制约及所需政策

乡村产业是农村经济发展的命脉，抓好了乡村产业就扭住了乡村振兴的"牛鼻子"。长期以来，在城市"虹吸"效应下，农村人、地、钱等资源要素源源不断地流入城市，造成农村严重"失血"，这是农村发展滞后的一个直接原因，也是乡村振兴需要解决的一个现实问题。

概括起来，乡村产业发展主要面临"四缺"：**一是缺钱**。农业产业资金投入大，回报周期长，仅依靠农业经营主体力量难以支撑，而一些地方财政运转困难，对农业企业的补贴、奖励、税收减免等支持力度有限。同时，农业企业规模化、现代化程度普遍不高，融资渠道单一、额度小，贷款周期短、担保手续复杂，导致一些产业很难做大做强。**二是缺地**。高附加值的农业需要建温室大棚、保鲜仓库、屠宰车间等现代化设施，有的还要配套民宿、休闲设施、停车场等，用地需求大幅增加。受年度新增建设用地指标限制，尽管国家出台了保障乡村产业发展用地的政策，但仍难以满足快速增长的用地需求。**三是缺人。**这些年，农村青壮劳力特别是有文化的年轻人流失严重，农村缺人气更缺人才，能发挥引领作用的领头羊少。农业经营主体中，初中及以下文化程度的居多，大专及以上学历的较少，优秀的经营管理人才更是短缺。**四是缺规划与信息引导。**现在一部分乡村还没有规划，缺少科学的发展定位和明晰的发展方向，导致村庄无序建设、乡村产业无序发展，同质化现象严重。同时，由于要"先规划、后建设"，规划滞后又约束了建设项目。此外，对乡村产业"管"得过多，发展的空间还不够充分。农村改革发展的经验证明，多予少取重要，放活更重要。改革开放之初，将集体土地承包到户实行"大包干"，是农村领域的一次大放活。后来，乡镇企业异军突起，全国国内生产总值的 30%、工业增加值的 49% 来自乡镇企业，成为当时中国经济最活跃的因素，那个时候也缺钱，但不缺地，不缺市场，也不用多头审批。这些大的创新和改革，主要还是靠"放活"。只要不捆农民的手脚，他们就会为过上好日子去"折腾"。现在看，政府和部门给农业产业捆手脚的事情还不少。

进入新阶段，发展乡村产业需要创新政策支持，强化指导服务，落实保障措施，有效破解钱、地、人、规划等瓶颈制约问题。

（一）解决缺钱的问题

主要包括三个方面：**一是完善财政扶持政策。**加强一般公共预算投入，加大中央财政对产业园、特色产业集群等的建设投入，支持乡村产业发展。发挥中央财政的撬杆作用，鼓励地方财政加以支持，引导政府专项债、产业发展基金等投向乡村，形成多元投入、多方参与的格局。2020 年中共中央办公厅、国务院办公厅联合印发的《关于调整完善土地出让收入使用范围优先支持乡村振兴的意见》提出，到"十四五"时期末，以省（自治区、直辖市）为单位核算，土地出让收益用于农业农村的比例达到50% 以上。这项政策应得到很好的落实。政府基础设施建设投资应多支持乡村，特别是产业园区、专业市场建设。**二是强化金融扶持政策。**推动农村商业银行、农村信用合作社逐步回归本源，确立与所在地域经济总量和产业特点相适应的发展方向和经营重点，更加专注服务本地、服务县域、服务"三农"和小微企业，将吸收的存款更多投放到当地乡村产业上。推动扩大农村资产抵押范围，允许权属清晰的农村承包土地经营权、农业设施、农机具等依法抵押贷款。目前，在县域搞乡村产业和创新创业的中小微企业、新型经营主体贷款难的问题十分突出，要发挥好农业信贷担保体系的作用，加大乡村产业项目融资担保力度，落实创业担保贷款贴息政策，推动政府性融资担保机构、各类产业发展基金、创业投资基金重点支持这些主体，撬动更多金融资本投入乡村产业。鼓励各地因地制宜开展地方特色农产品保险，并纳入财政补贴试点范围，强化乡村产业发展风险保障。2016 年国家农业信贷担保联盟有限责任公司注册成立，随后 33 家省级公司陆续成立。截至 2020 年底，共设立专职分支机构 924 家，与地方政府或其他金融机构合作设立 660 家业务网点，县域业务覆盖率达到 94％以上，全国农担体系资本金总额达 794.07 亿元，在保余额达 2 117.98 亿元，放大倍数达 3.4 倍。全国农担体系从无到有、从小到大，业务规模加快发展，为缓解农业融资难、融资贵问题提供了助力，促进了乡村产业兴旺和农民就业增收。**三是引导社会资本投入乡村产业。**社会资本是国民经济中最活跃的元素，乡村是投资兴业的热土，社会资本参与乡村振兴空间广阔。针对社会资本下乡中遇到的方向不好定、项目不好选等问题，研究制定乡村产业重点投资领域和负面清单，鼓励社会资本、龙头企业带动农民延长产业链、提升价值链，实现社会资本增值与农民增收"双赢"。我国有 2 800 多个县级行政区、4 万多个乡级行政区、60 多万个行政村，还有 5亿多人生活在农村。未来如果中国农村都能建设得像欧洲那样，农民过上像城里人一样的日子，将孕育多大的投资空间，带来多少投资机会？农村资源丰富，领域广阔，社会资本既可以投资乡村产业，又可以参与乡村基础设施建设，还能发展乡村新型服务业。2020 年以来，国家每年发布《社会资本投资农业农村指引》，提出鼓励投资的现代种养业、乡村富民产业、农产品加工流通业、乡村新型服务业、农业农村人才培养、农业农村基础设施建设、农村人居环境整治等十多个重点产业和领域，为社会资本下乡提供了广阔舞台和空间。

（二）解决缺地的问题

发展乡村产业，满足用地需求是绕不过去的坎儿。乡村产业用地既有农业用地，也有非农建设用地，产业发展用地难，难就难在非农建设用地上。现在看，除了传统的种植和养殖用地以外，很多乡村新产业新业态以及配套服务设施用地均属于非农建设用地的范畴。因为过去的工业优先、城市优先发展政策，工业、商业、房地产等用地很多是来源于农村的土地，而休闲农业、乡村旅游、设施农业、农产品加工等富民的乡村产业反而用不着"地"。促进乡村产业发展，必须给予一定的建设用地作保障，解决乡村振兴中的用地难问题，这已成为业内共识。**首先是盘活存量。**注重从农村内部挖潜，腾挪空间用于支持乡村产业发展和乡村建设。2021 年中央一号文件提出，完善盘活农村存量建设用地政策，实行负面清单管理。这是一项重大的政策，放宽现有建设用地利用方式，清单之外皆可为，就能从实际出发盘活更多的乡村产业用地。据测算，截至 2019 年，全国农村集体经营性建设用地有 4 200 多万亩，可以说这是一笔很大的财富，是乡村产业用地的重要来源，也是集体经济的重要支柱。**其次是做好增量。**对于新增的建设用地指标，应为急需的、必要的乡村产业项目提供用地保障。2019 年，《国务院关于促进乡村产业振兴的指导意见》提出，鼓励各地探索针对乡村产业的省市县联动"点供"用地，支持乡村休闲旅游和产业融合发展。自然资源部办公厅《关于加强村庄规划促进乡村振兴的通知》提出，允许各地在乡镇国土空间规划和村庄规划中预留不超过 5% 的建设用地机动指标，支持零星分散的乡村文旅设施及农村新产业新业态等用地。2020 年中央一号文件提出，省级制订土地利用年度计划时，应安排至少 5% 新增建设用地指标用于保障乡村重点产业和项目用地，新编县乡级国土空间规划应安排不少于 10% 的建设用地指标用于重点保障乡村产业发展用地。应切实落实这一政策。土地整理增减挂钩指标，也应首先考虑用于乡村产业发展。

解决乡村产业用地问题，还要用好农村改革这一重要法宝，通过农村集体经营性建设用地入市等改革，盘活村庄空闲地、厂矿废弃地、道路改线废弃地、废弃学校用地等沉睡的资源，吸引工商资本来乡村投资发展产业。但也要注意，一定要用于发展乡村富民产业和创新创业，别搞成了"唐僧肉"，地都被工商资本拿走了，结果开发之后与农民没关系，把农民的机会搞没了。要坚持农村土地集体所有这个根本，农村集体还是所有者，拥有所有权，工商资本是合作伙伴，可以拥有使用权。在这方面，可以推进农村集体产权制度改革试点，推动农村资源变资产、资金变股金、农民变股东，探索农村集体经济新的实现形式和运行机制，确保让村民成为资源和部分资本的所有者，让农村集体经济组织成为工商资本较为平等的合作伙伴，从而在农村形成合作共赢的伙伴关系和较为均衡的利益格局。2015年，我国启动农村集体产权制度改革试点；截至2020年底已完成农村集体资产清产核资，43.8万多个村完成集体产权制度改革；2021年农村集体产权制度改革试点在31个省份全面推开。

（三）解决缺人的问题

人才是生产力中最具有革命性的要素，推进乡村产业振兴离不开人才的贡献和推动。要立足我国国情和农情，坚持本地培养和引进输入相结合。一方面，发掘培育一批"田秀才""土专家""乡创客"等农村实用人才，充分发挥他们的扎根乡土、引领示范作用；支持家庭农场、农民合作社、社会化服务组织等新型主体发展；加强高素质农民培训，支持职业院校扩招农村生源，培养知识型、技能型、创新型乡村产业经营管理队伍，全面提升农村人才队伍素质。另一方面，推动创业扶持政策向农业农村领域延伸覆盖，引导人才到乡村兴办产业。比如，支持返乡农民工创业，支持科技人员以科技成果入股乡村企业，为乡村产业发展带来资金、提供智力支持等。

（四）解决缺规划引导的问题

发展乡村产业是一项综合性系统工程，需要统筹协调，加强规划引领。一是加快编制乡村规划。在完成县级国土空间规划编制的基础上，积极有序推进"多规合一"实用性村庄规划编制，对有条件、有需求的地方尽快实现村庄规划全覆盖。二是做好县域总体规划布局。综合考虑村庄地理条件、资源禀赋、经济社会发展现状等因素，立足当地实际，对县域空间布局和村庄未来发展趋势作出分析判断，有条件的地方可以县域一张图。三是合理布局乡村产业。对乡村产业布局作出科学安排，打破村域、乡域界限，采取"土地＋资金""强村＋弱村"等方式，引导经济薄弱村镇将分散资源集聚至"飞地"项目，实现集中力量抱团发展，避免村村点火、处处冒烟。加强中心镇示范引领，可将相关产业聚集在中心镇，吸纳各方资源，促进三产融合发展。四是搞好服务引导。针对乡村产业发展中存在的资金不好筹、土地不好拿、人才不好聘等难点堵点问题，应建立县级乡村产业指导服务工作机制，搞好精准指导服务，以强有力的举措促进规划落地，为乡村产业发展提供保障。

第七讲
中国式农业现代化

在党的二十大上，习近平总书记庄严宣告，从现在起，中国共产党的中心任务就是团结带领全国各族人民全面建成社会主义现代化强国、实现第二个百年奋斗目标，以中国式现代化全面推进中华民族伟大复兴。农业是国民经济的基础，是国家现代化的基础，推进社会主义现代化，农业现代化是关键和支撑。中央明确提出，要实现"四化"同步，这是我们国家的现代化方略，我们已经实现第一个百年奋斗目标，开启了加快推进并实现国家现代化的新征程。习近平总书记强调，中国要强，农业必须强。农业现代化在整个国家现代化进程中，不但不能缺席，也不能滞后，这是我们国家现代化的战略。下面我将围绕"中国式农业现代化"主要向大家介绍四个方面情况：一是农业现代化的总体情况；二是我国农业现代化的目标、原则和标准；三是农业现代化的特征和任务；四是我国农业现代化的推进方式。

农业现代化的总体情况

农业现代化既是一个水准，又是一个过程，是一系列现代要素及其组合方式由低级到高级的变革过程。不同国情、不同经济社会发展阶段，农业现代化的概念、类型和进程有所不同。

（一）农业现代化的概念

从一般规律来讲，农业发展是有阶段的。根据农业生产力水平、支撑生产力水平的技术手段、组织管理方式和生产效率，通常可将农业的发展大致划分为原始农业、传统农业和现代农业三个阶段。原始农业是处于原始状态的农业，基本特征是生产工具以石器为主、耕作方式主要是采集和游牧、从事简单协作的集体劳动。我国古代农业中存在的"刀耕火种"和"火耕水种"均属于原始农业的耕作方法。传统农业与原始农业相比，在生产工具和资源利用方式上出现了明显的改善。从刀耕火种逐步走向使用金属特别是铁器工具，从盲目无序的开发转向开垦出相对稳定的耕地。精耕细作是传统农业的技术特征。现代农业是指人类历史进入现代后的农业。所谓现代，并不存在明显的界限，现代农业是相对于原始、传统农业而言的。在欧洲和美国，通常以工业化革命作为进入现代社会的标志。国际上，现代农业发展从大的方面可以划分为两个阶段。第一个阶段是从第一次工业革命（18 世纪中叶）到 20 世纪 70 年代。19 世纪 50 年代，蒸汽拖拉机诞生，其后又出现了柴油拖拉机。1914 年，工业合成氨技术的发明催生了化肥工业。1930 年实现杂交育种。1940 年前后，合成农药诞生并使用。在这一阶段，农业劳动力比重大幅下降，农业劳动生产率、土地产出率和农民收入大幅提升，农业资源环境的压力不断加大，农业呈现出机械化、电气化、化学化及市场化的显著特征。第二个阶段是从 20 世纪 70 年代到现在。在农机、化肥、农药的基础上，信息技术、数字技术、人工智能、现代种业等被广泛应用于农业。在这一阶段，农业发展掀起了新的浪潮，呈现出知识化、信息化、精准化、生态化、工厂化和生物技术化的显著特征。农业现代化的演进历程表明，农业现代化是一个全球化的过程，所有国家都参与到了农业现代化过程中。

（二）农业现代化的类型

从国际经验看。农业现代化大体包括三种类型。第一类是以美国、加拿大、澳大利亚、阿根廷为代表的"规模效率型"。这些经济体属于新大陆国家，人口大部分是欧洲移民，地广人稀、资源丰富，农场经营规模大（大多在 3 000~5 000 亩），一开始就引入了欧洲工业革命成果，基本实现了农业生产机械化和经营市场化，农产品生产是市场导向、出口导向，走的是以规模化经营和提高劳动生产率为核心的大农场农业发展道路。第二类是以日本、韩国、以色列和中国台湾为代表的"集约效益型"。这些经济体人多地少、资源相对贫乏，农户经营规模较小（户均 15~45 亩），在推进农业现代化过程中把科技进步放在重要位置，资源与技术高度集成，走的是以提高土地产出率为核心的现代农业发展道路。第三类是以法国、英国、德国为代表的"中间类型"。这些经济体本土情况介于上述两者之间，劳动力缺乏，人均耕地不多，农户经营规模中等（户均 200~450 亩）。在推进农业现代化过程中，这些经济体既重视用现代工业装备农业，又重视科学技术的普及推广，通过发展农业合作社，强化专业化社会化服务，走的是提高劳动生产率和土地产出率并重的现代农业发展道路。

（三）我国农业现代化的发展历程

新中国成立后，我们党始终高度重视农业，把推进农业现代化建设放在战略位置，不断探索前进。概括起来讲，我国农业现代化发展大体经历了三个时期。

第一个时期，新中国成立后到改革开放前，这是我国农业现代化建设的起步探索时期。新中国成立时，我国是一个典型的农业国。1949 年，我国农业人口占全国总人口的 82.6%，农业产值占工农业总产值的 70%。为解决吃饭问题，以毛泽东同志为核心的党的第一代中央领导集体全面启动了改造传统农业、推进现代农业建设的进程。1954 年 9 月，周恩来同志在一届全国人大一次会议的《政府工作报告》中首次提出了"农业现代化"："我国的经济原来是很落后的。如果我们不建设起强大的现代化的工业、现代化的农业、现代化的交通运输业和现代化的国防，我们就不能摆脱落后和贫穷，我们的革命就不能达到目的。"1955 年，毛泽东同志提出"必须先有合作化，然后才能使用大机器"的观点，并设计了合作化＋机械化"两步走"的实现步骤，初步探索了我国农业现代化的基本模式。1961 年 3

月，周恩来同志在中央工作会议上明确提出现代农业的基本内涵，就是要有步骤地实现农业机械化、水利化、化学化、电气化。这一提法是新中国成立后中央领导对农业现代化目标任务第一次较为完整的表述。但受"左"的政策和"文化大革命"影响，这一时期虽然我国农业生产力有了较大提升，但没有摆脱以人畜力为主、靠天吃饭的局面，总体上仍处于传统农业阶段。20世纪60—70年代，我国农业用肥还是主要靠人畜肥、绿肥和河泥，生产用的工具大多是花轱辘、胶皮车、双铧犁，拖拉机还是稀罕物。当时，我在黑龙江农村当大队书记，光有拖拉机，没有配套的铧犁。人们就想出土办法，在拖拉机后面横着固定一根粗圆木，再在圆木上拴绳索牵引9副犁杖，这样耕作时拖拉机在前面行驶，人扶着犁杖在后面跟着，一会儿就累得张口喘气，所以人们把这种半机械化模式形象地叫作"犁后喘"。这说明，当时我国的机械化水平还比较低，农业的劳动生产率还比较低。随着1958年"大跃进"和人民公社化运动的开展，农业自身的发展处于徘徊阶段，再加上我国重工业化发展战略导向忽视了对农业的生产建设投入，农业现代化进入曲折发展阶段。

第二个时期，改革开放后到21世纪初，这是我国农业现代化建设的转型升级时期。1978年12月党的十一届三中全会后，国家经济社会发展重心逐步转移到"四个现代化"的发展轨道上来。1979年党的十一届四中全会审议通过了《中共中央关于加快农业发展若干问题的决定》，提出只有大力恢复和加快发展农业生产，坚决地、完整地制定农林牧渔并举和"以粮为纲，全面发展，因地制宜，适当集中"的方针，逐步实现农业现代化，才能保证整个国民经济的迅速发展。农业现代化建设重回正轨。

这一阶段的农业发展有两方面主要特征。一方面，农业科技装备水平加快升级。针对改革开放前我国农业技术落后的现状，邓小平同志指出农业的最终出路还得依靠科学技术。1991年党的十三届八中全会作出《中共中央关于进一步加强农业和农村工作的决定》，提出实施科技、教育兴农战略。党的十五届三中全会通过的《中共中央关于农业和农村工作若干重大问题的决定》强调把农业科技作为整个科技工作的一个重点，我国农业发展方式逐步转移到依靠科技进步和提高劳动者素质的轨道上来。这一时期，我国农机工业快速发展，农机总动力、小型拖拉机、联合收割机、农用载重汽车都持续快速增长。单位面积化肥施用量不断增加，1997年达到每公顷258公斤，较20世纪70年代末增长10倍左右，氮磷钾肥施用比例也相对趋于合理，化肥施用进入由补充单一营养元素转入氮磷钾平衡施肥阶段。另一方面，农业生产经营组织方式创新完善。随着农村改革拉开帷幕，以家庭承包经营为基础、统分结合的双层经营体制，突破了"一大二公"的生产关系束缚，促进了农业生产力大提高。土地集体所有、家庭承包经营这一重大制度创新，极大地解放和激活了农村生产力，农业劳动生产率和土地产出率显著提高，粮食等农产品大幅增产，并为后来的现代农业经营主体的培育发展提供了合适土壤。1992年党的十四大明确提出建立社会主义市场经济体制的改革目标，农业的商品化、市场化问题越来越受到重视，以龙头企业为主的产业化经营组织快速发展，注入了现代农业生产要素，农业生产经营专业化、标准化、规模化、集约化水平逐步提高。

2002年党的十六大第一次提出要统筹城乡经济社会发展；2003年中央农村工作会议要求对农业实行"多予、少取、放活"的方针；2004年党的十六届四中全会提出"两个趋向"的重要论断，指出我国从总体上已经到了工业反哺农业、城市反哺农村的发展阶段。2008年党的十七届三中全会进一步提出了"两个转变"的农业现代化目标，即家庭经营要向采用先进科技和生产手段方向转变，统一经营要向发展农户联合与合作，形成多元化、多层次、多形式经营服务体系方向转变。国务院出台了首个《全国现代农业发展规划（2011—2015年)》，农业现代化建设有了顶层设计。经过改革开放以来的建设和积累，我国农业实现了从传统农业向现代农业的转变。

第三个时期，党的十八大以来，我国农业现代化进入了加速推进的新阶段。大背景是伴随全面小康社会的建成，实现国家全面现代化成为现实目标。习近平总书记多次在调研和讲话中对农业现代化作出重要论述，要求加快转变农业发展方式，尽快从主要追求产量和依赖资源消耗的粗放经营转到数量质量效益并重、注重提高竞争力、注重农业科技创新、注重可持续的集约发展上来。推进农业现代化，要加快构建现代农业产业体系、生产体系、经营体系。我国农业现代化发展的内涵路径更加清晰。党的十八届五中全会提出，农业现代化是全面建成小康社会、实现现代化的基础，这是一个新的重大判断。2016 年国务院出台了《全国农业现代化规划（2016—2020 年）》，贯彻新发展理念，围绕创新强农、协调惠农、绿色兴农、开放助农、共享富农，进一步明确了推进农业现代化的目标任务。党的十九大报告提出，推动新型工业化、信息化、城镇化、农业现代化同步发展。这一阶段，党中央把解决好"三农"问题作为全党工作的重中之重，不断加大统筹城乡发展力度，农业现代化有了质的飞跃，农业科技进步贡献率突破 60%，耕种收综合机械化率超过 70%，主要农作物实现良种全覆盖，农产品质量安全监测合格率稳定在 97% 以上。这些关键指标跨越 50% 重要关口，标志着我国现代农业建设已站在新的历史起点上。

党的十九届五中全会审议通过的《中共中央关于制定国民经济和社会发展第十四个五年规划和二〇三五年远景目标的建议》和《中华人民共和国国民经济和社会发展第十四个五年规划和 2035 年远景目标纲要》对农业现代化作出专章部署，为推进农业现代化指明了方向。党的二十大作出加快建设农业强国的重大部署。在 2022 年底召开的中央农村工作会议上，习近平总书记强调：强国必先强农，农强方能国强。没有农业强国就没有整个现代化强国；没有农业农村现代化，社会主义现代化就是不全面的。我们必须深刻领会党中央这一战略部署，把加快建设农业强国摆上建设社会主义现代化强国的重要位置。这意味着未来一个时期，将是我国农业现代化建设的关键期、加速期，标志着农业现代化进入全面推进、加快实现的历史新阶段。

我国农业现代化的目标、原则和标准

（一）农业现代化的目标

习近平总书记在 2022 年底召开的中央农村工作会议上提出，到 2035 年基本实现农业现代化，到本世纪中叶建成农业强国，这是根据党的二十大作出的全面建成社会主义现代化强国战略部署对农业现代化所作的"两步走"安排。建设农业强国，基本要求是实现农业现代化。农业强国的标准是高于农业现代化的，从世界范围看，实现农业现代化的国家不少，但真正是农业强国的并不多。实现农业现代化，目标应包括以下五个主要方面：一是粮食和重要农产品生产供给能力巩固提高。持续稳定解决好14亿多人的吃饭问题，实施千亿斤粮食产能提升行动，在确保粮食和重要农产品有效供给总量的同时，保证人民群众日益多元化的、高品质的食物消费需求。二是农业科技和装备水平对现代化支撑有力。农业机械化普遍实现、种业自主创新能够保证产业升级和产业安全，现代信息技术与农业深度融合，农民和农业从业者高素质、职业化。三是农业生产组织方式变革创新。现代农业经营体系构建形成并不断完善，新型经营主体和适度规模经营成为农业的主导力量，小农户与现代农业有机衔接。四是一二三产业实现融合发展。种养加、产供销、贸工农一体化，农业供应链、产业链、价值链不断延伸，农业新功能、新业态、新模式广泛拓展，产业融合机制化、农业综合效益大幅提升。五是农业绿色生态可持续。耕地保护、农业深度节水、精准施肥用药、重金属及面源污染治理、绿色投入品创制等，广泛普及、成效显著，并建立常态化机制，农业基本实现绿色转型发展。总之，农业的保供能力、劳动生产率、资源利用率、环境友好力、市场竞争力、科技贡献率全面大幅提升，达到世界一流水平。

（二）农业现代化的原则

党的二十大提出了中国式现代化。我国"三农"发展的情况是我国国情的集中体现，所以中国农业的现代化更应是中国式的。中国式农业现代化，也应尊重和运用世界现代化供给保障强、科技装备强、经营体系强、产业韧性强、竞争能力强的一般规律和要求，在这个基础上还应把握以下原则：一是坚持中国特色。我国农业最大的特点是人多地少，小农户数量为2亿多，户均只有半公顷土地。根据第三次农业普查数据，小农户占到农业经营主体的98%以上，小农户从业人员占农业从业人员的90%。即使到2035年城镇化率达到70%，我国农村仍有4亿农民，小农户生产方式将是我国农业发展需要长期面对的现实，要促进小农户与现代农业有机衔接，引导和帮助小农户进入现代化发展轨道。同时，我国农业自然资源有限，只能更加依靠科学技术，首先要坚定不移推进科技兴农，提高资源利用效率。二是坚持粮食安全为重。中国有 14 亿多人口，解决吃饭问题始终是治国安邦的头等大事。据有关专家预测，我国粮食总需求 2030 年将达到 8.5 亿吨峰值（现在是 7.8 亿吨左右），粮食供求平衡将越来越紧，保障粮食和主要农产品供给是农业现代化的首要任务。三是坚持农民主体。中国农民多，农民不富裕，现代化既要解决农业问题，也要解决农民问题，不能农业现代化了，但离农民远了。实现共同富裕，重在富裕农民。农民的就业问题、收入问题、从业技能提升问题，应是现代化的优先选项。四是坚持农业和农村现代化一体推进。这是党的十九大作出的新部署新要求，也是新时代"三农"发展的必然阶段。五是坚持梯度推进。中国幅员辽阔，地区发展差距大，资源条件也不同，现代化不可能同步前进、一个时间表，只能先易后难。东中西、发达地区与脱贫地区、城市郊区与边远乡村分批分期实现。

（三）农业现代化的标准

按照中央的部署，到 2025 年，农业农村现代化取得重要进展，到 2035 年，农业农村现代化基本实现。基本实现农业现代化，要有一个标准，不然怎么才算实现了呢？所以，习近平总书记提出，对农业农村现代化到 2035 年、本世纪中叶的目标任务，要科学分析、深化研究，把概念的内涵和外延搞清楚，科学提出我国农业农村现代化的目标任务。

目前，部分先进省份已经对标农业现代化目标，率先设计了评价指标体系，并对本地区农业现代化实现情况开展监测评价。江苏省对这个问题研究、实践较早，在 2010 年就制定了一套农业基本现代化指标体系，并分年度开展了农业现代化监测。我对江苏的情况进行过跟踪观察研究，2019年农业农村部与江苏省政府签订了共同推进江苏率先实现农业现代化的协议。党的十九大提出农业农村现代化以后，江苏对原指标进行了充实完善，增加了农村现代化相关内容，形成了"2＋6＋20"的农业农村现代化监测评价指标体系。"2"即农业现代化、农村现代化水平 2 个一级指标，"6"即现代农业产业体系、现代农业生产体系、现代农业经营体系、现代农民生活保障体系、现代乡村治理体系、现代乡村公共服务体系等 6 个二级指标，"20"即农业生产能力稳定度、农业科技进步贡献率、适度规模经营率、农村居民人均可支配收入、治理效能指数、基础公共服务覆盖率等 20 个具体指标（见表 7-1）。

表 7-1　江苏省"2+6+20"指标体系

一级指标	二级指标	序号	三级指标	单位
农业现代化水平	现代农业产业体系	1	农业生产能力稳定度	%
		2	农产品加工产值与农业总产值比	—
	现代农业生产体系	3	农业科技进步贡献率	%
		4	农业物质装备指数	%
		5	绿色优质农产品比重	%
		6	农业劳动生产率	万元/人
	现代农业经营体系	7	适度规模经营率	%
		8	农业从业人员占比	%
		9	劳动年龄人口平均受教育年限	年
		10	农业金融服务覆盖率	%
农村现代化水平	现代农民生活保障体系	11	农村居民人均可支配收入	万元
		12	城乡居民收入比	—
		13	农村居民生活质量改善率	%
		14	平均预期寿命	岁
		15	农村居民住房达标率	%
	现代乡村治理体系	16	治理效能指数	%
		17	人居环境指数	%
		18	村基层组织干部受教育程度	年
	现代乡村公共服务体系	19	基础公共服务覆盖率	%
		20	社会公共服务水平	—

江苏省的苏州市，制定了相应的市级指标体系，对"十四五"农业农村现代化发展目标进行了细化实化。围绕农业现代化、农村现代化、农民现代化、城乡融合发展等四方面，提出了粮食产量稳定度、粮肉菜稳定度、乡村快递服务覆盖率、农村居民人均可支配收入、涉农贷款增长额占

贷款增长总额比重等 45 个量化指标（见表 7 - 2）。

表 7 - 2　苏州市指标体系

一级指标	二级指标	序号	三级指标	单位
农业现代化	生产体系	1	粮食产量稳定度	—
		2	粮肉菜稳定度	—
		3	农业园区建成面积比例	%
		4	绿色防控覆盖率	%
		5	绿色优质农产品比重	%
		6	"三高一美"指数	%
	经营体系	7	农户参加农民合作社比重	%
		8	农业信息化覆盖率	%
		9	农业保险深度系数	—
		10	农业科技进步贡献率	%
		11	主要粮食作物耕种收综合机械化率	%
	产业体系	12	农产品加工产值与农业总产值比	—
		13	农业劳动生产率	万元/人
		14	农业土地产出率	万元/公顷
		15	农产品电子商务销售额占农业生产总值比重	%
		16	劳均休闲农业接待人次	人次
农村现代化	基础设施	17	乡村快递服务覆盖率	%
		18	农村生活污水治理率	%
		19	村生活垃圾分类达标率	%
		20	农村无害化卫生户厕普及率	%
	人居环境	21	特色康居（宜居）村占比	%
		22	村庄绿化覆盖率	%
		23	省地表水考核断面达到或优于Ⅲ类的比例	%
	乡村治理	24	乡村网格化服务管理水平	%
		25	县级以上文明村占比	%
		26	村均集体经济可支配收入	万元
		27	新时代文明实践站覆盖率	%
		28	集体经济强村占比	%
		29	村庄规划管理覆盖率	%

续表

一级指标	二级指标	序号	三级指标	单位
农民现代化	生活富裕	30	农村居民人均可支配收入	万元
		31	农村居民人均文化娱乐支出占比	%
		32	农村居民人均消费支出	万元
		33	农民人均住房面积	平方米
	农民素质	34	小农户农民培训占比	%
		35	获新型职业农民证书的人数与农林牧渔从业人员的比例	%
		36	农村义务教育学校专任教师本科以上学历比例	%
	公共服务	37	乡村全科医生拥有量达标率	%
		38	农民预期寿命	岁
		39	农村养老服务设施覆盖率	%
城乡融合发展	资源配置	40	涉农贷款增长额占贷款增长总额比重	%
		41	农村居民最低生活保障标准与城市比值	—
		42	新增建设用地指标用于乡村的比例	%
	城乡均衡	43	城乡居民可支配收入比	—
		44	城乡居民消费支出比例	—
		45	农村居民恩格尔系数	%

建立农业现代化标准体系，在总的目标和基本范围上，一要达到"强、美、富"，即中国要强，农业必须强；中国要美，农村必须美；中国要富，农村必须富。二要达到"高、宜、富"，即达到农业高质高效，乡村宜居宜业，农民富裕富足。这是"三农"工作的总体要求，也是农业农村现代化的主要内涵。

在指标选取上，应考量三个方面的因素。一是坚持定量指标为主和定性指标相结合。方向是用具有代表性、可比性、易获取的数据指标对农业现代化发展水平进行量化评价。因此指标要可衡量、可评价，尽可能量化。当然不可能方方面面都能量化，既要有定量指标，又要有一定数量的定性指标。二是坚持系统设计和突出重点相结合。既有系统反映农业现代

化发展的趋势目标、重点任务、未来发展空间和针对存在问题的指标，又
有农业劳动生产率、农业土地产出率、各类农产品生产水平、农民收入水
平等直接反映农业现代化发展程度的指标。既要以农业指标为主，体现生
产力标准，又要提出相关农村指标，体现农业现代化与农村现代化一体设
计。三是坚持底线思维和前瞻引领相结合。作为指标体系，必然要有约束
性指标，同时又要有预期性指标。既要强调保障国家粮食安全、农产品质
量安全等底线要求，又要突出农业信息化、数字化、农业耗水耗能、农药
化肥施用强度等具有导向性的发展指标。

　　建立农业现代化的标准体系，在具体指标构成上，一般有三种形式：
一是"1+1"形式，既以农业生产力指标为主，同时提出农民和农村的相
关指标；二是三维形式，农业指标＋农村指标＋农民指标；三是"三农"
三维＋城乡融合形式。这几种形式，可供各地结合本地实际及发展阶段加
以选择，或不断丰富。个人以为，不管哪种形式，都应突出农业指标。

农业现代化的特征和任务

　　农业现代化的实现特征和建设任务包括以下"十个化"，应该成为农
业现代化建设的实操。

　　第一，生产标准化，发展优质品牌农业。农业标准化是提高农产品质
量安全水平、增强农产品市场竞争力的重要保证和必然要求。农产品生长
是一种生物过程，受土壤、水质、种植、管护等多方面因素影响，产品具
有较大的差异性。实行标准化生产，就是通过制定和实施相关标准，把农
业产前、产中、产后各个环节纳入规范的生产和管理轨道，缩小产品差异
性，提升产品质量。

　　在欧美、日本等国家，农业是以高度标准化为基础生产的，从新品种
选育的区域试验，到播种收获、加工整理、包装上市都有一套严格的标
准。用什么品种，土壤、光照、水分、温度条件要求是什么，何时下种、
何时施肥、施多少肥、何时采摘都有严格的规定。如日本葡萄种植，规定

每平方米只允许结 4 串葡萄，每串 400 克，每颗葡萄重 12 克；要求采摘的苹果，可溶性固形物含量需达到 17%，同一批包装上市的苹果基本一样大、一样甜，都可以论个卖。

推进农业生产标准化，前提是构建多层次全链条的现代农业标准体系。第一层级，以守住农产品安全底线为目标，重点完善农兽药与重金属残留、农业投入品质量安全风险评估、动植物疫病防控、农业面源污染防控治理等领域标准。第二层级，以推动农产品质量提升为目标，重点完善种质种苗、农业操作规范、质量分等分级、加工、贮藏保鲜、包装配送等标准。第三层级，以推动便捷交易和公平贸易为目标，重点完善农产品物流仓储、批发市场、农产品质量追溯及品牌建设等管理与服务标准。

核心是实现农产品"可溯源"。通俗来讲就是为农产品"上户口""建档案"。通过农产品动态质量追溯系统，将农产品生产的各种信息存入条形码中，消费者可以通过该条形码查找到对应农产品的生产者、检验者和用药、施肥等情况。

关键是与农业品牌建设有机结合。品牌农业的基础是有标准化的产品和质量，我国不少优质农产品"养在深闺人未识"，其中重要原因就是没有实现标准化生产。以茶叶为例，世界上最好的茶叶几乎都产自中国，但我国茶叶品牌纷繁复杂，且同一品牌的茶叶质量也是参差不齐，以至于业内有"千家茶企不敌一家立顿"的说法。

第二，全程机械化，发展节本增效农业。农业机械是最为直接的生产力，推进现代农业发展，必须用现代机械来装备农业。传统农业的真实写照是"面朝黄土背朝天"。种过水稻的人都知道，干农活最累的就是插秧。过去因为缺少农业机械，农民朋友只能顶着烈日、弯着腰插秧，一个青壮年劳动力一天只能插一亩左右。随着农业机械装备的使用，如今使用插秧机，一亩地一个农机手、一个分装秧助手足矣。很多时候不用人工分秧了，十几分钟就能完成作业，降低了劳动强度和生产成本。

从发达国家看，实现农业现代化的发达国家均具有较高的农业装备水平和机械化作业水平。20 世纪 40 年代，美国率先实现粮食生产机械化，60—70 年代，多数发达国家相继实现粮食生产机械化。自 90 年代以来，粮食作物、经济作物从种植到收获都实现了全程高度机械化，畜牧业也实现了机械化工厂化管理，农业劳动力占比下降到 2%～8%。

从我国看，农业生产方式已实现由人力畜力为主向机械作业为主的历史性跨越。但农业机械的研制、开发、生产与发达国家的差距仍然较大，以自动化和智能化为引领的高端农机技术产品及核心零部件长期依赖进口，部分国产农机产品还相当于发达国家 20 世纪 70 年代的水平。今后，推动农业机械化：一是向智能高效方向发展。自动化、智能化代表国际农业机械发展最高水平，可以不依靠人工操作，独立、高效地完成复杂的农业生产，不仅能优化生产过程，还能提高作业质量效率，减轻劳动强度。当前，无人机已经在农业领域广泛应用，通过远距离操控植保无人机喷施药液，避免了喷洒作业人员直接接触农药的危险，而且不会出现重喷、漏喷的情况，提高了作业效率，用药量能够减少 15%～20%。二是向个性化专用化方向发展。我国农业机械发展不平衡，突出表现为缺少适合丘陵山区、高原作业的机械，缺少适合畜牧、水产养殖的机械，缺少适合大棚、温室生产的机械。据调研，一些农业企业引进了一种专门用于温室大棚采摘的机器人，在采摘过程中，机器人可自动行驶，通过传感器和摄像头自动识别果实的大小、性状、成熟度和采摘位置，采用合适力度完成采摘作业，大大减少了果实破损和劳动强度。三是向服务精准方向发展。如一些国家的谷物联合收割机、喷雾机、播种机等农业装备基本普及了微电子监控、高精度传感器等技术，开始使用卫星全球定位系统监控作业，实现精准施肥、精准喷药、精准收获、精准灌溉等作业。四是大型复式作业仍是一个方向。大马力拖拉机、400～500 马力大型农机具可以同时完成几道田间作业，这在平原地区、规模生产中还要增加和提升。比如深松深耕、起垄播种一次完成；联合收割脱粒、秸秆处理一次完成。

第三，设施完备化，发展旱涝保收农业。农业生产周期长，受自然环境约束大，农业基础设施条件薄弱是影响农业稳定发展的重大制约。现代化的农业应该是有能力应付自然条件变化及灾害的农业，这就要靠设施条件。通常讲的农业基础设施，一般包括农田水利、仓储物流、科研试验等设施，其中耕地建设是最基础、最关键的设施。

日本的自然条件与我国类似，二战后开展土地改良事业重大建设工程，包括农田整治、土壤改良、农田道路建设、灌溉排水设施建设等，基本覆盖适宜改造的水田和旱地。农田整治按地形条件，将田块整理成片，以利于灌溉、排水和小型农田机械化耕作，标准田块面积由 0.1 公顷扩大至 1 公顷。土壤改良措施通过改变土壤不良理化性状，改善耕层以下土层土壤通气性、透水性等物理性质，增加耕作层厚度。设施建设通过统一规划建设农村道路、田间机耕道和地下灌溉水管，实现便捷运输和高效灌溉。我在日本农村住过，日本的田间很好看，也耐抗灾。

我国从 2011 年开始推进高标准农田建设。实施农田水利工程，因地制宜兴建灌排泵站、灌排渠系、水窖水池等水利工程，实现耕地旱能灌、涝能排、挡得住、降得下。甘肃省定西市是典型的黄土高原丘陵沟壑区，干旱少雨，有的地方甚至种"沙田"以抗旱。通过开展以修梯田、挖水窖、育林草为主要措施的小流域综合治理，构建出"山顶植树种草戴帽子、山腰兴修梯田系带子、沟底打坝蓄水穿靴子"的全方位立体化综合治理模式，有效解决了农业干旱缺水问题。实施土地平整工程，推动农田地块小变大、短变长、陡变平、弯变直和互联互通，让"小田变大田，大田变良田"，便于机械作业和水土资源高效利用。实施道路工程，配套建设机耕道、生产路，方便机械化耕作与收获。实施林网工程，加强田间林网建设，造防风林带，改善农田小气候，实现田园生态化。截至 2021 年底，我国已累计建成高标准农田 9 亿亩。据评估，建成后的高标准农田耕地质量一般提升 1~2 个等级，肥料利用率平均提高 10%，抗灾能力显著增强。粮食产能平均提高 10%~20%，亩均粮食产量提高 100 公斤。到 2022 年，我国已累计建成 10 亿亩高标准农田，按照"一季千斤、两季吨粮"的标准，10 亿亩高标准农田可以稳定保障 1 万亿斤以上粮食产能。

第四，科技集成化，发展生物智慧农业。科技进步是实现农业现代化的关键动力。没有农业科技的现代化，就没有农业的现代化。人类历史发展表明，一部农业发展史就是一部农业科技进步史，每一次科技的重大突破，都带来了农业发展新的飞跃。有关专家研究发现：第一次农业技术突破是以工具革新为标志，用铁质器具代替木质、石质器具；第二次是以动力升级为标志，用蒸汽机、内燃机、电力代替人力畜力；第三次是以信息技术、生物技术广泛使用为标志，农业科技呈现专业化、综合化发展趋势，将使农业与装备、技术、信息、生态、文化深度融合，实现农耕文明的再生、农业产业的再造。

信息技术加速改造传统农业。农业信息化是农业现代化的制高点。近年来，互联网、物联网、大数据、云计算等数字技术发展日新月异，数字化、网络化、智能化加速向农业全方位渗透，催生了智慧农业、精准农业等新型业态。日本研制的遥感温室环境控制系统，将分散的温室群同计算机控制中心联结起来，实行温室群自动化管理。目前物联网技术飞速发展，一个传感器、一个电脑就可以代替大批技术人员，对施肥、防虫、灌水等各环节进行定时定量定位管理。信息技术改造提升农业，还有一个重要方面和发展趋势，就是农业机械的数字化、智能化，现在农业机械正在从自动化走向智能化，无人拖拉机作业，无人机喷药，温室大棚自动喷灌，已经很常见，无人农场也不再罕见！

生物技术不断突破农业边界。基因工程技术是现代生物技术的核心，也是未来农业现代化的突破口。目前世界上广泛应用的基因工程技术主要有三类，即基因编辑、基因敲除、基因导入。其中，基因编辑是通过切开DNA链进行改造之后再重新连接，实现对目标基因的编辑。白粉病是小麦的重要病害之一，中国农科院专家利用基因编辑技术，在小麦中实现了抗霉菌基因的突变，获得对白粉病具有抗性的小麦品种。基因敲除是通过改变生物的某个遗传基因序列，令特定的基因功能丧失作用，从而使部分功能被屏蔽。如肌肉抑制素基因是一个控制动物生长的重要基因，通过在DNA特定位点进行定点断裂，消除肉牛肌肉抑制素基因，能够提高养殖肉牛的瘦肉率。从理论上讲，也可以提高生猪的瘦肉率。基因导入即通常所讲的转基因技术，是将人工分离和修饰过的具有特定功能的基因导入目标生物体基因组中，从而达到改进生物的目的。如抗虫棉，就是运用转基因技术的结果。科学家将苏云金杆菌（Bt）的基因转到棉花基因组中，相应的转基因棉花就表达出 Bt 蛋白。这是一种高度专一的杀虫蛋白，从而达到杀死棉铃虫保护棉花的目的。据统计，抗虫棉品种比非抗虫棉品种平均增产 9.6％，每公顷少施农药 47 公斤，增产增效。世界上美国、印度、苏丹等产棉大国都种转基因棉花，我国目前种的棉花 90％以上是 Bt 棉品种。

多年来，转基因农产品受到社会的极高关注，自然科学家大都支持，同时社会上也有不少质疑的声音，一些人担心转基因食物不安全。转基因问题说到底是个科学问题、法治问题。安全不安全，应当由科学来评价；能种不能种，应该按法规来处理；食用不食用，应由消费者自己来选择。

第五，绿色低碳化，发展清洁循环农业。绿色是农业的本色，绿色发展是农业现代化的重要标志。传统农耕文化始终遵循自然变化来安排播种、收获，留下了二十四节气这样的珍贵文化遗产，形成了"天人合一""生之有道、用之有节""相继以生成、相资以利用"等顺应自然的发展理念，创造了梯田系统、稻田养鱼、间作轮作、庭院经济等可持续发展的成功范例。

绿色发展是农业发展观的一场革命。我们要建设的现代化是人与自然和谐共生的现代化，既要创造更多物质财富和精神财富以满足人民日益增长的美好生活需要，也要提供更多优质生态产品以满足人民日益增长的优美生态环境需要。发展现代化的农业必然是生态和谐、资源可持续的农业，绿色兴农，质量兴农，在增加优质绿色农产品供给的同时，保护并培育农业资源和生态环境，是现代农业的必然要求。在这方面，重点应把握以下三个方面。一是更加注重资源节约。这是农业绿色发展的基本特征。长期以来，我国农业高投入、高消耗，资源透支、过度开发。比如农业用水，每年农业灌溉用水缺口在 300 亿立方米以上，一些地方地下水超采严重，华北地区浅层地下水位近 30 年下降 10.2 米，深层地下水下降 30.2 米，形成较大规模的地下水开采漏斗区。推进农业绿色发展，就是要高效利用耕地、淡水等农业资源，依靠科技创新和劳动者素质提升，提高土地产出率、资源利用率、劳动生产率，实现农业节本增效、节约增收。二是更加注重环境友好。这是农业绿色发展的内在属性。农业和环境最具相融性，农作物本身就是绿色生命，稻田是人工湿地，菜园是人工绿地，果园是人工园地，都是"生态之肺"。这些年来，农业快速发展的同时，生态环境也亮起了"红灯"。推进农业绿色发展，就是要大力推广绿色生产技术，加快农业环境突出问题治理，积极发展环境友好型农业，重显农业绿色的本色。比如，中国农科院培育出氮高效利用的油菜品种，氮肥使用量仅为原来的四分之一，大大减少了氮肥用量；研发出韭菜种植"日晒高温覆膜杀虫技术"，不需要用农药灌根就可以彻底杀灭害虫，既减少了农药用量，又提高了产品品质。三是更加注重生态保育。这是农业绿色发展的根本要求。农业是与自然联系最为紧密的生态产业，山水林田湖草沙是一个生命共同体。长期以来，我国农业生产方式粗放，农业生态系统结构失衡、功能退化。农业本身就有"碳汇"功能。推进农业绿色发展，就是要加快生态农业建设，培育可持续、可循环的发展模式，促进粮经饲统筹、农林牧渔结合、种养加一体、一二三产业融合发展，将农业建设成为美丽中国的生态支撑。

第六，组织规模化，发展集约经营农业。发展多种形式适度规模经营、培育新型农业经营主体，是建设现代农业的前进方向，也是农业现代化的引领力量。如何把广大的小农户引入现代化轨道，逐步扩大农业生产经营规模，需要处理好培育新型农业经营主体和扶持小农户的关系。

一方面，培育新型农业经营主体、发展多种形式的适度规模经营。适度规模经营是现代农业的发展方向。加快培育家庭农场、农民合作社及农业企业等各类新型农业经营主体，鼓励其通过土地租赁、互换、入股等多种流转方式，扩大经营规模，提高规模效益和生产水平。根据第三次全国农业普查结果，全国家庭承包耕地流转面积为 5.3 亿亩，耕地规模化（南方省份 60 亩以上、北方省份 120 亩以上）耕种面积占全部实际耕地面积的比重达到 28.6%。这几年这个比例又有所提高，土地流转加土地托管，实际规模经营估计在 40% 左右。

另一方面，完善小农户与新型经营主体的利益联结机制。近年来，我国大力发展农业产业化经营，在产业组织方式上探索创新，形成了"公司＋农户""公司＋合作社＋农户""公司＋合作社＋基地＋农户"等模式，有效地解决了千家万户农民进入市场、运用科技等问题，在推动生产规模化、经营集约化、销售品牌化等方面发挥了很好的作用，成为我国农业走向现代化的一个现实途径。但也需注意的是，老板下乡要带动老乡，不能代替更不能排斥老乡，不能农业现代化了，农民却被边缘化了。欧盟在发展奶业过程中，乳业主体是"农户＋农场""农户＋合作社""农户＋合作社＋加工企业"的家庭牧场生产方式，农户不仅能够获得生产牛奶的收益，还能靠卖酸奶、奶酪、冰激凌等获得增值收益；新西兰恒天然公司也是农民合作社办的企业，养奶牛环节仍是奶农为主，一般一个家庭农场养300头左右，且奶农都是股东，这种生产组织方式值得借鉴。

还需要注意的是，推进农业适度规模经营，不仅要解决经济效益低下、标准化程度不高的问题，还要着眼农村发展和稳定，解决好农民就业和生计问题。如果全国农户户均耕地规模达到50亩，全国有3 600万农户就够了，如果户均规模达到100亩，则只需要1 800万农户，那么剩下的2亿左右农户就得另寻出路。也就是说，从国情出发，既要解决农业问题，也要解决农民问题。农业需要有一定规模，但农业生产也不是规模越大越好，规模大了虽然效益会上去，但管理由于链条长会相对粗放，单产可能会下降，尤其是山区发展特色产业，不可能规模很大。因此，农业生产经营规模应坚持宜大则大、宜小则小，把握好土地规模经营的度，推进速度与规模，应与城镇化进程和农村劳动力转移规模相适应，与农业科技进步和生产手段改进程度相适应。

第七，服务社会化，发展专业高效农业。完善的社会化服务体系是农业现代化的重要标志，简单讲就是各类经济社会组织为农林牧渔各产业所提供的产前产中产后等系列服务，也包括在此过程中所延伸出来的金融保险、信息服务等。美国农业就业份额只占2％，而为农业提供加工仓储、运输销售、信贷保险、市场信息等服务的人数占比为10％左右，远远超过直接从事农业的人口。这表明，农业社会化服务贯穿于农业生产经营全过程，具有专业化分工、社会化协作的特点，是提升一个国家农业专业化、产业化、集约化水平的重要手段。

从我国情况看，"人均一亩三分地，户均不到十亩田"是我国农业发展需要长期面对的现实。《中华人民共和国宪法》明确土地家庭承包经营是我国农村基本经营制度，《农村土地承包法》作出具体明确的制度安排，党的十九大决定二轮土地承包到期以后再延长30年。这也意味着我国的农业现代化不可能通过大规模流转集中土地的形式来实现，最现实的途径就是在土地相对不集中的情况下，把千家万户农业生产过程中的灌溉、施药、插秧、收割、仓储等服务需求集中起来，交给农业专业化社会化服务组织来做。由此，农机服务公司、植保服务公司、科技服务公司、农业无人机公司等就因需而生，农业生产专业化分工就得以实现。

陕西礼泉一个村的合作社把附近村里的苹果种植，用托管服务的方式承揽下来。第一个环节是苹果树剪枝。苹果收获了以后，在秋冬季都要进行剪枝，为第二年苹果生长挂果创造条件，原来都是一家一户的农民去做剪枝工作，现在由合作社成立专门的剪枝队，给农民提供剪枝服务。第二个环节是病虫害防治。以前各家各户的苹果树病虫害防治都是凭经验，通过观察来施药，很多时候对病虫的把控并不准确。现在通过委托合作社来做，把握病虫危害苹果树的规律，通过统防统治、联防联控，实现提前预防、科学防治、减少用药、减少损失。第三个环节是产品销售。以前农民的苹果摘下来以后，只能等着经纪人或者小商小贩到门口来收，价格随行就市，压级压价难以避免，有时还卖不掉。合作社把这个环节承揽下来，建立专门的销售渠道和品牌，提高了经济效益。农民反映，通过合作社提供社会化服务，不仅农民省心、省力、省钱，而且平均产量提高两成多、病虫害的发生率减少50％以上、优果率提高20％以上。

第八，产业融合化，发展多元价值农业。促进农村一二三产业融合发展，是实现农业现代化的必然要求和显著标志。第一产业效益低、二三产业效益高，是产业发展的一般规律。没有完整的产业链、没有协调的供应链，就难以提高农业的附加值，农业就只能是产品农业、弱势农业、低效农业。美国2017年农业增加值仅占GDP的0.9％，但食品相关产业增加值占GDP的4.5％，是农业增加值的5倍。如果农业还是只在种养环节打转转，不向农产品加工等二三产业延伸拓展，农业就会一直停留在整个产业链和价值链的底端。

党的十九届五中全会审议通过的《中共中央关于制定国民经济和社会发展第十四个五年规划和二〇三五年远景目标的建议》提出，加快发展现代产业体系，推进产业基础高级化、产业链现代化，提升产业链供应链现代化水平。推进农业现代化，必须顺应产业发展规律，依托乡村特色优势资源，推动农业从种养环节向农产品加工流通等二三产业延伸拓展，推进农村一二三产业融合发展，开发农业多种功能和乡村多元价值，健全产业链、打造供应链、提升价值链，尤其要注意把产业链主体留在县域，让农民更多分享产业增值收益。

国际上，不少跨国公司总部都设在小镇上，比如美国的沃尔玛总部就位于阿肯色州的本顿维尔小镇，嘉吉总部位于明尼苏达州的明尼阿波利斯市郊区小镇。而我国产业都在向大中城市聚集，许多县城的产业只剩下房地产和教育，大多数乡村只有种养环节，加工、流通等环节都布局在城市。近年来，随着信息技术不断渗透、产业分工不断深化，农业越过产业边界、区域边界和城乡边界，农村一二三产融合发展已成为农业现代化发展的趋势特征。在区域布局上，把县城和中心镇作为产业发展重点，制定相关扶持政策，改善农村营商环境，引导适合农村的产业向乡村布局，把就业、效益、收入更多留在农村。在纵向联动上，农业加快与加工流通融合，将生产、加工、流通、储藏、运输、保鲜、包装、分等分级、净化、商品化处理、产品后整理等一体运作。在横向拓展上，农业多种功能不断拓展，大力发展休闲农业、观光农业、体验农业，推进农业与旅游、教育、文化、康养等深度融合，让产区变景区、产品变礼品、农房变客房，把绿水青山变成金山银山。

"农头工尾、粮头食尾"，农产品加工业是乡村产业融合的关键环节。基层干部讲，"农业不加工，等于一场空"。农产品加工业贯通产、销两头，就好比人体的"腰"部，腰杆子硬了，产业体系就强了。广东新会陈皮产业园把一个陈皮做到了极致，开发出药、食、茶、健、文旅和金融等6 大类 35 小类 100 多个品种。在利益分享机制的带动下，2022 年新会陈皮产业带动全区 7 万人就业，实现人均增收约 2.2 万元。2022 年全产业链年产值达到 190 亿元，2023 年进一步增加到 230 亿元。这两年出现一个热词——预制菜。它是中央厨房和餐馆外卖的升级版，生产基地化、工厂化、标准化、品牌化，"幸福你的舌头、节省你的时间、提升你的生活"，方便快捷、美味佳肴、中国特色。狮子头、佛跳墙、椰子鸡、臭鳜鱼都成为预制菜。据统计，2022 年市场营销已超过 4 100 亿元，2023 年可能过 5 000 亿元，很快会成为一个大产业。

第九，农民专业化，构建新型农民队伍。农业现代化既要见物，也要见人。没有农民的现代化，不可能有真正的农业现代化。土地是稀缺资源，更应当由有能力的人来经营。在中国，长期以来农民不仅仅是职业概念，即从事农业生产的劳动者，过去更多是一种身份指称，指城乡二元制度下，出生和户口登记在农村、拥有农业户口的农村居民。随着工业化、信息化、城镇化、市场化、国际化的加快推进，随着城乡经济社会结构的深刻变动，农民的就业领域、生活方式、思想意识都在发生深刻变化。大量农民进城务工，农民的概念也在发生变化。未来农民群体还将进一步分化，呈现出三个变化：

一是会逐渐减少。伴随着城镇化、工业化进入中后期，农民仍会继续转入二三产业和城市就业。根据国际经验预测，到 2035 年基本实现农业现代化的时候，中国从事农业生产的农民不会超过 1 亿人（包括农林牧渔）。

二是农民由兼业生产逐渐变成专业生产。农村劳动力大量向城镇和工业转移促进了土地的集中，农业生产的规模将不断扩大，从房前屋后养几头猪，扩大到养上百、几百、上千头猪；从种植几亩地到种植几十亩、上百亩甚至上千亩地。这时候，农民会从小农自给自足什么都搞一点的状态，彻底转到专业化生产上来。

三是将来农民既懂生产，又懂经营。随着市场农业、商品农业的发展和熏陶，加上大学生、复员兵、科技人员、工商企业主等返乡下乡创业的带动，农民将从过去的"低头种地"变为"抬头看市场"，实现从生产者向经营者、管理者的转变。由此，将来的农民将是真正的新一代高素质农民。由于城市化、工业化、信息化的带动，现代化的发展，中国农民将从此断代，爷爷孙子至此不同。在这个过程中，要继续促进农民转移，加大农民培训力度，鼓励大中专和职业院校学生下乡务农，将来农民会成为人们羡慕的职业。

第十，工农一体化，用现代技术装备武装农业。离开了现代工业装备，农业是不可能自己实现现代化的。"机器代人"是农业现代化的一个客观趋势。一方面，农机工业、农产品储藏保鲜装备和食品加工机械制造等联农工业要率先实现现代化，适应现代农业需要。这方面是我们的短板。另一方面，还应加快消除工农、城乡隔离的体制机制，真正建立起"以工补农"的机制、"以工带农"的路径、"工农互惠"的环境。

我国农业现代化的推进方式

"十四五"时期是推进农业现代化的重要机遇期，2035 年是农业基本现代化的实现期。中国之大，如何推进农业现代化？我认为，在推进方式上，可以形象概括为"宏观抓示范区，微观抓新主体，起飞靠翅膀，有个助推器"，即建设好农业现代化示范区，抓好新型经营主体和高素质农民培育，依靠科技引领、改革驱动"两个翅膀"，用活金融服务、财政补贴等支持政策。具体而言，重点要做好以下五方面工作。

第一，建设农业现代化示范区。我国各地资源禀赋、经济水平差异很大，实现农业现代化不可能齐步走、更不能一刀切。这就需要在各类地区选择建设一批示范区，示范引领各地推动农业现代化。农业部从 2012 年起在全国建立现代农业示范区，至 2015 年在 700 多个县共设立 283 个示范区，促进了这些地方的农业现代化，并带动了周边县市。"十四五"时期，要以提高农业质量效益和竞争力为主攻方向，以健全现代农业产业体系、生产体系、经营体系为重点，扩大建设农业现代化示范区。在建设思路上，要突出梯次推进、渐次实现。科学把握我国区域发展差距，顺应各地现代农业发展基础和趋势，发挥农业现代化示范区先行、示范和标杆作用，推进不同地区、不同发展阶段的乡村实现农业现代化。在建设布局上，要突出区域特色、多种模式。统筹考虑区域差异、发展水平等因素，立足当地农业特色和功能定位，分区分类建设农业现代化示范区。比如在东北平原，可以创建一批以粮食产业为重点的现代化示范区；在南方丘陵山区，可以创建一批以优势特色产业为重点的现代化示范区；在大城市郊区，可以创建一批以都市农业为重点的现代化示范区。在试验评价上，要突出标准引领、示范效应。目前，农业农村部正在制定农业现代化评价指标体系和示范区发展建设水平监测评价办法，用来评价示范区农业现代化实现程度。据初步评估，全国有 200 个左右的县已基本实现农业现代化。建设目标是，到 2025 年建设 500 个左右农业现代化示范区，形成一批典型样板，引领带动全国农业现代化发展。力争到 2035 年，我国有 85％的县基本实现农业现代化。到那个时候，就可以说我国农业现代化基本实现了。

第二，培育发展现代农业新主体。 新型农业经营主体、高素质农民是农业现代化的微观载体和引领力量。随着工业化、城镇化的加快推进，农村劳动力大量进入城镇就业，"谁来种地、谁来搞现代化"问题日益凸显。"十四五"时期，必须把培育壮大现代农业新主体摆在重要位置，通过集聚现代生产要素，推广应用先进技术，引领带动小农户发展现代农业。一是培育家庭农场，引导家庭农场根据产业特点和自身经营管理能力，合理流转土地，重点发展现代种养业，把更多农业规模经营户培育成有活力的家庭农场。二是促进农民合作社质量提升，实施农民合作社规范提升行动，规范章程制度、财务管理、收益分配、登记管理，支持农民合作社联合社加快发展，增强服务带动能力。三是发展农业生产性服务业，培育壮大一批专业化、市场化、能力强的农业生产性服务组织，开展代耕代种代收、统防统治、烘干仓储等托管服务，发展服务型规模经营。四是壮大农业龙头企业，通过龙头企业，带动农户、合作社集合生产要素，形成产业链，实现种养加一条龙，贸工农一体化。五是培养高素质农民，建立短期培训、职业培训和学历教育衔接贯通的农民教育培训制度，探索建立个性化、定制式课程模式，健全教育培训、资格认定、政策扶持一体化工作机制。

第三，强化科技支撑。 农业现代化关键在科技进步和创新。近年来，我国农业科技创新取得积极进展，但与发达国家相比还有较大差距，特别是自主创新能力和转化应用能力总体不强，还不能完全适应现代农业发展需要。"十四五"时期，必须遵循农业科技规律，加快创新步伐，努力抢占世界农业科技竞争制高点，为农业现代化提供强有力科技支撑。聚焦前沿战略方向，在战略必争的农业基础科学和前沿技术领域实现率先跨越，在农业生物生长发育机理、重要性状和品质形成规律等方面取得重大基础理论突破，夯实科技创新的理论基础。着眼解决重大现实问题，在受制于人的核心关键技术领域实现技术跨越，聚焦生物育种、智慧农业、农机装备、农产品深加工、农业绿色投入品等关键领域，发挥新型举国体制优势，加快研发与创新一批核心技术与产品，牢牢掌握发展主动权。强化农业科技成果转化推广，建设利用好国家农业科技成果转化交易平台、科技创新联盟、科技产业创新中心、示范展示基地等平台，推进产学研推深度融合，打通成果供给与产业应用的通道，让科研成果在生产一线落地生根、开花结果。

第四，深化农村改革。推进农业现代化，既要靠外部投入，也要靠改革激发内生动力。"十四五"时期，要继续用好用足改革这个关键一招，加强改革系统集成，激发农村资源要素活力。一是深化农村土地制度改革。重点是巩固完善农村基本经营制度，深入推进承包地"三权"分置改革，进一步放活经营权，促进土地流转和规模经营；稳慎开展新一轮宅基地制度改革试点，探索盘活农村闲置农房；积极稳妥开展农村集体经营性建设用地入市，建立公平合理的增值收益分配机制，打通农村产业发展用地制约，盘活农村沉睡的土地资源要素。二是健全农村金融服务体系。没有金融支持，农业农民靠自身积累很难实现现代化。重点是深化金融组织创新、产品创新、制度创新，进一步提高农村金融服务覆盖面，健全农业信贷担保体系，扩大农业贷款抵押物范围，促进金融资源回流农村，突破农业"贷款难、贷款贵"的瓶颈，支持现代农业发展。同时，推动农业保险"提标、扩面、增品"，有效化解农业自然风险和市场风险。三是深化农业科技体制改革。重点是做到"两个放活"：一个是放活科研机构，扩大科研机构在项目管理、经费使用、设备采购等方面的自主权，赋予更大的技术路线决策权。另一个是放活科研人员，推进科技成果产业化，完善权益分享、持股兼职等激励政策，调动科研人员研发和推广应用积极性。四是健全城乡融合发展体制机制。四化同步，还要以城带乡，以工补农。重点是破除阻碍要素自由流动、平等交换的体制机制壁垒，打破市场和行政两种力量推动的农村土地、资金、人才等要素过度向城市流动状况，健全农业转移人口市民化配套政策体系，提高土地出让金用于农业农村的比例，构建城乡互补、全面融合、共享共赢的互利互惠机制，让各类发展要素更多流向农业农村，释放农村发展内生动力。

第五，完善农业支持保护制度。 农业有保障粮食安全、维护农村稳定等社会政治功能，离政府最近，同时农业自身积累有限，我国农业基础又比较薄弱。实现农业现代化，需要坚持农业农村优先发展，强化政府支持，并体现在投入补贴上。这也是世界各国的通行做法，尤其是日本、韩国等以小农生产为主的国家，都建立了较为完善的农业支持保护体系。日本农业补贴多达470多种，涉及农田保护、灾害防治、土地改良、基础水利等多个方面。算总账，与这些国家相比，2020年我国农业国内支持占农业产值的比重为12％，比印度低4个百分点，仅是欧盟的55％、美国的20％、日本的34％。根据美国农业部数据，2021年美国农业补贴占农民净收入的36％。推进农业现代化，要加快完善农业支持保护制度，逐步构建符合国情、覆盖全面、指向明确、重点突出、措施配套、操作简便的农业支持保护制度，提高强农惠农富农政策的精准性、稳定性、实效性。这也是中央提出的农村改革要健全四个体系（农村基本经营制度、农村产权制度、农业支持保护制度、城乡融合发展制度）中还不够全面完善的方面，也是推进农业现代化不可或缺的方面。特别是应在耕地保护建设、技术推广培训、农业防灾减灾、生产装备购置等方面持续加大财政补助力度。这是农业现代化的短板，是农民的急需，也符合WTO的绿箱和蓝箱政策。

此外，开展测评考核，也是推进农业现代化的有效方法。这已为打赢脱贫攻坚战的实践所证明。在科学制定农业现代化标准体系的基础上，分类设定各地区具体评价分值以及达标年限，同时建立一套监测、评估、考核办法。由中央和省级组织考评，由第三方进行考评。再由省级发布县、市年度实现程度，由中央发布省级年度实现程度，并定期宣布实现达标的县、市、省，以此激励、敦促各地方重视三农，加大措施，加强工作，加快本地区实现农业现代化的进程，由此分批分期、比学赶超，到2035年，基本实现农业现代化。

第八讲
现代农业经营体系

习近平总书记强调，没有农业现代化，国家现代化是不完整、不全面、不牢固的；推进农业现代化，要突出抓好现代农业产业体系、现代农业生产体系、现代农业经营体系这"三大体系"的建设。构建现代农业产业体系和生产体系的重点在于提升农业生产力，而构建现代农业经营体系的重点在于完善农业生产关系。改革开放以来，随着农业结构的优化调整和现代科技的发展进步，我国农业生产力有了一个大的提升、质的飞跃，但由于大国小农、人多地少的基本国情，农业生产的组织化程度和规模化水平还不够高。进入新阶段、迈上新征程，三农工作重心已历史性转向全面推进乡村振兴，到 2035 年要基本实现社会主义现代化，到本世纪中叶要建成社会主义现代化强国，还要建成农业强国。这对农业现代化提出了新的更高要求，迫切需要进一步解放和发展生产力。这其中很重要的一点，就是进一步优化和完善农业生产关系，以生产关系的变革促进生产力的持续提升，通过构建现代农业经营体系，促进小农户和现代农业发展有机衔接，发挥新型经营主体和适度规模经营的引领作用，更加充分激发和释放农业生产潜能，为加快实现农业农村现代化提供有力支撑。基于此，研究现代农业经营体系的理论和构建问题，就显得特别重要、十分紧要。

在本讲，我想就现代农业经营体系的几个问题与大家进行交流，主要讲四个方面：一是为什么构建现代农业经营体系；二是什么是现代农业经营体系；三是现代农业经营体系有哪些模式类型；四是怎样构建现代农业经营体系。

为什么构建现代农业经营体系？

马克思主义原理告诉我们，生产力决定生产关系，而生产关系又反作用于生产力；当生产关系适合生产力状况时，生产关系对生产力发展起着促进作用，反之将起到阻碍作用。联系我国国情和农业发展阶段，研究思考构建现代农业经营体系问题，应着眼于处理好家庭承包和规模经营的关系，着眼于解决好谁来种地和怎样种地的问题，着眼于保障粮食和重要农产品稳定安全供给，着眼于提升农业的质量、效益和竞争力，从而对当前我国农业生产关系作出进一步的调整和完善，这对突破农业发展瓶颈、促进农业高质高效具有十分重要的意义。

（一）构建现代农业经营体系，是落实习近平总书记重要论述和指示精神的重大任务

建设现代农业产业体系、生产体系、经营体系，是习近平总书记关于现代农业建设和农业现代化发展的重要论述。2015 年 3 月，习近平总书记在参加十二届全国人大三次会议吉林代表团审议时，首次提出这一重要思想。同年 7 月，习近平总书记在吉林省考察工作时进一步强调，农业现代化还是我国"四化"同步发展的短腿，必须把现代农业建设放在重要位置，以建设现代农业产业体系、生产体系、经营体系"三个体系"为抓手，积极推进现代农业建设。2016 年 4 月，习近平总书记在安徽小岗村主持召开农村改革发展座谈会时，再次强调实现农业现代化是我国农业发展的重要目标，要以构建现代农业产业体系、生产体系、经营体系为抓手，加快推进农业现代化。2017 年 10 月党的十九大报告提出，构建现代农业产业体系、生产体系、经营体系，发展多种形式适度规模经营，培育新型农业经营主体，健全农业社会化服务体系，实现小农户和现代农业发展有

机衔接。

这一系列重要论述和指示，充分体现了习近平总书记对现代农业建设的高度重视，对"三大体系"重点任务、重大抓手和重要支撑的深刻阐述，为新时期推进农业现代化提供了遵循和指南。我们要深刻领会习近平总书记重要论述和指示精神，以"三大体系"重要思想为引领，加快建设支撑现代农业发展的"三大支柱"，走产出高效、产品安全、资源节约、环境友好的农业现代化道路，实现新型工业化、信息化、城镇化和农业现代化同步发展。

（二）构建现代农业经营体系，是推进农业现代化重要的组织方式和制度模式创新

我国小农生产方式已有几千年的历史，可以讲，大国小农是我国农业的重要特征，小规模家庭经营是农业的本源性制度。第三次全国农业普查数据显示，全国小农户数量约为 2.03 亿，占全国农业经营户总数的98.1%，小农户经营耕地面积约占耕地总面积的 70%。人均一亩三分地、户均不过十亩田，仍然是我国农业生产方式的大头。这些年，随着工业化城镇化快速推进，大量劳动力流入城市，农村老龄化、兼业化、空心化不断加剧，农业从业人员平均年龄在 50 岁左右。出去的不愿意回乡干农活，留下的又不安心搞农业，谁来种地、怎样种地的问题日益凸显，如何把小农生产引入现代农业发展轨道是实现农业现代化必须跨过的一道坎儿。

推进农业现代化，需要解决好小规模分散经营，集约化、组织化程度低的"老大难"问题。习近平总书记指出，家家包地、户户务农，是农村基本经营制度的基本实现形式；家庭承包、专业大户经营，家庭承包、家庭农场经营，家庭承包、集体经营，家庭承包、合作经营，家庭承包、企业经营，是农村基本经营制度新的实现形式。这些新的实现形式，是在家庭承包基础上，对农业经营组织方式和制度模式的创新发展，能够把千家万户的小农户与千变万化的大市场有效衔接起来，把新技术、新材料、新机械、新装备等现代农业生产要素融入小农户生产经营，较好解决传统农

业小规模经营与社会化大生产不相适应的矛盾，从而显著提高农业生产的质量、效益和竞争力，使农村基本经营制度更加充满持久的制度活力。这应该是农业走向现代化的一个方向。

（三）构建现代农业经营体系，是深化农村改革的重要方面

我国农村改革是从调整农民和土地的关系开启的。新形势下深化农村改革，主线依然是处理好农民和土地的关系。改革之初，农民创造了土地集体所有权与农户土地承包经营权的"两权分离"，由此确立了以家庭承包经营为基础、统分结合的双层经营体制。近年来，承包经营权流转的农民家庭越来越多，土地承包权主体同经营权主体发生分离，成为我国农业生产关系变化的新趋势，对完善农村基本经营制度提出了新的要求。为适应这种新形势新要求，习近平总书记创造性地提出"三权"分置的重要思想，把农民土地承包经营权分为承包权和经营权，实现承包权和经营权分置并行，有利于更好坚持集体对土地的所有权，更好保障农户对土地的承包权，更好用活土地的经营权。这是实行家庭联产承包责任制后，我国农村改革的又一次重大创新。

纵观我国农村 40 多年的改革历程，其中一条重要的脉络就是农业经营体系的改革与完善。构建现代农业经营体系，从本质上说，是在坚持家庭经营基础性地位、保持土地承包关系稳定并长久不变的基础上，对农业生产关系作出相应的变革和调整，其目的在于改变原有制度下农业发展存在的集约化及组织化程度低、市场竞争力不强、产业利润微薄等缺陷，使农村资源能够得到更好的配置，使农民利益得到更好的保障，使城乡发展实现更好的融合。一方面，可以进一步开发利用农村土地等各类资源，组织带动众多小农户参与现代农业发展进程，通过提高农业生产的组织化程度和规模化水平，实现农业高质量发展，并逐步走向现代化；另一方面，有利于打破城乡二元结构，改变资源要素由农村向城市单向流动的局面，加快形成工农互促、城乡互补、协调发展、共同繁荣的新型工农城乡关系。

什么是现代农业经营体系?

现代农业经营体系这一概念,是在实践不断深入、认识不断深化、理论不断创新的基础上逐步提出的。2013 年中央一号文件首次提出新型农业经营体系的表述。到 2015 年,习近平总书记作出关于"三大体系"的重要论断后,现代农业经营体系开始在理论界、学术界、政府部门被广泛运用。正确理解和把握这一概念,需要把其目标、内涵和特征弄明白搞清楚。

(一)现代农业经营体系的目标

习近平总书记指出,要不断探索农村土地集体所有制的有效实现形式,落实集体所有权、稳定农户承包权、放活土地经营权,加快构建以农户家庭经营为基础、以合作与联合为纽带、以社会化服务为支撑的立体式复合型现代农业经营体系。我认为习近平总书记的这一重要论断,就是对现代农业经营体系目标的阐述。具体包括四个方面:

1. 家庭经营的基础性地位长期稳定

农村基本经营制度是我国社会主义基本经济制度的重要组成部分,坚持农村基本经营制度,不是一句空口号,而是有实实在在的政策要求。习近平总书记多次强调,要坚持农村土地农民集体所有,坚持家庭经营基础性地位,坚持稳定土地承包关系,"三个坚持"任何时候都不能动摇。构建现代农业经营体系,农村土地可以由农民家庭经营,也可以通过流转经营权由其他主体经营,但不论经营权如何流转,不论新型农业经营主体如何发展,都不能动摇农民家庭土地承包地位、侵害农民承包权益,更不能搞土地私有化。因此,构建现代农业经营体系,家庭经营的基础性地位只能巩固,不能削弱,这既是重要的前提,也是重要的目标要求。

2. 合作与联合的方式更加多元、联结更加紧密

比较优势理论认为,专业化分工带来资源利用效率的提高,在分工基

础上的交换与联合，可以使得整体利益增大。这些年，广大农民在生产实践中，成长形成了家庭农场、农民合作社、农业企业、农业社会化服务组织等多种类型的经营主体，探索建立了"企业＋基地＋合作社""企业＋合作社＋家庭农场"等多种形式的合作与联合，以及订单带动、保底分红、股份合作、利润返还等多种形式的利益联结机制。上述经营主体和经营形式，各有特色、各具优势，在不同地区、不同产业、不同环节显示出良好的适应性和广阔的发展空间。构建现代农业经营体系，应立足各地实际和发展基础，因地制宜培育多元化农业经营主体，鼓励不同主体间开展多形式、多层次的合作与联合，积极探索农业经营主体组织重构和资源整合的有效形式，带动农户发展适度规模经营，引导新型农业经营主体集群集聚发展，创新完善新型农业经营主体与农户的利益联结机制，让农民成为现代农业发展的参与者和受益者。

3. 社会化服务的功能和作用愈发凸显

发展农业社会化服务，是实现小农户和现代农业有机衔接的基本途径和主要机制。我国人多地少，决定了不可能在短期内通过流转土地搞大规模集中经营，也不可能走一些国家高投入高成本、家家户户设施装备小而全的路子。最现实、最有效的途径就是发展农业社会化服务，帮助小农户解决一家一户干不了、干不好、干起来不划算的事。与农业现代化的要求相比，社会化服务还存在规模不大、能力不强、领域不宽、质量不高、引导支持力度不够等问题。构建现代农业经营体系，要做大做强社会化服务，将先进适用的品种、技术、装备和组织形式等要素有效导入小农户生产，提升服务的专业化、信息化、市场化水平，不断扩大服务的覆盖面，进一步增强引领小农户和联农带农的功能和作用。

4. 立体式复合型经营体系逐步形成

"立体式"意味着多层次、广覆盖、全方位，在经营主体上，既有小规模生产的农户，又有中小规模经营的家庭农场，还有规模化专业化运营的合作社、龙头企业等；在服务内容上，能够提供生产、加工、流通、科技、信息、金融等各方面的专业化服务。"复合型"意味着各个经营主体的联合，根据发展需要，不同主体间建立起紧密的利益联结机制；各种服务功能的综合，灵活提供产前、产中、产后等系列化服务，以及单环节、多环节、全过程、季节性、全年性等多样化服务；各类资源要素的整合，实现土地、资金、科技、人才、生产资料等要素的优化配置和高效利用，从社区到区域逐步形成完整的体系。通过这一完整体系的构建，为现代农业发展提供重要的体制机制保障。

（二）现代农业经营体系的内涵

现代农业经营体系是适应现代化发展趋势和农业转型升级要求，立足我国大国小农、人多地少的基本国情，着眼于解决农业小生产与大市场不协调的矛盾，从农业现实生产力出发，对现有农业生产关系的主动调整与升级完善。其本质和内涵是，紧紧依靠和服务农民，整合汇聚各类资源要素，扶持培育新型主体和经营模式，鼓励引导各类主体紧密合作，优化完善支持政策和制度保障，与产业体系、生产体系相互作用，多种经营主体、组织方式、服务模式交织融合的现代农业组织管理系统。

1. 以依靠和服务农民为根本

我国现有农业经营主体，是在以家庭承包经营为基础、统分结合的双层经营体制基础上形成和发展起来的。随着农业生产力水平的不断提高，传统的小农户会逐渐减少，代之而起的是生产经营规模较大、集约化程度较高、市场竞争力较强的新型农业经营组织，以及有文化、懂技术、会经营的高素质农民。但不论经营主体如何变化，以家庭承包经营为基础的基本经营制度不会变，尊重农民主体地位、依靠和服务农民的出发点不会变，这是党的农村政策的基石。

2. 以资源和要素整合为动力

构建现代农业经营体系是一项整合各类资源要素的综合性系统工程，分散的、粗放的农业经营方式难以建成现代农业。当前，我国农业发展正处于升级转型期，各地农业资源条件差异大，农业经济发展的基础不牢固，各类农业生产要素的潜力还没有充分挖掘，需要创新生产经营管理方式，更好发挥农村地区资源的体量优势、价格优势、生态优势，有效引进资本、技术、人才、理念等先进要素，促进资源要素的有机整合和优势互补，使要素配置更加科学、资本投入更加精准、科技支撑更加有力、劳动产出更加高效，不断提高农业创新力、竞争力、全要素生产率。

3. 以新主体和新模式为引领

一家一户分散经营，生产效率不高，接受新事物、推广新技术、运用新理念的意识和能力不强，不能很好适应现代农业发展的要求。与传统小农户相比，新型经营主体规模化集约化程度更高，新技术新理念运用更快，衔接大平台、对接大市场、抵御大风险的能力更强，是构建现代农业经营体系的主力军，也是解决谁来种地、怎样种地问题的依托力量。新型经营主体通过提供代耕代种、生产托管等生产性服务，带动小农户发展适度规模经营；通过开展农技指导、信用评价、保险推广、产品营销等综合性服务，带动农业增产增效和提质增效；通过"企业＋""合作社＋"等多种形式的合作与联合，带动提高小农户生产经营能力和水平。

4. 以主体合作与联合为路径

开展合作与联合，促进各类主体融合发展，是提高农业生产经营组织化程度的重要路径，也是构建现代农业经营体系的重要内容。当前，我国农业生产仍然以小农户为主，新型经营主体还不够壮大，总体盈利水平还不高，同时各类主体又有着不同的功能定位，具有各自的比较优势。要探索开展多种形式的横向联合与纵向合作，实现分工协作、优势互补、抱团发展。通过横向联合，带动发展适度规模经营，将个体、单方面的优势组合成整体的、全方位的优势，解决新型经营主体"低、小、弱、散"的问题，破解服务功能不强、各自分散作战的困局。通过纵向合作，带动发展专业化生产和产业化经营，延长产业链、贯通供应链、提升价值链，并在生产、加工、销售之间进行合理的利益分配，让各个主体享受产加销各环节的经营利润。

5. 以制度创新与完善为保障

构建现代农业经营体系是在实行土地承包权和经营权分置并行后，对农业生产经营方式的创新和发展。没有"三权"分置改革，就不会有土地经营权的有序流转，也就不会提出构建现代农业经营体系。反过来讲，构建现代农业经营体系，能够让农民更加便利地流转土地，进而更好地推动

"三权"分置改革走向深入。构建现代农业经营体系的一个很重要的目标，就是提高农业生产的组织化程度和规模化水平，流转土地是其中一个重要实现方式。流转土地这项工作政策性强，要把握好度、掌握好量，积极引导、规范流转，不能因为土地规模小就人为归大堆、垒大户。要从当地实际出发，尊重农民意愿。土地制度关系农业发展和农村稳定，历史经验教训证明，不能轻易动农民的土地，在推动制度创新和政策完善过程中，必须保持历史耐心和战略定力，坚持农村土地农民集体所有制不动摇，坚持家庭承包经营基础性地位不动摇，坚持"三权"分置的方向不动摇。

（三）现代农业经营体系的主要特征

与传统的、自然的小农户经营相比，现代农业经营体系的主体类型更加多元，经营模式更加多样。在丰富的农业生产实践中，日益呈现出规模化、开放性、商品化、社会化、产业化的特征。

1. 规模化而非弱小零散

传统的农业经营方式以一家一户小农分散经营为主，经营土地规模较小，每户只有几亩地，劳动力主要来源于农民家庭，技术进步缓慢，农产品市场竞争力弱，不能很好适应现代农业发展的需要。而家庭农场、农民合作社、农业社会化服务组织、农业龙头企业等新型农业经营主体组织化、规模化程度较高，运用新品种、新技术、新装备的能力较强，生产效率更高，市场适应性更强，在现代农业发展中具有明显的竞争优势。

2. 开放而非保守闭塞

传统的农业经营方式受农户本身所具有的资源、要素、条件等制约，在有限的范围和领域内从事农业生产经营活动，辐射半径小，对外交流少，缺少导入信息等先进生产要素的动力和渠道，往往是一家一户的简单再生产。而现代农业经营体系具有较强的开放性，有意愿、有渠道、有机制引入外部资源和要素，主动寻求合作与联合，实现人才、技术、资金、信息等要素的交互和共享，在更大范围、更广领域进行扩大再生产。

3. 商品化而非自给自足

传统的农业经营方式以满足农户自身需要为目标，经营模式单一，种的种、养的养，生产的农产品首先满足自家消费，多余的农产品才到市场上出售，基本是吃不饱、饿不死，也没钱花，具有自给自足的自然经济属性。而现代农业经营体系以市场化为导向，注重发挥市场在资源配置中的决定性作用，面向市场需求构建组织方式和经营模式，根据市场信号及时对生产经营活动作出安排调整，具有以交换为目的的商品经济属性。

4. 社会化而非自营单干

传统的农业经营主体集生产、经营、服务等活动于一身，"小而全"的特征较为明显，基本处于相对封闭、自我循环的状态，生产经营的效率和效益都比较低下。而现代农业经营体系以专业化分工为主要特征，各个经营主体立足自身优势，专注于擅长的某一领域或环节，彼此间加强合作与联合，形成相互协作的专业化分工，为农业经营提供更加多元、更加专业的社会化服务，从而不断提升农业生产经营的效率和效益。

5. 产业化而非初级生产

传统的农业经营方式多为初级生产，其产品以土字号、原字号、初字号、粗字号等大路货居多，加工、储存、运输、销售等产业链中下游环节发展滞后，甚至基本不参与，使得传统农业处于价值链的底端，增值空间有限。而现代农业经营体系以产业化为基本特征，更加注重产加销一体化发展，更加注重拓展农业多种功能，通过做强一产、做优二产、做活三产，实现一二三产融合发展，全面提升农产品附加值和市场竞争力。

现代农业经营体系的模式类型

谈到现代农业经营体系的模式类型，我想先介绍一下国外比较典型的几种模式。从大的方面讲，主要有三种。

一是资源富集型模式。以美国、加拿大、澳大利亚、巴西、阿根廷等移民国家为代表，这些国家自然资源丰富，人口相对不多，发展农业条件得天独厚，绝大多数土地私人所有，通过买卖市场和租赁方式进行土地配置，普遍实现了规模化、集约化经营。比如美国，农业经营以"大农场＋

协会"为主。美国农民只占全美国总人口的 1％多一点，生产的农产品却满足了 3 亿多人的食物需求，并且美国是谷物出口大国，究其原因是土地多又搭上了现代家庭农场的早班车。农场上面有协会，如大豆协会、玉米协会、生猪养殖协会等，为会员提供品种、技术、价格、采购销售出口、维护经济利益等信息咨询和指导服务等。

二是资源稀缺型模式。以日本、韩国等为代表，这些国家国土面积狭小，耕地资源稀缺，人地矛盾突出，政府对农业投入力度大，主要以小规模家庭经营为主，通过家庭经营的精耕细作，高效合理利用有限的农业资源，提高土地单位面积产出率。比如日本，农业以小规模家庭经营为主，形成了"政府＋农协"的社会化服务体系，政府在税收、补贴、贷款、保险、关税等方面制定多种优惠政策，实行高补贴、高价格；农协不仅是农民农业生产活动的指导者，也是农户培训等相关服务的提供者，还是农业政策措施的传递者和执行者，在一定程度上克服了农户小规模经营的不足。

三是资源一般型模式。以欧盟国家为代表，资源相对有限，人地比例适中，农业发展与当地资源紧密结合，通常借助自身的经济、技术等优势，合理而充分地利用农业资源，重点发展中等适度规模家庭农场。比如法国，农业生产的主体是从小农经济发展而来的中等规模的家庭农场，并以农业合作社的方式组织起来，形成了农业合作社与家庭农场之间既独立又合作的双层经营结构，从而实现了农工商一条龙、产供销一体化的经营方式。全法国有 60 多万个家庭农场，90％以上的农场主加入了农业合作社，呈现出专业化生产、组织化经营、本地化销售的特点。我到访过一些欧洲国家，看到了很多家庭作坊式生产的农产品。比如立陶宛的一个老太太家，自己养的奶羊，自己做的奶酪，品质很好，老主顾、回头客很多；一个波兰农户，自己家里养猪，做的火腿、香肠就摆在家门口的一个大橱窗里，卖给当地人和周边的熟人。

我国农业经营制度的发展大致经历了以下几个阶段。新中国成立后，为了实现农村土地分配基本均等化，废除了地主土地所有制，把土地平均分配给贫下中农，建立了小农经营体制。土地改革完成后，国家对个体农

业实行社会主义改造，同时为了实现国家工业化，需要保障城市农产品和
工业原材料的供给，从农业中提取剩余，开始合作化运动与人民公社化运
动，将一家一户的个体经营转变为集体经营。但经过一个时期，发现上述
方式的集体经营阻碍了农业生产的发展，于是农民开始自发探索包产到
户、包干到户的经营方式。党的十一届三中全会后，我国掀开了改革开放
的新篇章，农村改革首先从变革农村经营体制开始，建立起以家庭承包经
营为基础、统分结合的双层经营体制，我国农业经济也因此得到了迅速发
展。随着工业化、城镇化加快推进，农业劳动力大量向外转移，农业组织
化程度低、竞争力弱的问题日益凸显。为适应现代农业发展的需要，对农
业经营体系的完善与创新提出了新的要求。进入新时代，中央提出实行
"三权"分置改革，引导农村土地经营权有序流转，培育发展专业大户、
家庭农场、农民合作社、农业企业、农业社会化服务组织等各类新型经营
主体，帮助小农户发展现代生产，赋予双层经营体制新的时代内涵。在这
一过程中，各地结合实际探索出了特色鲜明、类型多样的经营模式。

（一）家庭农场模式

2008 年党的十七届三中全会提出，有条件的地方可以发展专业大户、
家庭农场、农民专业合作社等规模经营主体，这是家庭农场的提法首次写
入中央文件。2013 年中央一号文件，进一步把家庭农场明确为新型生产经
营主体的重要形式。此后，历年中央一号文件都对发展家庭农场予以强
调，中央领导同志也在不同场合多次强调鼓励发展家庭农场。总的来看，
家庭农场是以家庭成员为主要劳动力，通过承包或流转土地，从事一定规
模的农业生产经营，以农业收入为家庭主要收入来源，具有较高经营稳定
性的一种经营模式。与小农户相比，家庭农场采用较为先进的农用机械、
种植技术及管理方式，在一定程度上降低了农业生产成本，提高了农业综
合效益。截至 2021 年底，全国家庭农场超过 390 万家，年经营收入总额近
8 900 亿元，已成为我国现代农业发展的强劲力量。

上海市松江区早在 2007 年就开始发展家庭农场经营模式，到 2020 年
底，全区 4 900 多农户逐步发展为 838 个家庭农场，平均经营规模达到 160

亩，农业经营收入从 2007 年的户均 4.6 万元提高到 15.5 万元，亩均净收入从 2007 年的 460 元提高到 978 元，全区 15 万亩水稻、10 万头肉猪生产实现了全程机械化、全程标准化。

（二）专业合作社模式

我国的专业合作社是伴随着家庭联产承包责任制发展起来的。1984 年中央一号文件首次提及专业合作的问题，指出为了完善统一经营和分散经营相结合的体制，一般应设置以土地公有为基础的地区性合作经济组织。这种组织，可以叫农业合作社、经济联合社或群众选定的其他名称。2007 年 7 月 1 日《中华人民共和国农民专业合作社法》正式实施，农民专业合作社获得法人资格，从而成为真正的市场主体。2013 年中央一号文件提出，鼓励农民兴办专业合作和股份合作等多元化、多类型合作社（专业合作社一般由从事同一种植、养殖及初级加工的农户组成，有些打破了社区范围）。2018 年中共中央、国务院印发的《乡村振兴战略规划（2018—2022 年)》提出，提升农民专业合作社规范化水平，鼓励发展农民专业合作社联合社。2020 年党的十九届五中全会审议通过的《中共中央关于制定国民经济和社会发展第十四个五年规划和二○三五年远景目标的建议》明确提出，加快培育农民合作社、家庭农场等新型农业经营主体，健全农业专业化社会化服务体系。在政策的扶持和推动下，专业合作社发展迅速。截至 2021 年底，全国依法登记的农民合作社达到 221.6 万家，辐射带动全国近一半农户，年经营收入总额超过 5 880 亿元。专业合作社是组织带动小农户进入市场、衔接现代农业的有效形式。

浙江湖州浔澳生态种养专业合作社，位于湖州市南浔区大虹桥省级粮食生产功能区，主要从事优质稻米及稻虾共生等高效种养，截至 2021 年底有社员 125 户，发展稻虾种养近 3 000 亩。合作社购置各类农业机械 60 多台（套），为社员提供机耕、机插、机收、飞防、烘干等全程机械化服务，同时组织标准化生产，为社员统一供应饲料、虾苗、稻种、生物农药、生物肥料，推广"稻虾轮作"绿色种养技术，在实现亩产 1 000 斤稻谷的基础上，还增加小龙虾养殖收入 4 500 多元。

（三）龙头企业模式

龙头企业是现代农业经营体系中最具活力、最具创新能力和产业链运作能力的经营主体，其产权结构明晰、资金实力雄厚、技术装备先进、管理效率较高、抗风险能力较强，是引领农村一二三产业融合发展的重要主体。20 世纪 90 年代中后期，国内市场由短缺经济转向饱和经济，由双轨经济转向单轨经济，农产品的加工销售、农业的产业化也提上日程。很多乡镇企业与农业产业化紧密结合，通过体制和技术上的改造，实行贸工农一体化经营，逐步发展成为带动农业产业化经营的龙头企业。1998 年党的十五届三中全会指出，发展农业产业化经营，关键是培育具有市场开拓能力、能进行农产品深度加工、为农民提供服务和带动农户发展商品生产的"龙头企业"。2000 年，农业部、国家计委等 8 部委联合印发《关于扶持农业产业化经营重点龙头企业的意见》，明确提出龙头企业是发展农业产业化的关键，扶持龙头企业就是扶持农业、扶持农民。2012 年，国务院出台《关于支持农业产业化龙头企业发展的意见》，确立了农业产业化和龙头企业在发展现代农业中的战略地位。2021 年，农业农村部印发《关于促进农业产业化龙头企业做大做强的意见》，提出到 2025 年末，培育农业产业化国家重点龙头企业 2 000 家以上、国家级农业产业化重点联合体 500 个以上。截至 2021 年底，全国有县级以上农业龙头企业超过 9 万家，其中省级以上龙头企业近 2 万家，国家级龙头企业 1 959 家，初步形成了国家、省、市、县四级联动的乡村产业"新雁阵"。

温氏股份采用紧密型"公司＋农户"经营模式，公司负责鸡猪育种、营养和防疫等技术研发，为合作农户提供鸡苗、猪苗、饲料、兽药和疫苗，合作农户负责饲养肉鸡和肉猪直至出栏。在合作农户饲养过程中，公司提供饲养管理、疫病防控和环保处理等关键环节一整套技术支持和服务，同时做好过程监督和管理工作，确保合作农户按照公司质量标准规范饲养。合作农户饲养肉鸡、肉猪达到出栏日龄后，按指定方式交还给公司，由公司统一组织对外销售。2021 年，公司共拥有合作农户（或家庭农场）约 4.54 万户，肉猪户均饲养规模达 1 200 头，肉鸡户均饲养规模达 1

万只，合作农户年均增收 16.6 万元。

（四）生产托管模式

生产托管是农户等经营主体在不流转土地经营权的条件下，将农业生产中的耕、种、管、收等全部或部分作业环节委托给农业生产性服务组织完成的农业经营方式。通过集中连片托管，能够实现规模化、集约化、机械化和专业化生产，进而大幅减少农业生产资料的投入，提高农业生产经营效益。2017 年中央一号文件提出，大力培育新型农业经营主体和服务主体，通过经营权流转、股份合作、代耕代种、土地托管等多种方式，加快发展土地流转型、服务带动型等多种形式规模经营。同年 9 月，农业部出台《关于大力推进农业生产托管的指导意见》，要求各地坚持因地制宜，重点支持粮油棉糖等大宗农产品的生产托管。从各地实践看，大体有两种类型：一是单环节托管模式。单环节托管是农户接纳农业生产托管服务、转变经营方式的第一步，也是多环节托管的基础。一些季节性在外打工、家庭劳动力不足、缺少生产技术的农户，根据实际需要向服务主体"下订单"，将某一作业环节交由服务主体提供服务。二是多环节托管模式。这是农业生产托管的发展方向。主要是常年外出打工或无劳动能力的农户，将耕种防收等多个环节委托给服务主体完成。据统计，2021 年全国农业生产托管服务面积达到 18.7 亿亩次，其中服务粮食作物面积达到 13.5 亿亩次，服务带动小农户 8 900 多万户。

黑龙江省绥棱县靠山村，2018 年在国家政策支持下，村集体投资 600 万元购置各类农机具 8 台套，建成占地 3 000 多平方米的农机专业合作社，采取"以地入股、年终分红、利益共享"的经营模式，为村里 445 个农户提供多环节托管服务。当地村干部讲，通过托管服务实现了土地连片集中经营，生产的规模化、集约化、专业化程度大幅提高，每亩种粮节约成本 60 元左右，增收 100 元以上，每户还能通过土地入股实现分红 1.7 万多元。在黑龙江这种农机专业合作社托管服务的例子很多，绥化市开展了农业生产托管服务整市推进。

（五）专业服务公司模式

随着农业的不断进步和农村社会结构的发展变化，农业内部分工分业不断深化，农业生产性服务的市场需求也快速增长，这是现代农业发展的一条规律。2017年8月，农业部、国家发展改革委、财政部联合印发首个《关于加快发展农业生产性服务业的指导意见》。2021年7月，农业农村部印发《关于加快发展农业社会化服务的指导意见》。这两个文件都对发展多元化、多层次、多类型的农业社会化服务作出安排部署，引领带动小农户进入现代农业发展的轨道。目前，我国农业适度规模经营发展迅速，各类新型农业经营主体不断涌现，在分工分业发展规律的作用下，这些主体在完成全链条农业生产经营活动过程中，对某些特定环节往往需要更加精准、更加高效的专业化服务，因此一批农机服务型、植保服务型、育种育秧服务型专业服务公司应运而生。这些公司以市场化方式，将先进的生产管理和资源要素引入农业，对传统农业进行改造和升级。专家分析，如果按每亩500元（全过程）的社会化服务需求测算，全国19亿亩耕地将是万亿元级别的大市场，蕴含着广阔的发展空间。

山东省齐河县齐力新农业服务有限公司，是一家具有全程社会化服务能力的现代化、创新型农业服务公司，创建了统一良种供应、统一测土施肥、统一栽培管理、统一植保防治、统一农机作业、统一烘干收储的"6S"标准化服务模式，为农业企业、合作社和小农户提供代耕、代播、代防、代灌、技术培训、烘干储存等服务。2021年，该公司耕播日作业能力达2 000亩以上，植保日防治能力达3万亩以上，不仅服务当地和周边县市，还跨出山东走向全国，在河北、河南、福建、江苏等多个省份开拓了市场。

（六）规模化养殖小区模式

长期以来，我国以千家万户分散养殖的粗放型传统养殖模式为主要生产方式，规模小、成本高、效益低、抗风险能力差等问题较为突出。近年来，为打赢污染防治攻坚战，国家先后出台了《畜禽规模养殖污染防治条例》等制度规定，对畜禽养殖业提出很高的环保要求。一些地方为了规避环境污染风险，打着环保的旗号，采取划定禁养区等方式挤压和限制畜禽养殖业发展，加上非洲猪瘟等重大动物疫病冲击，有些地方甚至搞起"无猪乡""无猪县"。这些情况都倒逼养殖业转型升级，实行规模化、标准化、集约化、生态环保型的现代养殖方式。2010 年中央一号文件首次提出支持建设生猪、奶牛规模养殖场（小区）。同年 3 月，农业部印发《关于加快推进畜禽标准化规模养殖的意见》，提出积极争取地方政府政策和资金支持，加强畜禽标准化规模养殖场（小区）的基础设施建设。2015 年中央一号文件再次提出，加大对生猪、奶牛、肉牛、肉羊标准化规模养殖场（小区）建设的支持力度，实施畜禽良种工程，加快推进规模化、集约化、标准化畜禽养殖，增强畜牧业竞争力。养殖小区成为畜牧行业适应环保、适应市场的一种新的经营模式。它有点类似于城里的产业园区、开发区，集合生产经营主体，并为他们提供服务，寓管理于服务之中。

内蒙古开鲁县麦新镇富通镇村是一个传统的养牛大村，有养牛户 48户，存栏牛 800 多头。家家户户、庭前院后的传统养殖方式，不仅成本高、效益低，还影响当地村民生活环境和身体健康。2021 年 5 月，该村争取项目资金，建设了占地 100 余亩的标准化人畜分离养殖小区，内设棚舍 24栋，实行统一饲养、集中管理、科学防疫，使村民由零散、小规模饲养逐步向规模化、标准化、集约化养殖转变。该村养殖户张君海家养了近百头牛，养殖小区建成后，他把自家的牛全部迁入养殖小区，既解决了庭院小养牛难的问题，又改善了家里的居住环境。村干部讲，发展养殖小区，不仅增加了养殖户收入，每年还可实现集体经济收入 20 多万元，成为农民增收致富的"聚宝盆"。

（七）农村经纪人模式

我国农产品产量大，农户总量也大。由于农民的生产生活环境相对闭塞，对多样化的市场需求了解不多，产销难见面、见面难成交等买难卖难问题不同程度存在，因此特别需要中间人来将农产品生产与市场需求衔接起来。在这样的背景下，农村悄然产生了一批专门从事农副产品销售流通的人群，被称为农产品经纪人，也叫农村经纪人。这些人头脑灵活、掌握信息、了解市场，既能根据市场需求指导农民合理安排生产，提供销售、储存、流通等服务，又能将农产品有效组织起来，为市场提供稳定的农产品来源，成为连接农户和市场的桥梁纽带。农村经纪人是市场经济环境下带动农民发展规模农业、市场农业、标准农业的重要力量。他们的经纪活动使农业生产和农民收入发生了很大变化，改变了农民传统的自种自销方式，增强了市场意识，增加了经营收入，同时也使经纪人自身业务领域不断拓展，成为衔接产销、搞活农产品流通的一支重要力量，为促进传统农业向现代农业转型升级注入了新的活力。

贵州省盘州市新民镇鹅项颈村李胜，利用自己多年在外打拼的人脉和资源，2017 年回乡当起了农产品经纪人。他先在外联系客户签订销售订单，又回乡跟老百姓签订收购订单，使当地品质优良的红米走出大山、走向市场。他还建起了稻谷加工厂，将收购的红米统一加工、统一包装、统一销售，每斤价格提高 30% 左右。到 2020 年 8 月已发展订单面积 1 500 多亩，年销售红米 1 000 吨，销售额达 3 000 多万元，带动全镇 1.1 万多亩梯田种植生态红米，产品销售到广东、浙江、上海、四川等省份。这方面的例子还有很多，很多农村的水果主要靠经纪人销售。我曾经在河北一个村里见过一个经纪人，是个小伙子，向广东发大桃，多的年份可以发 40 车。

（八）科技承包模式

科技承包模式是农业科技成果转化应用的典型模式之一，是科技导入生产、导入主体的有效实现形式。按照服务性质，该模式可分为公益性科技承包模式和经营性科技承包模式两种，承包主体可以是农技推广机构、高校院所、农业企业、专业合作社等。公益性科技承包模式主要针对分散的小农户，重点对水稻、小麦等大宗作物开展农业技术推广、农业防灾减灾等公益性科技服务，承担主体主要为农技推广机构和高校院所。如农技推广机构对小麦开展的统防统治、对农户开展的技术培训，高校院所通过政府购买方式承担的公益性服务等。经营性科技承包模式主要针对家庭农场、农民合作社等新型经营主体，重点对地方优势特色产业开展多样化、个性化的农业科技服务，承担主体为农业企业、专业合作社等。如依托企业开展的"产品收购＋技术服务""技物结合""技术托管"等科技服务，依托供销社、专业合作社、农村专业技术协会等开展的"社会化服务＋技术方案"等科技服务。

中化现代农业有限公司是中化集团农业板块的核心企业，是集团农业服务业务的统一平台。其依托先正达集团全球领先的技术和创新资源，以县为单位布局建设 MAP（Modern Agriculture Platform）技术服务中心和乡村服务站，通过生产托管、科技承包等方式，打通农业科技进村入户的"最后一公里"，为农户提供线上线下相结合、涵盖农业生产销售全过程的现代农业综合服务，通过良种＋良法＋示范种植，促进小农户与现代农业发展有机衔接，帮助农户种出好品质、卖出好价钱。截至 2021 年底，中化现代农业有限公司已在全国建成 MAP 技术服务中心超过 540 座，服务面积超过 2 000 万亩，联农带农 230 多万户，平均助农增收 8％～15％。

（九）产业化联合体模式

农业产业化联合体是由农业产业化龙头企业牵头，农民合作社、家庭农场、小农户等主体共同参与，以分工协作为前提，以利益联结为纽带的农业全产业链经营组织联盟。近年来，随着消费结构和模式逐步升级，龙头企业对原料的要求越来越高，农民获得高回报的诉求也越来越强，安徽、河北等地率先探索培育农业产业化联合体。2017 年，农业部联合国家发展改革委、财政部、国土资源部、人民银行、税务总局印发《关于促进农业产业化联合体发展的指导意见》。近年中央印发的一号文件、《关于加快构建政策体系培育新型农业经营主体的意见》和《乡村振兴战略规划（2018—2022 年）》等，都对联合体发展作出部署。联合体模式是在传统"龙头企业＋基地""龙头企业＋合作社＋农户"的基础上，将原料基地、加工、收储、销售、冷链、物流、营销、融资服务等融为一体，通过经营主体间分工协作，发挥各类主体最大优势，挖掘各类要素最大价值，从而构建起产业链条完整、功能多样、业态丰富、产加销贯通、贸工农一体、城乡工农互动的更高层次、更广范围的利益共同体。截至 2021 年底，全国共创建培育 8 000 多个农业产业化联合体（其中省级示范联合体近 4 000 个），辐射带动 1 700 多万农户，参与联合体的农户一般可增收 15％以上。

中央厨房是近年成长起来的对接食品工业和餐饮行业的新型业态，其运营已不限于餐饮连锁企业内部，而是打通了从田头到餐桌的各个环节，成为集原料生产、采收、运输、加工、营销于一体的跨行业联合体。河南省原阳县中央厨房产业园，是国内目前规模最大的餐饮食材加工中央厨房产业园，汇集了 60 多家食品企业，建有烘焙产业区、食材配套产业区、豫菜研发中心、食品检测中心、净菜加工中心、冷库和物流配送中心等，依托专业化的农业公司与农民合作社在本县及周边地区合作共建了 5 000 亩大豆种植基地、2 000 亩水稻种植基地、500 亩牲畜和禽类饲养基地，发展订单种养，保障原料供应。园区日产预制菜 3 000 吨，产品种类超过 4 000 种，仅"雨轩"清真牛羊肉就销往全国 200 多个城市，成为一个为城市烹饪的"大厨房"。

（十）农村集体经济组织居间服务模式

农村集体经济组织是具有中国特色的特别法人组织，是指以土地集体所有为基础，依法代表成员集体行使所有权，实行家庭承包经营为基础、统分结合双层经营体制的区域性经济组织。党的十八大以来，中央全面推进农村集体产权制度改革，为激发农村集体经济发展活力创造了良好环境。2014 年，农业部、中央农办、国家林业局印发《积极发展农民股份合作赋予农民对集体资产股份权能改革试点方案》，在 29 个县（市、区）开展试点。2016 年中共中央、国务院印发《关于稳步推进农村集体产权制度改革的意见》，提出创新农村集体经济运行机制，建立健全农村集体经济组织，切实发挥好其在管理集体资产、开发集体资源、发展集体经济、服务集体成员等方面的功能作用。2022 年中央一号文件提出，巩固提升农村集体产权制度改革成果，构建产权关系明晰、治理架构科学、经营方式稳健、收益分配合理的运行机制，探索资源发包、物业出租、居间服务、资产参股等多样化途径发展新型农村集体经济。实践中，许多农村集体经济组织发挥人缘地缘优势，通过提供生产托管、土地流转、劳务合作等居间服务，将分散农户及其资源要素有效集中起来，帮助各类经营主体和服务主体高效便利对接小农户，在构建现代农业经营体系中发挥了独特作用。

安徽省亳州市蒙城县三义镇梁桥村股份经济合作社，在村民自愿的前提下，将1 293户的农业生产托管服务需求集中起来，统一对接蒙城县治海农机服务专业合作社等3家服务主体，提供农机作业、农资统供、农产品销售等服务，有效解决了由于供需信息不对称，农机"没活干"、农户"找机难"以及农民种地成本高、售粮不便等难题。2021年，通过村股份经济合作社的居间服务，农户购买的种子、化肥较市场价低10%以上，农机作业每亩节省30元。福建省沙县区凤岗街道西霞村有10个村民小组，共1 807人，其中外出务工686人。村集体动员外出从事经营小吃的农户，将自家闲置的农房流转给农旅公司开发建设民宿，将原村集体加工厂出租给本村村民用于经营农家乐，通过多种形式发展乡村旅游，为集体经济组织和村民带来了新的收入增长点。

所有这些模式，有几个共同的背景和特点：一是"三权"分置、资源配置。将经营权与承包权分开，使土地资源更好实现优化配置，更加有利于新型经营主体培育，为现代农业经营体系构建提供了制度保证。二是农民参与、利益共享。农民以不同的方式深度参与现代农业经营，形成联农带农的利益共享机制，使小农户与现代农业有机衔接，充分分享现代农业发展成果。三是市场机制、现代管理。不是画地为牢、隔绝城乡，而是以产业链、价值链、利益链为纽带，将各种资源要素有机整合；不是行政撮合、计划经济，而是以改革催生动力、激发活力，使传统的农业经营模式焕发出新的生机。

怎样构建现代农业经营体系？

这些年，我国现代农业经营体系理论不断创新，实践不断深入，各类新型经营主体蓬勃发展，在坚持农村基本经营制度和家庭经营基础性地位的前提下，初步形成了以专业农户和家庭农场为基础、以农民合作社为纽带、以农业产业化龙头企业为骨干、以农业社会化服务组织为支撑、以其他多种经营主体为补充,引领带动小农户发展的现代农业经营体系。但应看到,构建现代农业经营体系是一个长期的历史过程,与现代农业发展要求相比还有一些短板和弱项。主要表现在:

一是新型农业经营主体经营规模总体偏小、经济实力总体偏弱,多数还在起步阶段,土地产出率、劳动生产率、资源利用率还不算高,对小农户的引领带动能力有待提升。

二是新型农业经营主体发展不平衡不充分,经营领域大多集中在种植养殖等生产环节,向加工、销售、服务等全链条全环节的延伸还不够。

三是现代农业经营体系还不够立体系统,面还不够宽,总体上限于农业、囿于农村,社会化服务的专业化市场化程度偏低,发展还不够充分。解决好这些问题,需要系统谋划、综合发力。

（一）坚持和完善农村基本经营制度

构建现代农业经营体系,要坚持以农村土地集体所有、家庭经营基础性地位、现有土地承包关系的"不变",来适应土地经营权流转方式、农业经营方式的"多变"。重点做到三个坚持:

一是坚持农村土地农民集体所有制不动摇。我国农村土地为农民集体所有,改革开放以来实行的家庭联产承包责任制,土地所有权归集体,承包经营权归农户。这与欧美、日韩等国家普遍实行土地私有制、允许土地所有权流转交易的做法有很大不同。

二是坚持所有权、承包权、经营权"三权"分置。2014年中共中央办公厅、国务院办公厅印发《关于引导农村土地经营权有序流转发展农业适度规模经营的意见》,明确提出坚持农村土地集体所有,实现所有权、承包权、经营权"三权"分置。这样既能稳定农民的土地承包权,又能促进土地流转进行适度规模经营。

三是坚持土地占用管制和耕地种植用途管控。地之不存,粮将焉附,不仅要管好数量,还要控好用途。在管数量上,要落实最严格的耕地保护制度,规范占补平衡,强化土地流转用途监管,坚决遏制耕地"非农化"、基本农田"非粮化"。在控用途上，18亿亩耕地必须精打细算，主要用于粮、棉、油、糖、菜和饲草料生产，永久基本农田重点用于粮食生产，高标准农田原则上全部用于粮食生产。通过修订完善有关法律法规，综合运用行政、技术、经济、法律等手段，严格管控耕地种植用途。

（二）促进小农户和现代农业有机衔接

当前和今后很长一个时期，小农户家庭经营仍将是我国农业的主要经营方式。构建现代农业经营体系，需要正确处理好发展适度规模经营和扶持小农户的关系，完善针对小农户的扶持政策，加强面向小农户的社会化服务。

一是健全面向小农户的社会化服务体系。培育适应小农户需求的多元化多层次农业生产性服务主体，为小农户提供农资供应、生产技术、农机作业、农产品收储和初加工等服务。推进农业生产托管服务，适应不同类型小农户作业需求，发展单环节、多环节等多种托管模式，帮助小农户提质增产、节本增效。

二是提升小农户发展能力。实施家庭农场培育计划，采取优先承租流转土地、提供贴息贷款、加强技术服务等方式，将有长期稳定务农意愿的小农户培育成规模适度、生产集约、管理先进、效益明显的家庭农场。加强小农户科技装备应用，研发推广面向小农户的实用轻简型装备，建设小农户急需的通田到地末级灌溉渠道、通村组道路、机耕生产道路、农产品产地冷藏保鲜和冷链物流等基础设施，提高小农户农业综合生产能力。

三是增强小农户组织化程度。引导小农户开展合作与联合，通过联户经营、联耕联种、组建合伙农场等方式联合开展生产，共同购置农机、农资，接受统耕统收、统防统治、统销统结等服务，降低生产经营成本。发挥龙头企业对小农户的带动作用，通过订单收购、保底分红、二次返利、股份合作、吸纳就业、村企对接等多种形式带动小农户共同发展。

四是拓展小农户增收空间。支持小农户结合自身优势在农村创新创业，发展特色产业、高品质农业、绿色生态农业，以及农产品初加工、农村电商等，延伸农业产业链条。支持小农户利用自然风光、文化遗产、闲置农房等资源，发展康养农业、创意农业、休闲农业，拓展增收致富渠道。

（三）培育壮大新型农业经营主体

近年来，各类新型农业经营主体组织优势凸显，服务能力持续增强，发展活力加速释放，但总体上仍处于成长期，在不同程度上存在单体规模偏小、实力偏弱、全产业链收益能力偏低等问题，需要综合运用多种政策工具加以培育。

一是促进多种形式的适度规模经营。按照"三权"分置改革方向，各级财政对流转土地适度规模经营的新型经营主体给予支持，实现土地资源要素在更大范围内的优化配置，进而达到发展适度规模经营提升效益的效果。

二是加大财政税收支持力度。综合采用直接补贴、政府购买服务、以奖代补等方式，鼓励新型经营主体承担政府组织的生产技术培训、病虫害统防统治等任务，对在粮食生产等方面作出突出贡献的给予资金奖励。支持有条件的地方对流转土地种粮的新型主体给予补贴，将更多农产品加工领域纳入增值税进项税额核定扣除试点范围。

三是改善金融信贷服务。综合运用税收、奖补等政策，鼓励金融机构创新产品和服务，根据不同经营主体的实际需求提供差异化服务，推动互联网金融、产业资本依法依规开展农村金融服务，努力解决新型经营主体融资难、融资贵的问题。

四是扩大保险支持范围。在粮食主产区开展适度规模经营农户大灾保险试点，调整部分财政救灾资金予以支持，提高保险覆盖面和理赔标准。在三大粮食作物完全成本保险和种植收入保险覆盖13个主产区产粮大县的基础上，探索将更多优势产区的主导作物品种纳入保险范围。

五是保障产业用地需求。各地在制订年度建设用地指标计划时，优先保障新型农业经营主体建设配套辅助设施的用地需要；城乡建设用地增减挂钩节余的用地指标，优先支持新型农业经营主体开展生产经营；允许新型农业经营主体依法依规盘活现有农村集体建设用地发展新产业。对新型农业经营主体发展较快、用地集约且需求大的地区，适度增加新增建设用地指标，更好满足农产品采摘、加工、包装、储藏等用地需求。

（四）加快发展专业化社会化服务

近年来，在国家的大力推动下，专业化服务公司、农民合作社、农村集体经济组织、服务专业户等一大批社会化服务主体蓬勃发展，在服务和带动小农户方面发挥着越来越重要的作用，对此已在前面作了比较详细的阐述。这里，主要从工业反哺农业、城市支持农村的角度，探讨如何把城市、工业等方面的优势资源整合起来，更多地投向农业农村，支持发展多种形式的专业化社会化服务。比如，互联网企业竞相投资农业，京东以无人机植保服务为切入点，整合物流、金融、生鲜、大数据等资源，搭建智慧农业共同体，支持建设了一批高标准合作示范农场。高科技企业研发农业科技产品，大疆公司将全球领先的无人机技术应用到农业领域，研发出一系列植保无人机产品，在农作物病虫害防治中大显身手。此外，中粮集团发展农产品加工、现代化养鸡养猪，带动了一片种养基地；中化集团既生产销售化肥、农药、种子，又派员指导农业生产主体；中国农业大学在乡村建立"科技小院"；等等。在这方面还有很大的发展潜力和空间，要研究政策、研究机制，下大力气推而广之。

（五）打造农业产业链价值链

重点推动从抓生产到抓链条，从抓产品到抓产业，从抓环节到抓体系，着力构建完整的农业全产业链，实现一二三产业融合发展。

一是聚焦规模化主导产业。选准聚集度较高、影响国计民生的粮食和重要农产品，以及满足人民多样化需要的特色农产品，扶持培育一批高成长性、高关联性、高盈利性、多业态类型的主导产业，促进优势更加明显、特色更加突出、形态更加高级。现在已有一些省市，确定几大产业，一个领导抓一个产业，成立工作专班，带起一个产业集群。

二是建设标准化原料基地。按照"专种专收专储专加专用、优产优购优储优加优价"的要求，建设一批现代农业全产业链标准化基地、果菜菌茶标准园、畜禽养殖标准化示范场、水产健康养殖和生态养殖示范区，打造标准化"第一车间"和原料生产基地。

三是发展精细化综合加工。拓展农产品初加工，支持新型经营主体发展清洗分拣、烘干储藏、杀菌消毒、预冷保鲜、净菜鲜切、分级分割、产品包装等。提升农产品精深加工，引导大型农业企业开发营养均衡、养生保健、食药同源的加工食品，以及物优价廉、美观实用的非食用加工产品，提升农产品加工转化增值空间。

四是搭建体系化物流网络。鼓励新型经营主体建设通风贮藏库、低温冷库、气调贮藏库等设施，提高农产品商品化处理和错峰销售能力。鼓励建设农产品产地市场、区域物流中心、直销配送中心、电商交易中心，提升农产品产地集散分销能力。创新发展农商直供、预制菜肴、餐饮外卖、冷链配送、商超专柜、团餐服务、在线销售等业态，增强农产品服务定制和物流配送能力。

五是开展品牌化市场营销。健全农业品牌目录制度，推进品种培优、品质提升、品牌打造和标准化生产，塑强一批品质优良、特色鲜明的精品区域公用品牌。引进和培育有自主知识产权和品牌效应的骨干企业，引导企业与家庭农场、农民合作社等共创一批企业品牌。立足产地资源优势，培育一批"土字号""乡字号"产品品牌，提升农产品品牌溢价能力。农业产业链和现代经营体系有机融合，是现代农业的一大特征。这反映了农业经营体系的开放性，也是立体式复合型经营体系的必然要求。

（六）加快培养农业生产经营人才

构建现代农业经营体系，说到底，要有懂得现代经营管理的人才。这些年，决战脱贫攻坚，推进乡村振兴，乡村面貌焕然一新，美丽的田园风光、浓厚的乡土文化、广阔的发展空间，正吸引一大批有情怀、有担当的优秀人才到农村创业兴业。但光靠情怀和担当还不够，还要加大扶持力度，帮助他们在乡村扎稳脚跟，努力构建一支"爱农业、懂技术、善经营"的农业生产经营者队伍。

一是扶持壮大家庭农场主。充分发挥各级农广校、职业院校、农技推广单位、农业企业等机构的培训功能，采取网上授课、田间学校、送教下乡等形式，对纳入名录的家庭农场主开展轮训，提升其农业生产能力和经营管理水平。同时，帮助农场主解决创业兴业中遇到的困难。

二是培育农民合作社带头人。支持各地创建农民合作社服务中心，为农民合作社带头人提供培育孵化和公共服务，引导与各类企业对接合作，帮助解决销售、品牌、物流、融资等难题。通过出台财政奖补、工资补贴等优惠政策，吸引大中专毕业生等各类人才领办创办农民合作社。

三是培养农业社会化服务主体带头人。支持将农业社会化服务主体纳入农业政策扶持范围，支持其开展农产品生产营销，推广应用新技术、新装备。通过健全服务标准、加强价格监测、强化合同监督、规范服务行为、建立行业自律组织等，促进其规范健康发展。

四是培养造就一批农业企业家。鼓励地方出台以奖代补、设立专项资金、给予税收金融优惠等政策，对联农带农紧、创新能力强、发展潜力大的龙头企业给予倾斜支持，引导龙头企业家积极投身乡村振兴，激发其在乡村创新创业的热情，营造投资农业、到农村创业光荣的社会氛围。

（七）深化关键领域改革创新

改革是推动农业农村发展的不竭动力。要把改革作为重要法宝，以完善产权制度和要素市场化配置为重点，破除体制机制障碍，充分激发农业农村发展活力，为构建现代农业经营体系提供制度保障。

一是深化农村土地制度改革。理顺土地所有权、承包权、经营权关系，通过农村土地承包经营权确权登记颁证，真正让农户的承包权稳下去、经营权活起来。加强农村宅基地规范管理，盘活乡村沉睡资源资产，引导闲置农房合理配置利用。稳妥推进农村集体经营性建设用地入市，保护并实现农民的土地财产权益。

二是深化农村集体产权制度改革。截至 2021 年 4 月，已全面完成了农村集体资产清产核资，核实查清农村集体资产 6.5 万亿元，集体土地等资源 65.5 亿亩，确认集体成员 9 亿人，基本实现了底清账明。在此基础上，要进一步盘活农村集体资产，提高农村各类资源要素的配置和利用效率，构建归属清晰、权能完整、流转顺畅、保护严格的集体产权制度。

三是健全财政支持保障机制。财政政策应加大对农业新型经营主体的支持，特别是对合作社的支持；同时，发挥财政资金四两拨千斤的作用，撬动更多社会资金投入农业农村。

四是完善乡村金融服务体系。构建现代农业经营体系离不开金融支持，特别是发展规模种养业和农产品收购加工业。没有信贷支持和保险服务，几乎是不可想象的。因此，必须在金融产品、金融服务乃至必要的金融机构上有所创新和突破，切实解决新型经营主体和规模经营融资难、融资贵的问题。应加强乡村信用环境建设，推动农村信用社和农商行回归本源，改革村镇银行培育发展模式，创新中小银行和地方银行金融产品提供机制，加大开发性和政策性金融支持力度。依法合规开展农村集体经营性建设用地使用权、农民房屋财产权、集体林权、大型农机具、大棚温室等抵押融资，以及承包地经营权、集体资产股权等担保融资，实现已入市集体土地与国有土地在资本市场同地同权。

五是建立健全城乡融合发展体制机制和政策体系。促进城乡要素合理流动，抓住"人、地、钱"关键环节，打破乡村要素净外流的局面，引导更多的资金、管理、技术等要素向乡村流动。推进城乡公共基础设施对接覆盖和基本公共服务均等化，全面改善农村生产生活条件，使现代农业经营体系成为城乡融合发展的有机组成部分，推动新型城镇化与乡村振兴双轮驱动、协调并进、相得益彰。

对于构建现代农业经营体系来讲，改革也是动力，主要解决相关主体间的利益联结机制和市场化的资源配置机制，从而调动各方参与的积极性，保持整个体系的活力和可持续，达到生产关系变革促进生产力发展的目的。在这方面还要下功夫探索和创新。

此外，也要防止一说现代农业经营体系就又想回到当年人民公社的老路上，否定家庭经营的合理性；还要防止一说农业经营体系就是就农论农，而忽视城乡互动融合发展。所以构建现代农业经营体系，一定要坚持市场化方向，坚持开放包容，遵循经济规律，这样才能真正走向现代化。

第九讲
农业绿色发展

提到绿色发展，大家最熟悉的一句话应该就是习近平总书记的"绿水青山就是金山银山"。我国人多地少水缺，人均耕地面积和淡水资源分别仅占世界平均水平的 1/3 和 1/4，中国用占世界不到 10％的耕地和 6％的淡水，养活了占世界近 20％的人口。2022 年，我国粮食产量达到 13 731 亿斤，人均 486.1 公斤，远远高于联合国粮农组织确定的 400 公斤安全标准线。肉、蛋、菜、果、鱼、茶等产量稳居世界第一，农产品供应充足。可以说，现在老百姓的"米袋子"越来越踏实了，"菜篮子"越来越丰富了。

但我们也要看到，为解决粮食安全和农产品供给问题，我国农业资源长期透支、过度开发，四海无闲田，水土资源越来越紧缺。同时，化肥农药使用强度高，农业面源污染防控形势严峻，生态环境的承载能力越来越接近极限。

对于农业发展中的资源环境问题，我们要历史地、辩证地看。现在的绿色发展问题，是吃饱之后的"幸福烦恼"。在温饱没有解决、生存吃饭还成问题的年代，是顾不上考虑资源环境的。我们不能埋怨老一代开发了北大荒，更不能埋怨我们的祖先把黄淮海平原、长江中下游平原的湿地、森林开发成耕地。欣赏风景的一定是吃饱饭的人，农民在"山清水秀人不秀、鸟语花香饭不香"的状态下，是顾不上欣赏风景的。一代人有一代人的使命任务。现在，我国农业快速发展了，比较稳定地解决了吃饭问题，我们到了解决农业生态环境欠账问题的时候了。

下面我将围绕农业绿色发展，给大家介绍四个方面的情况。一是农业绿色发展概述，主要介绍农业绿色发展是什么；二是我国农业绿色发展的历程，阐述中国特色农业绿色发展内涵；三是我国农业绿色发展现状怎么样，有哪些突出问题；四是推进我国农业绿色发展的思路举措，下一步该怎么干。

农业绿色发展概述

一、一般概念

讲绿色发展，首先要介绍可持续发展。纵观人类发展史，人与自然的关系大致经历了三个阶段：第一个阶段以自然为中心，人是自然的奴隶，一切活动都要受到自然界的控制。第二个阶段以人为中心，人是自然的主宰，特别是工业革命后，人类试图控制自然界，无限度地向自然索取，成为大自然的破坏者。第三个阶段人与自然和谐共生，人类是自然之友，人类呵护自然，自然反哺人类，人与自然和谐共存，可持续发展是走向这一阶段的路径。

可持续发展概念的提出，可以说是人类对社会经济发展模式的第一次全面反思，在国际上已形成广泛共识。1987年，世界环境与发展委员会发表了《我们共同的未来》，正式阐述了可持续发展的概念、内涵和理论框架。1992年，联合国环境与发展大会正式提出了可持续发展战略。可持续发展的经典定义是：既满足当代人的需要，又不对后代人的满足其需要的能力构成危害，核心是要实现经济、社会和环境的协同发展。顺应这一国际趋势，我国也在20世纪90年代开始实施可持续发展战略。

绿色发展是可持续发展的进一步深化，是一种新的发展共识。综合来看，绿色发展主要包括三个要点：一是强调经济、社会、自然的一体性。

二是将生态环境容量和资源承载力作为发展的内在约束。三是把发展过程的"绿色化""生态化"作为主要内容和途径。

国际上，与绿色发展经常一起提到的还有绿色经济、绿色增长两个概念。联合国环境规划署（UNEP）对绿色经济的定义是一种既能提高人类福祉和社会公平，同时又能显著降低环境风险和生态稀缺性的经济发展模式。经济合作与发展组织（OECD）对绿色增长的定义是确保自然资产持续提供人类福祉所需资源和环境服务的经济增长。2007—2009 年发生了金融危机，为了应对全球化的金融危机和生态危机（主要是气候变化、物种加速灭绝、土地荒漠化、湿地不断退化、水土严重流失等），2008 年 10 月，联合国环境规划署推出了"全球绿色新政"，倡导各国在制订经济刺激计划时构建绿色制度体系，推动绿色发展。

在各领域都在大力推进绿色发展的背景下，农业绿色发展逐步成为关注点、主战场。从全球发展进程来看，农业绿色发展并不是一蹴而就的，经历了缓慢而曲折的探索过程。我们简要回顾一下几个重要国家和地区农业绿色发展实践过程，让大家对国际农业绿色发展有一个大概了解。

一是欧盟。欧盟农业发展主要依托共同农业政策。在共同农业政策框架下，支持农业绿色发展是重要方向。为支持农业绿色发展，欧盟建立了交叉遵守机制和绿色直接支付两大政策工具，核心是农业生产者必须满足环保标准才能拿到补贴。交叉遵守机制于 2003 年被写入共同农业政策框架。如果农业生产者不遵守欧盟关于环境保护、食品安全、动物福利、土地景观管理的法规指令，补贴额度会被削减，削减额度与失责范围、持久性和严重性成正比。绿色直接支付于 2013 年被写入共同农业政策框架。如果农业生产者的种养行为满足了作物多样性、永久草地或生态专属区的要求，就可以获得绿色直接支付补贴。

二是美国。美国在环境保护、资源节约、绿色补贴等方面形成了较为完备的农业绿色发展政策法规体系。在法规方面，围绕土壤、水体、农业投入品和农产品等，专门制定了《农业调整法》《土壤侵蚀法》《土壤保护和国内配额法》《食品安全法》《清洁水法》等 10 多部法律文件，对农业生产行为设置明确的生态标准。在绿色补贴政策方面，推行农业最佳管理实践政策，已形成以农业为载体、以环境收益最大化为导向的绿色补贴政策工具，为农民开展农业用地保护和农业资源保育提供支持。比如，1985 年开始实施的休耕地保护、养护技术援助、农田和放牧地保护等项目，将补贴与减少污染、保护环境相结合。2014 年又启动实施区域合作保护项目，同时还启动环境质量改善激励机制，引入环境保护遵从条款以及草场保护条款。

三是日本。日本主要是推行环境保全型农业。为应对资源环境压力，日本 1992 年首次提出"环境保全型农业"概念。2005 年又提出了"全面向环境保全型农业转变"方针，发挥农业特有的物质循环机能，在谋求提高生产效率的同时，减轻化肥农药使用造成的环境负荷。在实践中，推行环境保全型农业主要通过三个途径：其一是减量化，通过减少化肥农药使用，减轻对环境的污染，降低食品中有毒物质的含量。其二是再生化，通过对有机资源和废弃物的再生利用，预防水体、土壤和空气污染，促进循环农业发展。其三是有机化，完全不使用化学合成肥料、农药、生长调节剂、饲料添加剂等外部物质，通过植物动物自然生长进行农业生产。日本通过推行环境保全型农业，实现了农业发展经济效益和生态效益的统一。

四是联合国。近年来，联合国等国际机构十分关注农业生态环境保护。2014 年，联合国粮农组织举行了第一届国际生态农业研讨会，50 多个国家代表参会，积极开展生态农业理论研究和实践推广。2018 年，联合国粮农组织在意大利罗马召开了第二届国际生态农业研讨会，会议的重要成果是形成了一个国际共识，即生态农业可以引导各国进行粮食和农业系统转型，全面推动可持续农业；提出了一个国际倡议，即全球生态农业行动倡议。2019 年，在第 41 届联合国粮农组织会议上，联合国粮农组织农业委员会提出了《生态农业十项要素》，即多样性、知识共创和分享、协同作用、效率、循环利用、抵御力、人文和社会价值、文化和饮食传统、负责任治理、循环和互助经济等 10 个方面。这是旨在推动各国向生态农业转型的第一份行动指南。目前，联合国粮农组织正致力于推动生态农业进入联合国各个发展计划体系，以实现可持续发展目标。

二、国际热点

当前，与农业绿色发展相关的热点问题有以下几个。

一是碳达峰碳中和。1992 年 5 月，联合国大会通过了《联合国气候变化框架公约》，提出将大气中温室气体的浓度稳定在可控水平上，防止因人为干扰使气候系统面临危险，确保粮食生产免受威胁、经济能够可持续发展。1997 年 12 月，《联合国气候变化框架公约》缔约方第三次会议通过了《京都议定书》，主要目标是限制发达国家温室气体排放量，规定发达国家从 2005 年开始承担减少碳排放的义务，发展中国家从 2012 年开始承担减排义务。《京都议定书》明确了 6 种温室气体：二氧化碳（CO_2）、甲烷（CH_4）、氧化亚氮（N_2O）、氢氟碳化物（HFC）、全氟化碳（PFC）、六氟化硫（SF_6）。在 2012 年联合国应对气候变化大会上，《京都议定书》多哈修正案又增加了三氟化氮（NF_3）。截至 2020 年底，共有 190 个缔约方签署了协定，各国一致同意把全球平均地表温升控制在 2℃之内，并为控制在 1.5℃之内而努力，于本世纪下半叶实现温室气体净零排放。

作为负责任的发展中大国，我国始终积极参与应对全球气候变化挑战。2020 年，习近平总书记在第 75 届联合国大会一般性辩论上宣布，中国二氧化碳排放力争于 2030 年前达峰，努力争取于 2060 年前实现碳中和。2021 年 9 月，中共中央、国务院专门印发了《关于完整准确全面贯彻新发展理念做好碳达峰碳中和工作的意见》。2021 年 10 月，国务院印发了《2030 年前碳达峰行动方案》，聚焦 2030 年前碳达峰目标，对推进碳达峰工作作出了总体部署。

农业既是排放源，也是吸收汇。在"双碳"工作中，农业减排固碳既是重要举措，也是潜力所在。按照目前的核算方法，我国农业碳排放主要是四个方面：稻田甲烷排放、农田施肥导致的氧化亚氮排放、动物肠道甲烷排放、动物粪便管理中的甲烷和氧化亚氮排放。总体来看，我国农业温室气体排放是基础性、生存性排放，关系国计民生和粮食安全。在推进农业减排固碳方面，我们必须高举农业绿色发展大旗，坚持农业绿色发展不动摇，处理好减排固碳与粮食安全的关系，实现农业可持续发展。

二是生物多样性保护。生物多样性包括生态系统多样性、物种多样性和遗传多样性三个层次。生物多样性是人类生存和发展的重要基础，对保障生态安全、粮食安全都具有重要意义。联合国在1992年通过了《生物多样性公约》，我国是最早签署和批准公约的国家之一。

由于不合理开发、环境污染、气候变化等原因，生物多样性正以前所未有的速度遭受破坏，许多珍贵物种资源正在从地球上消失。我国高度重视生物多样性保护工作。2020年，习近平总书记在联合国生物多样性峰会上倡议各国坚持生态文明、保持绿色发展、增强责任心，强调中国努力建设人与自然和谐共生的现代化，为加强生物多样性保护和推进全球环境治理贡献力量。2021年10月，《生物多样性公约》第十五次缔约方大会（COP15）第一阶段会议在我国昆明举行，通过了《昆明宣言》。第二阶段会议2022年在加拿大蒙特利尔召开，会议达成"2020年后全球生物多样性框架"，为未来全球生物多样性保护设定了目标、明确了路径。

农业是与生物多样性保护关系最为密切的产业之一。当前，农业生物多样性保护主要包括作物种质资源保护、畜禽遗传资源保护、农田生态系统保护、农耕文化保护传承和外来物种入侵防控等。这些工作事关生物安全、生态安全和粮食安全，必须持之以恒抓好。

三是生态系统服务价值。上面讲到生物多样性是我们生存与发展的基础，其中的生态系统价值越来越受到关注。生态系统不仅为人类提供所需的食品和生产生活原料，还具有气候调节、水源涵养、土壤保持、文化服务等多种功能。从20世纪70年代开始，国际上就开始研究生态系统服务价值评估方法。有美国学者曾估算，1997年全球生态系统服务价值为33万亿美元，是当年全球国民生产总值的1.8倍。据我国专家估算，2010年我国生态系统服务价值为78万亿元，是当年国内生产总值的近2倍。

随着我国现代化建设加快推进，农业的多功能性越来越凸显，尤其是大中城市的农业生态服务价值越来越受到关注。2019年，北京市做了一个测算，农业生态服务价值超3 800亿元。其中，直接经济价值，包括传统农业生产功能所贡献的总产值，占比不到10%；间接经济价值，主要是文化旅游服务价值贡献，占比达到33%；生态与环境价值，主要是土壤保持、森林覆盖、水域清洁等，占比最高，达到 57％。

随着经济社会的发展，农业增加值占国内生产总值的比重逐步降低，但并不表示农业的地位被削弱。发达国家的经验表明，农业在国内生产总值中的比重会越来越低，但对农业的重视程度不会减弱，对农业的投入会越来越大。我们必须从农业多种功能和乡村多元价值角度去认识农业，才能真正理解和领会农业的基础地位。2022 年 4 月，习近平总书记在海南调研时指出："乡村振兴要在产业生态化和生态产业化上下功夫。"为贯彻落实习近平总书记的重要指示精神，我们既要用绿色发展理念引领农业生产，加快绿色技术、绿色装备、绿色投入品的推广应用，用清洁的产地环境生产出更多优质高效农产品，又要从生态产品价值实现和生态补偿政策扶持上想办法、找出路，推动乡村自然资本加快增值，让良好生态成为农民增收的增长点、乡村振兴的支撑点。

我国农业绿色发展历程

中华文明源远流长，农耕文明历史悠久。在长期发展进程中，形成了趋利避害的农时观、辨土施肥的地力观、变废为宝的循环观，为农业科学发展、持续发展提供了重要遵循。在我国农耕文明发展中，形成了很多重要的农业文化遗产，比如浙江湖州的桑基鱼塘、浙江青田的稻鱼共生、云南元阳的稻作梯田、江苏兴化的垛田农业等，这些农业文化遗产是我们国家的重要宝贵财富。新中国成立后，特别是改革开放以来，随着经济社会加快发展，我国综合国力和国际地位大幅度提高，农业生产连年丰收，到 20 世纪 80 年代中期已基本解决了温饱问题，大家都能吃饱肚子了，但也带来了一系列资源环境问题。从 20 世纪 80 年代开始，农业资源节约、农业环境保护、农业生态建设被逐步提上议事日程。总的来看，我国农业绿色发展大体经历了起步探索、专项推进、整体推进三个阶段。了解这些背景，有利于我们更好地理解中国特色农业绿色发展的要求。

第一个阶段，从 20 世纪 80 年代初到 21 世纪初，这是我国农业绿色发

展的起步探索阶段。 本阶段的重要标志是生态农业试点示范。80 年代初，一些有识之士根据当时国际发展潮流，提出了发展生态农业的设想，并积极开展实践探索。1981 年，中国科学院马世骏院士首次提出了"整体、协调、循环、再生"的农业生态工程建设原理。1982 年，西南农业大学的叶谦吉教授首次在我国提出了生态农业的概念。

讲生态农业起步，得先给大家介绍一下中国生态农业第一村——北京留民营生态农业试点。在 20 世纪 70 年代，村里的农业以生产水稻、小麦为主，生产结构单一，耕地大多是盐碱地、沙地，自然条件恶劣，春天白茫茫，夏天水汪汪，秋后不打粮。1982 年，留民营村探索走生态农业建设之路。一方面发展农牧结合的生态循环农业。种植为养殖提供饲料，畜禽粪便进沼气池，沼气入户作燃料，沼液沼渣再肥田。另一方面发展庭院生态经济。以家庭为单元，对农业生产、庭院经济、农村能源、人居环境等方面统筹考虑。短短 5 年间，留民营村总产值增长了 3 倍，人均收入增长了 1.5 倍，化肥使用量减少了一半。1987 年，留民营村被联合国环境规划署授予"全球环保 500 佳"称号。

在各地试点探索的基础上，20 世纪 90 年代初，农业部启动实施生态农业示范县建设。浙江省安吉县 1999 年被列入全国第二批生态农业示范县。农业部指导安吉县专门编制了《安吉县生态农业示范县建设规划》。为培育绿色支柱产业，改善农业生产环境，安吉县成立了农学、林学、水保、土肥、环境、农村能源等 6 个技术小组，实施了绿色农产品发展、生态公益林建设、农田生态系统建设、农村环境保护等十大工程。安吉县通过示范县建设，形成了农业发达、农民富裕、环境优美的生态农业建设新格局。安吉生态农业示范县建设实践，为全国生态农业发展提供了样板，习近平总书记的"两山理论"就是在考察安吉县余村时提出的。

第二个阶段，从 21 世纪初到 2012 年，这是我国农业绿色发展的专项推进阶段。 本阶段的重要标志是在一些环节和领域开展了一系列绿色行动。在这个阶段，我国的资源、生态、环境问题越来越突出。2000 年，沙尘暴袭击北京城，一些地区的能见度不足 100 米；2007 年，太湖蓝藻暴发，影响到无锡市的供水；2008 年，奶粉三聚氰胺问题被揭露，社会公众对绿色安全产品的需求与日俱增。为积极应对这些问题，国家采取了有效措施，开展了一系列专项行动。这里向大家介绍几个重点行动。

其一是退耕还林工程。退耕还林工程自 1999 年开始。2002 年，退耕还林工程全面启动，主要是从保护和改善生态环境出发，对水土流失严重的耕地，沙化、盐碱化、石漠化严重的耕地，以及粮食产量低而不稳的耕地，有计划、有步骤地停止耕种，因地制宜地造林种草，恢复植被。工程实施 10 年期间，涉及 3 200 多万农户、1.24 亿农民，累计完成退耕地造林 900 多万公顷，配套荒山荒地造林 1 400 多万公顷，封山育林 190 多万公顷，工程区森林覆盖率平均提高 3 个百分点以上。通过工程实施，退耕还林地区风沙危害减弱、水土流失减轻、降雨量逐年增多。我们也有了切身感受，北京现在的沙尘暴天气明显减少，空气质量明显改善。

其二是农村沼气建设。20 世纪末 21 世纪初，我国农户养猪是普遍现象，农村清洁能源紧缺，大规模推进农村沼气建设正当其时。2000 年开始试点推广，中央每年安排 10 亿元，由农业部负责实施。自 2004 年起，中央一号文件多次对发展农村沼气提出明确要求，全国户用沼气最高峰时有近 4 200 万户，约占乡村总户数的 18%，受益人口达 2 亿。农村沼气建设主要推广四种模式。一是"一池三改"模式。将建沼气池与改圈、改厕、改厨相结合，让人畜粪便、厨房污水进入沼气池，实现无害化处理。二是南方"猪-沼-果"模式。以农户为基本单元，建设猪圈、沼气池、果园，形成养殖-沼气-种植三位一体的庭院经济格局，还衍生发展出"猪-沼-菜""猪-沼-稻"等模式。三是北方"四位一体"模式。农户在庭院修建日光温室，温室内种植蔬菜、水果，温室下建沼气池，沼气池上建猪圈和厕所，形成以沼气池、日光温室、猪圈和厕所相结合的"四位一体"模式。四是西北"五配套"模式。针对西北地区干旱少雨的特点，在"四位一体"模式基础上，增加了水窖灌溉设施。近年来，随着农民大量外出务工，农村养殖习惯改变，散养大幅减少，规模养殖大幅增加，加之农村用电"村村通"，户用沼气大幅缩减，大中型沼气工程应运而生。

其三是农产品"三品一标"行动。为了保障公众食品安全，我国从 21 世纪初相继启动无公害农产品、绿色食品、有机农产品和农产品地理标志行动。主要是通过推行标准化生产和全过程控制，实施产地认定和产品认证制度，使上市产品"生产有记录、流向可追踪、信息可查询、质量可追溯"，保证生产的规范化和产品的安全性。如果大家去超市，就经常能看到"绿色食品""有机农产品"等标识。农产品"三品一标"行动有效提升了农产品质量安全水平。我国农产品质量安全例行监测合格率达到97%以上。根据农业绿色发展的新形势新要求，2018年，农业农村部决定改革无公害农产品认证制度；2019年，在全国试行食用农产品承诺达标合格证制度。

第三个阶段，始于2012年，这是我国农业绿色发展的整体推进阶段。本阶段的重要标志是在国家层面把生态文明建设作为重大战略，社会经济各领域都更加注重绿色发展。2012年，党的十八大提出，建设生态文明，是关系人民福祉、关乎民族未来的长远大计，将其纳入"五位一体"中国特色社会主义总体布局。2015年，党的十八届五中全会提出"创新、协调、绿色、开放、共享"的新发展理念，绿色发展是新发展理念的重要内容。2017年，习近平总书记提出，推进农业绿色发展是农业发展观的一场深刻革命。中共中央办公厅、国务院办公厅专门印发了推进农业绿色发展的文件。

为贯彻落实新发展理念，加快推进农业绿色发展，2012年，农业部专门成立了农业生态与资源保护总站（部属正局级事业单位），承担农业资源环境保护、农村能源建设、农业农村节能减排的政策法规研究、技术示范推广和业务工作指导，并建立了涵盖国家、省、市、县四级的农业生态与资源保护工作体系。2014年，我带领部内有关司局负责同志专门到生态与资源保护总站调研，与大家一起研究提出了"一控两减三基本"的农业面源污染治理思路，并于2015年启动农业面源污染防治攻坚战。"一控"，就是严格控制农业用水总量；"两减"，就是把化肥、农药的施用总量逐步减下来；"三基本"，就是基本实现畜禽粪便、农作物秸秆、农膜资源化利用。

2017年，针对当时农业绿色发展面临的突出问题和短板，启动实施农业绿色发展五大行动，即畜禽粪污资源化利用行动、果菜茶有机肥替代化肥行动、东北地区秸秆处理行动、农膜回收行动和以长江为重点的水生生物保护行动。2018 年，针对农村脏乱差问题，启动实施农村人居环境整治三年行动，大力推进农村改厕和农村垃圾、污水治理，提升村容村貌。我们现在到农村走一走、看一看，应该能切身感受到农村环境发生的变化。很多农民过上了"生态＋现代"生活，生活环境是生态的，设施设备是现代的。2019 年和 2020 年，组织实施长江"十年禁渔"工作，开展长江流域重点水域禁捕和退捕渔民安置保障工作，累计退捕渔船 11 万艘、安置退捕渔民 22.8 万人，打了一场果决漂亮的长江退捕攻坚战。自 2021 年 1 月 1 日 0 时起全面实施长江十年禁渔。

现在，我国农业已经到了必须搞绿色发展、有条件搞绿色发展、也是时候搞绿色发展的新阶段。一是必须搞。我国经济已由高速增长阶段转向高质量发展阶段。按照中央部署，"十四五"时期，我国经济社会各方面都要全面绿色转型。保护农业资源、治理环境污染、修复乡村生态，是农业可持续发展、乡村生态振兴必须跨过的关口。如果现在不抓紧，欠账会更多、问题会更严重、代价会更大、解决起来也会更难。二是有条件搞。近年来我国农业发展取得了历史性成就，粮食已经连续保持了二十连丰，菜篮子产品供应充足。应该讲，农产品的数量已经基本不成问题，现在主要是质量问题。同时，随着经济的发展、国力的增强、社会各方面认识的提高，我们已经有条件由注重数量为主向注重数量、质量、效益并重转变，也有条件通过政策激励、绿色补贴、生态补偿来调动市场主体和广大农民的积极性。三是是时候搞。目前，老百姓对绿色优质农产品的消费需求不断增加。构建以国内大循环为主体、国内国际相互促进的新发展格局，培育国内大市场，扩大内需，优质农产品消费有巨大的发展空间，我国可以建成全球最大的优质农产品消费市场。特别是，近年来我国城镇化加快推进，2021 年常住人口城镇化率已达到 64.72％。随着人们生活水平的提高，大家对良好生态环境的要求越来越高，对绿色农产品的消费需求越来越强烈。

上面讲了这么多，主要是阐述我国农业绿色发展的历程和特征。2017年，中共中央办公厅、国务院办公厅专门印发了《关于创新体制机制推进农业绿色发展的意见》。这是党中央出台的第一个关于农业绿色发展的纲领性文件，对推进我国农业绿色发展作出了全面部署。2021年，农业农村部、国家发展改革委等6部委专门出台了《"十四五"全国农业绿色发展规划》，对农业绿色发展的总体目标和重点任务作出了安排。综合文件部署、专家研究、基层实践，我认为中国特色的农业绿色发展内涵，主要体现在以下四个方面。

一是强化资源保护与节约利用。耕地、水和生物资源是不可替代的自然资源，是生态环境的重要组成部分，是生产生活不可或缺的基础支撑。长期以来，我国农业高投入、高消耗，资源透支、过度开发，付出了巨大的代价。农业绿色发展就是要让耕地使用强度降下来，水利用效率提上来，东北黑土地恢复回来，生物多样性丰富起来，实现农业节本增效、节约增收。

二是加强产地环境保护与治理。农产品产地环境安全是保障农产品质量的根本保证。农业与环境最相融，稻田是人工湿地，菜园是人工绿地，果园是人工园地，都是"生态之肺"。近年来，我国农业快速发展的同时，生态环境也亮起了"红灯"，化肥农药过度施用、畜禽粪污处理利用不合理、工业城镇污染向农业转移排放等，都会给农业产地环境造成严重后果。推进农业绿色发展，就是要大力推广绿色生产技术，加强农业环境突出问题治理，确保农产品产地环境安全。

三是保护修复农业生态系统。山水林田湖草沙是一个生命共同体。长期以来，由于粗放的农业生产方式，华北地下水超采、草原沙化退化、南方土壤酸化、北方土壤盐碱化、渔业资源枯竭等农业生态问题频发。推进农业绿色发展，就是要构建人与自然和谐共生的田园、渔业、草原、森林、湿地生态系统，健全重要生态系统保护制度，提升农业生态系统的多样性、稳定性和持续性，发挥农业生态系统的多重效益。

四是增加绿色优质产品供给。习近平总书记强调，推进农业供给侧结构性改革，要把增加绿色优质农产品供给放在突出位置。当前，我国农产品供给大路货多，优质、品牌农产品不足，与城乡居民消费结构快速升级的要求不相适应。推进农业绿色发展，就是要通过完善政策，建立绿色农产品市场准入标准，健全食用农产品合格证制度，构建农产品质量安全追溯体系，增加优质、安全、特色农产品供给，促进农产品供给由主要满足"量"的需求向更加注重"质"的需求转变。

总之，只有坚持农业绿色发展方向并把有关要求落地落实，才能真正走出一条产出高效、产品安全、资源节约、环境友好的中国特色农业现代化道路。

推进农业绿色发展的几个重点问题

农业绿色发展既包括生产、生活、生态"三生共生"，又包括产前、产中、产后"三产融合"，还包括植物生产、动物消化、微生物还原"三级循环"，涉及资源保护、环境治理、生态修复和产品供给等方方面面。下面，我将就几个突出问题与大家作一交流。

一、第一个问题，耕地保护

耕地是我们吃饭的家底，是粮食生产的命根子，人多地少是我国的基本国情。当前，耕地保护主要面临五个方面的问题。

一是耕地数量。我国人均耕地面积仅为世界平均水平的 38%，而且水土资源时空分布不合理，有地没水、有水没地的资源不匹配矛盾比较突出。我们经常说，要牢牢守住 18 亿亩耕地红线。依据第三次全国国土调查，我国耕地面积为 19.18 亿亩，比二调时少了 1.13 亿亩。在截至 2021 年的 10 年里，全国耕地净流向林地 1.12 亿亩，净流向园地 0.63 亿亩。对此，中央非常重视并作出指示：坚决遏制耕地"非农化"、防止"非粮化"，决不能乱占耕地建房，要采取"长牙齿"的硬措施，实行耕地保护党政同责，严格落实耕地利用优先序，耕地主要用于粮食和棉、油、糖、蔬菜等农产品及饲草饲料生产，永久基本农田重点用于粮食生产，高标准农田原则上全部用于粮食生产。

二是耕地质量。2020 年初，农业农村部发布了《2019 年全国耕地质量等级情况公报》。我国高产田占耕地面积的 31.24％，中产田占 46.81％，低产田占 21.95％，全国耕地质量中低等级占 2/3 以上。目前，我国常年稻谷面积为 4.5 亿亩，小麦为 3.5 亿亩，玉米为 6 亿亩，主粮面积为 8 亿亩左右，三大谷物面积为 14 亿亩左右。如果把粮田全部建成高标准农田，我国粮食安全就有了保障。目前我国酸化耕地约为 2.98 亿亩，占耕地总面积的 14.7％；盐碱化耕地约为 1.68 亿亩，占耕地总面积的 8.3％。近年来，为提高耕地质量，国家加大秸秆还田、轮作休耕、化肥农药减量增效、果菜茶有机肥替代化肥、农机深松深耕、畜禽粪污资源化利用等政策支持力度，采取综合措施培肥改良土壤，有效推动了耕地质量保护。

三是东北黑土地。黑土是世界公认的最肥沃的土壤，形成极为缓慢，在自然条件下形成 1 厘米厚的黑土层需要 200～400 年。全球仅有四大块黑土地，分别是北美的密西西比平原、中国的东北平原、乌克兰的乌克兰平原和南美的潘帕斯平原。东北平原是我国重要的粮仓，由于长期高强度开发利用，黑土地已严重透支。据监测，近 60 年来，东北黑土地耕作层土壤有机质含量平均下降 1/3，部分地区下降 50％。目前，东北黑土地的黑土层平均厚度只有 30 厘米左右，比开垦之初减少了约 40 厘米。土壤有机质含量下降、耕作层变浅、土壤板结，部分地区水土流失形成了侵蚀沟壑，部分地区风蚀严重。为了保护东北黑土地，国家启动了东北黑土地保护工程，通过工程性措施和保护性耕作、轮作休耕、地力培肥等，有效遏制了黑土地退化趋势。预计到 2030 年，黑土区耕地质量将平均提高 1 个等级以上。

四是农田基础设施。农田灌排基础设施薄弱，现有灌溉面积中设施配套差、标准低等问题依然突出，有些丘陵岗地没条件灌溉。一些地方存在重建设、轻管护的问题，日常管护不到位，灌溉设施得不到及时有效修复，常年"带病"运行。在一些中型灌区，渠系渗漏、坍塌、决口等现象普遍，直接制约耕地质量。同时，我国耕地资源与水热资源空间分布很不匹配。以水资源为例，河南、山东、河北等耕地较多的省份水资源严重短缺，而西藏、贵州、云南等水资源丰富的省份耕地却很少。长江流域及其以南地区的国土面积只占全国的 36.5％，而水资源量占全国的 81％；淮河流域及其以北地区的国土面积占全国的 63.5%，而水资源量仅占全国的 19%。田间道路不配套，农机"下地难"问题突出。全国 1/3 以上农田机耕道需修缮，南方地区需修建的比重在 50% 以上，宜机化改造是当前农田建设的重要任务。为大力推进农田建设工作，2018 年国家机构改革，专门将发改、财政、国土、水利等部门农田建设职能全部划入农业农村部，并在农业农村部成立农田建设司，启动大规模高标准农田建设。截止到 2021 年底，已建成高标准农田 9 亿亩，2022 年又新建 1 亿亩，实现了中央提出的到 2022 年全国建成 10 亿亩旱涝保收、稳产高产高标准农田目标。这是我国粮食安全的根本保障。

五是耕地土壤污染。耕地土壤污染对农产品质量影响很大，事关人民群众身体健康，让公众对"舌尖上的安全"有了新的担忧。耕地土壤污染主要是重金属污染。前几年，通过开展全国性的土壤普查调查，基本摸清了污染底数，查明了耕地污染的面积和分布情况。为防治土壤污染，保障公众健康，推动土壤资源永续利用，国家专门颁布了《中华人民共和国土壤污染防治法》。各地依法将耕地划分为优先保护、安全利用和严格管控三个类别，实行分类管理。优先保护类耕地，基本没有受到污染，划入永久基本农田，落实用地养地等措施；安全利用类耕地，污染程度较轻，主要是采取品种替代、水肥调控等措施，确保生产出的农产品符合国家标准、食用安全放心；严格管控类耕地，污染程度较重，主要推行种植结构调整或退耕还林还草，退出水稻、小麦等口粮种植。目前，全国耕地土壤环境质量总体保持稳定，耕地土壤环境风险得到有效管控。

二、第二个问题，农业面源污染

这些年，我国农村生态环境持续好转，农业绿色发展进展明显，但农业面源污染形势仍然不容乐观，正处于治存量、遏增量的关口，也是最吃劲的时候。农业面源污染的主要成因包括：化肥和农药不合理使用、畜禽粪污和农作物秸秆资源化利用不足、地膜"白色污染"。"一控两减三基本"，就是针对这几个问题提出来的。

一是化肥。主要问题是使用量偏大、利用率偏低。我国化肥施用量全球第一，农作物亩均化肥用量超过 20 公斤，远高于世界每亩 8 公斤的平均水平，大约是美国的 2.6 倍、欧盟的 2.5 倍。据农业农村部数据，2020 年我国水稻、小麦、玉米三大粮食作物化肥利用率为 40.2%，远低于发达国家 50% 的水平。另外，传统人工施肥方式仍然占主导地位，化肥撒施、表施现象比较普遍。一些农民还存在施肥误区，重施化肥、轻施有机肥，甚至为了省事采用"一炮轰"。对于化肥使用问题，我们要一分为二地看，坚持"两点论"和"重点论"统一。一方面，农业发展不能完全不用化肥。俗话说，"庄稼一枝花，全靠肥当家"，化肥是粮食的粮食。现在东北玉米、水稻亩产上千斤，化肥功不可没。实际上，农业发达国家也在大量使用化肥，没有化肥是保证不了粮食安全的。另一方面，要解决滥施化肥、低效施肥的问题。当前的主要矛盾是化肥用得多、用得粗放，要把过量的化肥减下来。关键措施是推广科学施肥，提高施肥的精准性和利用率，鼓励农民使用绿肥、农家肥、有机肥来培肥地力。

二是农药。主要问题也是用量偏大、使用不规范和利用率偏低。联合国粮农组织发布的《2021 年世界粮食和农业统计年鉴》显示，我国是全球最大的农药使用国，2019 年农药使用量达 180 万吨，占世界总量的 42%，远远高于美国和巴西。另外，据农业农村部数据，2020 年我国水稻、小麦、玉米三大粮食作物农药利用率达 40.6%，而欧美发达国家的这一指标则是 50%～60%。农药过量和不规范使用，既影响农产品质量安全，也会造成环境污染，还会增加农业生产成本。解决这一问题的关键之处在于改进施药方法，升级施药器械，提高农药使用效率。我在英国考察时从当地农民处了解到，政府对每一种果蔬可以使用的农药、用量、频次都有详细规定和规范，还把农业补贴与环境保护、减少农药使用挂钩。在我国，目前农民施药还比较粗放，用量和施药间隔期管理还不规范，在这方面还有很多工作可以做。

三是畜禽粪污。主要问题是畜禽粪污排放量大、利用水平低，造成环境污染。据统计，2020 年全国畜禽粪污产生量为 30 亿吨，每年仍有大约 7 亿吨畜禽粪污未被利用。《第二次全国污染源普查公报》显示，2017 年，我国农业源污染化学需氧量（COD）为 1 067 万吨、占全国水污染总量的 49.8%，总氮为 141 万吨、占总量的 46.5%，总磷为 21 万吨、占总量的 67.2%。其中，畜禽养殖业污染化学需氧量为 1 000 万吨、占农业的 93.8%，总氮为 60 万吨、占农业的 42.1%，总磷为 12 万吨、占农业的 56.5%。随着这几年畜禽粪污资源化利用整县推进，这个问题有了明显改善，但还需要持续推进。解决这一问题的关键之处在于要坚持种养结合、农牧循环，把畜禽粪肥就地就近科学还田利用作为主攻方向，提升设施装备水平，发展社会化服务组织，实现由"治"向"用"的转变。

四是秸秆农作物。目前，我国秸秆年产生量为 8 亿多吨，每年有近 1 亿吨秸秆未得到有效利用。就地焚烧是农户们最容易操作的办法，浓烟滚滚的场景每年秋收都有上演。焚烧秸秆带来的最直接的问题就是空气污染加剧。有专家研究提出，焚烧秸秆带来的污染物对局部地区雾霾的贡献率，在特定时段可能高达 20%。此外，秸秆焚烧还可能引发交通事故，甚至威胁生命财产安全。有的农户焚烧秸秆时碰上大风天，火势从田里蔓延到了村庄，烧毁了房屋。近几年，通过采取严厉的行政措施，基本管住了焚烧，但秸秆怎么处理，如何实现高值高效利用，还没有完全解决好。解决秸秆问题归根到底还是要解决秸秆的去向，推进肥料化、饲料化、燃料化、基料化、原料化"五化"综合利用。

五是地膜"白色污染"。由于我国水土资源不匹配，很多地方特别是西北地区常年干旱少雨，需要用地膜保墒节水，很多地方"地膜像海洋"。目前，地膜年使用量达 140 万吨左右，主要用膜地区土壤中都有地膜残留，西北地区残留污染最为严重。残留农膜影响土壤水分移动和空气流通，造成土壤质量下降，对农业生产及环境都具有较大的副作用。解决"白色污染"问题，必须坚持疏堵结合，以减量、替代、回收为主要治理路径，加快推广应用加厚高强度地膜，构建地膜生产、销售、使用、回收全链条监管体系。

为了防治农业面源污染问题，前面讲过，我们提出了"一控两减三基本"的目标。围绕这一目标，我们采取了节水控水、有机肥替代化肥、畜禽粪污资源化利用、农膜回收、秸秆还田等一系列措施，并配套制定了相关政策，取得了显著成效。2020 年化肥农药使用量已经连续 5 年实现负增长，畜禽粪污综合利用率达到 75.9%，秸秆综合利用率达到 87.6%，农膜回收率超过 80%。

浙江是我国唯一的现代生态循环农业发展试点省。2015 年，我们在浙江召开全国生态循环农业现场交流会，实地考察了衢州市龙游县生态循环农业建设情况。当地的一家生物质能源公司建设了大型沼气工程，专门配备收集运送车，定期上门收集养殖粪便。覆盖全县 95% 的规模化猪场，每年可收集利用猪粪 18 万吨，相当于 60 万头存栏生猪的排泄量。以猪粪资源化利用为纽带，形成了"猪粪收集＋沼气发电＋有机肥生产＋种植业利用"的大循环、全利用生态农业建设模式，净化了农村环境，提升了农村人居环境质量，增强了老百姓的幸福感。

这里要注意，治理农业面源污染不仅是农业自身的问题，更是公共问题、社会问题，其中一个重要的方面就是成本如何分担。比如，畜禽粪污治理、沼气发电、农家肥施用都会加大生产成本，还有秸秆处理、收集、利用都要增加成本。国外也是政府补贴，仅靠农民自身难以消化这个成本。所以，需要社会共同分担，国家应继续加大财政支持力度，社会公众也应适当分担部分成本。

三、第三个问题，农业生态系统退化

农业生态系统是整个生态系统的重要组成部分。近年来，农业生态系统退化受到越来越多的关注。

一是农田生态系统退化。农田生态系统退化过程主要表现为土壤质量下降和生物多样性减少两个方面。比如，大量使用化肥，导致农田土壤板结；农田高强度利用，导致农田土壤有机质含量下降，养分含量降低；滥用农药、除草剂，导致农田生物多样性水平降低。我们能明显感受到，现在田间的青蛙、蜜蜂等有益生物少了，以前那种"稻花香里说丰年，听取蛙声一片""晓晴林鹊喜，昼暖蜜蜂喧"的田园场景也难以见到了。对农田生态系统退化问题，大家普遍呼吁要科学施肥、安全用药，要大力推广清洁生产技术，加快构建种养循环生态农业模式，改善农田生态系统。

二是草原沙化退化。我国拥有 40 亿亩天然草原，由于超载过牧、干旱鼠害，草地质量不断下降，90％的天然草原出现不同程度的沙化退化。针对草原沙化退化问题，国家实施草原生态保护补助奖励政策，开展禁牧补助、草畜平衡奖励、地方绩效考核奖励，加快推进禁牧轮牧休牧、退牧还草、退耕还林还草等工作。自 2011 年实施以来，草原奖补政策已经实施了两轮，惠及 1 200 多万户共 5 000 多万农牧民。截至 2020 年，全国草原综合植被盖度达到 56.1％，草原沙化退化趋势得到初步遏制，不少地区草原质量有了明显好转。"十四五"时期新一轮的草原奖补政策已经出台，进一步扩大实施范围，提高奖补标准。

三是华北地下水超采。2020 年我国华北地区人均水资源量仅为全国平均水平的 1/7、世界平均水平的 1/28，属于资源性缺水地区，但华北地区也是全国重要的粮食主产区和蔬菜供应基地。随着经济发展、人口增长、工业和农业用水增加，地下水超采问题越来越严重。2020 年华北地区超采区面积和地下水超采量分别占全国的 63％和 61％，是全国乃至世界上最大的地下水漏斗群，严重威胁该区域可持续发展。为缓解华北地下水超采问题，国家采取了多项措施，通过开展华北地下水超采综合治理、利用南水北调水置换、推进水资源税和农业水价综合改革等，取得了明显成效。在河北超采严重地区，推广节水小麦品种，采取喷灌、微灌，不再搞大水漫灌；同时调整农业生产结构，改两季为一季玉米生产。据河北省水利厅监测，2020 年全省深层超采区地下水位平均埋深比上年上升 1.62 米，有 51 个县（市、区）水位回升。

四是渔业资源减少。由于长期过度捕捞和水体污染等原因，我国渔业资源不断减少，在内河和近海，鱼虾越打越少、越捞越小。特别是长江流域，长期以来受拦河筑坝、水域污染、过度捕捞、航道整治、挖砂采石等高强度人类活动的影响，长江珍稀特有物种持续衰退，经济鱼类资源加快枯竭。面对渔业资源环境问题，国家在内陆七大重点流域实施禁渔期制度，大力推进水生生态养护与修复。特别是，实施长江流域"十年禁渔"，在"一江两湖七河"和 332 个水生生物保护区重点水域，开展了渔船退捕、渔民安置、打击非法捕捞等工作。2021年5月我去江苏调研，泰州市的同志介绍说："往年一网下去，只能捞两三条鱼，捞的都是'漏网之鱼'，现在禁捕后，一网下去，能捞到五六十条鱼。"当然，他们捞鱼主要是为了搞科学研究，不是社会上通常所谓的捕鱼，现在看来禁渔效果已经显现。我相信，只要把这些制度措施长期坚持下去，渔业生态系统就能逐步恢复。

四、第四个问题，农村人居环境

近年来，我国城镇化发展很快，城市面貌日新月异。一些小县城建设得很漂亮，但农村人居环境建设相对滞后、基础设施缺乏，"垃圾靠风刮、污水靠蒸发、茅坑蚊蝇飞"，"屋内现代化、屋外脏乱差"仍是不少农村的现实状况。一些地方甚至还在沿用千百年来几乎没有什么变化的传统厕所，"一个土坑两块板，三尺土墙围四边"，这种旧时农家厕所常用茅草遮蔽，所以也被叫作"茅坑"。此外，还有不少村庄生活垃圾没有收集处理，绝大多数村庄缺少生活污水处理设施。有疾控专家表示，农村地区80%的传染病是由厕所粪便污染和饮水不卫生引起的。农村人居环境问题不仅是农民的烦心事，也是城乡差距的主要体现。一些上大学之后在城里工作、在城里打工的农二代之所以不愿回农村，城里的儿媳妇不愿回农村，上厕所问题是一个重要原因。

小厕所也是大民生。1973年，陕西省延川县冯家坪乡赵家河村，建起了有史以来第一个男女分开的厕所。翻修它的人，正是当时在赵家河村蹲点的知青习近平。习近平总书记指出，小厕所，大民生。为了改善农村人居环境，2018年，中共中央办公厅、国务院办公厅印发《农村人居环境整治三年行动方案》，大力推进农村改厕、垃圾和污水治理。截至2023年底，全国农村卫生厕所普及率超过73%，超过30%的农户生活污水得到有效管控，农村生活垃圾收运处置体系已覆盖全国90%以上的行政村。

在这里我想强调一下，推进农村人居环境整治，要特别注意因地制宜。习近平总书记明确要求，发挥农民主体作用，注重因地制宜、科学引导，坚持数量服从质量、进度服从实效，求好不求快，坚决反对劳民伤财、搞形式摆样子，扎扎实实向前推进。比如，高寒地区农村改厕，冬天零下二三十度，厕所大部分又建在户外，所以就必须考虑如何防冻，不能简单统一推广使用水冲式厕所，不然冬天老乡上厕所，就得拎着开水壶去了。再比如，干旱缺水地区，每年降雨只有两三百毫米，老乡的饮水都是个大问题，如果盲目推广使用水冲式厕所，建起来也用不了，就成了摆设。农村人居环境整治这项工作，一定要真抓实干，不能搞形式主义，不能修了厕所用不上，劳民伤财。要久久为功，一年接着一年干，逐步改变农民千百年来的卫生习惯，让农民过上现代生活。

推进农业绿色发展的思路举措

一、战略要求

我国已进入新发展阶段，正在开启全面建设社会主义现代化国家新征程，向第二个百年奋斗目标进军。新发展阶段必须以高质量发展为主题，必须贯彻新发展理念，必须把发展质量摆在更加突出的位置，推动经济社会发展全面绿色转型。这为推进农业绿色发展提供了方向指引和根本遵循。

第一，贯彻习近平生态文明思想，农业农村是重点领域。习近平总书记站在谋求中华民族长远发展、实现人民福祉的战略高度，围绕建设美丽中国、推动生态文明建设，提出了一系列新理念新思想新战略，形成了习近平生态文明思想。他提出要坚持"人与自然和谐共生"的科学自然观、"绿水青山就是金山银山"的绿色发展观、"良好生态环境是最普惠民生福祉"的基本民生观、"山水林田湖草沙是生命共同体"的整体系统观等基本原则。农业是自然再生产与经济再生产相互交织的过程，是生态文明建设的重点领域。农业本身就具有绿色属性，有责任也有条件为生态文明建设作出更大贡献。要把尊重自然、顺应自然、保护自然的要求贯穿到农业生产的全过程，加快农业发展的绿色变革，切实将农业的生态环境优势转化为生态经济优势，统筹山水林田湖草沙系统治理，加强突出环境问题综合治理，增加优质生态产品和服务供给，加快构建与资源环境承载力相匹配、与生产生活生态相协调的农业发展新格局。

第二，提高农业质量效益和竞争力，农业绿色发展是必由之路。习近平总书记指出，新形势下，要着力解决农业发展中存在的深层次矛盾和问题，重点从农产品结构、抗风险能力、农业现代化水平上发力。当前，农业的主要矛盾已由总量不足转变为结构性矛盾，质量效益和竞争力不高的问题日益突出：农业仍然大而不强、多而不优；产业链条短，全产业链开发不足，效益不高；农产品结构性供过于求和供给不足共存，质量安全隐患仍存在。同时，资源环境约束加大，农业面源污染防治任重道远。"十四五"时期是推进农业现代化、加快农业提质增效和转型升级的关键时期。要贯彻新发展理念，坚持高质量发展，把提高农业质量和效益摆在突出位置，深化农业供给侧结构性改革，持续推进质量兴农、绿色兴农、品牌强农，全面提升农业规模化、科技化、市场化、国际化、信息化、标准化水平，增加优质绿色农产品供给，加快农村一二三产业融合发展，提高全产业链收益。

第三，全面推进乡村振兴，建设生态宜居乡村是重要任务。全面建成小康社会后，"三农"工作进入全面推进乡村振兴、加快农业农村现代化新阶段。实施乡村振兴战略，总体要求是产业兴旺、生态宜居、乡风文明、治理有效、生活富裕。全面推进乡村振兴，生态振兴是关键。农耕文化、乡土气息、美丽村庄、绿色农产品，是我们高质量生活的期盼；望得见山、看得见水、记得住乡愁，是进城后人们的梦想。乡村是具有自然、社会、经济特征的地域综合体，兼具生产、生活、生态、文化等多种功能，与城镇互促互进、共生共存，共同构成人类活动的主要空间。良好的生态环境，既是农民的需求，也是城里人回归自然、追求幸福生活的期盼。所以，必须把保护农业资源、加强环境治理、改善农村环境、建设美丽乡村作为当前重要任务来推进，保护好绿水青山和田园风光，留住乡土味道和乡村风貌。

二、统筹保生态、保供给、保收入之间的关系

推进农业绿色发展，必须坚持系统观念，统筹考虑经济发展、农民增收、环境保护之间的关系。

一个是要处理好绿色发展与粮食安全的关系。"民以食为天"，解决 14 亿多人的吃饭问题始终是国家的头等大事，是"三农"工作的首要任务，粮食安全这根弦在任何时候都不能放松。推进农业绿色发展，也应以保障国家粮食安全为前提，防止造成粮食生产下降、菜篮子产品供应跟不上。前些年，一些地方打着环保的名义，对畜禽养殖采取"一刀切"的关停措施，搞"无猪县""无猪镇"，虽然污染减少了，但当地畜产品短缺、肉价上涨。这是对农业绿色发展的片面理解。从长远看，绿色发展也是增强农业可持续发展能力的保障。当前，要在保障粮食等重要农产品有效供给的前提下，加快绿色技术的推广应用，增加绿色优质农产品供给，满足城乡居民的消费升级需求，实现"吃饱"与"吃好"的有机统一。

另一个是要处理好绿色发展与农民增收的关系。习近平总书记强调，绿水青山就是金山银山，很好地说明了绿色发展和经济发展的关系。促进农民持续增收是"三农"工作的中心任务，既不能离开农民增收搞绿色发展，也不能为了增加收入而牺牲生态环境，搞竭泽而渔的事情。当前，大力发展乡村产业，特别是通过发挥农业的休闲观光、生态康养、文化传承等功能，发展生态产品和生态服务，提升生态价值，是促进农民就业增收的重要渠道。在这方面，各地有很多成功实践。浙江省安吉县余村是"两山理论"发源地，也是统筹解决农民增收与绿色发展问题的最好典型。早在 2003 年该村就果断关停矿山和水泥厂，转型发展生态旅游业。2019 年全村总收入达到 2.8 亿元，村民人均年收入达到 5 万元，实现了绿色发展与农民增收双赢。

2021 年，我专门到江苏兴化调研农业绿色发展，当地的垛田农业系统被联合国粮农组织认定为全球重要农业文化遗产。当地政府坚持在保护中开发，在开发中保护，大力发展休闲观光农业。兴化垛田油菜已成为"中国最美油菜花海"，旅游收入已成为当地的主要收入，农家乐接待已成为

当地农民的主要就业。

三、政策举措

"十四五"时期，我国农业发展进入加快推进绿色转型的新阶段，重点应从以下六方面推进。

一是健全农业绿色发展的支持政策。2017 年，中共中央办公厅、国务院办公厅印发的农业绿色发展政策文件，明确提出全面建立以绿色生态为导向的制度体系。构建农业绿色发展政策体系，要从政府和市场两个角度，抓好政策谋划。一方面，要健全粮食主产区利益补偿、耕地保护补偿、农业生态补偿等制度，创新创设农业投入品减量使用、农业废弃物资源化利用、农业环境污染治理等补贴政策。另一方面，要建立健全以绿色生态为导向的金融、税费、信贷、用地、用电等支持政策，激活市场主体推动农业绿色发展的内生动力。

在这方面，大家现在讨论最多的是如何完善绿色生态导向的农业补贴政策。绿色生态导向补贴是"绿箱"政策，符合 WTO 规则。在 WTO 农业协议框架下，"黄箱"政策是指成员政府对农产品采取直接干预或者补贴，比如农资直接补贴、农产品价格直接补贴等，这些补贴会对农产品生产和贸易产生直接的扭曲作用，因此受到限制。"绿箱"政策不与农产品价格、产量、产品类型等相挂钩，所以不受限制。目前，我国农业支持总量虽然低于欧美国家，但总的来说处于较高水平，尤其是在"黄箱"政策使用方面，我国已超过美国，支持水平已达上限。为适应 WTO 规则的要求，下一步，我们需要多用"绿箱"政策，减少"黄箱"政策，这是今后我国农业发展的趋势和方向。这方面也有很大空间，可以起到生态保护与收入增加两个兼顾的功效。如保护农田、森林、湿地、草地，实施草畜平衡和休牧禁牧，推进农田休耕轮作、畜禽生态养殖，都是生态保护的重要措施，但也会相应减少农业生产，需要给农民进行补贴和奖励。

二是强化农业绿色发展的科技支撑。要重点围绕农业深度节水、精准施肥用药、重金属及面源污染治理、绿色农业机械装备，组织产学研企协同创新，突破关键技术瓶颈，熟化集成核心技术，研究提出适应不同区域的绿色发展综合解决方案。同时，要加快绿色投入品创制，推出一批绿色高效的功能性肥料、低风险农药、低毒低耐药性兽药、高效安全疫苗等新型产品。

三是培育农业绿色发展的市场主体。 首先是要发挥好农业龙头企业的骨干作用，提高龙头企业绿色发展技术创新能力，大力发展农产品加工流通，增强龙头企业辐射带动作用。其次是要培育壮大家庭农场和农业合作社，通过新型经营主体加快建立标准化生产基地，提高适度规模经营水平。最后是要健全农业专业化社会化服务体系，开展统耕统收、统配统施、统防统治、统购统销等社会化服务，带动小农户步入农业绿色发展轨道。如无人机喷药，既省药又省工，效果非常好，必须加快培育专业公司或服务组织。对市场主体，一方面要通过政策激励，调动转变发展方式的积极性；另一方面要通过监督约束，强化保护生态环境的责任。

四是建立农业绿色发展的监测评价体系。 推进农业生态环境监测"一张网"建设，统筹耕地地力、农田氮磷流失、农田地膜残留、农产品产地环境、外来物种入侵等要素，建立常态化监测制度，及时掌握农业生态环境变化趋势。制定农业绿色发展评价指标体系，科学运用统计数据、长期固定观测试验数据和重要农业资源台账等资料，开展农业绿色发展成效评价。推动将资源保护与节约利用、投入品规范使用、废弃物资源化利用等工作成效纳入地方高质量发展、乡村振兴、生态文明建设等考核范畴。

五是增加绿色优质农产品供给。 现在老百姓对农产品质量安全非常关心，"舌尖上的安全"已被提上重要议事日程。习近平总书记提出要推进农业生产"三品一标"（品种培优、品质提升、品牌打造和标准化生产），必须认真贯彻落实好。品种培优，重点是要发掘一批优异种质资源，选育一批高产优质突破性品种，建设一批良种繁育基地。品质提升，重点是推广优良品种，集成推广绿色生产技术，净化产地环境，构建农产品品质评价指标体系。品牌打造，重点是打造一批地域特色突出、产品特性鲜明的区域公用品牌，培育一批大而优、小而美、有影响力的农产品品牌。标准化生产，重点是建立现代农业全产业链标准体系，建设一批标准化生产基地，培育一批标准化生产龙头企业，带动标准化水平整体提高。

　　六是营造农业绿色发展良好氛围。要利用报刊、电视、广播、互联网、新媒体等渠道，开展农业绿色发展科普宣传，提高社会公众节约农业资源、保护农业环境的意识。要持续开展光盘行动，形成节约光荣、浪费可耻的社会风尚。要大力培育和践行绿色文化，加快形成绿色生产生活方式，全面动员、人人参与，共同为生态文明和美丽中国建设作出贡献。

第十讲
中国农业科技发展

在本章我将向大家介绍中国农业科技的发展历史和分享我的一些思考体会。首先与大家明确两个问题：第一个问题，为什么农业重要？古人讲，"洪范八政，食为政首""农为邦本，本固邦宁"。农业的第一大功能和要义是解决人类基本生存问题。中国14亿多张嘴，有人说拼在一起有三百个足球场那么大；也有人说，每个人4公分的嘴，连起来就是5.6万公里，比地球赤道还长。大家天天得吃饭、顿顿不能断，一天就要消耗70万吨粮、9.8万吨油、192万吨菜、23万吨肉，相当于很多小国家一年的总量。我们的需求量是如此之大，如果在吃饭问题上被人"卡脖子"，就会被"一剑封喉"。所以习近平总书记一直讲，中国人的饭碗要牢牢端在自己手中，对我们这样一个有着14亿多人口的大国来说，手中有粮、心中不慌在任何时候都是真理。不管国际形势怎么变化，保证14亿多中国人民每天到点开饭、不饿肚子，而且饭碗能够越端越稳、吃得越来越好，是我们必须面对、必须考虑、必须解决的一个最现实最重大的问题。

第二个问题，为什么农业科技重要？今后，随着经济发展和消费结构升级，粮食和"菜篮子"产品需求将持续刚性增长。很多专家都认为，可能到2050年左右我国粮食需求量才会达到峰值，预计达到1.7万亿斤以上。美国2021年人均粮食消费总量为660公斤。考虑到未来城镇化以及饲料粮、工业用粮的增长带来人均粮食消费量的增加，假设未来我国人均消费量达到并维持在美国目前水平的 90%，约为 594 公斤。按人口总量 14.5 亿人测算，则预计粮食需求总量将达到 1.72 万亿斤。大家知道，2022 年我国的粮食产量是 13 731 亿斤，虽然连续 8 年稳定在 1.3 万亿斤以上，但想要往上再跨越几个千亿斤台阶需要付出极其艰巨的努力。而国内增加耕地面积的潜力已十分有限。国土"三调"数据显示，我国耕地面积为 19.18 亿亩，较 2009 年减少了 1.13 亿亩，不少地方耕地保有量已经突破耕地红线。就这么多耕地资源，要保障粮食安全，补上产需缺口，根本出路在科技，只能向科技创新要单产、要效益。大家都知道，科学技术是第一生产力。习近平总书记指出，农业的出路在现代化，农业现代化的关键在科技进步和创新，要给农业插上科技的翅膀。只有把科技进步和创新作为农业农村发展的主要动力，作为提升农业核心竞争力的强大支撑，才能够更好地推进乡村振兴，更好地推进农业农村现代化。所以，欲保饭碗必须强农业，欲强农业必须强科技。下面我将就农业科技这个主题，与大家分享几个方面。

回望中国农业科技取得的革命性进步

"欲知大道，必先为史"，只有用大历史观来看待农业科技的发展，我们才能更深刻理解国家的"三农"问题，才能更好继承发扬农业的优良传统，也才能更好探索具有中国特色、符合中国国情的农业现代化道路。在这里，我先和大家一起回顾我国农业科技取得的历史性成就，认识一下我国丰富的农业文化遗产。

一、古代农业科技世界领先

中国是世界农业起源中心之一，甚至可以追溯到一万年以前。在悠久的历史中，我们农桑并举、耕织结合，创造了灿烂辉煌的农耕文明，取得了许多世界领先的技术成就，而且几千年地力不衰，被国外视为一大奇迹。近代化学的创始人德国科学家李比希，就把中国的农业视为"合理农业的典范"。美国学者威特·瓦尔认为全世界值得美国学习的 15 个农业项目中，有 11 个属于中国传统农业。可以说，在 17 世纪以前，我国的农业科技一直居于世界前列，其主要特点可以高度概括为四个字，就是"精耕细作"。这不是简单的技术措施，而是一整套以集约的土地利用方式为基础、以"三才"理论为指导的综合性技术体系。具体来说，有以下几个方面。

一是形成"两种制度"，提高单位面积产量。这"两种制度"就是轮作复种和间作套种的种植制度、因地制宜的土地开发利用制度。大家知道，扩大农田面积和提高单位面积产量是发展农业生产的两条基本途径。为了养活相应规模的人口（我国的人口规模总体上是不断增长的，上古时代仅有 2 000 多万人，隋唐时代最高峰时有 1.3 亿人，清代有 3.7 亿～4.3 亿人），中国历代都在扩大耕地面积，但从战国时期开始，就已经把发展农业生产的重点放在了提高单位面积产量上，创造了灵活多样的轮作倒茬和间作套种的方法。比如魏国的李悝（kuī）就提出"尽地力之教""治田勤谨"，主张对农民进行提高土地产出能力的指导。南北朝时期的谷物与绿豆轮作，就领先世界近 1 200 年。当时杰出农学家贾思勰（xié）在观察农田时，发现瓜苗的出土率极低。他仔细分析后得出，这是因为瓜苗幼苗脆弱、顶土力弱，所以出苗困难。于是他自己开了一片试验田，在里面同时撒上豆种和瓜种。由于大豆苗壮、顶土力强，而瓜苗有了豆苗的起土"帮忙"，出土自然就容易了。这种间作方法解决了长期困扰农民的一个大难题。美国小麦育种家、诺贝尔奖获得者诺曼·布劳格认为，中国的间作套种、多熟种植是世界上惊人的变革之一。

与此同时，我国还构建了综合利用土地资源的生态农业模式。比如明朝江南地区广泛推行的"稻田养鱼"这样的生态养殖法，不但实现了"一地两用、一水双收"，而且鱼能够吃掉水稻田里的蚊虫卵，因蚊虫叮咬而产生的疟疾在宋元两朝曾肆虐中国，在明朝时却已经不是大害了。再比如起源于春秋战国时期的"桑基鱼塘"模式，通过"塘埂种桑、桑叶喂蚕、蚕沙养鱼、鱼粪肥塘、塘泥壅（yōng）桑"的完整链条，形成可持续、多层次的生态农业系统，其科学的物质循环利用和能量多级利用至今依旧堪称完美，后来还衍生出果基鱼塘、蔗基鱼塘、菜基鱼塘等多种生产模式，不但保护了农业生态环境，营造了农业生态景观，也收到了理想的经济效益。此外，还有大家熟知的江苏兴化的垛田、云南红河的哈尼梯田等一系列全球重要农业文化遗产，都是我国古代先民因地制宜开发利用土地的世界性创举，体现了古代劳动人民高超的智慧和创造力。

二是创新"三类农具"，推动生产方式变革。这三类农具就是耕播整地农具、收割加工农具、农田灌溉工具。

第一类是耕播整地农具。比较有代表性的有耒耜（lěi sì）、耧车、曲辕犁等。耒耜是先秦时期的主要农耕工具，可以看作是犁的前身。早在原始锄耕阶段，我国先民就在黄河流域用耒耜开辟了相当大规模的农田。由于出现了耒耜才有了真正意义上的耕播农业，这实际上开创了中国的农耕文化，奠定了我国进入文明时代的物质基础。耧车是西汉赵过发明的专门用于播种的机具，这是近代条播机的雏形，当时"一人一牛，日种一顷"。耧车大约在18世纪经由威尼斯和法国南部传入英格兰，后经杰斯洛·图尔改进成了近代播种机，在这方面我们比欧洲早了大约1 700年。曲辕犁是唐代后期的发明，也是我国传统耕犁发展史上的另一次重大变革。它解决了以前的长直辕犁比较笨重、回转困难、耕地费力的难题，成为古代中国耕作农具成熟的标志。18世纪，曲辕犁传入欧洲，西欧的近代犁由于采取了中国犁的摆动性和曲面壁，才形成既能深耕又便于翻碎土壤的新型耕作体系，成为西欧近代农业革命的起点。

第二类是收割加工农具。这方面种类比较繁多，主要涉及谷物的收割、脱粒、加工。我国从原始农业起，收获作物时就开始使用石刀和石镰，区别是刀无柄、镰有柄。商周时期出现了"铚"（zhì），是一种用青铜打造的短柄镰刀。秦汉时期又出现了"镈"（bó），这是一种长柄两刃的铁制镰刀。到了唐宋时期，为适应北方小麦生产的大发展，劳动人民创制了一种把儿很长的大镰刀，叫作"钐"（shàn），专门用于割小麦，一人一日可收麦数亩，在实现机械收麦之前，麦钐就是"手动收割机"。谷物收获后，最初人们是用手搓脚踩、牲畜践踏、木棍扑打等方法来脱粒。后来春秋时期出现了连枷，脱谷效率大大提高，现在很多农村地区还在使用。在唐代连枷还经过改造用于守城，今天使用的双节棍也是连枷的改良品。谷物脱粒后，要把颖壳、籽粒分开，起初用簸箕扬、用木锨扬，都是利用粒重壳轻的风力原理。到汉代时我国就发明了风车，通过摇动风车形成定向气流，把比重不同的籽粒和颖壳分开，这项发明比西欧领先 1 400 多年。在谷物加工方面，有舂和磨两种工具。开始时是人捣人推，东汉至晋代时就开始利用畜力和水力进行"舂米"和"磨面"，这在当时世界上都处于先进地位。现在农业农村部附近还有一个叫"水碓（duì）子"的社区，就是以前稻米加工的地方。

第三类是农田灌溉工具，主要有翻车（也叫龙骨车）和筒车两大类。上古时代需要灌溉时，要用瓦罐把水一罐罐提上来，耗费大量人力物力。直到东汉末年出现了翻车，才真正满足大田排灌的需要。唐代时牛转翻车已经传到了日本，宋元以后又新创了水转翻车、风力翻车，但都不如人力翻车好用。在电力抽水机推广以前，翻车一直是我国农村地区使用最广泛的排灌工具。南宋诗人范成大曾有诗云："下田戽（hù）水出江流，高垄翻江逆上沟。地势不齐人力尽，丁男长在踏车头。"后来唐代又发明了另一种高效提水工具筒车，主要在我国西南地势相差较大、水流湍急的地方使用。高转筒车甚至可以把水引至七八丈高，相当于七八层楼的高度。

三是建设"四项工程"，改善农业基础条件。农谚上常讲"有收无收在于水，收多收少在于肥"。可见，水利是农业的命脉。中国的农业发展史，也就是发展农田水利、克服旱涝灾害的斗争史。由于我国的地势复杂，各地所要解决的水利问题不尽相同，因此我国的水利工程可以称得上是类型多样。比较典型的工程有以下几种：

第一种是渠系工程。主要应用于平原地区，以蓄水灌溉为主，是我国农田水利建设中最普遍的一种工程。早在战国时期，这种工程就已经出现。比如郑国渠，秦王嬴政刚即位的时候，韩国派著名的水工郑国到秦国去帮助修渠。这本是韩国的一个"疲秦"之计，但没有想到郑国渠修好之后，它的灌溉面积扩大到 400 万亩地，关中因此成为良田沃野，后来"秦以富强、卒并诸侯"，郑国渠为秦一统六国奠定了经济基础。再比如留名千古的四川都江堰，是秦昭王时期李冰父子主持修建的，让成都平原从此变成了"水旱从人、不知饥馑"的"天府之国",两千多年来一直发挥着防洪灌溉的作用,至今灌区还覆盖30余个县市、近千万亩土地,是全世界迄今为止年代最久、仍在使用的宏大水利工程。

第二种是陂(bēi)塘工程。一般建于丘陵山区,在蓄水灌溉的同时也起着分洪防洪的作用。历史上著名的陂塘工程有安徽寿县的"芍(què)陂",这是春秋时期楚国令尹孙叔敖所建,是我国最早的蓄水灌溉工程,被誉为"世界塘中之冠"。还有浙江绍兴的鉴湖,大家都知道的"鉴湖女侠"秋瑾的祖籍就是浙江绍兴。鉴湖的建成,为这一地区近百万亩农田解除了长期积涝和海水倒灌的问题,驰名中外的绍兴老酒也是用鉴湖水酿造的,现在这里已经成为江南水乡的名胜风景区。

第三种是圩田工程。在低洼地区建造堤岸、阻拦外水、排除内涝、修建良田。这既是水利工程形式,也是土地利用方式。比如太湖的圩田,在春秋战国时期就已经出现,在五代的吴越时期达到鼎盛。吴越国经过80多年的努力,使太湖地区变成了一个低田不怕涝、高田不怕旱、旱涝保丰收的富饶地区。据记载,在吴越经营太湖的80多年中,只发生了4次水灾、1次旱灾,这是太湖地区历史上水旱灾害最少的一个时期。

第四种是坎儿井工程。这是新疆地区利用地下水进行灌溉的一种特殊形式,距今已有2 000多年的历史。新疆地区雨量少、气温高,水分极易蒸发,且地面流水又极易渗漏。针对这种特殊的自然特点,当地人民创造了坎儿井工程,引高山雪水入地下潜流,再把地下水引至地面灌溉农田。在新疆的吐鲁番市,坎儿井被称为"生命井",让苦旱苦寒之地变成绿洲,在新疆的农业生产中起到了至关重要的作用。

四是构建"五项技术",推动农业可持续发展。农作物的栽培技术中,品种的选择、土壤的培肥改良、科学合理的施肥、病虫害的综合防治、收获后的储藏加工等等,都是关系到产量和品质提升的重要措施和关键环节。从春秋战国时代开始,我们就开始重视种子、耕地,重视肥料、植保,推动农作物的栽培管理技术体系日趋成熟。

第一是选种育种技术。我国很早就开始了良种选育的探索和实践。战国人白圭(guī)说:"欲长钱,取下谷;长石斗,取上种。"意思是想赚钱，要收购便宜的粮食；想增产，要采用好种子。这表明当时人们已经认识到采用良种是最经济的增产方法。贾思勰在《齐民要术》中介绍了一种混合选种法，每年选取长得好的穗子，单收单藏，作为第二年大田的种子，这种方法比西欧早了1 300多年。到了明清时期，又有了单株选种法，也叫"一穗传"，就是选一个具有优良性状的单株或单穗，连续繁殖，从而培育出新的品种。康熙皇帝曾经运用这种方法育出了当时著名的早熟品种"御稻米"，并作为双季稻在江浙大面积推广。清代官修的大型农书《授时通考》中收录的水稻品种就高达3 429个。

第二是土壤改良技术。在古代，土和壤是有本质区别的，一般万物自然生长的地方叫"土"，人们进行耕作栽培的地方叫"壤"。关于地力与作物产量的关系，春秋战国就开始有了认识，从那时起人们就推动土壤改良，把用地和养地结合起来，这是中国传统农业的一个突出成就。像盐碱地改良，自战国以来我们积累了2 000多年的经验，引水洗盐、种稻洗盐、开沟排盐、绿肥治碱等一系列行之有效的措施，为我国开辟了大量良田。魏国的西门豹修建的"引漳十二渠"（河北省临漳县邺镇和河南省安阳市北郊一带，当时可灌溉农田近10万亩），就是我国最早的引水洗盐工程。种养结合是老祖宗保持"地力常新壮"[①]的重要手段，当时养猪不是单纯为了吃猪肉，在很大程度上是为种植业提供粪肥。明代江浙地区就流传一些俗语，"种田不养猪，秀才不读书""养猪不赚钱，回头望望田"，意思是养猪只是副业，种田才是本职，抓事物要抓住根本，这也是古代农民朴素的智慧。

第三是田间施肥技术。"庄稼一枝花，全靠肥当家。"早在战国时期，农民就使用人畜粪尿、杂草、草木灰等做肥料。到了魏晋南北朝时期，开始种植苕子、绿豆、小豆、胡麻等绿肥作物，这在我国肥料发展史上具有重要意义，为我国开辟了一个取之不尽、用之不竭的再生肥料来源。宋元时期，一些无机肥料如石灰、硫黄等也开始在农业生产上应用，这个时期

---

① 经常在耕作的土地上增添肥沃的客土，施加肥料，就可以促使耕地保持地力，从而支撑农作物生长发育。"家土换野土，一亩顶两亩"。南宋之前的旧观点则认为"田土种三五年，其力已乏"。

还形成了"用粪得理"的理念，也就是现代所说的合理施肥，而且针对不同的作物有不同的施肥方法，比如"麦要浇芽，菜要浇花""大麦粪芒，小麦粪桩"（意思是施基肥和追肥）等等。到了明清时期，我国的肥料种类总计达到 130 种。清代的杨屾（shēn）在《知本提纲》中还提出了"酿造粪壤"十法和"时宜、土宜、物宜"的"施肥三宜"原则，反映了当时的肥料积制和施用技术已经达到非常高的水平。

第四是植保防控技术。古代没有农药、杀虫剂这些现代的化学药品，在长期的实践中，伟大的劳动人民摸索出了农业防治、生物防治、人工捕捉等多种防虫抗病的综合措施。比如农业防治，战国时期就已开始使用深耕的方法灭虫，采用适时播种的方法避虫，北魏时期又提出了轮作防病和选用抗虫品种的经验。比如生物防治，从晋代开始就使用黄猄（jīng）蚁防治柑橘园中的害虫，这是世界上以虫治虫的最早先例，而且我国历朝历代都重视保护益鸟来治虫。比如人工捕捉，以前出现蝗灾多被认为是上天降下的惩罚，是不敢捕杀的；直到唐代开元年间，由宰相姚崇推动，才揭开了由国家组织捕杀蝗虫的序幕，仅汴州一地"得蝗十四万石"。这些防虫治病措施均有重大的创新实践价值，而且基本无污染，对我们现代保护生态环境都具有很强的借鉴意义。

第五是收获仓储技术。《史记》有云："仓廪（lǐn）实而知礼节。"仓廪就是储藏粮食的仓库。《礼记·王制》中有这么一个观点："国无九年之蓄曰不足，无六年之蓄曰急，无三年之蓄曰国非其国也。"就是说："国家没有 9 年的储蓄，不够；没有 6 年的储蓄，很紧急；如果没有 3 年的储蓄，国家就不是国家了。"所以历代统治者都高度重视粮食储存。比如，隋朝在各地修建了许多粮仓，其中著名的有兴洛仓、回洛仓、常平仓、黎阳仓等，存粮皆在百万石以上。后来隋朝灭亡 20 多年后，存储的粮食布帛还没有用完。1969 年在洛阳发现了隋朝"含嘉仓"遗址。据史料记载，该仓在唐天宝年间储粮 583 万石，约占全国储粮总数的一半，其中一个粮窖还留有已经炭化的谷子 50 万斤，一些出土的粮食经过特殊种植后还能正常生根发芽、结出果实。由此可见，隋朝时期的建筑工艺和粮食储存技术已经达到相当先进的水平。

此外，中国是世界上最早栽培稻、蚕、柑橘、杏、李、枇杷、荔枝、茶和大豆的国家，也是世界上最早应用温室栽培、水稻育秧移栽、嫁接等技术的国家。这些技术均领先世界上千年，并通过国际文化技术交流传入世界各地，为世界农业发展作出了重大贡献。

五是传承"农学思想"，农业科技薪火相继。中国传统农业技术虽然是建立在直观经验基础上，但并不局限于单纯的经验范围，而是通过实践形成了自己的农学理论，表现为若干富有哲理性的指导原则，"三才"理论就是它的核心和总纲。英国著名专家李约瑟认为中国的科学技术观是一种有机统一的自然观，这种自然观在古代农业科技中表现得尤为典型。

首先是顺天应人的三才观。"三才"即天、地、人。《吕氏春秋》中对农业"三才"阐述得比较清楚："夫稼，为之者人也，生之者地也，养之者天也。""稼"就是农作物，"天和地"指自然界的气候、土壤、地形等，属于农业生产的环境因素，而"人"则是农业生产的主体。这高度概括了农业的本质是农作物、自然环境和人构成的相互依存、相互制约的生态系统和经济系统。它主张人和自然不是对抗的关系，而是协调的关系，"人"既不是大自然的奴隶，也不是大自然的主宰，而是"赞天地之化育"的参与者和调控者，即所谓的"天人相参"。这是"三才"理论的核心和灵魂，也是中国传统农业之所以能够实现几千年持续发展的重要原因。

其次是趋利避害的农时观。由于农业生产的季节性很强，传统农业有很强的农时观念，上到天子，下到百姓，都强调不失农时、不违农时、不误农事。国家颁布月令、历书，都强调要遵守节气。大家熟知的"二十四节气"就是古代人民通过观察自然规律总结出来、用来指导农事的时间节点，这在秦汉时期就已经完全确立起来了。"谷雨前后，种瓜点豆""立夏拔草，秋后吃饱"，这些朴实的节气农谚也建构了中国人的生活韵律之美。"顺时"的要求还进一步延伸为"取之有时，用之有度"，比如先秦时代"以时禁发"的措施，"禁"就是保护，"发"就是利用，只允许在一定时间内和一定程度上采集利用野生动植物，禁止在它们萌发、孕育和幼小的时候采集捕猎，更不允许焚林而狩、竭泽而渔。这些生态保护理念，我们直到现在还在遵循实践。

最后是立典传经的农政观。在我国悠久的农业历史中，遗存了丰富的农学典籍，成为中国农政史的系统记载。据统计，在西方近代农学传入我国以前，我国共出现了634部农书，至今保存下来的仍有300余部，不同时期的农书深刻反映了当时的农学水平。其中比较著名的有这么5部。（1）一部是战国时秦相吕不韦主持编撰的杂家名著《吕氏春秋》，其中《上农》《任地》《辩土》《审时》4篇专论农事，内容涉及农业政策和农业技术的许多方面，是中国传统农学的奠基之作。（2）一部是西汉的《氾（fán）胜之书》，一般认为这是中国现存最早的一部专门性的农书，是在铁犁牛耕基本普及的条件下，对我国农业科学技术进行的一次具有划时代意义的总结。（3）一部是北魏贾思勰的《齐民要术》，这是对两汉以来黄河流域农业生产技术作出最为系统总结的巨著。此后1 000多年，我国北方旱作技术始终没有超越它指出的方向和范围。（4）一部是元代王祯的《农书》，全书用2/3的篇幅介绍了260种农具和农业设施，而且每种农器"有图有真相"，是我国现存最古最全的农器图谱。（5）一部是明代徐光启的《农政全书》，这是一部50余万字的集大成之作，第一次把"数象之学"（对历史资料进行统计分析，指导当前农业生产）应用于农业研究，贯穿着治国治民的"农政"思想。这些农书都远远超过同时代的西欧，是老祖先留给我们也是留给全人类的宝贵遗产。

二、近代农业科技缓慢发展

近代农业，从时间上来讲，是指1840年鸦片战争爆发到1949年新中国成立的这段时间的农业；从属性上来讲，指的是由西方近代科学技术武装起来的农业。这个时期，是世界第一次和第二次科技革命和产业变革的叠加交汇期，英美等世界主要资本主义国家先后完成了农业机械化、化学化、规模化和集约化的改造。反观中国，鸦片战争之后内忧外患日益严重，甲午战争之前关注的都是西方强大的军事力量和发达的工商业，"鲜有留心农事者"。直到"戊戌变法"前后，才开始引进和搬用西方近代农业科学技术，这实际上比中国近代史晚了半个世纪。而且由于战火连年，农业生产遭到严重破坏，我国近代农业科技曲折前进、发展缓慢。总体来说，呈现如下几个趋势。

一是从传统技术向近代科学过渡。近代农学以德国科学家李比希在1840年建立的养分归还学说为起点。他提出了最小养分定律，即作物产量由相对含量最少的养分决定。他说："农业是一种技术，同时又是科学，它的理论基础应当包括对植物生活条件、生命元素起源和元素来源的认识。"在这种理论的指导下，西方把农业科学技术推上了一个重要高度，遗传学、化学、植物学、生理学、土壤学等现代自然学科的研究成果和研究方法逐渐应用于农业。

比如育种理论方面。1838年，德国植物学家施莱登和动物学家施旺先后明确提出了细胞学说，认为所有生物都是由细胞构成的，所有生物发育都是从一个单细胞开始的，新的细胞都是在现存细胞基础上通过分裂产生的，恩格斯将它列为19世纪自然科学三大发现之一。1859年，英国生物学家达尔文的巨著《物种起源》出版，指出各种生物都是在自然选择、适者生存的规律约束下进化的，为现代生物进化研究提供了理论基础。1865年，奥地利遗传学家孟德尔根据豌豆杂交试验结果，发现了性状分离现象（如豌豆花色有红花与白花之分，种子形状有圆粒与皱粒之分，植物生长有高茎与矮茎之分等），首次提出了生物遗传因子的概念，这个大家在高中学习生物学的时候应该都知道。1909年，美国遗传学家摩尔根进一步深化了孟德尔的研究，使遗传学从个体水平发展到细胞水平，指出决定生物性状的因子，也就是基因，分布在细胞的染色体上。这些学说极大促进了近代农业育种工作的全面提升。

比如化肥方面。1838年，英国乡绅劳斯用硫酸处理磷矿石制成了磷肥（过磷酸钙），磷肥成为世界上第一种化学肥料；1850年前后，劳斯又用提取煤气时所产生的氨制成硫酸铵，发明了最早的氮肥，但这种化肥直到1919年才开始投产使用。1909年德国物理化学家弗里茨·哈伯在实验室中获得了合成氨，随后卡尔·博施实现了合成氨生产的工业化，解决了氮肥大规模生产的技术问题，他们分别获得1918年和1931年诺贝尔奖。在1914年第一次世界大战爆发的时候，正是由于德国垄断了合成氨技术，能快速生产氨和硝酸，使粮食和炸药的供应有了保障，才在某种程度上增添了德皇威廉二世开战的底气。

比如农药方面。1874 年，德国化学家齐德勒首次合成了 DDT（二氯二苯三氯乙烷，一种有机氯类杀虫剂，几乎对所有昆虫都有效），这种化合物的杀虫效果在 1939 年被瑞士化学家米勒发掘出来，并且米勒于 1948 年获得了诺贝尔医学奖。1882 年，法国植物学家米拉德在散步时，偶然发现熟石灰与硫酸铜能够起化学反应，生成碱式硫酸铜，具有很强的杀菌能力，由此诞生了"波尔多液"（杀菌剂）。1941 年，美国人波科尔尼首次报道了 2，4 - D（2，4 -二氯苯氧乙酸）的合成方法，开创了除草剂进入有机时代的新纪元。欧美农业由此进入了现代阶段，也称"化学农业"或农业化学化。

而此时中国的种植业，只有太阳能的转化利用，几乎没有其他外源能量投入。直到"戊戌变法"后，农学家罗振玉编辑了《农学丛书》，范迪吉主持翻译了日本的《普通百科全书》，全面介绍了农业原理以及各方面的科学知识，才为人们提供了一种观察和处理农业问题的新工具、新视角，推动近代中国的育种、栽培、饲养、植物保护等生产活动转向依靠科学指导。比如大豆上有根瘤，我国早已发现，并发现这与年成的丰歉有着密切的关系，但并不知道根瘤为什么能起这样的作用。西方近代农学传入我国后，人们对这个问题才找到了答案，才知道"豆根上有根瘤，能吸氮归土"。比如中国近代的作物育种，引进了美国的育种技术。金陵大学在1914 年进行了初步尝试，成功培育了中国第一个用新法育成的小麦品种"金大 26 号"，该品种推广后深受大江南北的农民欢迎，农民盛赞它在 10个方面优于当地品种，如秸秆壮、成熟期短、生长整齐、产量高、出粉多而且白等等。

二是从传统农具向农业机械过渡。这一时期是世界主要发达国家进入农业机械化的关键时期。1851 年，英国的法拉斯和史密斯首次用蒸汽机实现了农田机械耕作，有人把这看作是农业机械化的开端，但当时他们的办法是把蒸汽机安放在田头，用钢丝绳远远地牵引着在田里翻耕的犁铧。后来随着蒸汽机制造技术的进步，出现了小型化的蒸汽发动机。1856 年，法国的阿拉巴尔特把蒸汽发动机安装在车辆底盘上驱动车轮行驶，发明了真正能开进田地作业的蒸汽动力拖拉机。1889 年，美国芝加哥的查达发动机公司制造出了世界上第一台使用汽油内燃机的农用拖拉机——"巴加"号拖拉机。由于内燃机比较轻便，易于操作，而且工作效率高，这为拖拉机的大规模推广应用打下了基础。从 20 世纪开始，农业生产在一些经济发达的国家逐渐进入现代化，它的标志就是由内燃机牵引的轮式通用拖拉机逐步成为农业生产上的主要动力。比如美国从 1910 年到 1940 年，用 30 年的时间基本实现了农业机械化；英国从 20 世纪 30 年代初开始，在二战结束后基本完成；法国、联邦德国、苏联也都是从 30 年代初开始，在 1955 年完成了技术转变过程。

而这一时期我国农业生产使用的主要是人力、畜力农具，小部分是水力农具。由于近代中国工业落后，机器多从国外输入，而在进口机械中，农产品加工工具如轧花机、榨油机、制茶机、碾米机所占比重较大，直到 1900 年前后，耕作机械才开始引进。1948 年，中央农业实验所曾对美国万国农具公司补助的新式农机进行了试验。结果表明，一台小型拖拉机的工作效率相当于 14 头牛。农业机械的引进、试用也激发了国人的仿制和创新思维，耕作机械、灌溉机械、收割机械、播种机械等农机具的改良和制造均有一定发展。但是由于经济落后、战火连年，加之人均耕地少、投入资金有限，我国近代农机事业发展比较缓慢。到 1949 年，全国仅有拖拉机 401 台、双轮双铧犁 2 600 余架，农业机械在农业生产上只是零星应用。而同时期的美国，拖拉机保有量已达到 235.4 万台，谷物联合收割机保有量达到 27.5 万台，农场数量近 600 万个，平均经营面积约 1 150 亩。

三是从自给自足生产向商品化生产过渡。鸦片战争以后，资本主义列强纷纷进入中国。随着外国资本、工商资本和企业经营理念的进入，封建农业和家庭手工业逐渐分离并日益商品化，使中国自给自足的自然经济逐步瓦解。1897 年以后，一些具有雄厚资本、以合股经营为主要形式、以从事商品生产为目的的农业公司开始出现。据不完全统计，到 1912 年各地共成立农业公司 171 个。其中规模最大的普生垦牧公司，股本达到 100 万元；股本最小的青镇蚕种有限公司，仅有 300 元。但它们的经济实力和生产规模都大大超过了小农生产，而且经营的业务和产品都是为了市场需要。这与小农经济"小而全"的经营和自给自足的生产性质完全不同，推动农业生产的社会分工开始发展起来，农业商品化程度得到了一定程度的提升。

四是从经验实践向教育推广过渡。 近代之前，中国农民无论是耕作栽培还是家畜饲养，都是用传统方法，全凭经验，父传子，师傅带徒弟。19世纪末，中国才开始兴办农业教育，培养农业科技人才。我国最早的农业中等专科学校是1897年林启（时任浙江杭州知府）创办的浙江蚕学馆和1898年张之洞（时任湖广总督）创办的湖北农务学堂，这两人可以说是我国兴办农业教育的先驱。1905年清政府取消科举后，批准建立京师大学堂农科大学，这是我国最早的三年制农科大学。民国时期我国高等农业院校和学科设置不断完善。据1947年统计，当时已有农科研究生32人，本科生8 096人，专科生2 051人。这一时期，还有一位立志推动平民教育、在全国兴办乡村建设学院的先驱——晏阳初。他以简单、务实、经济的方式打到民间去，青年毛泽东就曾经作为义务教员参与过晏阳初在长沙的平民教育运动。有研究者认为，这对毛泽东后来的思想方法产生了重要影响。

这个时期，农事试验场开始建立。这是我国近代农学开始出现的重要标志，搭建了中国现代农业科研体系的雏形。1906年，清政府在西直门成立了全国性的农事试验场，其遗址就是现在的北京动物园，但当时仍沿用传统的"土法"进行试验。1931年国民政府在南京成立了中央农业实验所，该实验所成为统筹各地力量开展大规模育种的指挥机关。到1933年，中国已有各类农业机构691个，在职人员7 600多人。到1946年全国选育了水稻品种300多个，选育的"中大2419"小麦品种推广面积超过7 000万亩。

此时，农业团体也开始诞生。1917年，中国最早留学回国的农学家王舜臣、陈嵘、过探先等发起组织成立了中华农学会。这在近代农史上具有重要意义，中华农学会被公认为农学研究之"总枢"。中华农学会成立的目的是联络全国农学界，推进中国农学研究及农事改进，以扭转近代中国农业外不足以与列强相竞、内不足以自给的颓势。1951年，中华农学会更名为中国农学会，目前是农业农村部的直属事业单位，已经发展成有34个分支机构、拥有30万名会员的农业综合性和学术性社会公益团体。2017

年中国农学会成立 100 周年的时候，习近平总书记亲自致信祝贺。

三、现代农业科技加速变革

　　1949 年，中华人民共和国成立，中国农业科技开启了新的历史篇章。在中国共产党的坚强领导下，在一代代农业科技工作者的共同努力下，我国农业科技面貌实现了从无到有、从小到大、从弱到强的翻天覆地的变化。作物基因组学研究领跑世界，超级稻亩产突破 1 200 公斤，科技进步贡献率超过 63%，已成为促进我国农业农村经济增长最重要的驱动力。

　　一是实现从"靠天吃饭"到"旱涝保收"的历史性转变。 1958 年，毛泽东同志根据我国农民群众的实践经验和科学技术成果，提出了"土、肥、水、种、密、保、管、工"的"农业八字宪法"。这八个字，直到今天，依然对科学种田具有指导价值。在此基础上，我们逐渐发展成良种良法配套、农机农艺融合的现代农业技术体系。在品种培育上，经过矮化育种、杂交育种、生物育种等三次技术革命，我国促成了 5～6 次作物品种更新换代，先后育成品种 2 万余个，比如超级稻、双低油菜、转基因抗虫棉等，推动粮食单产从新中国成立初期的 69 公斤/亩增加到 2021 年的 387 公斤/亩，良种覆盖率达到 96% 以上。在农田建设上，我国先后聚焦黄淮海、黄土高原、南方红黄壤三大区域开展了土壤改良重点攻关，逐步摸清了土壤质量的演变规律、作物产量形成的限制因子、农田地力提升的机理机制，形成了中低产田改造和综合治理技术体系，实现了每亩耕地平均增产 100 公斤以上。特别是针对黄淮海平原，国家组织过一场长达 28 年的科技大战役，当时有 204 个科研单位、1 141 名科技人员直接参与，攻克了适宜良种选育、耕层水肥调控、低压管道输水灌溉等系列技术，形成了配套综合解决方案，成功实现了对黄淮海平原盐碱土的综合治理，被称为中国农业的"两弹一星"工程。在病虫害防治上，新中国成立初期，面对蝗虫连年成灾、小麦条锈病爆发等灾害，几乎没有有效的防治手段。经过几代人的努力，我们逐步搞清楚了蝗虫的产卵滋生地、迁飞路径、迁飞规律，搞清楚了病菌的侵染途径、致病机制，最终建立起科学有效的病虫害监测预警体系与防控技术体系。目前蝗虫的密度已经控制在不足成灾的水平，小麦条锈病的流行面积基本控制在 150 万公顷以下，平均每年挽回约 1 亿吨粮食损失。在设施农业上，我们那一辈人在冬天只能吃上储存的萝卜白菜，后来有了一些中小型的塑料拱棚，可以提前或延后一个月生产。现在不一样了，随着纵向通风、环境精准控制等理论技术的不断突破，设施农业逐渐向工厂化、智能化发展，大家一年四季都能够吃到新鲜的瓜果蔬菜。比较知名的"中国蔬菜之乡"山东寿光，是全国大棚蔬菜的"实验田"，每年种植面积达 60 万亩，年产量达 450 万吨，"寿光蔬菜指数"成了全国各地菜价的"风向标"。目前，我国已经成为世界设施农业第一大国，总面积达到其他国家总和的 5 倍。

二是实现从"人扛牛拉"到"机器换人"的历史性转变。1959 年毛泽东同志就指出"农业的根本出路在于机械化"，要求每省每地每县都要设一个农具研究所，搜集各种农具加以比较、加以试验、加以改进，并试制新式农具。经过 70 多年的努力，截至 2023 年底，我国农业生产方式终于实现了从以人畜力为主向以机械作业为主的历史性跨越，农业机械总动力达到 10.78 亿千瓦，装备总量接近 2 亿台套。现在，我们可自主研制 4 000 多种耕地、种植、管理、收获、产后加工等机械装备，200 马力以上的拖拉机也能够实现量产了。全国农作物耕种收综合机械化率超过 73%，小麦生产基本实现全程机械化，每年麦收时节，机械跨区收割成为一景，蔚为壮观，水稻、玉米耕种收机械化率分别超过 85%、90%，畜禽水产养殖、果菜茶、设施园艺等机械化水平也在快速提升。农民种田"脸朝黄土背朝天"的景象基本成为历史。近几年，农机的智能水平也发展得越来越快，部分领域、部分环节已经实现了"机器换人"。比如，截至 2022 年 9 月，北斗卫星导航定位自动驾驶的播种机，每千米垂直误差小于 3 厘米；无人飞机进行植保防控将作业效率提升了 60 倍。到目前为止，我国智能农机、农业物联网、农业大数据等领域的全球产值占比超过 30%，这是一个很大的体量。

三是实现从"大水大肥"到"绿色生态"的历史性转变。自 20 世纪 50 年代以来，以美国为代表的"石油农业"快速发展，带动土地产出率、劳动生产率大幅度提高，但是这种农业方式投入高、能耗也高，特别是化肥、农药等长期过量使用，导致土壤退化、生物多样性减少、环境污染越来越严重，也引起了人们的反思。当时，我们为了增产保供，也是大水大肥，透支资源生态。我现在还记得 2015 年我国农业生态环境的一组数据：化肥施用量达 6 022 万吨，亩均施肥量是美国的 2.6 倍；农药利用率约为 35%，较发达国家低 20%～30%，田间地头每年还会丢弃近 30 亿个农药包装物；每年畜禽养殖粪污产生量约为 38 亿吨，利用率不足 50%；地膜使用量超过 140 万吨，是世界其他国家总和的 2.5 倍；每年还会产生 8 亿多吨的农作物秸秆，在露天焚烧严重时，产生的浓烟导致飞机都无法降落。大家想一想，农业资源环境的压力大不大。那时我正在农业部当部长，贯彻习近平总书记加快转变农业发展方式的要求，我们就着力推动农业绿色生产技术的创新和应用，实施了"一控两减三基本"行动，"一控"就是控制农业用水，"两减"就是化肥和农药减施，"三基本"就是农作物秸秆、畜禽粪污、农膜基本实现回收利用。通过几年的努力，基本上实现了预期目标。现在农业由"用水大户"变成"节水大户"，农业用水占全社会用水比例由 2012 年的 63.6% 下降到 2020 年的 62.1%，灌溉用水有效利用系数由 2012 年的 0.536 提高到 2020 年的 0.559，每年节水近 300 亿立方米。化肥农药从过量施用到现在连续 4 年实现负增长，秸秆、农膜、畜禽粪污 80% 以上实现了回收利用、变废为宝，农业农村生态环境发生了根本性转变。

四是实现从"一把尺子一杆秤"到"装备精良"的历史性转变。 改革开放迎来了科学技术事业发展的春天。在这一时期，我国农业科技条件、科技创新能力从点到面、从小范围到大规模，发生了全方位的变化。像农业科研条件，老一辈的科学家做科研，基本上就是一台烘箱、一把尺子、一杆秤，有台电子天平都算高端设备了。现在不一样了，即使到县一级的农业局，配备的不少设备都是自动化的，部分还是高精尖的。而且我们在基因改良、疫病防控、生物安全等领域还建成了一大批国家重大科学工程、全国重点实验室，也加快建设了一批 P3 实验室、P4 实验室，拥有了一批农业领域的"国之重器"。像农业科研体系，全国现有农业科研机构

865 个（国家级科研机构 111 个、省级科研机构 90 个、地市级科研机构 309 个、县级科研机构 278 个，涉农高校 77 个），农业科研人员总数达 42 万人（科研机构和高校科研人员 12 万人，企业科研人员 30 万人），农业领域两院院士有 150 人，已经建成了从中央到地方层级架构完整，机构数量、人员规模、产业和学科覆盖面均为世界领先的农业科技创新体系。像农业推广体系，1931 年，当时的国民政府成立了一个全国性的农业推广机构，但就干了两件事：一件是编辑一些书刊，另一件就是创建"中央模范农业推广区"，所起的作用非常有限。新中国成立后，农业推广事业才以前所未有的气势普遍兴起。现在全国农技推广机构有 5.3 万个，近 50 万名基层农技人员常年扎根于农业生产一线，成为贯彻党的"三农"政策、发展现代农业的重要依靠力量，为农业农村持续稳定发展作出了巨大贡献。像农民教育体系，改革开放之前农民教育培训体系尚未形成，当时主要依托农民业余学校、识字运动委员会、"五七大学"等开展业余教育、"半农半读"。改革开放之后，逐渐建立了各级农业广播电视学校，形成了现代高素质农民教育培训体系。现在全国共有各级农广校 2 000 多所，近年来培训高素质农民 800 万人次，推动一批能创新、敢创业的"新农人"加入了农民队伍，带动了一批想务农、有经验的"老农人"转变观念、提升技能。

　　五是实现从"摆摊叫卖"到"快捷通达"的历史性转变。世界发达国家的农产品产销链，主要具有 4 个方面的特点，即高效的物流体系、成熟的中介组织、灵活的对接机制以及坚定的品牌理念。比如法国有 800 多家牛奶销售合作社，收购全国一半左右的牛奶；荷兰 80％的蔬菜、82％的水果和 90％的鲜花都通过拍卖市场成交；日本 1979 年就开始打造具有地方特色的区域公用品牌，促进农产品销售。多年来，我国在借鉴国外先进经验的基础上，加速推动农业品牌化、市场化、信息化发展，成效非常显著。其一是"品牌链"得到全面拓展。过去，枣就是枣，核桃就是核桃，衍生品很少，主要还是精深加工的技术不多。现在通过一大批新工艺新材料新技术的融合应用，比如真空冷冻干燥技术、超高压加工技术、超临界萃取技术等等，越来越多农产品告别"原字号"，逐渐从"摆摊设点""提篮叫卖"向"超市专柜""品牌经营"转变。比如，枣中间夹个核桃，取名"早想和你在一起"，大枣成为"好想你"，就很受欢迎，卖得很好。还有经初级加工的产品向品牌经营转变。比如，核桃变成"六个核桃"，柑橘变成"吃情不变，香约罐头"，砍不动、摔不坏的椰子成了椰子汁，而这些都有技术装备支撑。据统计，现在我国已形成4大类、22个中类、57个小类共计数万种食品，农产品加工业成为支撑我国国民经济发展的战略性支柱产业之一。2020年这个领域的营业收入高达23.2万亿元，吸纳了3 000多万人就业。其二是"流通链"加快构建。现在，电子商务、生鲜直供等消费新模式层出不穷，"北粮南运""南菜北运"等大规模、长距离的农产品跨地域流动成为常态，为产销对接提供了现实基础和广阔空间。分散的农户也通过农业专业合作社等新型农业经营主体组织起来了，出现了"公司＋农户""公司＋生产基地＋农户""订单农业"等许多新型的经营组织形式，加上冷链保鲜、智能分拣、信息传送等技术装备的研发与广泛应用，农业生产效率和农民收入水平显著提升。海南岛的蔬菜到了北京新发地仍然保持低体温，广东沿海的鱼睡一觉到北京仍是活的，生产者、经营者、消费者大家处在一个链条上，共享科学技术的恩惠。其三是"信息链"得到高效应用。大数据、云计算、物联网、区块链、人工智能等信息技术加快融入农业产销环节，农民搞生产可能只需要一部智能手机，"手指一划"，就可以实现对作物种植、畜禽水产养殖的精确化管理和自动化控制。现在利用"互联网＋"等手段进行农产品销售也越来越频繁，就像大家平时在手机上点外卖一样，农民网上卖菜、市民上网买菜十分普遍。空间上的"万水千山"变为网络里的"近在咫尺"，过去"养在深山无人知"的农产品现在可以走出大山，甚至迈出国门。小众农产品也可以对接大城市，货卖用家。

历史是一面镜子，是生动的教科书，知兴衰、明得失，可照现实、可照未来。回溯中国古代、近代与现代农业科技发展历程，我认为可以得出以下几点启示：

其一是必须传承好优良的农业传统。我国传统农业曾长期处于世界领先地位，只是在"效率为王"的时代，我们有一些技术落伍了，但这并不是说我们传统农业科技的理论和技术没有可取之处。虽然西方近现代农业科技有其先进的一面，但也要看到石油农业、无机农业带来的许多弊病，生态农业、循环农业才是未来的发展方向。老祖先的精耕细作、变废为宝、用地养地等一系列可持续发展的理念和技术，直到今天还备受国际农学界推崇。我们在农业发展中千万不能轻视、不能丢弃这些优良传统，要不断对丰富的农业文化遗产作深入挖掘研究，进而发扬光大。

其二是永远不要停下创新的脚步。历史充分证明，科技的每一项重大创新和革命性进步，都会带来产业的巨大进步和发展。我国古代农业领先是这样，近代农业落伍、农民贫困，科技进步缓慢是直接甚至可以说是主要原因。老牌的欧洲国家不用说了，我国第一所农业学校的出现较美国晚100年，第一份农学报刊的出现晚了近80年。总结历史经验，科技和教育的落后不能不说是其中的重要原因之一。当今世界，谁牵住了科技创新这个"牛鼻子"，谁走好了科技创新这步"先手棋"，谁就能占领先机、赢得优势。唯有创新，才能自强、才能争先，我们农业科技自主创新的脚步一刻都不能停下来。

其三是坚定走中国特色的农业科技现代化道路。中国的国情及资源禀赋决定了我们不可能亦步亦趋地走西方式农业发展道路，必须紧紧依靠自己的力量，在借鉴国际先进经验的同时，始终立足国情农情和农业产业需求，遵循农业科技创新规律，把保障粮食安全和重要农产品有效供给作为首要任务，把突破农业资源约束作为主攻方向，把构建良种良法配套、农机农艺融合、高产优质并重的技术体系作为主要任务，把加强农业技术推广、农民教育培训、农业科技人才队伍作为重要保障，真正发挥科技支撑农业发展的最大效能，走出一条具有中国特色的农业现代化道路。这是我和读者分享的第一部分内容。

中国农业农村现代化需要哪些科技支撑？

农业现代化，关键是农业科技现代化。习近平总书记指出，农业的出路在现代化，农业现代化的关键在科技进步和创新。当前，科技创新成为国际战略博弈的主要战场，世界各国围绕科技制高点的竞争空前激烈，农业领域也不例外。面对这些新形势、新挑战，如何加快实现农业科技的自立自强，值得我们深思。我认为，首先要提高站位、明确思路、找准方向。习近平总书记的讲话指出：在农业科技创新发展思路上，要重点掌握好"四个面向、三个导向"。"四个面向"是习近平总书记2020年在科学家座谈会上提出来的，是新时代引领整个科技事业发展的指导思想和行动指南。对农业科技而言，就是面向世界科技前沿，增强农业科技创新原动力；面向经济主战场，增强农业高质量发展的科技引领力；面向国家重大需求，增强农业农村现代化的科技支撑力；面向人民生命健康，增强美好生活的科技服务力。在这方面，习近平总书记2017年在致中国农科院建院60周年的贺信中就作出了"三个导向"的重要指示。"三个导向"就是"问题导向、需求导向、产业导向"。习近平总书记2013年11月在山东农科院座谈会上指出，矛盾和问题是科技创新的导向，解决瓶颈制约始终是农业技术进步的主攻方向。农业领域还有很多"受制于人""受制于技""受制于灾"的"卡脖子"问题和短板弱项，比如核心种源、智能农机装备、高端传感器、合成药物等等。农业科技有着自己的使命任务、主攻方向，粮食生产稳面积保供给，需要依靠科技提产能、挖潜力；产业发展稳基础增效益，需要依靠科技补短板、强弱项；乡村建设稳步伐提质量，需要依靠科技促转型、增绿色；农民增收稳势头强后劲，需要依靠科技调结构、拓途径。总而言之，我们就是要在"四个面向"的思想指导下，坚持"三个导向"加快推动农业科技攻关，努力抢占世界农业科技竞争制高点，从而掌握发展主动权、塑造更多新优势，像习近平总书记希望的那样，真正给现代农业插上可以高飞远翔的金翅膀，为我国由农业大国走向农业强国提供坚实的科技支撑。具体来说，需要重点突破以下四个方面的技术。

一、聚焦"要不来、买不来、讨不来"的关键核心技术，突破"卡脖子"困境

对于什么是"卡脖子"，我当时总结了这么几条，就是国计民生"绕

不开的"，基础前沿"根子上的"，核心技术"在别人手上的"等农业重大技术领域，这些技术都是要不来、买不来、讨不来的。怎么突破"卡脖子"困境，避免被别人"一剑封喉"？我认为关键的是要抓好"两个要害、一个支撑"。两个要害就是种子、耕地，一个支撑就是农机装备。

首先，讲一讲种子，这是农业的芯片。一粒种子可以改变一个世界，种业也是国际科技竞争的前沿。在中国，良种对农业增产的贡献率已经超过45%，基本做到了中国碗主要装中国粮、中国粮主要用中国种，像水稻、小麦两大口粮作物品种都能实现100%自给。但是我国种业自主创新确实与发达国家有差距，一些品种、领域和环节，如果出现极端断供情况，会直接影响我国农业发展速度、质量和效益。比如2021年我国玉米、大豆单产只有美国的60%左右，美国杜邦公司的"先玉335"成为我国推广面积第二大的玉米品种，国外的设施蔬菜种子在山东寿光占据了"半壁江山"。还有我们的育种技术，很多读者可能了解过，种业发展可分为四个阶段，1.0时代是农家育种（自留种），2.0时代是杂交育种，3.0时代是分子育种，4.0时代是"生物技术＋人工智能＋大数据信息技术"育种。目前发达国家已进入种业4.0时代，我国还在2.0和3.0时代之间。落后就要赶超，种源安全关系着国家安全，我们必须把种业科技作为重中之重，加快生物育种产业化步伐，这是提高单产、降低成本的必经之路。我们既要保持水稻、小麦等品种的竞争优势，也要缩小玉米、大豆、生猪、奶牛等品种与国际先进水平的差距，实现种业科技自立自强、种源自主可控。尤其是种源高度依赖西方的畜禽品种，如中国人吃得最多的猪、喜欢吃的鸡和将来消费增量大的牛，必须下大力气，久久为功。现在在鸭子种业科技方面我们已经世界领先了，鸡也已经突破了。此外，奶牛品种全世界都是荷斯坦"黑白花"，生猪都是"杜长大"，肉牛差不多也都是西方培育的夏洛莱、利木赞，既然别人突破得了，我们是饲养大国、消费大国，就更应该有所创新、有所突破。

其次，讲一讲耕地，这是粮食生产的命根子。我国用占世界不到10%的耕地养活了占世界近20%的人口，这是了不起的成就，但也导致耕地长期高强度利用、退化加剧。从数量上看，全国耕地面积为19.18亿亩，逼近 18 亿亩耕地红线。从质量上看，全国耕地由高到低依次划分为十个质量等级，其中一等到三等耕地仅占 31%，中低产田占比高达 2/3 以上，东北黑土地"变瘦变薄"的问题也比较突出。而且由于城镇化的快速推进，耕地占补平衡时，很多是"占近地补远地、占好地补劣地、占水地补旱地"，补充耕地与被占耕地的质量一般差 2~3 个等级。耕地问题是国之大者，包括两个方面：一是要严格保护耕地。习近平总书记曾经讲过，"保护耕地要像保护文物那样来做，甚至要像保护大熊猫那样来做"。二是要提升耕地质量。在这方面我认为必须软件和硬件"两手抓"。在硬件上要运用工程技术，加大高标准农田建设力度，配套合理的栽培措施，打造一大批"吨粮田"，国家已于 2020 年底建成 10 亿亩高标准农田。在软件上要创新科学技术，在土壤组学、生物固氮、养分管理、秸秆还田、有机培肥、污染防控、盐碱改良、旱作节水等关键技术上下功夫，推广"有机循环、用养结合"的种植模式，加快实现"藏粮于地、藏粮于技"。总之，耕地是我们国情使然的瓶颈约束，也需要依靠科技包括耕作制度，不断提高土地产出能力和可持续利用能力。

最后，讲一讲农机装备，这是农业现代化的必由之路。就规模总量而言，我国农机装备已经是世界第一，但是从产品竞争力来看，仍然集中在中低端水平。一方面，高端农机装备严重依赖进口。比如，国产 340 马力无级变速（CVT）拖拉机于 2023 年方批量交付使用，而国外已经能够生产 650 马力以上的 CVT 拖拉机了，差距明显。国产 240 马力拖拉机 2015年才开始生产，直到 2017 年平均故障间隔时间才达到 340 小时，仅为发达国家 20 世纪 80 年代的技术水平。谷物联合收获机相对成熟一些，但智能控制系统尚无国产可替代。目前国产谷物收获机无故障时间仅为 60~80 小时，而欧美、日本可达 100~200 小时。就世界农机综合实力来看，高端、超大、复合、精尖的农机装备主要分布在欧美日等发达经济体中。比如美国的约翰迪尔、凯斯纽荷兰、爱科三大农机品牌占据前三，德国的克拉斯、日本的久保田及洋马等紧随其后。比如，约翰迪尔在创新上投入了大笔资金，其研发投入约占其年收入的 4%。其研发的无人驾驶拖拉机，用户只需将机器运到地里，并将其设置为自主操作。在拖拉机工作时，用户可以离开田地，处理其他工作，同时从移动设备上监控工作状态。据统计，2019年我国2 500家农机企业中，真正具备研发能力的只有约100家，大多数企业的产品开发仍处于抄袭模仿、修修改改的阶段。另一方面，适应南方丘陵山区的小型小众机械还相对缺乏。我国约有40%的水稻、20%的玉米、58%的油菜，以及90%的茶园、60%的果园、37%的蔬菜分布在这个区域。目前，丘陵山区机械化率仅有50%，劳动强度大、耕作效率低，很多活人工不愿意干，机械又顶不上，这是丘陵山区耕地撂荒、特色产业发展滞后的重要原因之一。这部分耕地如果不能被高效利用起来，不能进入农机化、信息化，我国将有很大一块区域难以实现农业现代化。还有就是一些关键核心零部件需要攻克。比如我们经常看到在田间作业的秸秆打捆机，它有一个核心部件——打结器，打结器的质量直接决定了一台打捆机的性能和品质，但因打结器这一"卡脖子"难题，国内市场上超过一半的产品需要进口。比如打农药用的喷雾器的喷头，也一直攻克不了，要么滴水浪费，要么喷雾不均匀，这个问题困扰了我们快十年了。这些零部件看似很小，却是核心难题，必须加快攻关。所以，农机装备这块短板必须加快补齐，尤其要攻克关键核心零部件、高性能软件、低损减阻材料、整机产品等，推进农机装备由功能化到智能化再到网络化，还要建成"一大一小"农机先导市场。同时也要不断拓展农机应用场景，推动农艺与农机相适应相匹配，推广宜机化的种植模式、作物品种。

二、加快布局战略性、引领性的基础原创技术，争夺"制高点"优势

目前，国际农业科技竞争不断向基础前沿和新兴交叉技术研究前移，由此引发科学研究范式的深刻变革、学科交叉深度融合、颠覆性技术成果不断涌现。现在世界各国都在寻找支撑新一轮经济增长的引擎，力求抢占未来竞争的制高点。在日益激烈的国际竞争中，农业科技的制高点、发展主动权，我们决不能袖手旁观、拱手相让。

一是基因编辑。截至2020年底，它的核心专利（我们俗称为"基因剪刀"）有17项，其中15项在美国手中，2项在丹麦手中，这就意味着农民

只要种植这种技术育出来的品种，就要年年向专利所有者交纳使用费。大家在网上都能看到，孟山都（现已被拜耳收购）多年来一直坚持不懈地把全球各地的农户送上法庭，以征收转基因种子专利费。所幸2021年中国农业大学自主研发了两把"基因剪刀"，已经取得了国内专利，虽然应用还不广泛，但毕竟我们有了自己的"剪刀"。还有核糖核酸（RNA）表观遗传修饰技术，可以将动物的肥胖基因引入植物体内，经过遗传修饰的水稻明显长得更大、根系更长、光合作用效率更高，产量在理论上能增加3倍左右。所以，我们在基因编辑、全基因组选择、人工智能育种等新兴交叉领域，必须加快研发，千万不能落后于人。

二是人工合成食物。未来人类吃什么，有人戏称要"喝西北风"，但是从科学技术发展来看，在将来"喝西北风"真的能填饱肚子，而不只是一句玩笑话。其实，用空气制造食物并不是一个新概念，我们日常吃的爆米花95%是空气，烤面包和蛋糕的空气含量最高可达85%，棉花糖为75%，但是真正利用空气合成食物还有很长的路要走，目前还处在实验室阶段，成本很高。2019年，芬兰的一家公司开发出一种由二氧化碳、空气和可再生电力制造出的完整蛋白成分，含有50%的蛋白质，5%～10%的脂肪、20%～25%的碳水化合物以及维生素B，在口味与外观上与小麦粉类似。这种"空气基蛋白质"生产仅需几个小时，土地利用效率比牛肉高1 000倍。2021年中科院天津工业生物所，在实验室内首次实现了从二氧化碳到淀粉的全合成，在能量供给充足的条件下，1立方米大小的生物反应器年产淀粉量相当于种5亩地的玉米。还有细胞培养肉，也开始走入人们的日常生活。汉堡王在2019年就宣布销售人造肉汉堡，现在全球初创企业已经超过80家。在这方面，世界各国和企业都在加快布局，我们也不能落后，需要攻克一批先进技术，掌握一批核心专利。

三是植物工厂。这是现代设施农业发展的高级阶段，是一种高投入、高技术、精装备的生产体系，代表着未来农业的发展方向。美国犹他州立大学用植物工厂种植小麦，全生育期不到2个月，一年可收获4～5次。奥地利的一家番茄工厂，工作人员仅30人，平均日产番茄13.7吨，成本只有露地种植的60%。2021年，中国农业科学院在植物工厂环境下，成功实现水稻种植 60 天收获的重要突破，把大田环境下 120 天的水稻生长周期缩短了一半。大家知道传统育种在热带地区一年也只能生产 2～3 茬，利用植物工厂未来有望实现每年 6 茬的"快速育种"。

四是无人农场。未来谁来种地是大家普遍关注的热点问题，很多年轻人不想种地、不愿种地、不会种地，怎么办呢？作为目前最先进农业生产力的象征，"无人农场"提供了一种解决办法，这在不少地方已经有了积极的实践，基本能够实现"作物生产过程全监控，智能决策精准作业全无人"。比如，浙江宁波建设了一个万亩"无人农场"项目，将农机、农情监测设备、灌溉设备与新型的物联网、无人机遥感、无人驾驶等技术结合起来，从水稻育苗催芽到田间耕种管收，都不用农户下田，即可实现全流程的自动化生产加工。示范区水稻亩产达到 947 公斤，产量比以往提高了20％左右，用工、化肥农药等投入成本大大降低。但是在这背后，我们的高端传感器、智能决策系统、大数据挖掘、核心算法都有很大的对外依存度，有的甚至 90％要依赖进口，必须加快赶超、实现自主可控。

三、加快构建破解资源环境约束的生态循环技术，实现"绿色发展"目标

"绿水青山就是金山银山"，这是现代农业发展的重要方向，也是当前要着力解决的突出问题，最根本的是要实现资源高效利用、产地环境良好、生态系统稳定，在提高农业综合生产能力的同时，给子孙后代留下良田沃土、绿水青山。前面我介绍了"一控两减三基本"，在这方面已经取得很大成效，但是还需要持续推进、久久为功。同时，面对当前出现的一些新情况、新命题，农业绿色发展的技术支撑体系仍需加快构建。

一是农业生物安全建设。《中华人民共和国生物安全法》提出的 7 大方面风险因素，农业均有涉及，这是国家总体安全的一个重要组成部分。根据评估，我国常发农作物病虫草鼠害有 1 600 多种，严重影响粮食和重要农产品供给的有 100 多种。像草地贪夜蛾，2018 年在非洲 12 个国家暴发，导致玉米损失 1 770 万吨，相当上千万人一年的口粮。境外动物疫病传入渠道也比较多，近 20 年平均每年传入 1 种，尚有 1 000 余种存在传入风

险。我国各类疫病造成的直接经济损失每年超过 1 000 亿元人民币。比如非洲猪瘟，2018 年传入我国，病毒传播速度非常快，病猪死亡率高达100％。目前还没有研制出有效的疫苗，一旦发现疫情，只能扑杀并进行无害化处理。即使只是发现了一头患病猪，也要将周边的所有生猪扑杀，这对养殖业的打击是非常大的。还有外来入侵物种，现在已达 660 余种，其中影响农业生态系统的物种超过 550 种。比如加拿大一枝黄花、红火蚁等，大家在网上经常能见到这些新闻。这些问题如果处理不好，会对我国粮食和农业生产造成很大冲击。所以，农业生物安全建设刻不容缓，必须全面做好普查，加强动植物疫情、外来入侵物种等危害机理研究，集中攻克一批防控技术，创制一批有效产品，才能切实遏制住扩散蔓延势头。

二是农业农村减排固碳。现在"碳达峰碳中和"这个短语比较热门，各行各业都在围绕减碳做文章，这也是推动高质量发展的内在要求。农业兼具碳源、碳汇双重角色，一直是国际气候变化谈判的重要议题。在 2014年我们国家提交的温室气体排放清单中，核算的全国碳排放总量为 123 亿吨二氧化碳当量，农业领域 8.3 亿吨，占 6.7％。而且农业温室气体排放有自身的特色，主要是甲烷和氧化亚氮，来源于水稻种植、肥料施用、畜禽养殖等。这些都是保障粮食安全的基础性排放、生存性排放，与工业、交通、能源领域的二氧化碳排放明显不同。而且稻田也是湿地，小麦也是绿地。2021 年美欧等 100 多个国家和地区签署了"全球甲烷承诺"，提出到 2030 年甲烷排放较 2020 年减少 30％。但实际上，它们的水稻种植面积加起来占比很小，牛羊肉消费已经相对稳定，而我国水稻种植面积占世界的 18.3％，牛羊肉需求还在不断增长，这里面就潜存很大的谈判风险、发展风险。所以，我们要看到，碳达峰碳中和是一项长期工作，不可能毕其功于一役，搞"冲锋式"降碳、"运动式"减碳。还要树立一个基本观点，农业本身是绿色低碳的产业，农业减排固碳对"双碳"工作具有积极贡献。同时，我们也要加快构建农业温室气体监测体系、核算办法、统计制度等，强化理论、技术储备，不断增强国际话语权。

三是节本增效技术模式。推广以节地、节水、节肥、节药、节种、节能和节省劳动力以及资源综合利用为重点的农业节本增效技术，是发展现代农业的必然手段，也是提高我国农业效益和竞争力的必经之路。节本增效才有人愿意种地搞农业，现在农产品价格"天花板"很难抬升，成本"地板"降下来农业才能有竞争力，生产经营者才能增收入，在这方面我们已经做了很多事。以前我到地方调研，当地农民告诉我，一亩小麦从种到收要浇 4 次水，后来推广了工程节水、品种节水、农艺节水、管理节水等措施，比如耐旱品种、深松深耕、播后镇压等，就可以少浇 2 次水，每亩节水 100 立方米。有的地方发展微喷灌、滴灌、水肥一体化，可比传统灌溉节水 40％甚至一半以上。农业部在 2005 年开始推广一项行动，叫"测土配方施肥"，替农民种地"开方抓药"。据测算，生产同样的粮食，可节省肥料用量 10％～15％，为科学施肥、减少面源污染作出了很大贡献。现在，随着物联网、大数据在农业上的广泛应用，为农业生产节本增效又开辟了很多新的技术途径。比如，新疆生产建设兵团在 1 万亩棉花基地应用物联网技术开展精准生产，实现每年节水 40 万立方米，节肥 40 吨，节药 6.4 万元；安徽一家猪场采用智能猪舍与自动饲喂系统，一人可以管理5 000 头猪，减少了 2/3 的劳动力，节本增收 200 多万元。未来，随着更多智能化、精准化、信息化的新技术在农业生产上落地应用，农业的土地产出率、资源利用率和劳动生产率必将不断提升，节本增效效应也会更加显著。

四、树立"大食物观"加快农业科技创新，满足"粮食安全"的需求

"民以食为天"，悠悠万事，吃饭为大。现在我国粮食产量稳定在 1.3 万亿斤以上，人均占有量达 493 公斤，高于国际公认的 400 公斤粮食安全线（当然，我们的粮食概念包括豆和薯）。但是不是就彻底安全了？有人说，我们有钱，可以到国际市场上去买。但实际上全球粮食贸易量有限，每年在 5 000 亿～6 000 亿斤，不到我国粮食总产量的一半，而且世界一旦有事，各国都在捂紧自己的"粮袋子"。这次新冠疫情大流行和乌克兰危机的"蝴蝶效应"，都加大了全球粮食供给和贸易的不确定性，不是有钱就能买到粮食的。所以，保障粮食安全，这是国之大者，是底线也是生命线，容不得半点放松。保障国家粮食安全，从战略和举措上讲要做到"三

个两"：实施藏粮于地、藏粮于技"两藏战略"；保护调动农民种粮和主产区抓粮两个积极性；党政同责。这几条前面我已讲到了，真正落实，不会大错。"藏粮于技"要靠科技达到高产优质，调动农民种粮积极性也要靠科技实现节本增效。现在讲粮食安全，实际上是食物安全，也即"大食物观"（联合国粮农组织的完全表述是食物和粮食）。习近平总书记曾多次讲到这个问题，2022 年两会在政协农业组会上又强调广泛开发食物资源。食物存于自然，布于广袤空间，关键是有没有发现食物的"慧眼"和生产食物的技术。在这里我再讲讲依靠科学技术开发食物资源问题。

一是要向森林、向江河湖海要食物。依据《2022 年中国国土绿化状况公报》，2022 年我国森林面积达 2.31 亿公顷，森林中有大量木本食物、木本油料、木本调料，如板栗、核桃、红枣、油茶、油橄榄、花椒、八角等，还有大量食用菌，但是开发程度有限。拿一个小案例来讲，长白山西南坡具有开发价值的山野菜有 180 余种，目前被广泛采集利用的仅有 8 种。我国还拥有 1.8 万公里大陆海岸线和大量淡水湖泊河流资源，鱼类、藻类、贝类非常丰富。分布在我国沿海、经过鉴定的大型海藻就超过 800 种，但是被大规模开发和利用的只有海带、裙带菜、龙须菜等不到 10 种。所以，利用各类技术挖掘森林、水产食物的潜力巨大。

二是要向设施农业要食物。据测算，满足我国粮食等农产品消费需求，需要 35 亿亩的农作物播种面积。但现在我国农作物播种面积只有 25 亿亩，还有 10 亿亩缺口，这也是我们每年从国外进口约 1 亿吨大豆的重要原因。因此要保障食物安全，就得在土地空间利用上想办法、出实招。比如甘肃搞的"戈壁农业"，以前该地方是"有土无水""有水无土""有水有土没有温度"，现在把高标准设施农业建设好，充分利用戈壁的温差条件，搞节水密集型现代农业，就实现了向节约要水源、向戈壁要耕地、向科技要产量、向光热要品质的农业革命性创新。搞现代化的设施农业，这是未来农业发展的一个重要方向。

三是要向动物植物微生物要热量要蛋白。比如食用菌，我国就是食用菌利用及生产大国，现在食用蘑菇已有 1 020 种，市场上常见的有约 240 种，年产量超 4 200 万吨。大家每天都在食用健康食品。比如微藻，有的藻类蛋白含量高达 70％，可有效缓解我国饲料蛋白、油脂资源不足的问题。2021 年中国科学院研究团队突破了异养发酵培养高蛋白小球藻的技术，可获得具有 60％蛋白含量的藻粉，最高细胞干重达到 271g/L，是截至 2021 年全球报道的最高水平。比如昆虫，含有很高的蛋白质含量，世界上已记录的昆虫种类有 100 多万种，其中 1 900 余种可以食用，可开发作为动物饲料的昆虫有 500 余种。我国昆虫资源也很丰富，有 15 万种以上，可开发食用的有 324 种。比如微生物蛋白肉，目前全球有超过 70 家食品公司从事微生物蛋白的开发生产，不少发达国家已在食品领域解决了成本、设备、标准、法规和营养的问题。其中，英国某公司的真菌蛋白产量达 2.5 万吨/年，在全球约 20 个国家销售。在"人造肉"之后，有的国家又在开发"人造奶"。这些技术正在颠覆着我们的认知，渗透着我们的生活，改变着我们的习惯，也在不断满足着我们日益多元的食物消费需求。紧紧抓住这些"星星之火"的技术，增加食物补充，可以帮助我们更有力保障国家的食物安全，保障人民的美好生活需要。

新时代推动我国农业科技进步的战略路径

总体来看，我国农业科技整体水平大幅跃升，我们完全有基础、有底气、有信心、有能力抓住新一轮科技革命和产业变革的机遇，乘势而上，大展宏图。但也必须看到，目前我们对一些源头和底盘技术没有搞清楚，不少领域还处在并跑或跟跑阶段，创新体系整体效能还不高、创新资源整合还不够、科技生态还需要进一步完善。加快农业科技进步，还需要着力打通一些重点环节。

一、"由谁来创新"，农业科技进步归根到底要靠人才

大家都知道，人才资源是第一资源，也是创新活动中最为活跃、最为积极的因素。科技的竞争，归根到底是人才的竞争，要把科技创新搞上去，就必须建设一支规模宏大、结构合理、素质优良的创新人才队伍。农

业科技也不例外。比如美国科迪华公司，拥有全球 1/4 的玉米分子育种专利，业务遍及 140 多个国家和地区，就是靠它总部的数千名研发人员，这就是核心竞争力所在。我国的农业科技想要全面进步、快速提升，也必须紧紧抓住人才这个根本。现在看，我国农业科技人才总量基本能够满足需求，但在结构、质量上还有较大不足。比如 2020 年中央级农业科研机构35 岁以下青年科技人才中，高级职称的仅占十分之一，七成以上创新团队首席超过 50 岁；比如在生物育种、智能装备等这些"卡脖子"技术领域杰出人才还比较缺乏，企业科技人才明显不足。

那么，我们应该培养什么样的人才？我认为主要是大力培育"两家"：一类是科学家，一类是企业家。通过科学家、企业家"同台唱戏"，使科研走出围墙，让产业得到支撑。具体来说要锻造"五支队伍"。第一支队伍是农业战略科学家。他们是"国之重器"，具有跨学科的宽广视野、把握大局大势的战略眼光，能够引领创新方向，领衔大兵团科技会战，这样的科技"帅才"一定要掌握一批。第二支队伍是农业科技领军人才。他们是农业科技创新的主力主将，是解决农业科技难题的中坚力量，也是组织颠覆性重大科技任务的指挥群体，这样的科技"将才"要培养一批。第三支队伍是青年科技人才。有研究表明，自然科学家发明创造的最佳年龄是25 岁到 45 岁，他们正处于最活跃、最有活力、最有创新精神的"黄金时期"，是农业科技创新的源头活水，这样的科技"先锋"要扶持壮大。第四支队伍是农业领域的卓越工程师。农业科技创新要从研发走向落地，必须有工业上那种工程师和技术工人队伍，也就是有文化、懂技术、善经营、会管理的高素质农民队伍，这样的"田秀才""土专家"要多方培育。第五支队伍是情怀深厚的农业企业家。企业是现代生产要素的核心，企业家的活动就是把分散的要素组织起来，形成产品和服务。我们要推动价值链从中低端环节向高端环节迈进，主体就是企业，关键就在于有没有真正懂农业、有情怀的企业家。

二、"动力哪里来"，农业科技进步的关键是体制机制改革

这些年农业的快速发展，简单来说就是"政策好、科技强、人努力、

天帮忙"。如果说创新是"新引擎"，那么改革就是"点火器"，科技创新、制度创新必须协同发挥作用，两个轮子一起转，其中的关键就是做好科技体制和机制的改革。对于农业科技来说，重点要解决科研与生产"两张皮"问题，科技人员的积极性、创造性问题，推进机构、人才、成果"三放活"。

有专家推算，目前我国科技成果转化率不足 30%，而发达国家高达 60%～70%。数据背后折射出了这样一种现象或者说"怪圈"，就是高校、科研院所的科研成果"看起来很美"，但不够接地气，企业用不上；而国内企业在生产过程中遇到的很多技术难题，高校和科研院所又不愿做或无力去做，最终导致科技成果与市场需求脱节的"两张皮"现象十分突出。

有研究表明，发达国家技术创新动力中，有 22% 源于科学与技术的推动，有 47% 源于市场的需求，有 31% 源于生产上的需求，也就是说，近 80% 的技术创新成果来源于产业需求。而我国的科研动力很多来源于科学家的个人兴趣、报项目的需要，很多科研项目在立项时离市场就很远。

有不少人告诉我，现在农业科技产出和储备不少，但真正能够被企业和生产一线应用的好成果、好技术并不多，主要还在于我们的很多科技成果是"单点突破"，而不是"集成创新"；是"理论成果"，而不是"实践成果"；是"论文导向"，而不是"应用导向"。

所以说，农业科技创新，不仅要从供给端着眼，更要从需求端入手，不能文章发了、专利有了，就放在一边、束之高阁。我们必须树立一种意识，就是变"研学产"为"产学研"，真正实现科研任务"从生产中来、从需求中来、从市场中来"，科研成果"到生产中去、到用户中去、到企业中去"。

科研人员的论文怎么才能真正写到大地上？这就需要激励和引导，需要推动"三个放活"。一是"放活机构"，给科研机构"松绑"。机构不活，主要难在"人事"、难在"财权"、难在"物权"。有的科研机构下属单位的名称变更、学科布局、引人进人都存在很大的困难；有的单位想要的人进不来，不想要的人辞不掉。连运行效率都提不上去，怎么可能提高科研效率？在这方面，就要赋予科研单位在职称评聘、引人用人、经费管理、收入分配等方面的更大自主权，把机构的活力充分释放出来。二是"放活人才"，为科研人才"减负"。长期以来，人才评价存在唯论文、唯职称、唯学历、唯奖项等"四唯"问题，导致一些科研人员把主要精力放在写论文、评职称而不是搞研究、出成果上。人才分类评价的导向也不够鲜明，有的"吃不饱、饿不死、干多干少一个样"，有的评职称要"论资排辈"，有的科研人员到企业兼职取酬受到限制。在这方面，就要加快建立以创新价值、能力、贡献为导向的人才评价体系，让优秀的科技人才流动起来，让他们的合理报酬得到实现和保护，拓展他们的舞台空间，鼓励他们潜心研究、大胆创新、脱颖而出。三是"放活成果"，让科研成果"落地"。很多农业科研成果被束之高阁、难以转化，是我们一直面临的棘手难题。造成这一问题的重要原因，就是产学研协同不足、深度融合不够，缺乏专业的技术转移机构，技术转让后研发人员得不到好处，市场的资源配置作用发挥得不够。像美国1980年就出台了《拜杜法案》，通过合理的制度安排，加快高校技术成果产业化的步伐；斯坦福大学专门成立了技术转化中心，转化了6 000多项发明专利，产生了十几亿美元的转让收入，其中85%都被分配给了技术发明者和斯坦福大学。这些就值得我们学习借鉴。一方面，我们也要建立专门的科技成果转化机构和职业化的人才队伍，打通成果落地的"最后一公里"；另一方面，我们同样要使成果转化得来的现金和股权能够更多地给到科研人员手中，让他们名利双收，激活创新创业创造活力。为什么很多科研院所、实验室都成立个小公司，开发个产品后卖了"过小日子"，而不是把成果转让出去或参股？因为分配机制、股权没解决，室主任以上不能持股，"成果大了，离他远了！"所以他们对转让转化、与企业合作缺乏动力和积极性。

三、"水平怎么提"，农业科技进步的支撑保障是战略科技力量

世界科技强国的竞争，比拼的是国家战略科技力量。从科技发展的历史经验来看，世界科技强国都拥有自己的国家战略科技力量，用来部署前瞻领域研究，抢占科技战略制高点。比如德国依靠马普学会、弗朗霍夫协

会、亥姆霍兹联合会、莱布尼茨联合会等四大国家科研机构，汇聚了众多一流的科学家，奠定了科技强国的基石。又如法国从 20 世纪 30 年代起，就创建了国家科研中心、原子能委员会等一批国家科研机构。再如美国早在 1863 年就成立了国家科学院，建设了全球最多的国家实验室。著名的贝尔实验室，自 1925 年至 2021 年，得到了近三万项专利的授权，获得 8 项（13 人次）诺贝尔奖。有人说，从该实验室走出去的发明，为人类社会开启了信息化时代的大门，甚至改变了人类发展的进程。

我们与国外最大的区别，就是我国的社会主义制度，能够集中力量办大事，这是我们成就事业的重要法宝。以前我们依靠这个法宝成功研制了"两弹一星""载人航天工程"，实现了一个又一个"不可能"、创造了一个又一个中国奇迹。现如今，在新一轮科技革命中，"新型举国体制"的创新范式越来越发挥主导作用，为我们推动国家战略科技力量建制化发展提供了机遇。对农业领域的战略科技力量来说，我以为要做到"三个建强"。一是建强国家级农业科研机构。这是国家竞争力的集中体现，它的主要使命是，以国家战略需求为导向，着力解决影响制约国家发展全局和长远利益的农业重大科技问题，加快建设原始创新策源地，着力攻破一批农业关键核心技术。二是建强农业高水平研究型大学。这是我国农业科技发展的基础所在，也是农业科技人才的"摇篮"。它的主要使命是，充分发挥基础研究深厚、学科交叉融合的优势，使保障粮食安全、全面推进乡村振兴等"三农"战略任务有效衔接，强化基础前沿探索和关键技术突破，构建中国特色、中国风格、中国气派的学科体系、学术体系、话语体系，培养更多杰出的农业科技人才。三是建强农业科技领军企业。这是国家战略科技力量的重要支撑，也是加快建设世界一流企业的主力军。它的主要使命是，发挥市场需求、集成创新、组织平台的优势，牵头开展农业产业共性关键技术研发、科技成果转化及产业化，提升农业产业基础能力和产业链现代化水平。总有人讲，我国 7 000 家种业企业顶不上一个孟山都，其主要原因就是我们的龙头企业不够强、企业自主创新能力不够强，这条短腿一定要补上。

四、"成果如何用"，农业科技进步的重点环节是推广教育

科技成果只有同国家需要、人民要求、市场需求相结合，完成从科学研究到实验开发再到推广应用的三级跳，才能真正实现创新价值、实现创新驱动发展。农业科技成果的"三级跳"，关键在于推动"三大体系"的贯通和有机衔接，就是我们常说的农业科研体系、农技推广体系和农民教育培训体系。这三大体系怎么打通"中梗阻"，怎么拓宽"羊肠道"，要统筹考虑协同推进。

首先是农业科技社会化服务。发达国家现代农业发展的普遍经验，就是依靠农业科技社会化服务公司。欧美发达国家大约有80%的农户都参加了合作社。在丹麦几乎每个农民都是合作社社员，有的农民还同时参加好几个合作社。这些合作社已经成为欧美发达国家农业社会化服务体系中的主要力量。比如：法国70%以上的谷物由合作社来收购；丹麦农民生产的90%的猪肉、87%的牛奶和65%的水果蔬菜均通过合作社来销售；在韩国及日本，则由农协帮助农民销售40%的水果蔬菜、37%的粮食。比如荷兰，面积只有我国重庆市的一半，却是全球第二大农产品出口国，奶制品和花卉世界驰名，其背后就有强大的农业科技社会化服务体系的有力支持。该服务体系既提供种植技术、检测技术等一般性技术服务，也提供基于大数据分析的其他技术服务，这为提高荷兰农业在国际市场上的竞争力发挥了重要作用。现在我们国家的农业科技公司、新型生产经营主体的科技意识越来越强，科技需求也越来越多，他们是农业大生产未来的主力。我们要充分借鉴国外的先进经验，结合我国的国情，扶持壮大一批农业科技公司开展经营性服务，推动更多先进技术真正落到田间地头，进而提升农产品质量效益和竞争力。现在我们已经有了很多农技承包服务公司、农机专业服务公司、植保（打药）专业服务公司，要大力提倡和支持。

其次是公益性农技推广。现在，随着城镇化的快速推进，农村人口大量涌入城市，特别是青年劳动力大规模进城打工，农村大部分留下的是386199部队，就是妇女、儿童、老人。现在很多地方妇女和孩子也进城

了,只剩99部队了,农业劳动力老龄化现象十分严重。社会上常讲,80后不想种地,90后不懂种地,00后不问种地,"谁来种地""怎样种地"的问题是不得不面对的一个现实。我们必须看到的是,依据第三次全国农业普查数据,我国现在有2.07亿户农户,其中规模经营的仅有400万户左右。约三分之二的耕地仍由小农户经营,即使国家的城镇化率达到了70%,仍有将近4亿人口生活在农村。而小规模农户难以承担市场化有偿服务成本。要实现小农户和现代农业发展有机衔接,就需要加快建立一个结构合理、素质优良、稳定运营的农技推广体系,依靠一大批扎根基层一线的农技人员来履行公益性职能,推广成熟适用技术,带动千家万户的小农户参与现代农业发展,分享乡村振兴红利。

最后是农民教育培训。随着全面推进乡村振兴的发展,农村的条件越来越好,也吸引着各类人才到农村创新创业。但是总体来看,这些从业人员绝大部分专业知识储备不足、对新型技术掌握不够,专业化、职业化水平还不高。"授人以鱼不如授人以渔",农民教育培训就是一项"授人以渔"的工作。比如欧美农业从业者都是要求持证上岗的,像德国农民大学的职业农民培训,其理念就是让农民正确地、专业地应用新技术,培训合格后颁发社会认可的职业技能证书。没有农业生产经验和背景的年轻人通过培训,可以拿到9~15欧元的时薪,比有些大学毕业生收入还高。我到欧洲访问农家时也了解到,农场主把土地传给某个儿子,这个儿子也要持有"绿色证书",当农民也要有职业资格。所以,我们要继续做好高素质农民教育培训,壮大新型农业经营主体,提升他们的生产经营管理水平,像习近平总书记所希望的那样,让他们用最好的技术种出最好的粮食、生产出最好的农产品。现在,有的农民穿着皮鞋,点点手机就把地种了,把麦子收了;有的农民白天种地,晚上还要开直播带货当"网红",这屡见不鲜。可以预见,随着农业科学技术的整体进步和全面应用,农业一定会成为有奔头的产业,不仅有干头,还会有说头、有看头、有赚头;农民一定会成为有吸引力的职业,从身份称谓回归职业称谓,未来想当农民不容易;农村一定会成为安居乐业的美丽家园,不仅农村人可以享受像城里人那样的公共设施、公共服务,而且农村还拥有优美环境、田园风光,成为城里人向往的地方。

五、"创造靠什么"，农业科技进步要大力弘扬科学家精神

农业科技有自身的规律，以动植物为主要研究对象，科研周期长、受自然环境等不确定因素影响大，在创新活动中，经常是成功与失败并存。像谷物育种，你可以到海南加代繁育，但你不能拔苗助长。像畜禽育种，一般需要三四代，培育一个品种，生猪需要 8～10 年，奶牛需要15～20年。不下"十年磨一剑"的苦功夫，没有"甘坐冷板凳"的毅力和韧劲是很难取得大的成就的。科研攻关探索，可能搞了很多年都是在为后来人试错，没有甘于奉献、甘为人梯的境界和胸襟，也是很难坚持下来的。农业也是最接地气的产业，农业科学家都是有情怀的学者，愿意为"三农"作贡献。他们每天与田间地头、果园畜场打交道，从某种意义上说，是与产业连接最紧密的科技人员。我们很多老一辈的农科人都具有"先天下之忧而忧，后天下之乐而乐"的深厚素养，都具有"干惊天动地事，做隐姓埋名人"的崇高境界，都有扎根一线、矢志奉献的农业科学家精神。

比如"杂交水稻之父"袁隆平，就是其中的杰出代表。他一辈子只专注一件事，就是解决中国人的吃饭问题。我印象最深的，是他给我讲的几次"小目标"。第一次是 2010 年 8 月，我到湖南考察晚稻生产，到长沙水稻科研所去看他。他当时已经 80 岁高龄，还在水稻田间奔走。他说，他现在进入"80后"了，有个"小目标"，就是用超级杂交稻技术，力争以三亩地产出现有四亩地的粮食，这就是后来超级稻"种三产四"丰产工程。第二次是 2013 年 4 月，我去海南三亚的南繁育种基地看望他。他在太阳下抚摸着稻穗跟我说，他要用五年左右的时间实现单产 1 000 公斤，而且有九成五的信心。要知道，当时超级稻刚刚突破单产 900 公斤，这已经很不容易了，而袁老又马不停蹄地开始奔向下一个新目标，并且这个目标在"十三五"期间就实现了。2019 年新中国成立 70 周年，袁隆平获得"共和国勋章"。年底前，我去看他。他说，习近平总书记给他颁奖时他已向总

书记报告过了，正向超级稻每公顷 18 吨目标冲刺。这是袁老第三次跟我说到他的新目标。至于他的"禾下乘凉梦"大家都知道了！斯人已逝，精神长存。袁老这种一辈子奉献祖国、奉献人类，躬耕田野、脚踏实地，永不自满、勇攀高峰，坚持把科技论文写在祖国大地上的崇高风范，值得我们永远铭记、永远学习。我在 2020 年五一劳动节时曾经写过一篇文章，名为《我的农业科学家朋友》，发表在《农民日报》上。该文介绍了袁老和几位搞水稻、小麦、玉米育种的科学家，大家可以找来看看。

又如"太行山的新愚公"李保国，就是其中的典型代表。李保国生前是河北农业大学教授。当年太行山许多县、村极度贫困，很多地方年均收入仅几十元。他见百姓过得如此艰难，感同身受，就决心要为农民送去用得上、真管用的技术，让科学技术真正成为帮助农民摆脱贫困、改变命运的"财神"。他 35 年如一日，每年深入基层的时间达 200 多天，创新推广了 36 项农业实用技术，帮助山区农民增收近 60 亿元，带动 10 多万群众脱贫致富奔小康。他常说："搞农业科研就要像农民种地一样，春播秋收，脚踏实地。"习近平总书记对他的先进事迹作出重要批示，称赞他是"新时期共产党人的楷模，知识分子的优秀代表，太行山上的新愚公"，号召广大党员干部和教育、科技工作者学习他的高尚精神，自觉为人民服务、为人民造福。

再如中国农科院的祁阳站。1960 年中国农科院一批科研人员响应党中央号召，在湖南省祁阳县官山坪大队建立了低产田改良联合工作组，成立了红壤实验站。如今 60 多年过去了，几代祁阳站人扎根偏远山沟、潜心农业科研，"晴天一顶帽，雨天一身泥"就是他们日常工作和生活的真实写照。他们平均每年在基层坚持近 300 天的工作时间，聚焦我国南方 14 省区、200 余万平方公里的红壤大地，为改良红壤奉献自己的青春年华，扎根泥土，结出硕果。正是他们真正书写了"耐得住寂寞、守得住清贫"的科学家情怀。就是这么一个小小的基层实验站，仅省部级以上奖励就获得了 43 项，其中国家奖 6 项，还走出了 1 位院士。这些科研人员在平凡的岗位上创造出了不平凡的业绩，培育树立了"执着奋斗、求实创新、情系三农、服务人民"的祁阳站精神。所以，没有挺得起腰的科学家精神，很难有站得住脚的科技成果。广大农业科技人员想要有所成就，就要大力弘扬科学家精神，把自身的追求融入到建设社会主义现代化国家的伟大事业中去。

总的来讲，我国农业科技事业既有昨日的辉煌，也有今日的赶超，还有未来的复兴，需要我们一代代人以"功成不必在我"的精神境界和"功成必定有我"的历史担当，努力开创新时代中国特色农业科技事业的新局面，也希望各位读者，更多地关注"三农"、投身"三农"、奉献"三农"！在本讲的最后，我以曾经写过的一副对联，与读者诸君分享共勉：读万卷书，手不释卷，学而思，始能展卷有益，读书当求博通悟；行万里路，躬行求索，行而笃，方知路在脚下，行路须有精气神。

第十一讲
中国特色农村土地制度

　　土地是财富之母、农业之本、农民之根。土地制度是一个国家最为重要的生产关系安排，是一切经济制度中最为基础的制度。中国的改革发端于农村，起始于土地家庭承包；40年后新一轮农村改革再出发。习近平总书记强调，新形势下深化农村改革，主线仍然是处理好农民与土地的关系。站在新的历史起点上，系统梳理我国农村土地制度的变革演进历程，深刻把握习近平总书记关于农村土地制度改革的论述，明确当前和今后一个时期我国农村土地制度改革的方向和任务，对于大家今后在学习、研究和工作中更好地了解"三农"、共同推进农业农村现代化，都很有意义。

　　我们研究农村土地问题，首先有2个基本问题要搞清楚。第一个问题是农村土地归谁所有？按照《中华人民共和国宪法》的规定，城市的土地属于国家所有。农村和城市郊区的土地，除由法律规定属于国家所有的以外，属于集体所有。具体来讲，我国土地分为两类：一类是国有土地，主要包括城市市区土地（城镇建设用地）、部分农用地（如国有农林场土地）和未利用地；其中，国有农场土地实行职工承包租赁经营。另一类是集体所有土地，主要包括农村承包地、宅基地和集体经营性建设用地，也就是俗称的"三块地"，自留地、自留山也属于集体所有。这就有了第二个问题，集体的土地承包给了谁？《农村土地承包法》规定，国家实行农村土地承包经营制度。承包地就是农村集体经济组织内部农户，以家庭承包方式承包的土地，包括耕地、草原、林地。一般所讲的承包地，主要是指承包耕地。也就是说，农村土地承包是农户家庭承包，不是家庭成员分别承包。据农业农村部统计，截至 2019 年底，全国集体所有耕地面积为 17.6 亿亩，国有耕地面积约为 2 亿亩；在集体所有耕地中，约有 2/3 归组级集体所有，1/3 归村级集体所有，集体所有的耕地约 87％以家庭承包方式承包到户。另外，据有关部门统计和推算，全国农村宅基地面积为 1.7 亿亩，集体经营性建设用地约为 4 200 万亩。

农村土地制度改革是一篇大文章，下面我主要围绕承包地，兼顾另外"两块地"，介绍四方面情况：一是中国土地制度的历史变迁与国际比较，二是改革开放以来中国农村土地制度的创新实践，三是新时代农村土地制度改革的要求和方向，四是农村土地制度改革需要研究的若干实际问题。

中国土地制度的历史变迁与国际比较

为适应不同资源禀赋条件、历史文化背景和经济社会发展水平，古今中外、世界各国形成了各具特色、形式多样的土地制度。站在全球的视角，用历史的眼光审视各种典型的土地制度安排，有助于科学、系统、全面地认识中国土地制度。

一、中国土地制度演进中的典型形态

从古到今，中国土地制度大致经历了共有制、井田制、私有制、均田制、公有制等多种典型形态，各种形态都是特定时期经济社会发展的产物。可以说，一部土地制度的变迁史，就是一部朝代更替史，更是一部社会经济发展史。

一是共有制。中国有史料可以佐证的土地制度，发端于商朝的村落共有制。在这一时期，华夏先民由游牧转为农耕，开始定居于村落，农业生产方式主要是刀耕火种，生产力低下。在这样的条件下，土地由组成村落的氏族合村共有，氏族成员共同耕种，作物收获后共同分享。这种制度适应了当时的农业生产方式和氏族社会特点，有利于氏族成员共同生产生存。

二是井田制。这种制度大致出现在西周到春秋战国时期。当时"普天之下、莫非王土"，周王分封土地给贵族，贵族将土地分配给庶民使用。庶民以共耕公田为前提条件而获得私田，且庶民要完成公田的耕作后才能耕作私田。那时的耕地，总体十分规整，成方块状，如同"井"字，故称井田制（一"井"分为 9 个方块，周围的 8 块田由 8 户耕种，中间是公田）。井田制在当时的社会形态下，对于发展农业生产、稳定社会秩序发挥了重要作用。

三是私有制。这是我国历史上持续时间最长的土地制度，始于商鞅"废井田、开阡陌"，从战国末年一直延续到新中国成立。在这种制度下，土地归封建地主阶级所有，农民租用地主的土地并缴纳地租、承担徭役。这种制度虽然废除了奴隶制生产关系，推动了农业生产力发展和市镇经济兴起，促进了封建经济的繁荣，但也不可避免地造成了土地过度兼并，土地愈来愈集中到少数地主手中，造成生产资料分配极度不均。尤其是在灾年，农民不得不变卖自己的土地甚至流离失所。土地兼并和大量流民出现往往是一个朝代后期的突出表现之一，"富者田连阡陌，贫者亡立锥之地"，成为封建王朝兴衰更替的重要根源。

四是均田制。这是封建王朝在特定时期采取的一种折中安排，可以说是对封建土地私有制的修补，是为了解决土地兼并和赋税征收两个问题，以缓解地主阶级和农民之间的矛盾，也是封建王朝想处理好国家、地主和农民关系的一种尝试。均田，就是国家将无主的土地和荒地分给农民使用，以保障稳定的赋役来源。这种制度起始于北魏，北齐、隋、唐等时期都曾实行过，太平天国的天朝田亩制度、辛亥革命的平均地权，也都受其影响。北魏至唐朝前期实行均田制，将无主土地按人口分给小农耕作，部分土地耕作一定年限后归其所有，部分土地在其死后还给官府。隋制 18 岁为"丁"，21 岁为"成丁"，成丁可授田并课役，60 岁则还田。唐代规定 18 岁以上的中男和丁男，每人受"口分田"80 亩，去世后归还，受"永业田"20 亩，可以继承。均田制有利于恢复农业生产、巩固封建统治，但并未真正触及地主阶级的核心利益，难以根本改变土地分配极度不均衡的现象。

五是公有制。公有制的思想古已有之，所谓"凡天下田，天下人同耕"。新中国成立后，我们党领导全国人民实行土改，废除了地主阶级封建剥削的土地所有制，实现了耕者有其田。随着社会主义改造的完成，我国实行社会主义公有制，农村土地实行集体所有、集体经营，也即"公有公营"，对改善农业基础设施、推广农业科学技术以及增加工业化发展原始积累发挥了积极作用。但人民公社时期生产上的集中劳动和分配上的"平均主义"，严重抑制了劳动生产率和土地产出率。改革开放后，为适应农村生产力发展要求，在坚持土地集体所有的基础上，建立了以家庭承包经营为基础、统分结合的双层经营体制，也即"公有户营"，革除了农业生产"大呼隆"和分配上"吃大锅饭"的弊端，极大地调动了农民积极性，为解决人民温饱问题和国家快速发展提供了有力支撑。

中国历史上出现的这些土地制度典型形态，尽管都有其历史局限，但总的来说，适应了特定历史条件下生产力发展要求，反映了中华民族几千年社会运动及其发展变化的客观规律，为我们从历史的视角认识过去、理解现在、完善未来土地制度提供了很好的借鉴。

二、中国共产党农村土地政策的百年发展

中国革命的基本问题是农民问题，农民问题的实质是土地问题。中国共产党自成立以来高度重视农民对地权的诉求。下面我将和大家一起回顾一下党在不同历史时期的土地政策。

一是土地革命时期（1927—1937 年）。这一时期土地政策的核心点就是"打土豪、分田地"。中国共产党在苏区先后制定了《井冈山土地法》《兴国县土地法》，前期规定没收一切土地归苏维埃政府所有，后因自耕农表示不满，且大部分农民希望拥有土地，又把"没收一切土地"改为"没收一切公共土地及地主阶级土地"，并明确了农民对土地的所有权。

二是全国抗日战争时期（1937—1945 年）。这一时期土地政策的核心点就是"减租减息"。当时，地主对农民的剥削很重，地租高的达到五五

分，也就是收获的一半要交租。1937 年，抗日战争全面爆发，中日民族矛盾上升为我国社会主要矛盾。为建设统一战线，团结一切力量抵抗日本侵略者，中国共产党在根据地将没收地主阶级土地的政策改为减租减息。1942 年制定的《陕甘宁边区土地租佃条例草案》对各类型的地租作出了明确规定，例如规定活租（按收获量比例分成）租金最高不得超过收获量的 30%。

三是解放战争时期到新中国成立初（1946—1953 年）。这一时期土地政策的核心点就是没收地主土地、实行"耕者有其田"。1947 年 7 月 17 日—9 月 13 日，中国共产党在河北省平山县西柏坡举行全国土地会议，通过了《中国土地法大纲》。丁玲的小说《太阳照在桑干河上》、周立波的长篇小说《暴风骤雨》艺术地再现了这一段波澜壮阔的历史和斗争。《中国土地法大纲》规定彻底废除封建性及半封建性剥削的土地制度，实行耕者有其田的土地制度。新中国成立后，1950 年颁布《中华人民共和国土地改革法》，全面推开土地改革。至 1952 年底 1953 年初，土地改革基本完成，3 亿多农民分得约 7 亿亩土地，彻底消灭了地主阶级封建剥削的土地所有制，实行了农民土地所有制。

四是农业合作化和人民公社时期（1953—1978 年）。这一时期，把农民土地所有制通过社会主义改造变成农民集体所有。1953 年开始建立初级合作社，1955 年向高级合作社过渡，实行土地集体所有。随后大办人民公社，1960 年建立起"三级所有、队为基础"的人民公社制度。大家知道，人民公社是"土地归大堆、生产大呼隆"。这种运动式的变革，超越了当时的生产力水平，严重挫伤了农民积极性。

五是改革开放至今（1978 年至今）。1978 年底，安徽省凤阳县小岗村率先开始实行土地"大包干"，拉开了以家庭联产承包责任制为主的农村改革的序幕。从 1980 年开始，中央相继出台多个文件支持和推动家庭联产承包责任制。1991 年党的十三届八中全会提出，把以家庭联产承包为主的责任制、统分结合的双层经营体制，作为我国乡村集体经济组织的一项基本制度长期稳定下来。1999 年，《宪法》明确规定农村集体经济组织实行家庭承包经营为基础、统分结合的双层经营体制。党的十八大后，在稳定土地承包关系基础上，实行土地"三权"分置。

总的来看，党在不同阶段提出了符合当时国情和人民意愿的土地政策，得到了广大农民群众的支持和拥护，为革命和建设取得胜利奠定了坚实基础。

三、国外主要的土地制度及特点

按照历史沿革、政治体制、文化发展、人地关系等因素，国外的土地制度大致可以分为传统欧洲国家、新大陆国家、东亚国家、转型国家四种类型。

一是传统欧洲国家。这些国家人地比例适中，土地制度受封建制度影响较深，表现出较强的历史延续性，主要以土地私有制为主。例如，英国的土地制度是从封建土地分封发展起来的，国王是土地的唯一和最终所有者。1925年以来，英国实行土地保有制，确立了以使用权为核心的土地产权制度，并赋予土地使用权准所有权性质，支持自营农场发展，促进农业规模经营。以使用权为基础的租地农场规模大的可达上千英亩，而大多数是经营规模为十几英亩到几十英亩的家庭自营小农场。目前，英国自营或者以自营为主的农场占84%，成为最基础的农业经营单位。英国在实现农业现代化的过程中，注重土地使用权的实际利用效果，并予以立法保护。这对许多国家的土地制度安排都产生了深远影响。

二是新大陆国家。这些国家建立于地理大发现之后，地广人稀，往往以移民为主，历史较短，殖民文化影响深，人地矛盾不突出。例如，美国建立了清晰的土地私有产权制度，农场主主要通过垦荒或购买等方式取得土地所有权。美国1862年颁布《宅地法》，规定凡年满21岁的美国公民，或符合入籍规定且申请加入美国国籍的外国人，为了居住和耕种，免费或缴纳10美元登记费，即可领得不超过160英亩的西部国有土地作为份地。耕种5年后，或5年内在宅地上居住满半年并按每英亩1.25美元缴纳费用者，所领取的土地即归其所有。美国政府对土地使用用途、土地交易等都有严格的规定，严格防范土地投机行为，并保留了土地征用权、土地管理规划权、土地征税权等权利。美国在土地方面健全的法律法规、完备的政策措施、规范化的社会管理、发达的中介组织、有效的经济调控工具等都值得借鉴。

同为美洲大陆国家的巴西，农地经营以完全私有制和大庄园为特征。在市场机制作用下，巴西土地大量向大庄园集中，在一定程度上提高了农业生产效率。但是，由于没有处理好离地农民的就业及社会保障问题，大量无地贫民涌入城市，形成城市贫民窟，造成贫富分化，严重影响社会稳定。这对处在工业化城镇化进程中的国家是一种警示。

三是东亚国家。这些国家人地矛盾突出，土地兼具生产要素和社会保障双重功能，土地制度的选择受历史与体制因素影响较大。例如，日本在二战之后，通过强制手段从地主手里买取土地，将其廉价卖给佃农，建立了自耕农制度；自 21 世纪初开始，日本逐步放宽对农地流转的限制，鼓励其他主体经营农地，发展适度规模经营。目前，日本全国耕地平均经营规模约为 2 公顷。韩国在二战后，接收了日本官民所占土地，将其分配给本国无地农民，建立了自耕农经营体制；从 20 世纪 70 年代开始，通过法律和政策引导，鼓励土地集中和规模经营。受历史、人口和资源禀赋影响，日本和韩国农业生产经营规模细小的问题一直未得到很好解决，但其在小规模经营基础上发展农业社会化服务、提高组织化程度的做法，值得借鉴。

四是转型国家。这些国家由于政治体制经历了重大转型，农地制度也同样经历了深刻变革，至今还处在不断调整和完善的过程中。例如，苏联时期是土地国有，实行以国有农场、集体农庄为主要形式的集体化生产经营。俄罗斯在 20 世纪 90 年代苏联解体之后，曾通过颁布总统令推进土地私有化改革，但大部分土地仍然保留在原集体农场和国营农场手中；直到 21 世纪，通过颁布新土地法典和农用土地流转法，俄罗斯的土地私有权制度才最终得以确立，土地由集体农庄经营逐步转向私有家庭农场经营。俄罗斯的土地私有化改革，从强制推行到依法实行，过程曲折，时间漫长，教训深刻。

四、中外土地制度变迁的规律性特征

纵观古今中外土地制度安排及发展的历史，可以总结出一些基本规律。

一是农村土地制度安排要与国家经济社会发展条件相适应。任何一种土地制度的确立，都受不同阶段的经济、政治、文化、社会等多方面条件影响，具有复杂性、历史性和阶段性。可以说，没有最好的土地制度，只有最适合的土地制度。农村土地制度的发展与完善是一个长期的过程，要立足于国家发展历史阶段，契合国家发展战略目标，与时俱进调整变革国家与农民的土地关系，确保土地制度保持生机活力。例如以色列，作为资本主义国家，因为特殊的国情发展出了基布兹（Kibbutz）等集体经济组织。第一次世界大战后，大批犹太人移居到现在的以色列。面对恶劣的自然环境和复杂的周边环境，他们建立了基布兹。基布兹是一种集体经济组织，财产和生产资料实行公有，集体生产经营，重大问题由社员大会决定，社员过着共同劳动、互相合作、按需分配的集体生活。基布兹在安置移民、组织生产和防务等方面发挥了积极且重要的作用。有人说："没有基布兹，就没有以色列。"目前，以色列仍有近2%的人口生活在200多个基布兹内，贡献着以色列近半的农产品。

二是农村土地制度变革要符合生产关系适应生产力发展的客观规律。农村土地制度变革的根本动力，从表面上看是人地矛盾，从深层次看还是生产关系要适应生产力发展的客观规律。例如从井田制到初税亩，就体现了生产力发展对调整生产关系的要求。最初，实施井田制是和当时的生产力水平相适应的，耕种公田的收获主要归贵族或用于缴纳田赋，耕种私田的收获归自己。当时生产力水平较低，只能耕种井田范围内的公田和私田。到春秋时期，由于牛耕和铁制农具的应用和普及，农业生产力水平提高，农民可以耕种更多土地了，于是大量荒地被开垦成新增的私田。但当时施行按公田征收田赋的制度，贵族出于自身利益，乐于开荒且隐瞒不报，甚至对公田也不好好组织种了，自然影响了国家税收。于是，公元前594年，鲁国实行初税亩，不分公田、私田一律按田亩征税，税率是十分之一。这样既促进了农业生产，也增加了国家财政收入。所以实践表明，适应生产力发展要求的农村土地制度变革，可以激发农民的积极性、主动性和创造性，从而促进生产力的发展；否则，就会对生产力的发展起到阻碍和破坏作用。

三是农村土地制度变革要处理好国家、农民与土地的关系。历史证明，国家、农民与土地关系处理得好，农民利益得到维护，则社会繁荣、百姓安居乐业；反之，可能会造成阶级矛盾激化，影响社会稳定，甚至带来朝代更替、政权更迭。例如，西汉末年，王莽推行新政，废除土地私有制，实行土地国有制，将耕地重新分配，反而使各种矛盾进一步激化。一方面，贵族被没收了土地，反对新政；另一方面，许多百姓因官僚和贵族勾结未真正拿到土地，而相关苛捐杂税却增加了，导致百姓未蒙其利，先受其害。这就引起贵族和平民双方的不满，最终导致政权被推翻。我们党总结借鉴古今中外农村土地制度变革的经验教训，坚持以维护农民权益为出发点，立足国情农情，确立了以家庭承包经营为基础、统分结合的双层经营体制，既防止了土地兼并带来的各类社会问题，又促进了土地资源优化配置，为发展中国家农村土地制度改革提供了中国经验和中国方案。

四是农村土地制度变革要符合农业生产的内在要求。农业是一个经济再生产与自然再生产相交织的特殊产业，需要人类在自然环境中通过利用和控制动植物的生命过程来从事生产活动。在这种充满不确定性的复杂条件下保障农产品的顺利成长，就必须依靠农业生产者对它们及时和精心的照料。在这一过程中，家庭经营不需要计算劳动付出，其成员会为了家庭经济利益而竭尽全力，相对于雇工经营而言，可以有效降低交易和监督成本。因此，与工商业相比，农业的一个重要特征就是适合家庭经营，这已经为我国改革开放40多年的实践和国际经验所证明。例如美国200多万个农场中，家庭农场占98%；德国家庭农场在各类农场中占91%。可以说，家庭经营是农业发展的内在要求，我们推进农村土地制度变革一定要尊重这一客观规律，不能偏离这个航道。

改革开放以来中国农村土地制度的创新实践

1978年，党的十一届三中全会作出把党和国家工作中心转移到经济建设上来、实行改革开放的历史性决策。我们党全面把握国内外发展大局，支持农民的首创精神，领导广大农民率先发起大包干，开启农村改革新纪元，并以磅礴之势推向全国，谱写了波澜壮阔的历史诗篇。40多年来，我国确立了以家庭承包经营为基础、统分结合的双层经营体制，这是党在农村政策的基石。从改革历程看，我国农村土地制度经历了确立、完善、深化三个阶段。

一、确立阶段（改革开放之初至 20 世纪 80 年代中后期）

在这一时期，广大基层干部和农民群众在党的领导下，走出了一条独具中国特色的农村土地制度创新之路。

一是探索"包产到户""包干到户"。1978 年，安徽省发生特大干旱，秋粮无法下种。为了抵御旱灾，凤阳县梨园公社小岗村 18 位农民在一份不到百字的保证书上摁下了鲜红的手印，开始搞大包干。小岗村 1979 年获得大丰收，第一次向国家交了公粮，还了贷款。村民兴奋地说："大包干大包干，直来直去不拐弯，交够国家的，留足集体的，剩下就是自己的。"[1]在肥西县山南公社，农民则实行包产到户，由集体根据承包任务的完成情况进行分配。四川、贵州、甘肃、广东等省一些生产发展较差的社队，也开展了包产到户。

"包产到户""包干到户"，打破了大锅饭、大呼隆，解决了出工不出力、种地糊弄人的问题，可谓石破天惊、打破坚冰。这种做法在当时也引发了激烈的争议，遇到了重重阻力。1980 年 5 月 31 日，邓小平在一次谈话中指出："农村政策放宽以后，一些适宜搞包产到户的地方搞了包产到户，效果很好，变化很快……有的同志担心，这样搞会不会影响集体经济。我看这种担心是不必要的。"[2] 1980 年 9 月，中央在北京召开各省市区党委第一书记座谈会，专题讨论加强和完善农业生产责任制，并批准印发了会议纪要《关于进一步加强和完善农业生产责任制的几个问题》，即著

---

[1] 中共中央党史和文献研究院.习近平关于"三农"工作论述摘编.北京：中央文献出版社，2019：13.

[2] 邓小平.邓小平文选：第 2 卷.2 版，北京：人民出版社，1994：315.

名的中发〔1980〕75号文件。文件指出："在那些边远山区和贫穷落后的地区，长期'吃粮靠返销、生产靠贷款、生活靠救济'的生产队，应当支持群众的要求，可以包产到户，也可以包干到户，并在一个较长的时间内保持稳定。"从此，"包产到户""包干到户"广泛推开。

二是确立家庭联产承包责任制。对于各地农村掀起的家庭联产承包责任制高潮，中央在政策上给予了支持。1981年党的十一届六中全会充分肯定了联产计酬责任制。1982—1986年，中央连续出台5个一号文件，都强调要稳定和完善家庭联产承包责任制。1982年中央一号文件指出：建立农业生产责任制的工作，获得如此迅速的发展，反映了亿万农民要求按照中国农村的实际状况来发展社会主义农业的强烈愿望。生产责任制的建立，不但克服了集体经济中长期存在的"吃大锅饭"的弊病，而且通过劳动组织、计酬方法等环节的改进，带动了生产关系的部分调整，纠正了长期存在的管理过分集中、经营方式过于单一的缺点，使之更加适合于我国农村的经济状况。1984年中央一号文件还明确规定土地承包期一般应在15年以上。到1986年初，全国超过99.6％的农户实行大包干。至此，家庭联产承包责任制在我国农村全面确立。

三是废除人民公社体制。1958年"大跃进"运动时期，形成了"一大二公"和"政社合一"的人民公社体制。"大"就是规模大，几千农户、几万人口为一个公社；"公"就是生产资料公有化程度高，土地、牲畜、农具都归大堆，集体所有、集体使用；"政社合一"就是以乡为单位的农村集体经济组织与乡政府合一，实际上就是人民公社行使管理农村生产经营活动的权力。人民公社体制后来调整为"三级所有，队为基础"，即实行社、大队、生产队三级组织形式，以生产队为基本核算单位。改革开放后，家庭联产承包责任制的实行，彻底打破了以生产队及生产大队为单位的"大锅饭"体制。1983年，中共中央、国务院发出《关于实行政社分开建立乡政府的通知》，废除了长达25年的人民公社体制。

二、完善阶段（20世纪90年代初至21世纪初）

在这一阶段，中央强化法律政策保障，土地集体所有、家庭承包经营为主的农村基本经营制度得以巩固和完善，主要有四个特点。

一是土地承包关系不断稳定。继 5 个中央一号文件之后，中央多次强调要进一步稳定土地承包关系。1991 年党的十三届八中全会提出，把以家庭联产承包为主的责任制、统分结合的双层经营体制，作为我国乡村集体经济组织的一项基本制度长期稳定下来。1993 年《中共中央 国务院关于当前农业和农村经济发展的若干政策措施》进一步明确，在原定的耕地承包期到期之后，再延长 30 年不变。1997 年，中共中央办公厅、国务院办公厅《关于进一步稳定和完善农村土地承包关系的通知》明确了土地承包期再延长 30 年的具体要求。1998 年，党的十五届三中全会决定指出，长期稳定以家庭承包经营为基础、统分结合的双层经营体制。2008 年，党的十七届三中全会决定强调，现有土地承包关系要保持稳定并长久不变。2019 年中央公布《关于保持土地承包关系稳定并长久不变的意见》，强调"两个不变"，即：保持土地集体所有、家庭承包经营的基本制度长久不变，保持农户依法承包集体土地的基本权利长久不变；"一个稳定"即：保持农户承包地稳定。土地承包关系从长期稳定到长久不变，凸显了中央坚持农村基本经营制度、稳定农村土地承包关系的决心。

二是农业税费全面取消。农村实行家庭承包经营制度后，农民与国家、集体的分配关系，主要是农民以承包地面积作为计税面积向国家缴纳农业税，以农民人均纯收入为依据向乡镇和村缴纳乡统筹、村提留。如 20 世纪 80 年代，农民一般需缴纳农业税（公粮）、牧业税、提留款（包括乡镇统筹和村组提留）。后来，又增加了农业特产税、屠宰税等，乡镇统筹也增加了名目，农民负担如同"阴雨天背稻草，越背越重"，有的地方甚至出现因负担过重而撂荒土地的情况。21 世纪以来，中央推进农村税费改革，取消了农业税费，征收了 2 600 多年的农业税从此退出历史舞台，结束了种田缴纳皇粮国税的历史，每年减轻农民负担 1 335 亿元。免除农业相关税费，实际上免的是土地税，这是农村土地制度改革的进一步深化和发展。与此同时，国家实行农业补贴制度，补贴额度与承包地面积挂钩。当时，社会上对这种补贴方式有些不同意见。有人提出，土地流转后应该谁种地谁种粮补给谁，但在实践中操作成本太高，实际上土地流转关系并不稳定，很难年年季季核准土地经营者的种粮面积，而且不管补贴给谁，流转双方都可以通过租金方式自行应对。

三是土地流转逐步发展。在实行家庭联产承包责任制之初，政策是禁止土地承包经营权流转的。直到 1984 年，中央一号文件才提出：鼓励土地逐步向种田能手集中；社员在承包期内，因无力耕种或转营他业而要求不包或者少包土地的，可以将土地交给集体统一安排，也可以经集体同意，由社员自找对象协商转包，但不能擅自改变向集体承包合同的内容。转包条件可以根据当地情况，由双方商定。1993 年，党的十四届三中全会指出，允许土地使用权依法有偿转让。1998 年，党的十五届三中全会明确，农户承包地使用权可以自愿、有偿流转。2002 年颁布的《农村土地承包法》规定，土地承包经营权可以依法采取转包、出租、互换、转让或者其他方式流转。到 2011 年底，土地流转面积占家庭承包总面积的 17.8%。

四是土地承包步入依法管理轨道。1993 年《中华人民共和国宪法修正案》指出，农村中的家庭联产承包为主的责任制，是社会主义劳动群众集体所有制经济。2002 年颁布的《农村土地承包法》，对土地承包经营权的取得、保护、流转，以及发包方和承包方的权利和义务等作出了全面规定。2007 年颁布的《中华人民共和国物权法》，将土地承包经营权确定为用益物权，明确土地承包经营权人对其承包经营的土地依法享有占有、使用、流转、收益等权利。2009 年颁布的《中华人民共和国农村土地承包经营纠纷调解仲裁法》，对农村土地承包经营纠纷的调解和仲裁作出了规定。目前，我国已建立了比较健全的农村土地承包法律法规体系。

三、深化阶段（党的十八大至今）

党的十八大以来，以习近平同志为核心的党中央对深化农村土地制度改革作出了一系列重大决策部署。特别是在党的十八届三中全会上通过的《中共中央关于全面深化改革若干重大问题的决定》，对开启农村土地制度改革提出了系统要求，其意义堪比党的十一届三中全会决定。据此，各部门各地区稳步推进各项改革，初步构建了新时代农村土地制度的"四梁八柱"。

一是建立农村土地"三权"分置制度。 实行家庭承包经营后，农民集体拥有土地所有权，农户家庭拥有承包经营权，实现了所有权和承包经营权"两权分离"。这充分调动了亿万农民群众的生产积极性，解决了温饱问题，使几亿农村贫困人口脱贫，为国民经济的持续快速发展提供了基础支撑，是我国农村改革的重大成果。现阶段，随着工业化、城镇化深入推进，农村劳动力大量转移到城镇，到二三产业就业，相当大一部分农户将土地流转给他人经营，承包主体与经营主体分离。2013 年 7 月习近平总书记在武汉农村综合产权交易所调研时指出，深化农村改革，完善农村基本经营制度，要好好研究农村土地所有权、承包权、经营权三者之间的关系。在 2013 年的中央农村工作会议上习近平总书记进一步指出，改革前，农村集体土地是所有权和经营权合一，土地集体所有、集体统一经营。搞家庭联产承包责任制，把土地所有权和承包经营权分开，所有权归集体，承包经营权归农户，这是我国农村改革的重大创新。现在，顺应农民保留土地承包权、流转土地经营权的意愿，把农民土地承包经营权分为承包权和经营权，实现承包权和经营权分置并行，这是我国农村改革的又一次重大创新。这将有利于更好坚持集体对土地的所有权，更好保障农户对土地的承包权，更好用活土地经营权，推进现代农业发展。党的十八届五中全会明确要求，完善土地所有权、承包权、经营权分置办法。2016 年，中共中央办公厅、国务院办公厅印发《关于完善农村土地所有权承包权经营权分置办法的意见》，对"三权"分置作出系统全面的制度安排，明确提出，始终坚持农村土地集体所有权的根本地位，严格保护农户承包权，加快放活土地经营权，逐步完善"三权"关系。实行"三权"分置，实现了农民集体、承包农户、新型农业经营主体对土地权利的共享，有利于农民的多样化选择、土地的社会化配置和城乡要素的双向流动，为促进农村资源要素合理配置、引导土地经营权有序流转、发展多种形式适度规模经营奠定了制度基础，使我国农村基本经营制度焕发出新的生机和活力。

二是开展农村土地承包经营权确权登记颁证。 在坚持农村土地集体所有的前提下，依法赋予和保障农民的土地承包经营权，既是健全社会主义市场经济体制的重要内容，也是发展农村市场经济的基础。长期以来，一些地方存在承包地块面积不准、四至不清、空间位置不明、登记簿不健全等问题，导致农民土地权益依法保障程度低。为把农户承包地搞准、搞清、搞实，党的十八大以后，中央对确权登记颁证工作作出了一系列决策部署。2013 年习近平总书记指出，建立土地承包经营权登记制度，是实现土地承包关系稳定的保证，要把这项工作抓紧抓实，真正让农民吃上"定心丸"。2014 年中央明确提出用 5 年左右时间基本完成土地承包经营权确权登记颁证工作。按照中央部署，中央农办、农业农村部通过先整村整乡试点，后整县整市试点，再全省全国推开的方式，稳妥推进全国农村承包地确权登记颁证工作。这项工作到 2018 年底已基本完成，2019 年开展了"回头看"，共涉及 2 838 个县（市、区）、3.4 万个乡镇、55 万多个行政村，将 15 亿亩承包地确权给承包农户，为 2 亿多农户颁发了土地承包经营权证书。

三是发展多种形式适度规模经营。2013 年，党的十八届三中全会提出，赋予农民对承包地占有、使用、收益、流转及承包经营权抵押、担保权能，允许农民以承包经营权入股发展农业产业化经营。2014 年，中共中央办公厅、国务院办公厅印发《关于引导农村土地经营权有序流转发展农业适度规模经营的意见》，要求积极培育新型农业经营主体，发展多种形式的适度规模经营；并强调要合理确定土地经营规模，现阶段对土地经营规模相当于当地户均承包地面积 10～15 倍、务农收入相当于当地二三产业务工收入的，应当给予重点扶持。2017 年中共中央办公厅、国务院办公厅印发《关于加快构建政策体系培育新型农业经营主体的意见》，要求发挥好政策对新型农业经营主体发展的引导作用。目前，土地流转、入股、合作以及生产托管等多种形式适度规模经营有序发展，新型农业经营主体蓬勃兴起。截至 2020 年底，各类新型农业经营主体超过 600 万家，高素质农民超过 1 700 万人，多种形式适度规模经营占比达到 40%。土地适度规模经营的发展和经营主体的多元化，是农业生产力进步的重要体现，标志着土地制度改革和农业现代化的同向结合。

四是建立健全农村土地经营权流转交易制度。随着农村土地使用权特别是承包土地经营权流转日益增多，对土地经营权流转交易市场的需求也日益强烈。一些地方，如武汉等地，也积极探索通过建立有形市场或网络平台，为流转双方提供政策咨询、价值评估、合同鉴证等各种服务，促进土地资源的优化配置。在总结地方实践经验基础上，2014 年 12 月，国务院办公厅印发《关于引导农村产权流转交易市场健康发展的意见》，引导土地经营权流转交易市场稳步发展。2016 年，农业部印发《农村土地经营权流转交易市场运行规范（试行）》，指导各地土地经营权流转交易市场建立健全运行规则，推动流转交易公开、公正、规范运行。2018 年 12 月，农业农村部会同有关部门出台《关于开展土地经营权入股发展农业产业化经营试点的指导意见》，提出培育一批土地经营权出资发展农业产业化经营的公司、农民专业合作社。总体来看，我国逐步构建起了符合农村实际和土地经营权流转交易特点的制度框架。截至 2018 年 8 月底，全国已有 21 个省份出台农村产权流转交易市场建设的指导性文件。截至 2021 年 6 月底，已有 1 239 个县（市、区）、18 731 个乡镇建立农村产权交易市场或土地经营权流转服务中心。

我国农村实行的集体土地家庭承包经营制度，是在总结正反两方面经验教训基础上，经过长期探索逐步确立的，展现出广泛适应性和巨大包容性。这 40 多年走下来，我见证和直接参与了一些重大事件、重大改革，并深刻体会到，其中的经验弥足珍贵，值得总结、发扬和继承。

其一是始终坚持尊重农民主体地位和首创精神。纵观 40 多年农村土地制度变革，历次重大创新都是从人民利益出发，顺应民心民意，尊重农民首创精神，由农民选择而不是代替农民选择。改革之初搞家庭联产承包责任制，土地所有权归集体，承包权归农户，就是尊重农民群众自己的选择。小岗村 18 户农民按下红手印，自愿搞起了大包干，这就是农民的选择。邓小平同志指出，农村搞家庭联产承包，这个发明权是农民的。现阶段，实行集体所有权、农户承包权、土地经营权分置并行，也是顺应大量农民进城就业后保留土地承包权、流转土地经营权的意愿。

其二是始终坚持处理好稳定与放活的关系。土地制度是国家的基础性制度，在深化农村土地制度改革过程中，注重把握好变与不变的关系。农村土地集体所有制不会变，集体土地实行家庭承包经营也长久不变，土地承包经营的期限可以多次延长。坚持以稳定为基础，从第一轮土地承包期限 15 年，到第二轮土地承包期限 30 年，再到党的十九大提出第二轮土地承包到期后再延长 30 年，始终强调稳定农村土地承包关系，赋予农民更加充分而有保障的土地承包经营权。与此同时，积极探索放活的有效路径，实行承包地"三权"分置，放活土地经营权，实现了土地资源在更大范围内优化配置。正是这种稳中求变、以活促稳的改革举措，使得我国农村基本经营制度焕发出持久的生命力。

其三是始终坚持市场化改革方向。土地是资源，也是要素。在农村土地制度改革过程中，始终坚持发挥市场在资源配置中的决定性作用，更好地发挥政府作用，提高土地利用效率。以市场导向配置土地资源，引导土地向种田能手和新型农业经营主体流转，发展多种形式适度规模经营；同时，强化政府的公共服务，完善农村土地法律政策，促进土地资源保护有效、流动有序。通过市场这只"看不见的手"和政府这只"看得见的手"各司其职、优势互补，激发农村发展活力。

其四是始终坚持渐进性改革方式。我国农村土地制度改革始终坚持稳中求进，由点及面、审慎推进。先后开展承包地确权登记颁证、承包土地经营权和农民住房财产权抵押、集体经营性建设用地入市、宅基地制度改革等试点，及时总结基层的实践经验，起到了"摸着石头过河"的作用，趟出了有效的改革路径。在试点的同时，坚持问题导向，不断总结经验、完善政策。例如前面讲到的农村承包地确权登记颁证，一开始时谁也不知道怎么干，就要搞试点，先以村为单位摸索承包地面积不准等问题的解决办法。刚开始时仅 8 个村，再到整县试点，50 个县，再到 150 个县。在试点中不断总结，逐步完善办法，才开始整省推进。可以说，农村土地制度的每一项改革举措，都采取了先试点试验、再逐步推广、最终全面铺开的做法，确保不翻烧饼、不走弯路，使改革平稳有序持续推进。

其五是始终坚持法制化推进方略。土地是农民最重要的生产资料和生计保障，法制规范更带有长久性、稳定性。农村土地制度改革涉及国家、集体和个人的根本利益关系调整，其产生的系统性、长期性影响决定了强化法制保障的必然性。改革开放以来，对于实践证明行之有效的政策，党和国家都及时转化为法律。如 1986 年颁布《土地管理法》，2002 年颁布《农村土地承包法》等，都为维护农民合法权益提供了有力保障。同时，根据客观形势的发展变化，对不再适应实践要求的法律法规，及时予以修改和完善，如《土地管理法》于 1988 年、1998 年、2004 年、2019 年先后 4 次修订或修正，《农村土地承包法》也于 2009 年、2018 年先后 2 次修正，将中央关于承包地"三权"分置等重大政策纳入法律规定，不断提升了农地管理法制化、规范化水平。

新时代农村土地制度改革的要求和方向

当前，我国农业农村正经历着广泛而深刻的历史性变革，农业生产从传统向现代转型，农村社会从封闭向开放转变，城乡关系从分割向融合转化，每年有超过 1 000 万农业转移人口市民化，农村已经消除绝对贫困、全面进入小康，可谓千年未有之变局。土地制度作为农村最基本的制度，必须适应新的形势变化进行改革和完善，这是新时代赋予的新使命。为此，要进一步认清形势、厘清思路，把握好新时代农村土地制度改革的方向。

一、深刻认识农村土地制度改革面临的客观要求

一是要稳定好农村这个战略后院。稳住农业基本盘、守好"三农"基础是应变局、开新局的"压舱石"。农村土地制度改革关系着数亿农民群众的切身利益，必须审慎稳妥推进，确保农村社会稳定、后院不出问题。

二是要确保粮食安全。我国是个拥有 14 亿多人口的大国，没有哪个国家能帮我们解决吃饭问题。目前复杂的国际形势，也决定了不能把吃饱饭寄托于国际贸易。中国人的饭碗要牢牢端在自己手里，碗里必须主要装中国粮，这是不能打任何折扣的。土地制度要为这个"国之大者"提供根本保障。

三是要解决好"谁来种地"的问题。大家都知道，目前农村实际从事农业生产的，大都是中老年人，年轻人都进城务工了。所以要着力解决好"谁来种地"的问题，让农业留住年轻人，让农村吸引到各方人才，让农业农村未来更美好。

四是要维护好进城农民土地权益。2020 年，进城务工的农村人口达2.856 亿，我国常住人口城镇化率超过 60%。大量农民离土离乡、进城就业，农村土地流转、人地分离的现象将十分普遍；但也要看到，他们在城镇能够稳定就业和定居，需要一个长期过程。因此，必须维护好进城农民的合法土地权益，使他们能安心在城镇工作生活。这既是保障这些农民的权益，更是保障全国经济社会发展稳定的大局。

五是要盘活利用农村土地资源。土地是农村最大的财富，无论是推进农村人居环境整治、建设美丽乡村、改善农民生活条件，还是发展乡村产业、搞休闲农业和乡村旅游，都需要激活农村土地等资源的活力，促进城乡要素平等交换，增加农民财产性收入，让农民更多分享经济社会发展成果。

二、深入学习领会习近平总书记关于农村土地制度改革的重要论述

习近平总书记一直高度重视农村土地问题，对深化农村土地制度改革作出了一系列重要论述，回答了为什么要改革、怎么样改革等重大问题，为新时代深化农村土地制度改革指明了方向。我学习领会，这些重要论述指示务必认真贯彻：

第一，关于改革的主线。习近平总书记指出，我国农村改革是从调整农民和土地的关系开启的，新形势下深化农村改革，主线仍然是处理好农民与土地的关系。习近平总书记强调，农村土地第二轮承包到期后再延长30 年，这是保持土地承包关系长久不变的重大举措；要严格保护农户承包权，任何组织和个人都不能取代农民家庭的土地承包地位，都不能非法剥夺和限制农户的土地承包权；农村土地承包关系要保持稳定，农民的土地不要随便动；农民失去土地后，如果在城镇待不住，就容易引发大问题。

这次抗击新冠疫情，没有因为就业而造成严重社会稳定问题，其中一个重要原因就是，进城农民工有家乡可以返回，返回家乡有承包地、宅基地可以住得下来、有饭吃、有事可干。可以讲，农村为应对危机发挥了稳定器和蓄水池的作用。习近平总书记的深刻论述，从历史和现实两个维度，进一步明确了新时代农村土地制度改革的工作主线。

第二，关于改革的重点。习近平总书记指出，新时代推进农村土地制度改革，要坚持把依法维护农民权益作为出发点和落脚点，坚持农村土地农民集体所有制不动摇，坚持家庭承包经营基础性地位不动摇。在这个前提下，要根据实践发展要求，丰富集体所有权、农户承包权、土地经营权的有效实现形式，促进农村土地资源优化配置；要严防死守18亿亩耕地红线，采取长牙齿的硬措施，落实最严格的耕地保护制度，为确保粮食等重要农产品供给提供基础支撑；要引导土地经营权有序流转，发展多种形式适度规模经营，壮大农业社会化服务组织，鼓励和支持广大小农户走同现代农业相结合的发展之路，使农村基本经营制度始终充满活力。要不断探索农村土地集体所有制的有效实现形式；完善承包地"三权"分置制度，在依法保护集体土地所有权和农户承包权的前提下，平等保护土地经营权；加强土地经营权流转管理和服务，推动土地经营权等农村产权流转交易公开、公正、规范运行；落实宅基地集体所有权，保障农户宅基地用益物权，适度放活农民房屋使用权。习近平总书记的深刻论述，阐明了现代农村土地制度的基本框架，进一步明确了新时代农村土地制度改革的重点任务。

第三，关于改革的路径。习近平总书记指出，现阶段深化农村土地制度改革，要更多考虑推进中国农业现代化问题，既要解决好农业问题，也要解决好农民问题，走出一条中国特色农业现代化道路。我国国情决定了我们不可能像新大陆国家那样搞大规模农场，只能走中国特色道路，那就是根据各地不同的条件，搞多种形式的适度规模经营。习近平总书记强调，土地流转和多种形式规模经营，是发展现代农业的必由之路，也是农村改革的基本方向。"大国小农"是我国的基本国情农情，要处理好培育新型农业经营主体和扶持小农生产的关系，引导小农户与现代农业发展有机衔接，农业生产经营规模宜大则大、宜小则小；要把握好土地经营权流转、集中、规模经营的度，与城镇化进程和农村劳动力转移规模相适应，与农业科技进步和生产手段改进程度相适应，与农业社会化服务水平提高相适应。习近平总书记的深刻论述，立足实际、尊重规律，进一步明确了新时代农村土地制度改革的实现路径。

第四，关于改革的底线。习近平总书记指出，农村土地制度改革是个大事，涉及的主体、包含的利益关系十分复杂，必须审慎稳妥推进。农村改革不论怎么改，不能把农村土地集体所有制改垮了，不能把耕地改少了，不能把粮食生产能力改弱了，不能把农民利益损害了，这些底线必须坚守，决不能犯颠覆性错误。习近平总书记的深刻论述，确立了稳中求进、健康有序的基调，进一步明确了新时代推进农村土地制度改革的底线原则。南美许多大城市郊区的贫民窟，就是一个反面教材。我们要吸取其教训，坚持土地集体所有的底线，不能搞土地私有化使土地被少数人兼并。疫情期间多国限制粮食出口，也给我们敲响了警钟，要严格保护粮食生产能力，坚持把饭碗牢牢端在自己手里。总之，要坚决落实习近平总书记的重要指示，坚守底线，决不能犯颠覆性错误。

三、准确把握农村土地制度改革完善的总体方向

当前和今后一个时期，深化农村土地制度改革，要以习近平总书记关于农村土地制度改革的重要论述为指导，在坚持农村基本经营制度的前提下，完善农村土地制度，坚持农村土地集体所有，保障农民土地权益，激活农村资产资源。

一是产权关系明晰化。产权明晰是产权保护、变更和交易的前提。承包地、宅基地等农村土地，存在着集体经济组织、农民和使用者等多元主体，利益关系复杂，在市场经济条件下，必须明确产权归属，确保产权关系清晰。如在承包地"三权"分置中，集体所有权作为自物权，具有本源性，是派生承包权和经营权的基础；承包权作为他物权，是一种排他性身份资格权的体现，在集体经济组织内封闭运行；经营权派生于承包经营权，依流转合同而取得，具有社会性和开放性。处理好各个权利主体与土

地的关系，实质是界定各个权利主体的权利边界，明确各方所享有的权利范围，以维护各方合法权益。例如，《土地管理法》曾规定，承包经营耕地的单位或者个人连续二年弃耕抛荒的，原发包单位应当终止承包合同，收回发包的耕地。考虑到土地承包经营权已明确为用益物权，2019年修正时删除了上述规定。但为了促进土地有效利用，2018年新修正的《农村土地承包法》规定，弃耕抛荒连续两年以上，承包方可单方解除土地经营权流转合同。即，对抛荒者的惩罚可以是收回其土地经营权，但不能收回其土地承包经营权。要加快建立健全农村土地产权登记制度，明确集体经济组织、农民、使用者等主体之间的土地产权关系。

二是农地权能完整化。权能是权利的内容，也是实现权利的能力。让农民享有政策法律赋予的完整土地权能，是农村土地制度改革的重要任务。农村土地产权类型较多，权能尚不完善，新的权能形态随着经济社会的发展又在不断产生。如国家赋予农民对承包地占有、使用、收益、流转权能，这体现了承包农户的基本权益。但也要看到，承包地、宅基地如何在户内继承，尚未在法律层面予以明确；土地经营权融资担保权能虽然在法律层面予以明确，但实践中的路径仍不畅通；《农村土地承包法》第四十七条规定，承包方可以用承包地的土地经营权向金融机构融资担保，并向发包方备案。受让方通过流转取得的土地经营权，经承包方书面同意并向发包方备案，也可以向金融机构融资担保。但是，由于土地的不可移动性，即使贷款者还不上欠款，银行也不可能到村里实际耕种，从而导致大多数金融机构并不积极。对此，实践中还需进一步探索，完善担保物处置机制，才能使其担保权能真正发挥作用。集体经营性建设用地的出租、出让（转让）、入股，以及与国有土地同等入市、同权同价等权能仍在试点中探索。因此，要继续深化相关试点，进一步探索赋予农民更多的土地权能。

三是流转交易市场化。土地使用权的市场化流转是促进土地资源优化配置的必然要求。土地作为农村最重要的生产要素，要在坚持集体所有、家庭承包的基础上，促进其依法自愿有偿流转。特别是集体建设用地，要建立健全城乡要素市场化配置机制，真正做到城乡土地同地同权，健全完善农村土地产权交易制度，支持农村集体经营性建设用地进入市场交易，让土地在流动中实现其应有价值，增加农民和农民集体的财产性收益。例如，江苏省建成全省统一的农村产权交易信息服务平台，推动各县乡建设农村产权交易实体市场，实现涉农乡镇全覆盖。截至 2020 年底，通过产权交易平台累计成交项目 61 万多个、交易金额超 1 350 亿元，其中流转土地经营权面积 1 700 多万亩，开展农村土地经营权抵押融资近 9 500 笔，发放贷款超 75 亿元。

四是产权保护平等化。有恒产者有恒心。有效保障和实现各类主体的土地权利，是实现农业农村健康持续发展的重要基础。要建立健全以保护农民权益为着重点的农村土地产权保护制度，落实承包地、宅基地、集体经营性建设用地的用益物权，赋予农民更多财产权利。同时，在依法维护集体和农户土地物权基础上，平等保护多元化土地使用者的各项合法权利，保障其有稳定的经营预期。例如，开展农村承包地确权登记颁证，强化了对农户土地承包经营权的物权保护。同时，依据《农村土地承包法》第四十一条的规定，土地经营权流转期限为五年以上的，当事人可以向登记机构申请土地经营权登记，以强化对其经营权益的法律保护。

五是农地管理法制化。要加强改革与立法的衔接，对于目前看不透、吃不准的，可以采取局部试点的方式，同时得到法律授权，按照法定程序进行。要适应农村土地制度改革进程，加快将一些成熟的试点经验、基层做法和改革成果上升为法律安排。

比如，2018 年《农村土地承包法》主要作了六个方面的重要修改：一是明确了农村集体土地所有权、土地承包权、土地经营权"三权"分置，对承包农户的权益给予充分保护，同时，也对各种新型经营主体流转的土地经营权予以同等保护，更加有利于促进土地适度规模经营的发展，推进农业现代化进一步向前发展。二是明确了农村土地承包关系保持稳定并长久不变，在农村土地二轮承包到期以后要继续延长 30 年，给农民吃了一颗长效的"定心丸"。三是明确了维护进城落户农民的土地承包经营权，就是不能要求他必须退出承包经营权才能进城落户。四是明确了土地经营权的内涵，丰富了其权能，包括可以依法依规改良土壤、修建农田设施，也可以融资担保。五是明确要求建立工商企业流转土地经营权的准入监管制度，总的要求是不得改变土地集体所有权性质、不得改变土地用途、不得损害农民土地承包权益。六是进一步明确，农户内家庭成员依法平等享有承包土地的各项权益，加强了对妇女土地承包权益的保护。

再比如，2019 年修订的《土地管理法》，将党中央关于农村土地制度改革的决策和试点成功经验上升为法律，确定了永久基本农田保护制度、允许集体经营性建设用地入市，同时在农村土地征收等直接关系农民利益的问题上作出了多处创新完善。

农村土地制度改革需要研究的若干实际问题

当前，农村土地制度改革站在新的历史起点上，任务艰巨而繁重。有的改革已全面推开，制度绩效初步显现，需要上升为国家法律法规；有的改革仍在试点，需要进行总结完善，逐步形成可复制可推广的模式和经验；有的改革尚未破题，需要加强研究、探索试验，找到可行的改革路径和方案。贯彻落实习近平总书记关于农村改革扩面、提速、集成的要求，要坚守底线，进一步加强农村土地制度创新和制度供给，让农村资源要素活化起来，激发广大农民积极性和创造性，为乡村振兴提供强大动力。需要重点关注并深入研究的有 10 个方面的问题。

一、落实第二轮土地承包到期后再延长三十年政策

习近平总书记在党的十九大上宣布，第二轮土地承包到期后再延长三十年。这样，从 20 世纪 80 年代初实行第一轮土地承包算起，我国农村土地承包关系将稳定 75 年，无论是拥有承包地的农户，还是流入承包地的新型经营主体，都有了稳定的预期，有利于促进多种形式的适度规模经营和农村生产力发展，保持农村社会稳定。二轮到期如何开展延包？中央专门

出台《关于保持土地承包关系稳定并长久不变的意见》，明确要坚持延包原则，不得将承包地打乱重分，确保绝大多数农户原有承包地继续保持稳定。但在延包的具体工作中，还需要解决一些实际问题。例如，如何把握好总体稳定与小调整的关系，如何解决一些农户无地少地问题，如何保护外嫁女等特殊群体的承包权益，如何建立进城农户土地承包权自愿有偿退出机制，如何在农户愿意条件下解决承包地细碎化问题，等等，都需要进一步探索。从2020年开始，农业农村部已在全国选择了部分县和村组开展试点，重点是厘清延包工作面临的问题并探索有效解决办法，研究制定配套政策，确保顺利过渡。

二、落实承包地"三权"分置制度

实行承包地"三权"分置，是现阶段应对保护农民承包权与促进土地流转这一矛盾的治本之道。"三权"分置作为农村土地制度的重大创新，在理论层面和实践层面还需要进一步完善。一是厘清权利主体的权利边界和相互权利关系，健全"三权"分置的农地产权体系。在实践中，如集体经济组织行使所有权和保障农户承包权之间如何衔接，权利边界如何划定，放活经营权的同时如何既体现集体和承包农户的监督权利，又避免对经营主体经营自主权的干涉，等等，都需要进一步探索。二是完善所有权承包权权能内容。依法维护农民集体对承包地发包、调整、监督、收回等权利，健全集体经济组织民主议事机制。维护承包农户使用、流转、抵押、退出承包地等权利。特别是探索建立土地承包权依法、自愿、有偿退出制度。三是平等保护经营权。依法维护经营主体从事农业生产所需的各项权利。进一步健全承包土地经营权向金融机构融资担保、入股从事农业产业化经营的各项配套制度。

三、处理好规模经营与小农户发展关系

发展多种形式适度规模经营、培育新型农业经营主体，是建设现代农业的前进方向和必由之路。但也要看到，当前和今后很长一个时期，小农

户家庭经营仍将是我国农业的基本经营方式。要认真贯彻落实中共中央办公厅、国务院办公厅《关于促进小农户和现代农业发展有机衔接的意见》精神，正确处理好培育新型农业经营主体和扶持小农户的关系。一方面，要大力发展多种形式的适度规模经营，发挥新型农业经营主体在现代农业建设中的引领作用。新型农业主体主要有四类：家庭农场、农民合作社、农业产业化龙头企业和社会化服务组织。其中，家庭农场是小农户的升级版，农民合作社是小农户的联合体，突出抓好这两类农业经营主体是赋予双层经营体制新内涵的基础。同时，要通过健全利益联结机制，发挥好龙头企业对小农户的带动作用，也要通过多种方式开展土地托管、联耕联种、代耕代种、统防统治等社会化服务，把分散的土地经营主体联结起来，实现规模经营的溢出效应。另一方面，促进小农户与现代农业有机衔接，让小农户共享改革发展成果。我国小农生产有几千年的历史，"大国小农"是我国的基本国情农情，小规模家庭经营是农业的本源性制度。人均一亩三分地、户均不过十亩田的小农生产方式，是我国农业发展需要长期面对的现实。据统计，目前全国户均承包地为 7.46 亩、5.5块，农户承包地面积最小的仅为 0.01 亩。要完善小农户扶持政策，促进传统小农向现代小农转变。要把对新型经营主体的政策扶持力度与其带动小农户数量挂钩，健全新型农业经营主体与小农户的利益联结机制，发挥新型农业经营主体的带动作用，培育各类专业化市场化服务组织，提升小农生产经营组织化程度，改善小农户生产设施条件，提升小农户抗风险能力，扶持小农户拓展增收空间，把小农生产引入现代农业发展轨道。

四、推进土地经营权抵押贷款

土地流转，规模经营，肯定需要金融服务。自 2016 年起，截至 2018年 6 月末中国人民银行等部门组织开展了为期三年的农村承包土地经营权抵押贷款试点，全国 232 个试点地区农地抵押贷款余额达 520 亿元。在试点地区中，有 217 个建立了农村产权流转交易平台，其中主要是土地经营权流转。从试点情况看，有两个问题值得关注。一是土地经营权价值评估难。为了解决这个问题，有的试点地区探索根据区域地理条件、耕作习惯、物价因素、农作物生产成本、经济效益等差异性，制定承包土地经营权等各类农村产权的价值评估标准，运用成本法、收益法、市场价格法等开展抵押物价值评估，这方面的经验还需要总结提炼。二是土地经营权贷款违约处置难。土地具有不可移动性，经营主体如果因灾或经营不善无法按时归还贷款，银行等金融机构不能自己耕种，也不便于请其他地方农民耕种，最终往往还需贷款农户接手。如果没有政府参与、提供保障，必然会影响银行积极性。2018 年修订的《农村土地承包法》，已经增加允许以承包土地经营权向金融机构融资担保的条款，《中华人民共和国民法典》在编纂时也对原《中华人民共和国担保法》关于耕地使用权不得抵押的条款进行了修改。下一步，还要结合这些法律法规的修订实施，研究制定在全国开展农村承包土地经营权抵押贷款的配套政策。

五、建立土地承包权自愿有偿退出制度

按照中央的要求，农业农村部在上海等 6 个省份的 7 个县（市、区）开展了试点，对土地承包权退出制度进行了探索实践。如宁夏平罗县结合生态移民搬迁，允许已进城和有条件进城农民自愿有偿退出土地承包权，由村集体统一收储，用于安置生态移民，共实现农户有偿退出 2 056 户，涉及承包地 11 280 亩。总的来看，这项试点范围还不大，涉及的农户和退出的耕地数量不多，对退出条件、价格确定等尚处于初始探索阶段。

现阶段不能以退出农村土地承包权作为农民进城落户的前提条件。但从长远看，很有必要建立科学合理的农村土地承包权退出制度。这项改革试点，总的要求是积极稳妥，尊重农民意愿，统筹处理好各方关系，关键是建立健全配套政策。探索建立承包地退出补偿资金筹集办法，制定退地农户的补偿政策。充分保障农民对退地程序、退地方式、补偿标准等关键问题的知情权，及时、足额将退地补偿款兑付到农民手中，及时兑现就业、医疗、教育等相关支持政策。

六、强化耕地保护制度

习近平总书记强调："保护耕地要像保护文物那样来做，甚至要像保护大熊猫那样来做。"近年来，我国耕地总面积为 19.18 亿亩（第三次全国国土调查数据），但耕地负载逐年加大。从数量看，随着工业化、城镇化快速推进，占地需求和补地资源空间不匹配的问题日益显现。近些年，一些地方以农业设施为名违法违规占用耕地建设"大棚房"，一些农村地区滥占耕地建房问题也很突出。这些都改变了土地性质和用途，改变了农业生产功能，造成耕地非农化、非粮化。有关数据表明，每年全国新增建设用地占用耕地约为 480 万亩，虽有占补平衡，但仅 2010 年至 2017 年耕地就净减少 780 多万亩。从质量看，不少地方耕地退化、污染严重，一些地方占好地、补坏地，占水地、补旱地。2019 年修订的《土地管理法》进一步明确了对耕地保护的要求，提出"国家实行永久基本农田保护制度"，并明确五类应当根据土地利用总体规划划为永久基本农田的耕地。同时规定，永久基本农田应当落实到地块，纳入国家永久基本农田数据库严格管理，乡（镇）人民政府应当将永久基本农田的位置、范围向社会公告，并设立保护标志。《土地管理法》第三十五条规定：永久基本农田经依法划定后，任何单位和个人不得擅自占用或者改变其用途。值得一提的是，把原来的"基本农田"改成了"永久基本农田"。这不是简单的文字修改，而是保护理念及制度的重大改变。

同时，《土地管理法》第三十六条还规定：各级人民政府应当采取措施，引导因地制宜轮作休耕，改良土壤，提高地力。上述规定，将党的十八大以来，中央为保护耕地而出台的轮作休耕制度转化为法律规定。

七、改革农村土地征收制度

征地制度是我国工业化与城镇化的基础制度之一，为工业化与城镇化的发展提供了大量廉价土地，也为城市建设提供了大量建设资金。我国每年都有一部分耕地被征用。但是，从现行征地制度的实施效果来看，还存在着征地范围过大、征地程序不规范、土地增值收益分配不平衡、被征地农民权益保障机制不完善等问题，迫切需要改革完善。党的十八届三中全会提出缩小征地范围，规范征地程序，完善对被征地农民合理、规范、多元保障机制。为此，国家从2015年起开展了征地制度改革试点。试点地区按照"程序规范、补偿合理、保障多元"的要求，进行了积极探索。2019年修订的《土地管理法》在土地征收方面进行了完善，作出了多处创新性规定。比如，对于缩小征地范围，第四十五条列举了可以依法实施征收的情形，进一步明确了"为了公共利益的需要"的范围。对于征地程序，第四十七条进一步明确了开展拟征收土地现状调查和社会稳定风险评估、公告征地有关情况、听取利害关系人意见、召开听证会等要求，保障了利害关系人的知情权、参与权。对于保障被征地农民利益，区分农用地和其他土地，确定了不同的补偿标准制定方式，征收农用地的土地补偿费、安置补助费标准由省、自治区、直辖市通过制定公布区片综合地价确定，其他的土地、地上附着物和青苗等的补偿标准也由各省份制定；特别针对农民住宅，明确了先补偿后搬迁、居住条件有改善的原则，采取多种方式予以补偿；应将被征地农民纳入相应的养老等社会保障体系；等等。这些规定，相比于2004年的规定更加具体，对农民利益的保障更有力，是很大的进步。

八、建立农村集体经营性建设用地入市制度

农村集体建设用地是农村集体经济组织及其成员兴办乡镇企业、乡（镇）村公用设施和公益事业以及村民建设自用住宅等经依法批准使用的农民集体所有的土地。从用地性质和用地主体看，农村集体建设用地包括农民的宅基地、农村公益事业和公共设施建设用地、农村集体经营性建设用地三种类型。据自然资源部推算，截至2013年底，全国农村集体经营性建设用地约为4 200万亩，占集体建设用地总量的13.3%。此外，还有数量更多的非经营性建设用地。在2019年修订的《土地管理法》出台实施前，农村集体建设用地不能直接进入市场。从实践需求看，让符合规划和用途管制的集体经营性建设用地直接进入市场，以公开规范方式出让、租

赁、作价出资（入股），有利于维护农民土地权益，增加农村集体和农民的收入，增加工业化、城镇化土地供给，达到多赢的效果。党的十八届三中全会提出，建立城乡统一的建设用地市场，在符合规划和用途管制前提下，允许农村集体经营性建设用地出让、租赁、入股，实行与国有土地同等入市、同权同价。2015 年以来，根据中央的部署，试点地区围绕五个方面的改革内容进行了探索。一是探索了多种类型的入市主体。主要有两类：一类是代表农民集体行使所有权的集体经济组织或村民委员会；另一类是农民集体授权的具有法人资格的土地股份合作社、土地专营公司等。二是探索了多种入市途径。主要是就地入市、调整入市、整治入市。三是探索了建立市场交易规则和服务监管制度。四是探索完善了农村集体经营性建设用地使用权权能，开展了使用权抵押贷款试点和利用集体建设用地建设租赁住房试点。五是探索了土地增值收益分配机制。截至 2019 年底，33 个试点县（市、区）农村集体经营性建设用地入市地块达 1.26 万宗，面积为 12.5 万亩，总价款约为 476.6 亿元，收取调节金 50.4 亿元。总的来看，这项改革才刚刚开始。

2019 年修订的《土地管理法》在总结试点经验的基础上，在第六十三条明确，符合条件的集体经营性建设用地可以出让、出租，通过出让等方式取得的集体经营性建设用地使用权也可以转让、互换、出资、赠与或者抵押。这是《土地管理法》该次修改的一大突破，为进一步完善农村集体经营性建设用地入市制度奠定了法律基础。

九、稳慎推进宅基地制度改革

目前，我国形成了独具特色的农村宅基地制度，即：集体所有、成员使用、一户一宅、限定标准，规划管控、无偿取得，长期占有、内部流转。这一制度安排对保障农民基本居住权、维护农村稳定发挥了基础和关键作用。有关方面调查显示，随着农村社会人口结构的深刻变化，实践中也面临许多新情况新问题，突出表现包括：一是一户多宅、超标占地等现象比较突出，城镇居民到农村购地建房禁而不止；二是农户流转困难、退出机制缺失，农民的财产性收益难以实现。党的十八届三中全会提出保障农户宅基地用益物权，改革完善农村宅基地制度。2019 年修订的《土地管理法》增加了关于下放宅基地审批权限至乡镇、允许宅基地自愿有偿退出、盘活闲置住宅等方面的内容。2018 年国家机构改革后，由农业农村主管部门负责宅基地改革和管理工作。下一步做好农村宅基地管理工作，深化宅基地制度改革，主要是：落实基层政府属地责任，2020 年开始，农村村民住宅用地，由乡镇政府审核批准。乡镇政府要切实履行责任，建立宅基地统一管理机制；严格落实"一户一宅"，妥善解决历史形成的宅基地面积超标和"一户多宅"的问题；促进农村宅基地节约集约利用；完善盘活利用闲置农村住宅有关配套政策。宅基地改革十分复杂、十分敏感，社会关注度很高，必须稳慎进行。2020 年 8 月，中央印发《深化农村宅基地制度改革试点方案》，布置在 104 个县（市、区）和 3 个地级市启动新一轮农村宅基地制度改革试点。试点当然会有探索，同时政策底线也是明确的：宅基地的集体所有权决不会动，城里人到农村买宅基地盖住宅这个口子决不会开。

十、改革完善土地出让收入使用制度

土地是农村价值最大的资源资产，但土地增值收益长期主要用于城市，这也是农村发展滞后于城市的重要原因之一。据统计，2007 年以来，土地出让收益安排的支出达 7.66 万亿元，其中，用于城市建设的比重为 70%（包括保障性安居工程支出），用于农业农村的比重仅为 30%（包括水利建设和农村义务教育）。改革主要是解决土地增值收益长期"取之于农、用之于城"的问题。2018 年中央一号文件提出，要调整完善土地出让收入使用范围，进一步提高农业农村投入比例。2020 年 9 月，中共中央办公厅、国务院办公厅印发了《关于调整完善土地出让收入使用范围优先支持乡村振兴的意见》，提出："从'十四五'第一年开始，各省（自治区、直辖市）分年度稳步提高土地出让收入用于农业农村比例；到'十四五'期末，以省（自治区、直辖市）为单位核算，土地出让收益用于农业农村比例达到 50% 以上。"为推动这项改革，可以考虑从以下两个方面着手。一是加强组织领导。推动地方党委政府把调整完善土地出让收入使用范围优先支持乡村振兴工作摆上重要议事日程，明确工作责任，制定具体措施。二是加强督导考核。把调整完善土地出让收入使用范围、提高用于农业农村比例情况纳入实施乡村振兴战略实绩考核，加强审计监督，对违规使用的、未落实中央文件要求的，追究有关负责人的责任。

第十二讲
关于农业对外合作

    农业是国民经济发展的基础，也是对外经贸关系的基石。当今世界上的农业强国，都是农业对外合作，特别是农业科技装备和农产品贸易方面的强国。我国是全球农业大国，正在加快建设农业强国，扩大农业对外开放和国际合作，更好利用两种资源两个市场，并在这个背景下提升我国农业的发展水平和国际竞争力，这是一个重大的课题。

中国农业对外合作基本情况

一、农业对外合作的概念

    农业对外合作，顾名思义，是农业领域对外经贸合作及其他国际交流活动的统称，主要包括农业贸易、农业对外投资、农业对外援助、农业科技合作、利用区域和多边平台参与全球粮农治理等。

    回顾人类发展的历史长河，没有国家和民族之间的农业交流，就没有人类文明的今天。最简单的例子是，目前世界上重要的农产品，比如小麦、玉米、水稻、大豆等，以及各类蔬菜、水果、家畜、家禽，分别由不同国家和地区的人类驯化，这些品种及相应的生产技艺，正是通过国际交往传播开来，才养育了地球上的人口，支撑了人类文明向前发展。比如古代"丝绸之路"的缘起和兴盛离不开农业，最早这是一条农业合作之路，东西方之间的农产品、种质资源、农艺等的相互交流，让中国和整个世界都从中获益。

在经济高度全球化的今天，任何一个国家，都需要通过农业对外合作活动，来调剂生产余缺、促进农业结构调整和发展水平提高。纵观全球，尤其是美国、欧盟、荷兰、澳大利亚、以色列、日本等农业强国（地区），无一不是农业对外合作的活跃者，都积极通过全球合作竞争巩固其发展优势。

农业对外合作不仅在中华农耕史中占据特殊地位，在中华民族对外文化史中占据重要地位，现如今，随着我国的开放发展，越发成为国家对外开放和农业发展的重要组成部分，且作用和意义越来越突出。

二、农业对外合作的内容和作用

农业对外合作的内容丰富多样，通过不同形式的活动呈现出来，在经济生活中发挥着不同的功能和作用，概括起来主要有以下几点。

一是通过农业贸易，促进商品交换。 各国利用自身资源禀赋，将生产出的剩余农产品交易给其他国家，也进口其他国家的农产品。除了商品流通之外，目前生产资料、技术、信息等农业领域的服务贸易也越来越多。国与国之间通过这些商业活动，形成了跨国的农产品供应链、产业链、价值链，来补充供应短缺，满足消费需求。

没有人知道世界上第一笔国际贸易是什么，但几乎可以肯定是农产品贸易。从那时到现在，农业贸易重塑了原本受自然资源和地理分布制约的人类社会，使之向着命运共同体的方向不断演化发展。

我国是农业贸易大国，是大豆、油菜籽、棉花、猪肉等的全球最大买家，也是苹果、茶叶、大蒜、生姜等的最大卖家。2021年进口粮食（含大豆）1.65亿吨，棉花234万吨，油菜籽265万吨，相当于国内近10亿亩耕地播种面积的产出，农业贸易展现出"移山填海"般的巨大作用。

全球农业贸易链条一旦被打破，影响将十分深远。俄乌冲突牵动全球，距离冲突几千公里的埃及等国受到很大影响。这是因为在当今全球农业贸易格局中，埃及人吃的小麦近一半来自俄乌，两个"粮仓"发生冲突，殃及埃及"饭碗"。

二是通过农业投资，优化资源配置。相对于其他产业，农业是先天的"弱质产业"，受土地、季节、自然灾害、土地报酬递减等因素制约，较难吸引到足够投资，这对于世界大多数国家都是个普遍性问题。引进外资有助于缓解这一问题，拓宽投入渠道，还能同步引入先进的设备、技术、人才和管理，提升农业发展的现代化水平。负责任的农业投资，有利于发挥双方各自的优势，促进全球农业资源的更好配置和高效利用。

中国便是农业引进外资的受益者。改革开放后，中国引进的第一家外资企业泰国的正大集团就是搞农业的。如今，中国农业领域有外资企业共2.7万家，实际利用外资超1 000亿美元，为中国农业现代化及同国际互通接轨发挥了积极作用。

同样，近年来中国也开始鼓励有实力的企业"走出去"到境外投资农业，来打破资源瓶颈，拓展发展空间，参与国际合作竞争，实现互利共赢。截至2021年底，中国农业对外投资存量逾271亿美元，覆盖117个国家和地区。中国企业正在越来越多地参与全球农业产业的转型升级和产业链重构，发展自己，造福世界。

三是通过科技合作，推动技术进步。世界各国的国情农情不同，农业发展阶段和技术水平各异，通过开展农业国际科技合作，分享知识、信息、技术、经验等，相互取长补短，能够缩小科技鸿沟，推动人类农业技术整体进步和生产力发展。

比如，我国自国际农业研究机构引进作物种质资源约6万份，占长期作物种质资源库总量的1/7，为我国主要农作物如杂交水稻、高品质小麦的育种工作创造了条件。

同样，中国的杂交水稻、菌草等先进适用技术在亚、非、拉等区域的几十个国家进行了很好的传播推广，为发展中国家的农业发展、粮食安全和减贫事业作出了积极贡献。

当今世界面临很多农业的共性问题，比如应对气候变化、跨境动物疫病防控、抗生素耐药性等，这些全球宏观层面的问题，依靠单一国家的科技是难以攻克的，需要开展国际科技合作，凝聚人类的集体智慧，来共同寻找解决办法。

四是通过国际治理，形成规则秩序。在国家之间的农业交往过程中，各国逐渐形成了共同或相似的政策体系、制度标准和行为准则，有的领域还制定了具有约束力的国际条约公约，组建了不同类型和作用的合作机制、平台、实体，在多双边、区域、全球等层面建立起国际粮农发展的基本秩序。

中国是多边主义倡导者，我们积极参与全球粮农治理，维护发展中国家的利益，推动构建公平合理的国际秩序，营造良好的国际环境。尤其注重通过联合国机构和多边平台，为粮食安全、减贫和农业可持续发展贡献中国智慧。

中国积极广泛参与联合国粮农机构事务，与联合国粮农组织、国际农业发展基金和世界粮食计划署长期密切合作，并先后推动二十国集团（G20）、上海合作组织、金砖国家、亚太经济合作组织（APEC）、中国-东盟、中国-中东欧国家等平台建立农业工作机制，支持联合国开展全球人道主义应急救援等，努力为世界提供更多公共产品。

比如，2009 年前后，受金融危机、气候变化、生物能源等因素影响，国际粮食价格高位波动，不少国家禁止粮食出口，引发全球粮食危机。在中国的支持下，2011 年 G20 在法国召开了首届农业部长会议，围绕加强市场监管、增加市场信息透明度达成了重要共识，为稳定全球粮价、保障粮食安全发挥了引导作用。2020 年新冠疫情暴发，国际粮食供应链遭受冲击，中国通过 G20 峰会等平台，与全球主要经济体一同维护世界粮食安全。

五是通过农业援助，履行责任义务。农业对外援助是指使用政府或其他资金，在农业领域向受援方提供经济、技术、物资、人才和管理等支持的活动。农业援助秉承国际人道主义精神，是履行国际道义、承担国家责任和义务的体现。发展中国家又被称为南方国家，因此它们之间的农业技术合作，也被称为农业领域南南合作。中国是南南合作的积极倡导者和支持者。

党的十八大以来，中国进入"大国外交"新阶段，创造性地提出了"构建人类命运共同体"的理念和"一带一路"倡议，还于 2018 年组建了专门的国家国际发展合作署。中国的农业援外也在不断向前发展：在工作对象上，从受援国政府转向政府民间并重，考虑其他政党、社会组织和民众的多元意见；在合作方式上，从单一的双边援助向南南合作、三方合作、多方合作等复合体系转型；同时，援外与贸易、投资的结合也更加紧密。

截至 2019 年，中国累计对外援助粮食 300 多万吨，帮助了 1 亿饥饿人口，在 100 多个国家援建了 270 多个农业项目，对外派遣农业专家 2 000 多人，显著提升了受援国农业发展水平，让很多贫瘠的地方变成了富庶的粮食基地，受到当地政府和人民的真诚欢迎。

比如，中国在非洲建成 24 个援非农业技术示范中心，为传播中国先进农业技术、带动当地产业提升发挥了重要作用。援布隆迪专家在当地推广水稻，协助建立三条大米加工生产线，将鸡蛋孵化率从 40% 提高到 80% 以上。2020 年巴基斯坦暴发严重的沙漠蝗灾，中国农业农村部向巴基斯坦派出治蝗工作组，为巴基斯坦提供药剂药械（包括植保无人机）等灭蝗物资，受到巴基斯坦总统的赞赏。

简言之，中国农业援外工作在促进受援国经济社会发展和民生改善的同时，展现了中国农业的良好形象，有力配合了中国总体外交和国内发展需要。中国的农业援外事业未来能够为区域及全球的和平与发展作出更多贡献。

三、中国农业对外合作的历程

新中国成立以来，我国的农业对外合作历经时代变迁，工作重心不断调整，方式不断演化，但始终服务"三农"全局，在我国的农业农村发展进程中发挥着重要作用。从特征上，大体可分成 4 个阶段。

第一阶段是 1949—1978 年，即新中国成立到改革开放这个时期，关键词是**"创汇"**。我国主要是通过农产品出口换取外汇，换回了国家建设必需的工业设备，有力支持了新中国成立初期的大规模工业建设。此外，党中央还对发展中国家展开了一系列农业援助活动，与苏联等社会主义国家之间开展了农业技术合作。

当时中国极度贫穷落后，人均粮食仅 200 公斤出头，全国联合收割机才 13 台，工业基础几乎为零。在这样的情况下，中国人艰苦奋斗、勒紧腰带，靠出口农产品换取外汇，购买外国工业设备。

在这期间，中国农产品出口占贸易的比重一度高达 80%。这表明，在从农业向工业化转型的时期，农业贸易的作用独特，是工业化原始积累的重要渠道。

第二阶段是 1979—2000 年，即改革开放初期到加入世界贸易组织（WTO）之前，关键词是**"引进"**。这个时期以引进来为重点，农业领域争取到大量外国资金和物资援助，派遣大批科技人员到发达国家学习，引资、引技、引智全面发展，农业现代化水平逐步赶上国际步伐。

1978 年中国从农村开始，启动了伟大的改革开放。中国农业像其他领域一样，打开国门，全方位"引进来"，向发达国家引资、引技、引智。例如，中国实施了"948 计划"，系统地从国外引进先进农业技术。今天中国常见的长白猪、波尔山羊、白羽肉鸡等，都是从国外引进的改良的优质品种，还有地膜覆盖、节水灌溉、网箱养鱼等先进技术，也是从国外引进借鉴的。

实践证明，要改变落后的农业面貌，"引进来"是一条投入小、见效快的捷径。但不是闭着眼睛拿来、不动脑子使用，而是选择性引进，并注意消化吸收，进而创新发展。

第三阶段是 2001—2011 年，即加入 WTO 到党的十八大之前，关键词是**"变轨"**。中国农业逐步开放，同世界深度接轨，农业关税大幅削减、国内支持措施不断规范、外资准入不断扩大。此外，农业迎来外商投资的黄金期，这段时间实际利用外资占新中国成立以来总量的一半以上。此外，我国还推动农业"走出去"，境外农业投资规模也迅速扩大。在贸易方面，我国农产品出口实现从以外汇贡献为主向以就业贡献为主的转变，劳动密集型农产品出口稳步增长。

入世对中国农业是个重大考验，有人担心中国是大国小农，农业竞争力弱，会被国际市场冲垮，导致 500 万～1 000 万农民失业。这段时间中国付出了巨大努力，最终成功应对了入世考验，在开放中赢得了新发展。中国农业发生了巨大变轨，从农产品出口国转变为进口国，从收农业税转变为实施补贴，从粮食受援国转变为援助国。尽管中国放开了市场，农产品大量进口，但我们参与国际合作竞争，生产能力、经营效率、农民收入都得到了较快发展，国民食品供给需求也得到了更好的满足。

第四阶段是 2012 年至今，即党的十八大以来，关键词是**"融合"**。农业成为对外开放的重要领域，农业国际贸易和投资在全球举足轻重，农业成为"一带一路"倡议的重要组成部分，全球粮农治理话语权明显增强。农产品国际贸易额大幅增长，我国一跃成为全球第二大农产品贸易国、第一大进口国、第五大出口国。我国农业日益走近国际舞台中央，与 140 多个国家建立了农业合作关系，引领全球农业南南合作事业发展，中国农业农村部原副部长屈冬玉还高票当选联合国粮农组织总干事。我本人也因众多的双边、多边农业合作机制，到访过几十个国家，在讨论农业合作的同时，也有机会了解这些国家的农业、农村和农民。

扩大开放、增进融合的一个例证就是，中国启动了农业外交官派遣，目前已派往全球 30 多个国家和国际组织，以促进与世界的农业交流合作。这也是借鉴了发达国家和农业大国的通行做法，中国农业越来越离不开世界，世界也越来越需要中国农业。

习近平总书记强调，"中国开放的大门不会关闭，只会越开越大"，"我们构建新发展格局，绝不是封闭的国内单循环，而是开放的、相互促进的国内国际双循环"。党的二十大报告提出"加快建设农业强国""推进高水平对外开放"等重大任务，这些都给我国农业对外合作提出了更高要求。我们正处在迈上全面建设社会主义现代化国家新征程、向第二个百年奋斗目标进军的关键时期，以中国式现代化全面推进中华民族伟大复兴，农业对外合作肩负更为艰巨的历史使命，要找准定位、创新方式、提升质量，以开放促发展，以合作保安全，更好地服务政治外交大局和"三农"发展全局。

农业贸易

一、农业贸易的三大功能

农业国际贸易是农产品或农业服务的跨国或跨境买卖活动。农产品包括农作物产品、畜产品、水产品等；农业服务买卖则可理解为农业技术及其相关服务的跨境流动。纵观全球农业贸易的发展历程，可从三个方面来认识农业贸易的重要作用。

一是发挥比较优势，促进产品和资源等要素互补。在农业领域，各国根据自然资源禀赋和比较优势，加入全球农产品供应链的不同环节，通过贸易交换补充供应和满足需求。我国主要出口劳动密集型特色优势产品，进口土地密集型大宗农产品。我国用占世界不到10％的耕地养活了占世界近20％的人口。我国人均耕地和水资源都较少，进口农产品也意味着进口耕地、水等农业资源要素。

二是运用国际交换，提升产业效率和生产者收入。通过参与国际贸易，不仅可以满足消费者对农产品的多样化需求，还可以带动种养、加工、包装、运输、营销等全产业链的发展，使从业者获益。从全球看，许多农业先进国家都是以贸易立国的，如美国农业产值的50％、澳大利亚农业产值的78％用于出口，农业贸易位靠前列的国家，其乡村产业发展水平普遍很高；从我国看，农业贸易领跑全国的山东、广东、浙江、江苏等省，其外向型农业产业发展基础普遍较好，在山东潍坊，大蒜、萝卜或生姜等一种产品的出口带活了一个乡、一个县的农民就业增收。

三是强化合作关系，服务国家政治外交大局。农业有特殊性，不仅是经济行为，还具有很强的社会性和外部性。对于美国、澳大利亚等农业发达国家，巩固了农业对外贸易，就是巩固了执政"票仓"；对于广大发展中国家，农业是管吃饭、管民生的产业，出口一种农产品可能就养活了一大片地区的人口，甚至盘活了整个国家经济。许多国家与我国谈经贸合作，首谈农业贸易，且往往聚焦于食糖、棉花、咖啡等单个品种的市场准入。在我国对外合作大格局当中，农业既是先手棋，也是稳定器。

二、农业贸易的四大特征

农业贸易具有四个方面的基本特征，可以概括为"四强"：

一是资源禀赋的限制性强。各国光温水气热等自然条件差异，决定了农产品生产的特色优势，决定了农产品可供对外贸易的规模和潜力，这也是国际市场形成部分农产品出口国集中、进口国分散格局的首要影响因素。比如，东南亚国家气候炎热，雨水充沛，是世界粮食、糖料作物、热带经济作物的主要产区，特别适合棕榈树生长，街角路边随便种种就能成活，无论是土地成本还是管护成本都很低。我国也曾引种棕榈树到海南岛，后来台湾、云南、广西等省区也有种植，但产量都不大。如果非要追求食用植物油自给率，拿出宝贵的土地资源去种棕榈树，而且气候条件不适宜，那么管护成本就会随之上升，这样既不经济，也不现实。

二是生产过程的周期性强。在生产环节，与工业消费品生产不同，农产品从种到收有自然的生长周期，农产品贸易也因此具有周期性特点。比如，我国进口量最大的大豆，国际市场供应呈现上半年看南美、下半年看美国的格局；中南半岛国家的甘蔗和我国广西、云南的甘蔗榨季大体重合，国际市场食糖供应会定期出现高峰，带动国际市场价格周期性波动，从而会直接影响到我国的蔗糖生产。当然，农产品贸易也是具有全产业链特点的经济活动，既有生产加工环节，也有仓储、物流和贸易环节，每个环节都有其运行特点。

三是贸易规则的约束性强。截至 2024 年 5 月，全球 200 多个国家和地区中，有 164 个是世界贸易组织（WTO）成员，有 25 个是世界贸易组织观察员，覆盖了世界上主要的农产品贸易国家和地区。1994 年关贸总协定乌拉圭回合谈判达成的《农业协定》，首次将农业纳入贸易规则框架，各成员农业贸易活动普遍受到 WTO 规则约束。2001 年入世后，我国大幅降低农产品进口关税，减少非关税等贸易限制、调整农业补贴政策，主动完善农业法律法规。历经 20 多年摸爬滚打，我国已成为农产品市场开放度最高的国家之一，农产品平均关税税率大幅下降。除一些岛国和个别农业规模大、竞争力强的国家外，其他国家农产品关税水平都比我国高。2016 年下半年，美国将我国三大主粮国内支持和关税配额政策诉诸 WTO。同期我国加快调整国内农业支持政策，2017 年下调了稻谷、小麦最低收购价，2020 年将稻谷、小麦最低收购价政策调整为"限量收购"，以符合 WTO 的裁决。

四是政府政策的干预性强。通过政策调控保护农业是各国普遍的做法。近几年，受新冠疫情、地缘冲突等因素影响，全球粮食等农产品、化肥等农资供应持续紧张，国际市场持续震荡，不少国家限制农产品及农资出口或增加进口采购。一方面，限制出口或增加进口采购。俄乌冲突发生一个月内，全球就有 21 个国家出台措施限制谷物等农产品出口，有 7 个国家限制化肥出口或增加进口采购。另一方面，各国更加注重自主保供。围绕扩生产、保供应、稳价格、畅渠道出台一系列举措，包括增加耕地供给、扩增化肥产能、调整贸易关税、补贴生产资料、降低食品消费成本、疏通贸易渠道等。比如欧盟向成员国提供 5 亿欧元农业危机救助基金，临时允许成员国春播时动用 6 000 万亩休耕地种植粮食或饲草，允许成员国放宽进口转基因饲用谷物的禁令。美国谷物饲料协会等农业团体要求使用 2 500 万亩休耕地种植农作物。

三、全球农业贸易形势

目前，全球超过 200 个国家和地区参与农业贸易，全球农产品贸易大国比较集中，中国、美国、德国、荷兰和日本分列前五大进口国，美国、荷兰、巴西、德国和中国位居前五大出口国。约 1/2 的大豆、1/3 的棉花和食糖、1/4 的水产品、1/6 的谷物用于贸易。

从全球农产品贸易发展历史和趋势看，全球农产品贸易呈现三方面特点：一是贸易规模稳定增长。2000—2021 年，全球农产品贸易额扩大了近 3 倍，由 2000 年的 4 595 亿美元增至 2021 年的 1.82 万亿美元，年均增长率达 6.8%，高于同期全球商品贸易 6% 左右的增长率。其中，2000—2008 年是一个增长高峰，年均增速达到 12.5%。2008 年金融危机后开始减速，

2016 年至今增速依旧保持低位，年均 4.7%。二是农产品贸易份额相对集中。在产品结构上，全球农产品贸易品种依贸易额从高到低排列分别为畜产品、饮品、水产品、水果、谷物和蔬菜，这六类农产品出口额合计占全球农产品出口总额的 63.4%。三是新兴经济体在世界农产品贸易中的地位上升。2000 年，金砖五国农产品进口和出口占全球份额分别为 5.3% 和 7.9%，2021 年分别上升到 16.8% 和 15.0%；同期，美国、欧盟、澳大利亚和加拿大合计的农产品进口份额由 52.1% 下降到 48.2%，出口份额由 60.2% 下降到 52.4%。

四、我国农业贸易的发展历程

新中国成立以来，农业贸易历经 70 多年的发展历程，大体可以划分为五个阶段。

一是改革开放前的严格计划管理阶段（1949—1978 年）。我国为迅速摆脱一穷二白的经济面貌，效仿苏联确立了优先发展工业的战略，并确立了统一管理、统一经营、高度集中的对外贸易体制，实行指令性计划和国家统负盈亏。为保证工业发展所需资金，农业贸易成为出口创汇的重要来源。这个时期，我国农产品总量供给是短缺的，但农副产品及其加工品出口在我国对外贸易中的比重一度高达 80%，直至改革开放前的 1978 年仍然达到 62.6%，总额在 60 亿美元左右。除了对粮食、油料等物资作出特殊规定限量出口外，对其他产品如水果、茶叶、土特产等都实行压缩国内销售、优先保障出口的方针。可以说，正是这个时期的农产品出口，有力支撑了新中国成立初期的大规模工业建设。

二是改革开放后的逐步放开阶段（1979—1991 年）。在这一时期，我国对高度集中的外贸管理体制进行了改革调整，在农业贸易领域体现为三个"放开"。第一，放开产品。除粮棉油糖等少数关系国计民生的产品外，其他产品放开经营，进出口定价机制逐渐向市场化转变。在农业领域率先放开的是水果、水产品，随后蔬菜、畜禽产品也全面放开。通过搞活机制，激发了市场活力，发展出许多出口优势产品。第二，放开主体。中央下放对外贸易管理权，各地区均设立了可以直接开展进出口贸易业务的公司，支持国内生产企业和外贸企业联合起来对外谈判。这一时期，恰逢我国乡镇企业大发展，不少企业走上了农工贸相结合的对外贸易发展道路。第三，放开政策。在外贸政策方面进一步"松绑"，从 1985 年开始，我国不再编制和下达出口收购计划，缩小了指令性计划范围，扩大了指导性计划和市场调节范围。在这一阶段，我国对外贸易快速发展，农业贸易在外贸中所占比重开始明显下降。1979 年，我国农业贸易总额突破 100 亿美元，1991 年达到 187 亿美元，但农产品进口、出口占货物进口及出口的比重分别降至 12%、15%，以农副产品出口为主的贸易格局发生根本性改变。此时，我国农业贸易顺差持续增长，主要进出口地区集中在东部沿海。

三是入世前的加速开放阶段（1992—2001 年）。邓小平同志南方谈话和党的十四大后，我国确立了社会主义市场经济体制，对外贸易政策进入加速调整期。削减关税和非关税壁垒。自 1992 年起，我国连续多次下调关税税率，其中农产品平均关税由 1992 年的 51% 下调至 2001 年的 21%，并逐步取消非关税壁垒，建立涉外动植物检验检疫制度。进一步深化外贸管理体制改革。进行外汇体制改革，不再实行双轨制，改为单一的、有管理的浮动汇率制度；放宽外贸经营主体权限，扩大蚕丝、茶叶等农产品经营企业数目和业务范围。加强大宗敏感农产品进出口调控。将粮棉油糖等大宗产品的国营贸易权限定于国有外贸公司，年度进口量由国务院批准。在这一时期，农业贸易整体增长，继续呈现顺差态势。我国农业贸易额由166 亿美元增长至 279 亿美元，其中进口由 53 亿美元增至 118 亿美元，出口由 113 亿美元增至 161 亿美元。农业贸易占对外贸易的比重进一步下降至 3% 左右。其中，水产品、蔬菜和饮品逐渐成为前三大净出口农产品，畜产品、食用油籽和食用植物油则逐渐转向净进口。

四是加入 WTO 以后的全面开放阶段（2002—2011 年）。2001 年 12 月11 日，我国正式加入 WTO，成为第 143 个成员，农业在入世中作出了巨大贡献。大幅削减关税。根据入世承诺，我国农产品平均关税由 2001 年的23% 削减至 2004 年的 15.8%，2010 年再次下调至 15.2%，仅为世界平均水平的 1/4。实行关税配额管理制度。取消了农产品进口许可和数量限制等措施，对小麦、玉米、棉花、食糖等农产品进口实施关税配额管理，除食糖（税率为 15%）外，其他产品配额内税率仅为 1%。规范国内支持措施和取消出口补贴。将特定产品和非特定产品的"黄箱"微量支持水平限定为相应产值的 8.5%，并率先承诺取消农产品出口补贴。放开农业领域外商投资。深化外商投资管理体制改革，如期开放了农药、农膜、化肥的外方独资批发、零售经营权，开放了粮食、植物油、食糖、烟草、棉花的外方合资经营权。在入世基础上进一步主动开放。主动下调部分产品最惠国税率或暂定进口关税，在自贸区等框架下推动与相关国家农产品市场双向开放。在 2001—2011 年的 10 年间，我国农产品贸易总额由 279 亿美元增长到 1 546 亿美元，年均增长 18.7%；其中，进口由 118 亿美元增长到 944 亿美元，年均增长 23.2%；出口由 161 亿美元增长到 608 亿美元，年均增长 14.2%。进口快速增长使得我国农产品贸易从长期顺差转变为持续性逆差，2004 年首现逆差 49 亿美元，2011 年逆差已扩大至 336 亿美元，粮棉油糖以及肉类和乳制品等大宗农产品逐步转为净进口。

五是党的十八大以来的全方位开放阶段（2012 年至今）。2012 年以来，随着经济实力的全面上升，我国成为全球第二大经济体和最大货物贸易国，农业贸易也迈入全方位开放新阶段。贸易规模进一步扩大。2021 年农产品贸易额达到 3 041.7 亿美元，首次站上 3 000 亿美元台阶；进口额达到 2 198.2 亿美元、出口额达到 843.5 亿美元，比 2012 年分别增长 96% 和 35%。贸易地位显著提升。目前已稳居全球第二大农产品贸易国、第一大进口国、第五大出口国。我国成为大豆、棉花、猪肉等大宗农产品的全球最大买家，部分出口产品如大蒜、罗非鱼、苹果、茶叶等也位居世界首列。2012—2021 年，我国谷物、肉类和食用油籽进口量分别增加 3.7 倍、3.2 倍和 64%，当然，谷物和肉类进口量占全国消费总量的比重并不大，分别在 5% 左右和 10% 左右；同期，蔬菜和水果出口额分别增加 60% 和 42%，劳动密集型农产品出口对促进农业增值增效、带动农民就业增收作用非常显著。贸易伙伴全面拓宽。主要进口来源为巴西、美国、泰国、新西兰、印度尼西亚和澳大利亚，合计占比 57.4%，主要出口市场为我国香港、日本、美国、越南、韩国，合计占比 46.3%。截至 2021 年底已通过

19 个自贸协定与全球 26 个国家和地区建立了稳定的优惠贸易安排。2021 年与已生效的自贸伙伴间的农产品贸易额合计达到 1 174.9 亿美元，占我国对外农产品贸易总额的 38.6%。农业贸易关税大为下降，贸易便利化大为增强。

五、当前我国农业贸易面临的形势和问题

当前和今后一个时期，我国经济基本面长期向好的发展趋势没有改变，国内超大规模市场为扩大对外开放提供了空间，这为农业对外合作提供了机遇。同时，国际政治、经济、贸易格局正发生深刻变化，世界百年未有之大变局加速演进，不稳定不确定因素明显增加。俄乌冲突爆发以来，全球农产品市场和贸易经历剧烈波动震荡，并向国内传导输入，农业国际合作面临的风险挑战将更加严峻。

一是紧缺农产品进口将成为常态，稳定进口供应是长期而艰巨的任务。据测算，目前粮棉油糖等重要农产品进口量相当于国内 10 亿亩耕地播种面积的产出，这个产需缺口是刚性的，并且将长期存在。2020 年我国大豆进口首次突破 1 亿吨，2021 年进口 9 652 万吨，为历史第二高。同时，小麦进口首次突破配额，玉米进口连续 2 年突破配额，大米进口也于 2022 年首次突破配额。一旦全球农产品供应链出了问题，对我国的压力将很大。

二是优势农产品出口竞争力不高，农业贸易大而不强问题比较突出。我国是农业贸易大国，但不是农业贸易强国，突出问题是"进多出少、进快出慢"，"十三五"期间农产品出口年均增幅为 3% 左右，2019 年、2020 年出口额连续两年下降。其中，水产品、蔬菜等传统优势产品出口下滑，水果由传统顺差产品转变为逆差产品。2021 年出口额虽增加，但与我国率先复工复产、订单回流、上年度基数下降有关，农业稳外贸基础仍不牢固。国际经验表明，大进大出是建设农业强国的必由之路。美国是全球农产品贸易第一大国，进口和出口规模相当，都在 1 600 亿美元左右。欧盟成员中农业实力强的德国、法国、荷兰，都同时是农产品进口和出口大国。如果想要在日趋激烈的国际竞争中站稳脚跟，大量农产品出口企业需

要加快在质量、标准、加工、物流、品牌、营销等方面全面提档升级。

三是贸易摩擦加剧，对我国农业国际贸易合作构成不确定因素。从近5年贸易数据看，我国主要农产品进口地集中度很高。在正常贸易条件下，我国油菜籽进口的90％来自加拿大，大豆进口的30％～40％来自美国，其余六成左右大豆进口依赖巴西。猪肉进口六成左右依赖欧盟、15％来自美国，棉花进口的30％来自美国、25％来自澳大利亚，牛肉进口的20％来自澳大利亚。一旦与这些国家发生经贸摩擦，进口数量和价格的稳定性都将受到影响。同时，与主要贸易伙伴之间贸易利益平衡的难度加大。不少国家紧盯我国粮食、肉类等重要农产品市场，希望扩大对华出口。

回溯我国农产品贸易的发展历程、吸收借鉴各国农产品贸易的经验教训，可以总结出三个规律。

一是农业贸易必须坚持互惠互利，善用两个市场两种资源。互惠互利、合作共赢是农业贸易正常开展的前提和要义。农产品贸易的发展，对各国优化调整农业产业结构、丰富农产品市场供给起着不可替代的作用。农产品进口弥补了我国产需刚性缺口，丰富了我国市场供给，为他国优质农产品销售提供了出路；他国对我国开放市场，促进了我国果菜茶鱼等特色优质农产品出口，带动了国内产业提质增效和农民就业增收。我们需要积极练好产业发展内功，在对等条件下，进一步融入世界市场，推进《区域全面经济伙伴关系协定》（RCEP）等自贸区优惠政策安排落实，同时商签更多自贸协定，扩大我们的农产品贸易朋友圈。

二是农业贸易必须走开放发展之路，同时守好粮棉油糖等农产品市场开放底线。改革开放以来，尤其是入世以来，我国农业的成就是在开放条件下取得的。通过在开放中成功把握机遇、应对挑战，我们证明农业开放发展这条路走对了。同时也要看到，近年来新冠疫情、俄乌冲突等"黑天鹅""灰犀牛"事件频发，全球农业贸易尤其是粮食贸易遭受冲击。这也再次警醒我们，把"米袋子""油瓶子"寄希望于国际市场是靠不住的。这些年国际市场震荡波动、农产品供应链受到冲击，各国粮价大幅上涨。我国作为农产品进口大国，国内市场基本保持平稳，没有出现大的起伏，主要得益于国内农业生产稳定、全社会库存充裕、调控工具充足。

三是农业贸易必须走高质量发展之路，推进经贸一体化发展。前面提到，我国农产品贸易逆差逐年拉大，现在已经突破 1 300 亿美元，巨大的逆差与我国农业贸易大国地位并不相称。欧盟常年农产品贸易顺差达 600 多亿美元，美国农产品进出口常年大体平衡。据欧盟委员会最新报告，2023 年欧盟农产品出口额为 2 286 亿欧元，进口额为 1 586 亿欧元，实现贸易顺差 700 亿欧元，同比增长 22%。我们必须适应国际市场和外部竞争的新变化，打好底子，加快塑造以质量、标准、品牌、营销为核心的竞争新优势，为特色农产品出口争取更大市场，逐步缩小贸易逆差，推动出口和进口均衡发展。同时，要坚持农业经贸一体化发展，毫不动摇推进农业走出去，支持更多企业到海外投资布局，把种子、农资、装备、技术带出去，在全球市场配置资源，加快实现对海外资源市场的可靠有效利用，增强进口供应链韧性和安全水平。

区域农业合作

各国资源禀赋、发展阶段、要素条件、市场空间各有不同，进行农产品国际贸易的政策取向也有差异。开展农产品贸易与合作，需要充分考虑这些因素，发挥比较优势，实现优势互补、互惠共赢。总体来看，国际上农业生产和贸易可以分为以下四类形式。

一是以大农场规模化经营为主，大宗农产品出口优势突出。代表有美国、巴西、阿根廷、澳大利亚等国家。这些国家农业的主要特点是耕地资源宽裕，生产技术先进，单位经营规模大，农业补贴程度高，以大型农场为主，大豆、玉米、小麦、棉花、食糖、肉类等大宗农产品生产的专业化、规模化程度高，成本优势很突出，因此农产品的对外出口能力和需求都很强，是国际农产品市场的主要供应者，对全球农业贸易有重要影响。

二是以合作经营和精耕细作为主，农产品出口优势明显。代表有德国、法国、荷兰、新西兰、日本以及韩国等国家。这些国家农业的主要特点是单位经营规模较小，合作化经营成熟，科技要素投入多，农业补贴水平高，谷物、乳制品、水果等品质较优，国际市场认可度很高，在贸易上也采取积极促进出口的政策。

三是农业资源相对丰富但生产水平相对低，部分特色农产品具备一定竞争力。代表有哈萨克斯坦、俄罗斯和部分东南亚国家等。这些国家农业的主要特点是耕地资源较为丰富、单位经营规模较大，尤其是俄罗斯、哈萨克斯坦等国；东南亚国家光热水资源丰富，生产和贸易增长较快，且还有进一步提升的潜力。近年来，哈萨克斯坦、俄罗斯的谷物和油料，越南、泰国的大米、榴梿等产品出口实现了较快增长。

四是农业资源条件紧张、从业人口众多，农业以保障本国供应为主，同时出口部分优势农产品。代表有中国、印度等国家。这些国家农业的主要特点是农业资源禀赋约束突出、单位经营规模较小、粮食等重要农产品保障供应压力较大。此外，这些国家谷物、油料、油脂等农产品进口占比较高。中国农产品出口以水果、蔬菜、水产品等劳动密集型产品为主，印度大米、食糖出口国际市场份额较高。就农业资源条件而言，日本和韩国也属于此类国家，农产品自给率低，进口多出口少。

一、关于中美农业合作

美国是世界农业强国。美国农业有几个显著特点。

一是从农业条件看，自然禀赋优越。中国是人多地少，美国是典型的人少地多。美国耕地面积大约为 24 亿亩，中国是 19 亿亩。但美国人口仅有 3.3 亿，按人均耕地面积算是中国的近 6 倍，而且美国多是大平原。

二是从生产方式看，科技化自动化水平高。美国基本上都是大农场，像美国中西部伊利诺伊、密苏里、艾奥瓦等农业州，一个家庭农场有几百上千公顷土地，就几个人管，必须依靠科技装备，生产上都是大水大肥，大型农业机械甚至飞机应用都很普遍。生物技术、遗传工程、计算机技术、遥感监测、人工智能等高新技术被广泛应用于农业生产全过程。美国农业部做过研究，1 美元农业科技投入可以带来 20 美元经济回报，所以美国农民十分重视科技应用。

三是从农业经营看，规模化专业化突出。美国农业经营以家庭农场为主体，按 400 公顷土地为标准，超过 400 公顷的算是大农场。现在大农场数量在美国仅占 8.5% 左右，但产值占美国农业总产值的 49.5%，生产集中度很高。美国中北部平原种小麦，中部平原黑土带是大豆、玉米产区，南部主要产棉花，西部太平洋沿岸主要种蔬菜、水果。农场一般也只选择某种农产品或者某种农产品的特定环节进行专门作业，主要经营一种农产品的专业化农场比例高达 90% 以上。

四是从政策导向看，高补贴重出口。近百年来，美国形成了以《农业法案》为基础、100 多部法律为配套的农业法律体系，涵盖价格支持、财政补贴、对外贸易、信贷税收等各领域。特别是《2018 年农业提升法案》中农业的预算规模达到了 5 年 4 280 亿美元，再加上新冠疫情期间向农民额外提供的特别财政支持，美国成为全世界国内农业支持最多的国家之一。美国农业生产是出口导向型的，美国农业部海外农业局专门负责农产品出口促进，每年都向美国国内企业提供不少资金支持和政策优惠，从而使美国成为全球第一大农产品出口国。美国大豆、玉米、高粱出口量分别约占全球的 32%、30%、45%。

中美两国农业互补性强，合作起步早、潜力大，农业一直都是两国关系的重要内容。建交前，两国就开展了农业生物防治技术交流，中美农业为推动双方建立正式外交关系作出了积极贡献。1980 年双方就成立了中美农业科技合作联合工作组，2003 年两国农业部又建立起农业合作联委会。2012 年春习近平主席（时任国家副主席）访美期间，到访美国农业大州艾奥瓦州考察，访问马斯卡廷小镇，还出席了两国农业部主办的农业高层论坛，发表了演讲。40 多年来，双方共实施 500 多个科技交流项目，农业专家交流互访达 3 000 多人次。在相当长一段时间内，中美农产品贸易额年均增长 15%。2021 年双方贸易额达 461 亿美元，其中我自美进口 386.3 亿美元（海关 8 位编码农产品），为历年来最高水平，对美出口 74.4 亿美元。美国成为中国第一大农产品贸易伙伴，中国是美国第一大农产品出口市场。

中美关系是当今世界最重要的双边关系，也是最复杂的大国关系。中美两国都是农业大国，经贸联系紧密，农业合作领域宽广，也可以说农业合作是双边关系的一个"稳定器"。稳定和发展农业合作，加强农业科技交流和双边贸易，对两国农业持续发展有利，对中美关系向好发展有益。双方应坚持相向而行，共同努力，持续开展科技、贸易、投资以及人员交流等合作，不断推动农业合作深化和拓展。

二、关于中国与欧盟农业合作

欧盟国家大多农业资源禀赋较好，但普遍存在生产耕地、劳动力不足的问题，对农业现代化、机械化和生物技术非常重视，农业发展以农牧结合和集约化水平高为重要特点。尽管国土面积小，但欧盟国家中不乏法、德、荷等农业强国。其中，法国为欧洲最大的农业生产国，粮食产量占全欧洲的一半。其次为荷兰。2021年，荷兰农产品出口仅次于美国，居世界第二位。中国与欧盟在农业农村领域具有较大相似性和互补性，在政策协调、科技交流、农产品贸易等方面合作空间和潜力巨大。

中欧农业合作起步较早。20世纪80年代，中国先后接受了4个欧盟对华农业援助项目。其中，奶类发展项目历时20年，催生壮大了一批中国奶企。进入21世纪，中欧农业合作的方式和模式也相应发生了转变。2005年7月15日，中欧双方签署联合声明，正式建立了农业对话机制，双方在地理标志、农业生态补偿、动物卫生、农产品加工等方面加强交流合作，取得了丰富的成果。尤其是《中欧地理标志协定》，这是中国对外商签的第一个全面的、高水平的地理标志协定，也是中欧合作的一个亮点。2016—2017年间，我与时任欧盟农业委员霍根多次会面，每次都会谈及此事。历经8年22轮正式谈判，该协定终于在2021年3月生效。双方首批各100个地理标志（后因英国脱欧，原定英国4个未纳入），第二批双方各175个，山西老陈醋、安吉白茶、法国香槟、帕尔玛火腿等榜上有名，不仅使双方消费者都能吃上、用上货真价实的高品质商品，也为中欧贸易带来了新动能。2021年双方农产品贸易额达332.9亿美元，欧盟已经成为我国第四大农产品出口市场和第四大进口来源地。

中欧两大建设性力量求同存异、合作发展，对推动全球粮食安全治理有重要意义。欧盟农业农村领域理念超前、科技先进、市场发达，在这方面我们需要向欧盟及其成员国学习，未来要重点加强乡村振兴、绿色发展、农业科技、人力资源等领域的合作。

三、关于中国与东盟农业合作

东南亚国家联盟，简称东盟（ASEAN），1967 年成立于泰国曼谷，现有 10 个成员国。东盟国家是世界粮食作物、糖料作物、热带经济作物主产区。越南、泰国、缅甸是世界主要水稻生产国和出口国，泰国是世界第四大甘蔗生产国和最大橡胶出口国，印度尼西亚盛产椰子，印度尼西亚和马来西亚的棕榈出口居世界前两位。农业作为东盟国家的支柱产业，是中国与东盟最紧密的利益纽带，也是推动双方关系快速发展的"催化剂"。

自 20 世纪 90 年代开始，中国与东盟农业合作快速发展。在合作机制方面，在中国与东盟（10＋1）、东盟与中日韩（10＋3）、澜沧江-湄公河（简称"澜湄"）、大湄公河次区域（GMS）等多边平台下都设立了农业机制。在双边层面，中国与东盟 10 国多次举办 10＋3 农林部长会，签署了 40 多份双边协议，农业各领域交流十分热络。在农产品贸易方面，我国和东盟国家率先实行自由贸易区早期收获计划，大大便利和增加了东盟国家对华农产品特别是水果的出口。自 2010 年中国-东盟自贸区（CAFTA）建成以来，关税大幅减免，贸易便利化措施不断加强，双方农产品贸易大幅增加，从 2010 年的 182 亿美元增长到 2021 年的 530 亿美元，年均增速达 15.9%。东盟已成为中国第一大农产品贸易伙伴、第一大农产品出口市场。在农业投资方面，东盟是中国最重要的农业对外投资目的地。截至 2021 年底，中国对东盟国家农业投资存量达 84.69 亿美元，占中国全部农业对外投资存量的三成以上。在科技合作方面，30 多年来，中国援建了"中菲农业技术中心""中柬农业促进中心""援老挝农业示范中心"等多个重点项目，帮助当地提高农业生产技术，改善了民生。在印度尼西亚开展禽流感灭活疫苗合作，在老挝、缅甸和越南实施重大跨境水稻病虫害监测。缅甸驻华大使吴苗丹佩曾说，中国实施的农业合作项目极大提升了东南亚国家农民的收入。在能力建设方面，2006—2023 年，中国农业农村部为东盟国家先后举办农业技术与管理培训班 232 期，培训 4 658 人次，传播了多项实用技术。

2022 年 1 月 1 日，《区域全面经济伙伴关系协定》（RCEP）正式生效实施，给中国-东盟农业合作提供了新的机遇。2022 年 11 月，第 25 次中国-东盟领导人会议通过《中国-东盟粮食安全合作联合声明》，并宣布 2023 年为"中国-东盟农业发展和粮食安全合作年"。中国将与东盟国家一道，乘着 RCEP 实施的东风，在稳定扩大贸易合作基础上，重点提升农业产能合作，提升地区粮食安全保障水平，为中国与东盟关系不断深化注入不竭动力。

四、关于中拉农业合作

中国和拉美同属发展中国家和新兴经济体。近年来，拉美在国际经济版图中的影响力不断提升，对华合作热情和期待持续高涨。中拉高度的政治互信为农业合作奠定了坚实基础。拉美土地和种质资源丰富，市场开放度高。双方在市场开拓、资源潜力、资本技术等方面优势互补，近年来农产品贸易快速发展、投资逐步扩大，在农业技术合作等方面发展势头良好。

拉美是中国最大的海外农产品来源地，中国市场对拉美国家农产品出口极其重要。2021 年中拉农产品贸易额占中拉整体贸易额的 15%，达到 678.48 亿美元。中国是拉美大豆、牛肉、猪肉、葡萄酒、樱桃等农产品的主要进口国。2020 年新冠疫情开始在拉美地区大规模流行，很多国家港口、物流都纷纷停摆，但是对华农产品出口却没有停滞。比如巴西当年国内生产总值下跌 4.1%，但其农业总产值上涨 24.31%。其中，巴西大豆出口 386 亿美元，对华出口达 73.19%；2022 年巴西向中国出口大豆 5 439 万吨，牛肉 110 万吨；阿根廷向中国出口大豆 352 万吨，豆油 11 万吨；大家都知道智利的车厘子（大樱桃），2022 年向中国出口 36 万吨，还有智利的葡萄酒 13 万升。中国占它们的出口量比重都很大。中国是拉美重要的农业领域投资方。截至 2021 年底，中国对拉美农业投资存量达 19.38 亿美元，占对外农业投资存量总额的 7.2%。中国在拉美成立农业企业 40 家，主要在巴西、阿根廷等国，涉及大豆及玉米等种植加工、畜牧屠宰加工、远洋渔业和水产加工等行业。中粮集团、大北农等企业在拉美开展农业全产业链投资。巴西和阿根廷已经成为中粮集团在全球的两大业务区域。此外，中国与拉美还通过设立农业技术联合实验室、研究中心或示范农场，不断扩大农业科技联合创新。

中拉发展诉求相近、发展战略契合、互补优势突出，双边关系正处于优化升级的新时期。下一步，要继续推动中拉农业良好互动，放大合作成效，深挖合作潜力，将农业打造为推动中拉关系不断深化、构建中拉命运共同体的重要抓手。

五、关于中非农业合作

非洲是世界上发展中国家最集中的大陆，农业发展整体较为落后，粮食不安全问题严重。据联合国粮农组织统计，2020 年，非洲约有 21% 的人口面临饥饿，是其他区域的两倍以上，近 60%（7.99 亿）的人口面临中度以上粮食不安全，占全球的三分之一。非洲各国迫切希望摆脱粮食匮乏、出口严重依赖初级农产品的困境。中国是人口大国，确保粮食安全也是中国发展农业的首要任务。双方对粮食安全的共同关注决定了农业是中非合作的重中之重。

早从 20 世纪 50 年代开始，中国就对非洲提供农业援助，包括援建示范农场、派遣援非农业专家和职教教师等。2000 年，中非合作论坛成立，中非农业合作迈入快车道。合作机制不断完善。截至 2021 年底，中国共与非洲国家及组织签署多双边农业合作协议 70 余项，与一半以上的国家建立农业合作机制。2019 年中国倡议举办了首届中非农业合作论坛，中国农业农村部与非盟签署了农业合作备忘录，建立了区域农业合作新机制，开创了中非农业合作新局面。科技交流日益密切。中国农科院与开罗大学合作，成功研制出针对埃及的新型禽流感疫苗。中国为非洲援建了 20 多个农业技术示范中心，开发出许多适用的新技术和新产品。中国的杂交水稻解决了马达加斯加数以万计人民的吃饭问题，习近平主席倡导的菌草技术在卢旺达、中非等国落地生根，带动不少农户增收，被非洲人民称为"幸福草"。经贸合作快速发展。中非农产品贸易额从 2000 年的 6.5 亿美元增长到 2021 年的 86.8 亿美元，增长 12 倍；中国在非投资农业企业 176 家，占境外企业总数的 15.7%。据不完全统计，2020 年这些中资企业为当地贡献了 3.5 万余个工作岗位，缴纳税金近 5 000 万美元。能力建设逐年扩大。2012—2021 年，中国为非洲 52 个国家举办了近 500 期农业培训班，累计培训学员近万人次。例如，布隆迪的恩达·伊克基，大学毕业后就面临失业，后来跟着中国农业专家学习种水稻，带领乡亲增收致富，31 岁的他已成为全国合作经济发展管理署署长。

2021 年 11 月，习近平主席在中非合作论坛第八届部长级会议上宣布了未来三年对非合作"九项工程"。中非双方要以此为指引，共同实施好减贫惠农工程，继续为非洲保障和提升粮食安全水平，早日实现《中非合作 2035 年愿景》目标作出积极贡献。

六、关于中俄农业合作

大家都知道俄罗斯是军事强国，但对俄罗斯农业可能了解比较少。实际上，俄罗斯也是名副其实的农业大国。俄罗斯农业资源禀赋好，农业资源人均占有量很高，人均耕地面积为 12.6 亩，是中国的 9 倍，小麦、燕麦、大麦等粮食作物产量高，畜牧业也比较发达，牛奶产量在世界排名第三。

俄罗斯由于土地资源丰富，大农场也在农业生产中占有重要地位。我曾在俄罗斯的伏尔加河、顿河流域参观考察过俄农家和超大型农场，一个家庭农场有上万亩土地。俄罗斯粮油和化肥出口在世界上举足轻重，是全球第一大小麦出口国，2021/2022 年度出口量达 3 070 万吨，占全球出口量的 15%；俄罗斯还是葵花籽和葵花籽油的出口大国，年出口量分列全球第一和第二位，分别占全球出口总量的 24% 和 28%。此外，俄罗斯在全球化肥市场上地位极其重要。俄罗斯是世界最大的氮肥出口国、第二大钾肥出口国和第三大磷肥出口国，化肥出口量占全球的两成。

中俄是友好邻邦。俄罗斯丰富的农业资源和中国巨大的消费市场，让农业成为两国关系的重要内容。2017 年，习近平主席访问俄罗斯，在中俄两国元首的见证下，两国农业部长签署了《关于进一步加强农业合作的谅解备忘录》，为中俄农业合作持久发展和不断深化提供了新的保障。2019

年 6 月，两国元首将中俄双边关系提升为"新时代中俄全面战略协作伙伴关系"，其中推动农业领域深度合作是重要内容。在两国元首亲自推动下，近年来"又稳又快"成为中俄农业合作的鲜明特征。双方就大豆产业、远东农业签署了一系列合作规划，建立了长期稳定的合作关系；达成了"农业快车"合作协议，极大便利了双边农产品贸易。特别是在新冠疫情严重冲击国际供应链和跨境物流运输的情况下，中俄班列逆疫驰骋、运量未降反升，充分显示了两国农业合作的良好韧性。2022 年，中俄农产品贸易额达 84.9 亿美元，同比增长 42.6%，其中中国自俄进口 61.1 亿美元，同比增长 42.5%，中国对俄出口 23.9 亿美元，同比增长 43%，疫情也没能阻止农业成为双边贸易的重要增长点。

俄罗斯在农业生产方面蕴藏巨大潜力。但目前中俄农业合作主要集中在远东地区，以大豆生产和贸易为主，结构还比较单一。未来双方要朝着开展全产业链、全要素合作方向迈进，把农业务实合作打造为中俄关系持续发展的引擎。

七、关于中加农业合作

加拿大是全球最大的农产品生产和出口国之一，2021 年农林渔业总产值为 398.3 亿加元，约占国内生产总值的 2%。主要种植小麦、大麦、亚麻、燕麦、油菜籽、玉米、饲料用草等作物。可耕地面积约占国土面积的 16%，其中已耕地面积约为 6 800 万公顷，占国土面积的 7.4%。加拿大渔业发达，约 75% 的渔产品供出口，是世界上最大的渔产品出口国之一。

加拿大拥有世界上最长的海岸线，约 24 万公里，是世界上最主要的渔业国之一。淡水资源丰富，境内约 89 万平方公里为淡水所覆盖，世界最大的 14 个湖泊中，有 4 个在加拿大，可持续性淡水资源占世界的 7%。加拿大渔业资源的商业价值位居世界前列，2022 年水产品出口额达到 80 亿加拿大元，出口到 112 个国家和地区，其中对美国出口 55 亿加拿大元，占其出口额的近 70%。主要出口产品有龙虾、雪蟹、大西洋三文鱼等。

中加两国农业部于 1985 年建立农业联委会机制，先后召开 12 次农业联委会会议。2010 年签署《中加农业领域合作谅解备忘录》，2012 年签署两部间渔业合作谅解备忘录，2013 年签署《加强农业和农业食品行业合作的谅解备忘录》。2017 年 5 月，在北京举办首届中加农业科技创新圆桌会。2023 年，中加农产品贸易额达 117.8 亿美元，其中我国进口 102.4 亿美元，主要为油菜籽、小麦、干豌豆和大麦；我国出口 15.3 亿美元，主要是对虾、苹果汁、冻鱼。

八、关于中日农业合作

日本是世界人口密度最大的国家之一，是典型的人多地少国家。农业规模经营小且兼业农户比重较大。由于资源限制，除大米能自给有余外，其他主要农产品的自给率普遍较低，大部分依赖进口，是农产品净进口国。但日本政府十分重视农业发展，尤其重视农业科技创新，大力扶持降低农业生产成本的技术开发与应用。在动植物新品种选育、环境友好型农业技术、精准农业、智慧农机等方面居世界前列，生产出了高品质的农产品。日本农业堪称"观光农业""旅游农业"，是精致农业的典范。

我曾经三次访问过日本农业和农村，较早的一次还在日本农村住过一段时间。日本农家的小规模生产，农民的老龄化，精良的技术装备，农民对新品种、新技术和农业生态环境的重视，严格的生产及质量管理，农业生产经营服务的社会化，以及农协在农业生产经营中的作用等，都给我留下了比较深刻的印象。日本也是在小农户众多、以小规模生产经营为主的条件下实现农业现代化的典型。

中日农业合作历史悠久，领域广泛，成效显著。一是科技交流成果丰富。1981 年 2 月成立中日农业科技交流小组后，双方农业研究机构在生物技术、食品安全、疫病防控、植物保护、生物质能源等领域开展了广泛合作。通过日本国际协力机构（JICA，其前身为"日本国际协力事业团"）的技术合作和无偿援助项目，双方还共同实施了上海水产品加工研究中心、中国可持续农业技术研究发展计划等多个项目。日方项目长期专家山下市二在 2014 年获得了中国政府颁发的友谊奖。二是民间交流活跃。日本友华人士神内良一自 1994 年以来，先后在中国多个省份资助开展农业援助项目，还为中国农业农村部中华科教基金捐赠了 2 000 万元人民币。目前国内广泛使用的地膜覆盖技术，就是由日本农业专家石本正一先生等引入我国后加以推广的，带来了很大的经济效益。三是农产品贸易往来密切。中国是日本农产品第二大进口来源国。2021 年，中日农产品贸易总额达118.97 亿美元，其中中国对日出口 102.69 亿美元，主要是鸡肉、水产品、蔬菜；中国自日进口 16.29 亿美元，主要是水产品、饮品、大米。

中日两国在农业领域具有较多相似性，同时又各具特点和优势，互补性强，具有广泛的合作空间。尤其是在农业智能装备方面，我国可以多与日本合作。此外，日本在促进乡村发展方面的做法，以及鼓励私营部门海外投资和贸易促进方面的政策措施，也值得我们借鉴。

九、关于中澳农业合作

澳大利亚作为全世界最小的洲和最大的岛屿，农业资源丰富。农牧业用地达 4.4 亿公顷，约占国土面积的 57%，其中约 82%（3.6 亿公顷）用于放牧，约 6%（0.25 亿公顷）用于农作物种植。澳大利亚盛产羊、牛、小麦和蔗糖等，被外界称作"骑在羊背上、手持麦穗的国家"，是世界上最大的羊毛和牛肉出口国。澳大利亚渔业资源也很丰富，是世界上第三大捕鱼区。英语中甚至用"幸运的国家（the lucky country）"来指代澳大利亚，意思是说澳大利亚气候、资源、生活方式各方面都比较幸运，国民不需要太辛苦劳动，只要让牛羊随便吃草，在土地上随便撒上种子就可以过上很好的生活。澳大利亚长期出口羊、牛、小麦、蔗糖和海产品等农产品赚取大量收入。在 20 世纪 50 年代之前，农业仍是澳大利亚的主导产业，占当时 GDP 的 25% 左右，农产品出口占国家总出口的 70%~80%。随着过去几十年澳大利亚服务业、制造业和矿业等迅速发展，农业占 GDP 的比例下降到 2% 左右，但总量仍然较大。

历史上中澳农业交流频繁，农业经贸合作密切。两国早在 1984 年就签署了《中澳农业合作协定》。自 1981 年以来，双方互派农业科技交流团组200 多个，交流人员近 1 000 人次，合作建设多个联合实验室。中国是澳大利亚最大的农产品出口国、农业领域最大投资国，澳大利亚是中国农产品第八大进口来源国。2021 年，中澳农产品贸易额达 104.87 亿美元，其中，我自澳进口93.85亿美元。中澳两国农业各具优势和特色，有一定互补性，加强合作符合双方利益，但农业合作必须服从国家整体外交大局和战略利益。澳方要同中方相向而行，推动中澳关系回归正常轨道，从而促进中澳农业合作恢复和发展。

十、关于中新农业合作

新西兰经济以农牧业为主，奶牛、肉牛和羊是农牧业生产三大主导产业。乳制品和羊肉出口量居世界第一，羊毛出口量居世界第三。全国三分之二的土地适宜农牧，其中耕地面积有38.5万公顷，牧场面积有约1 400万公顷。主要农作物为玉米、小麦、大麦、燕麦、苹果、猕猴桃等。猕猴桃的品种、栽培技术极具优势，单产水平高。

自1972年两国建交以来，中新经贸关系一直稳定、健康发展。自20世纪90年代以来，双边贸易增长较快。1997年8月，新西兰在西方国家中率先与中国就中国加入世界贸易组织双边市场准入问题达成协议。2014年，习近平主席访问新西兰，中新建立全面战略伙伴关系，中新关系实现历史性发展。农业是中新双边关系的重要内容，在两国农业部门的共同努力下，中新农业合作不断取得新发展，双方签署了一系列农业合作文件，建立了农业合作联委会、联合咨询工作组、奶业对话会和渔业对话会等合作机制，各领域务实交流合作进展良好，达到了前所未有的广度和深度。

围绕土壤与环境、奶业、食品科学、果树等重点合作领域，围绕海水养殖、渔业生物与环境等领域，中国农业科学院、中国水产科学研究院与新西兰几所大学和相关科学研究院所，积极开展研究生联合培养、科研人员学术交流、合作平台共建和联名承担科研项目联合申报，取得了良好成效。

2013年4月，中新签署第一个旨在提升农业合作水平的战略规划（2013—2017年），此后双方农产品贸易额保持高速增长，从2012年的不足40亿美元快速升至2023年的104.8亿美元，规模增长了1.6倍。2019年第二个战略规划签署以来，我国自新进口额由71.4亿美元猛增至101亿美元，增幅高达41％。其中奶制品进口常年为130万吨60亿美元，占新西兰奶制品出口的 40％左右，占中国奶制品进口的 40％左右。自 2012 年以来，中国已连续 11 年成为新西兰第一大农产品贸易伙伴和最大出口目的国，新西兰已成为我国畜产品主要进口国之一。

总的来看，中国作为农业生产大国和农产品消费大国，必然需要用好两种资源、两个市场，因而必须加强农业对外合作；随着中国经济实力和国际影响力不断提升，农业将在多双边外交和经贸合作中发挥越来越重要的作用。未来做好农业国际合作，应当注意把握这样几个原则。第一，要服务外交，突出重点。农业国际合作是外交的一部分，工作重点必须与我国外交政策取向一致，能有力服务、策应外交大局。第二，要夯实双边，用好多边。搞农业国际合作，既要通过发展双边关系开展务实合作，为我国农业发展拓展空间，也要巧用、善用多边平台，在 FAO、WTO、G20、金砖国家等机制下更多发挥建设性作用，积极参与国际涉农规则、标准制定，贡献中国智慧、中国方案。第三，要立足国内，量力而为。农业国际合作的首要任务是服务国内农业农村高质量发展和现代化。要立足国内发展需求，精准开展农业国际合作，创新农业交往交流、贸易投资、科技合作、对外援助和参与全球粮农治理方式，有所为有所不为。第四，始终坚持扩大对外开放，利用两种资源、两个市场。这是基本的着眼点和出发点。通过拓展深化农业对外合作，实现更大范围、更宽领域、更深层次的农业对外开放，助力实现保障国家粮食安全和重要农产品供给、推进乡村全面振兴、加快建设农业强国战略目标。

第十三讲
关于农民收入问题

农民问题是中国革命和现代化进程中的基本问题，农民问题的核心是利益问题，农民利益的核心是农民收入。农民收入事关农民安居乐业和农村稳定安宁，事关巩固党在农村的执政基础，事关经济社会发展全局。

农民收入的本质与内涵

一、农民收入的本质

"国之称富者，在乎丰民"。解放生产力、发展生产力、消灭剥削、消除两极分化，最终达到共同富裕，是社会主义的本质要求，是中国共产党的初心使命，是治国安邦重中之重的大事。

（一）增加农民收入是"三农"工作的中心任务

"三农"工作以收入为中心，本质是以人民为中心。农民的急难愁盼，都和收入息息相关。新中国成立70多年来，党中央、国务院高度重视增加农民收入，农村居民生活实现了从温饱不足到全面小康的历史性跨越。改革开放以来，农民增收一直是农村工作的核心目标和综合指标，特别是党的十八大以来，习近平总书记多次强调，"增加农民收入是'三农'工作的中心任务"；"小康不小康，关键看老乡"。从打赢脱贫攻坚战到实施乡村振兴战略，从全面深化农村改革到完善农业支持保护体系，从建设社会主义新农村到推进城乡融合发展，都是这个考量。2013 年以来农民收入稳定较快增长，城乡收入差距不断缩小。当前，我国正处在国民经济发展的结构调整期、城乡经济社会的深度融合期、农业支持保护政策的转型优化期和农业经营体制的改革创新期，农民收入又到了一个关键转折阶段，增收的环境和动力正在发生深刻变化。全面建成小康社会之后要推进乡村全面振兴，促进农民收入较快增长、持续缩小城乡收入差距依然是"三农"工作的中心任务。农民收入问题仍然是新时代、新征程解决农民问题的根本所在。

（二）增加农民收入是检验农村工作的重要尺度

"三农"工作，说一千、道一万，增加农民收入是关键。习近平总书记强调："检验农村工作成效的一个重要尺度，就是看农民的钱袋子鼓起来没有。""钱袋子"鼓起来就是农民收入持续较快增长，生活水平不断提升，过上尊严体面生活，获得感、幸福感、安全感不断增强，农业真正成为有奔头的产业、农民成为有吸引力的职业、农村成为安居乐业的家园。所谓农民体面生活，就不再是"吃了上顿没下顿"，也不满足于"两不愁、三保障"，而是发展需求、尊重需求都能够得到满足，反映用于食品消费支出比例的恩格尔系数大幅下降。所以，只有农民的"钱袋子"鼓起来，农民才能过上更好日子，农村才能更加稳定安宁，农业基础才能真正牢固，"三农"工作才有持久成效。

（三）增加农民收入是实现共同富裕的客观要求

共同富裕是社会主义的本质要求，也是中国式现代化的重要特征。共同富裕既包括物质方面，也包括精神层面。共同富裕对农民来说最重要的是收入和公共服务，公共服务的均等化是政府的职能范围，有赖于政府行为才能实现。而收入则是涉及市场和政府两只手的问题，不仅需要农民通过广泛参与市场经济活动拓宽增收渠道，还需要政府采取各种扶持政策，才能实现持续增收。2020年我国消除了绝对贫困，全面建成小康社会，向第二个百年奋斗目标迈进。但总体来看，我国经济结构、区域发展、城乡发展、收入分配等方面不平衡问题仍然存在，尤其是城乡居民收入的绝对差距持续扩大，相对差距依然处于高位。城乡发展不平衡这一最大的不平衡、农村发展不充分这一最大的不充分，决定了促进共同富裕最艰巨最繁重的任务在农村。全面小康实现后，广大农民虽然再无饥馑之年、冻馁之患，但农民收入相对水平仍然偏低，多数农村地区基础设施和公共服务体系还不够健全，人居环境还有待改善，农民对美好生活的渴望十分强烈。在新征程上，只有促进农民农村共同富裕，让发展成果惠及庞大的农村人口，福泽广袤的乡土大地，使乡村宜居宜业、农民富裕富足，才能实现城乡协调发展、各美其美。

（四）增加农民收入是稳粮保供的重要课题

粮食安全是"国之大者"。党中央始终把解决好吃饭问题作为治国理政的头等大事，并确立了"以我为主、立足国内、确保产能、适度进口、科技支撑"的国家粮食安全战略，明确提出了"谷物基本自给、口粮绝对安全"的目标。我们扎实推进"藏粮于地、藏粮于技"战略，完善粮食支持保护制度，粮食综合生产能力不断提升。2023年我国粮食产量实现历史性的"二十连丰"，连续9年保持在1.3万亿斤以上。农民是粮食生产的主体。我国粮食产量多年丰收离不开新品种、新技术、新设施的应用，更离不开亿万农民的辛勤耕耘。近年来，我国粮食生产成本不断攀升，导致农民种粮收益持续偏低。2022年，全国稻谷、小麦、玉米三种粮食每亩平均成本达到1 252.7元，比2012年上升33.8%。种植成本上升导致粮食亩均净利润在2016—2019年连续4年为负值，2020年转为正值，2022年为189.3元。尽管粮食生产补贴规模不断增大，但总体上仍不能弥补成本快速上升导致的利润下降，农民的种粮积极性有所下降。粮食安全是公共产品，保障国家粮食安全是各级政府的应尽职责，但农民主要是按照市场规律组织生产，农民种粮除了满足自身口粮需要外，是要赚钱的，不赚钱就不会有生产积极性，来年就会减少粮食种植面积。"谷贱伤农不种粮。"政府要粮，农民要钱，只有把政府和农民两者的目标统一起来，让农民种粮不吃亏，保障粮食安全才会有可靠基础和持续性。所以，中央明确提出要保障农民种粮合理收益，按照让农民种粮有利可图、让主产区抓粮有积极性的目标要求，健全农民种粮收益保障机制，完善主产区利益补偿机制，就是这个道理。特别是当前，面临百年未有之大变局，全球粮食产业链供应链不确定风险增加，我国粮食供求紧平衡的格局会长期存在，更要始终绷紧粮食安全这根弦。稳粮与增收是一个统一体。保障国家粮食安全，必须把由2亿多农户构成的粮食安全基石夯得实而又实，让农民增收和粮食丰收同步，将14亿多人的饭碗牢牢端在自己手里。改革开放以来，特别是党的十八大以来，农民收入实现持续较快增长，在粮食增产的同时，这个势头要保持下去。

（五）增加农民收入是实施扩大内需战略的重要途径

当前，面临百年未有之大变局，经济全球化遭遇逆流，大国博弈日趋激烈，我国面临的国际形势发生深刻复杂变化。在世界经济持续低迷、全球市场萎缩、贸易保护主义上升的背景下，党中央根据我国发展阶段、环境、条件变化作出了加快构建"以国内大循环为主体、国内国际双循环相互促进"的新发展格局的重大战略决策，其核心是牢牢把握扩大内需这个战略基点。2023年，消费对GDP增长的贡献率为82.5%，这表明拉动经济增长更多地依靠消费。城镇居民人均消费支出为32 994元，农村居民人均消费支出为18 175元，城乡居民人均消费之比为1.82∶1。虽然农村居民在食品烟酒、居住、医疗保健、交通通信、教育文化等方面的消费支出增长较快，但与城镇居民相比，家用小汽车、卫生洁具等居住生活类用品消费差距较大。很多消费品，在城市居民那里是好不好的问题，在农民那里是有没有的问题。农村蕴藏着巨大的消费需求，而且农民不仅要进行生活消费，还要进行生产性支出，扩大内需的潜力和后劲在农村。而能不能实现最终消费，取决于两点：一是消费需求，二是购买能力。增加农民收入是扩大农村居民消费的基础和条件，是实现国内大循环和扩大内需的重要途径。

二、农民收入的内涵

（一）农民收入的基本构成

根据国家统计局统计分类标准，从 2012 年第四季度起，国家统计局统一了城乡居民收入指标名称、分类和统计标准，原来的农民纯收入指标被改为农村居民可支配收入指标，相关统计口径也做了相应调整。农民收入用农村居民人均可支配收入衡量，既包括现金收入，也包括实物收入。按照来源划分，可支配收入包含四项，即工资性收入、经营净收入、财产净收入和转移净收入。

（1）工资性收入。就业人员通过各种途径得到的全部劳动报酬和各种福利，包括受雇于单位或个人、从事各种自由职业、兼职和零星劳动得到的全部劳动报酬和福利。例如，本地农民工和外出农民工的打工收入等。

（2）经营净收入。住户或住户成员从事生产经营活动所获得的净收入，是全部经营收入中扣除经营费用、生产性固定资产折旧和生产税之后得到的净收入。计算公式为：经营净收入＝经营收入－经营费用－生产性固定资产折旧－生产税。例如，农民从事种植、养殖获得的净收入等。2006 年免除农业税之后，除烟草外，农民不再缴农业税、牧业税和农业特产税。

（3）财产净收入。财产净收入即住户或住户成员将其所拥有的金融资产、住房等非金融资产和自然资源交由其他机构单位、住户或个人支配而获得的回报并扣除相关费用之后得到的净收入。例如，利息净收入、红利收入、储蓄性保险净收益、流转承包土地经营权租金净收入、出租房屋净收入、出租其他资源资产净收入等。

（4）转移净收入。转移净收入等于转移性收入减去转移性支出。转移性收入是指国家、单位、社会团体对住户的各种经常性转移支付和住户之间的经常性收入转移。例如，养老金或退休金、社会救济和补助、政策性生产补贴、政策性生活补贴、经常性捐赠和赔偿、报销医疗费、住户之间的赡养收入、本住户非常住成员寄回带回的收入等。转移性支出是指调查户对国家、单位、住户或个人的经常性或义务性转移支付。例如，缴纳的税款、各项社会保障支出、赡养支出、经常性捐赠和赔偿支出以及其他经常转移支出等。农民之间的人情往来是转移性收入和转移性支出的一个重要方面。用农民的话讲是"硬饥荒"！

（二）农民收入现状分析

党的十八大以来，我国农村居民收入保持持续较快增长，收入水平连续迈上新台阶，收入结构不断优化。

一是农村居民人均可支配收入持续较快增长。如表 13-1 所示，2022 年，农村居民人均可支配收入达到 20 133 元，较 2012 年的 8 389 元名义增长了 1.4 倍，扣除价格因素，10 年累计实际增长 96.5%，年均实际增长 6.3%。相比 2010 年，2019 年农民收入就实现了翻一番的目标。农民收入持续较快增长，对于改变农民生活状况和缩小城乡差距具有重要意义。

二是农村居民收入结构不断优化。2022 年农村居民人均可支配收入中，工资性收入占 42.0%，经营净收入占 34.6%，财产净收入占 2.5%，转移净收入占 20.9%，分别比 2012 年提高 4.8、-9.0、0.5、3.7 个百分点，工资性收入和经营净收入是农村居民最主要的收入来源。工资性收入占比提高，转移净收入成为农民收入的重要增长点，这在粮食及农产品价格不能在较短时间内大幅上涨的国情下，对于保持农民收入持续较快增长是十分重要的。

三是经营净收入内部结构变化较大。第一产业经营净收入增长缓慢，占比不断下降，第三产业经营净收入增长较快。如表 13-2 所示，2022 年第一产业经营净收入为 4 567.2 元，比 2012 年提高 67.8%，占农村居民人均可支配收入的比重为 22.7%，较 2012 年下降 9.7 个百分点；第三产业经营净收入为 1 895.9 元，是 2012 年的 15 倍，占农村居民人均可支配收入的比重为 9.4%，比 2012 年提高 8 个百分点。第一产业经营净收入中，

表13-1　2012—2022年农村居民人均可支配收入结构

收入来源结构	2012	2013	2014	2015	2016	2017	2018	2019	2020	2021	2022
农村居民人均可支配收入（元）	8 389	9 429.6	10 488.9	11 421.7	12 363.4	13 432.4	14 617	16 020.7	17 131.5	18 931.9	20 132.8
一、工资性收入	3 123	3 652.5	4 152.2	4 600.3	5 021.8	5 498.4	5 996.1	6 583.5	6 973.9	7 958.1	8 447.8
二、经营净收入	3 660	3 934.8	4 237.4	4 503.6	4 741.3	5 027.8	5 358.4	5 762.2	6 077.4	6 566.2	6 972.1
三、财产净收入	165	194.7	222.1	251.5	272.1	303	342.1	377.3	418.8	469.4	509.3
四、转移净收入	1 441	1 647.5	1 877.2	2 066.3	2 328.2	2 603.2	2 920.5	3 297.8	3 661.3	3 937.2	4 203.8
农村居民人均可支配收入构成（%）	100	100	100	100	100	100	100	100	100	100	100
一、工资性收入	37.2	38.7	39.6	40.3	40.6	40.9	41	41.1	40.7	42.0	42.0
二、经营净收入	43.6	41.7	40.4	39.4	38.3	37.4	36.7	36	35.5	34.7	34.6
三、财产净收入	2.0	2.1	2.1	2.2	2.2	2.3	2.3	2.4	2.4	2.5	2.5
四、转移净收入	17.2	17.5	17.9	18.1	18.8	19.4	20	20.6	21.4	20.8	20.9

资料来源：国家统计局。

表 13-2 2012—2022 年农村居民经营净收入结构

收入来源结构	2012	2013	2014	2015	2016	2017	2018	2019	2020	2021	2022
经营净收入构成（元）	3 533.4	3 934.8	4 237.4	4 503.6	4 741.3	5 027.8	5 358.4	5 762.2	6 077.4	6 566.2	6 971.5
一、第一产业经营净收入	2 722.2	2 839.8	2 998.6	3 153.8	3 269.6	3 391.0	3 489.5	3 730.2	3 978.1	4 291.7	4 567.2
（一）农业	2 106.8	2 160.0	2 306.8	2 412.2	2 439.7	2 523.6	2 608.0	2 740.1	2 887.6	3 209.8	3 443.1
（二）林业	103.7	162.0	177.3	170.6	165.9	176.5	187.0	196.7	185.6	231.0	212.8
（三）牧业	441.0	460.1	443.0	488.7	573.7	585.8	574.5	656.9	754.2	683.1	728.4
（四）渔业	70.7	57.6	71.4	82.3	90.3	105.2	120.0	136.5	150.7	167.9	182.9
二、第二产业经营净收入	213.7	252.5	259.1	276.1	287.9	318.9	378.4	413.4	430.6	471.8	508.5
三、第三产业经营净收入	118.2	842.5	979.6	1 073.7	1 183.8	1 318.0	1 490.5	1 618.6	1 668.7	1 802.6	1 895.9
经营收入占农村居民可支配收入的比重（%）	44.6	41.7	40.4	39.4	38.3	37.4	36.7	36	35.5	34.7	34.6
一、第一产业经营净收入	34.4	30.1	28.6	27.6	26.4	25.2	23.9	23.3	23.2	22.7	22.7
（一）农业	26.6	22.9	22.0	21.1	19.7	18.8	17.8	17.1	16.9	17.0	17.1
（二）林业	1.3	1.7	1.7	1.5	1.3	1.3	1.3	1.2	1.1	1.2	1.1
（三）牧业	5.6	4.9	4.2	4.3	4.6	4.4	3.9	4.1	4.4	3.6	3.6
（四）渔业	0.9	0.6	0.7	0.7	0.7	0.8	0.8	0.9	0.9	0.9	0.9
二、第二产业经营净收入	2.7	2.7	2.5	2.4	2.3	2.4	2.6	2.6	2.5	2.5	2.5
三、第三产业经营净收入	1.5	8.9	9.3	9.4	9.6	9.8	10.2	10.1	9.7	9.5	9.4

资料来源：根据《中国住户调查年鉴》整理。

注：国家统计局住户调查办公室从 2012 年第四季度起分别进行的城乡住户调查实施了一体化改革，开始实施住户收支与生活状况抽样调查，所以 2012 年农村居民经营收入及数据使用的是农村居民经营纯收入及构成数据。2023 年《中国住户调查年鉴》为目前出版的最新年鉴，所以数据只更新到 2022 年。下同。

牧业、渔业增收较快，2022 年分别是 2012 年的 1.7 倍和 2.6 倍。这反映了近年来农业结构调整优化、农业产业链延长和农村多种经营的全面发展。

四是农村居民增收动力发生变化。如表 13－3 所示，2022 年，农村居民人均可支配收入增量中，工资性收入贡献率最大，为 40.8％，比 2012 年上升 1.7 个百分点；经营净收入贡献率排在第二位，为 33.8％，较 2012 年上升了 4.4 个百分点；工资性收入和经营净收入合计贡献率为 74.6％，是农民收入的两大支柱。2012—2022 年，财产净收入贡献率从 0.8％增长到 3.3％，提高 2.5 个百分点；转移净收入贡献率从 30.7％下降到 22.1％，经历先下降、后上升、又下降、又上升的过程。这说明，农民增收需要稳住两大支柱，同时又要促进全要素增长，特别是财产性收入要大幅提高，转移性收入中国家补贴也要稳定提高。

表 13－3　2012—2022 年农村居民人均四类收入的贡献率（％）

	2012	2013	2014	2015	2016	2017	2018	2019	2020	2021	2022
工资性收入	39.1	50.9	47.2	48.0	44.8	44.6	42.0	41.8	35.1	54.7	40.8
经营净收入	29.4	26.4	28.6	28.5	25.2	26.8	27.9	28.8	28.4	27.2	33.8
财产净收入	0.8	2.9	2.6	3.2	2.2	2.9	3.3	2.5	3.7	2.8	3.3
转移净收入	30.7	19.8	21.7	20.3	27.8	25.7	26.8	26.9	32.7	15.3	22.1

资料来源：国家统计局。

五是低收入和欠发达地区农民增收成效明显。截至 2020 年，我国脱贫攻坚取得全面胜利，脱贫攻坚使贫困地区农民收入快速增加。2012—2022 年，全国 832 个贫困县（脱贫地区）农民人均可支配收入由 5 283 元增加到 15 111.2 元（见表 13－4），增长 1.86 倍，年均增长 11.1％，比全国农村年均增速快 2.0 个百分点；扣除价格因素，年均实际增长 8.9％，比全国农村年均实际增速快 1.9 个百分点。从农村五等份分组情况看，2022 年 20％低收入组农村居民人均可支配收入为 5 024.6 元，较 2012 年增长 1.2 倍，10 年累计实际增长 78％，年均实际增长 5.9％。但农村居民内部收入差距依旧较大，20％低收入户的人均可支配收入仅为 20％高收入户的 10.9％，后者是前者的 9.2 倍。这说明低收入农民群众，特别是贫困地区农民群众的收入问题要继续予以关注和支持。

表 13 - 4 2012—2022 年贫困地区和全国农村居民按五等份分组人均可支配收入

	贫困地区农村居民人均可支配收入	全国农村居民人均可支配收入	20%低收入组	20%中间偏下收入组	20%中间收入组	20%中间偏上收入组	20%高收入组
2012	5 283	8 389.0	2 316.2	4 807.5	7 041.0	10 142.1	19 008.9
2013	6 079	9 429.6	2 877.9	5 965.6	8 438.3	11 816.0	21 323.7
2014	6 852	10 488.9	2 768.1	6 604.4	9 503.9	13 449.2	23 947.4
2015	7 653	11 421.7	3 085.6	7 220.9	10 310.6	14 537.3	26 013.9
2016	8 452	12 363.4	3 006.5	7 827.7	11 159.1	15 727.4	28 448.0
2017	9 377	13 432.4	3 301.9	8 348.6	11 978.0	16 943.6	31 299.3
2018	10 371	14 617.0	3 666.2	8 508.5	12 530.2	18 051.5	34 042.6
2019	11 567	16 020.7	4 262.6	9 754.1	13 984.2	19 732.4	36 049.4
2020	12 588	17 131.5	4 681.5	10 391.6	14 711.7	20 884.3	38 520.3
2021	14 051*	18 931.9	4 855.9	11 585.8	16 546.4	23 167.3	43 081.5
2022	15 111*	20 132.8	5 024.6	11 965.3	17 450.6	24 646.2	46 075.4
2012—2022 年平均增速（实际,%）	8.9	7.0	5.9	7.4	7.3	7.1	7.1

资料来源：根据《中国住户调查年鉴》整理。

注：* 为2021 年、2022 年脱贫县农村居民人均可支配收入。表中数据除 2012—2022 年平均增速为百分数外，其他数字单位均为元。

从按东、中、西部及东北地区分组的农村居民人均可支配收入看，西部地区收入水平最低，但增速最快。2022 年，西部地区农村居民人均可支配收入达到 16 632.1 元（见表 13 - 5），较 2012 年增长 1.76 倍，扣除价格因素，10 年累计实际增长 110.4%，年均实际增长 8.5%，增速快于其他地区和全国平均增速。中部地区收入年均实际增长 7.7%，排在第二位。但地区间收入差距依然明显，东部地区、西部地区农村居民年人均可支配收入相差 8 405.2 元，西部地区仅为东部地区的 66.4%。东北粮食主产区农民收入增幅低于其他地区，这不是合理现象，对于稳定粮食生产来说也不是好现象。

表 13－5　2012—2022 年全国农村居民按东、中、西部及东北地区
分组的人均可支配收入

年份	东部地区	中部地区	西部地区	东北地区
2012	10 817.5	7 435.2	6 026.6	8 846.5
2013	11 856.8	8 983.2	7 436.6	9 761.5
2014	13 144.6	10 011.1	8 295.0	10 802.1
2015	14 297.4	10 919.0	9 093.4	11 490.1
2016	15 498.3	11 794.3	9 918.4	12 274.6
2017	16 822.1	12 805.8	10 828.6	13 115.8
2018	18 285.7	13 954.1	11 831.4	14 080.4
2019	19 988.6	15 290.5	13 035.3	15 356.7
2020	21 286.0	16 213.2	14 110.8	16 581.5
2021	23 556.0	17 857.5	15 608.1	18 280.4
2022	25 037.3	19 080.1	16 632.1	18 919.2
2012—2022 年平均增速（实际,%）	6.6	7.7	8.5	5.8

资料来源：根据《中国住户调查年鉴》整理。

注：表中数据除 2012—2022 年平均增速为百分数外，其他数字单位均为元。

六是城乡收入比持续下降。2012 年以来，农村居民人均收入增速持续高于城镇居民。扣除价格因素，2012—2022 年年均实际增长 6.3%，高于城镇居民 1.5 个百分点。2022 年城乡居民收入比为 2.45（见表 13－6），比 2012 年下降 0.43，比改革开放以来最高年份 2007 年下降 0.7。自 2010 年以来，城乡居民收入相对差距连续缩小，但城乡居民收入绝对差距一直呈扩大趋势，由 2012 年的 15 738 元扩大到 2022 年的 29 150 元。

表 13－6　城乡居民收入增速和收入比

年份	农村居民人均可支配收入（元）	农村居民人均可支配收入比上年增长（%）	城镇居民人均可支配收入（元）	城镇居民人均可支配收入比上年增长（%）	城乡收入比
2012	8 389.0	10.7	24 127.0	9.6	2.88
2013	9 429.6	9.3	26 467.0	7.0	2.81
2014	10 488.9	9.2	28 843.9	6.8	2.75

续表

年份	农村居民人均可支配收入（元）	农村居民人均可支配收入比上年增长（%）	城镇居民人均可支配收入（元）	城镇居民人均可支配收入比上年增长（%）	城乡收入比
2015	11 421.7	7.5	31 194.8	6.6	2.73
2016	12 363.4	6.2	33 616.2	5.6	2.72
2017	13 432.4	7.3	36 396.2	6.5	2.71
2018	14 617	6.6	39 250.8	5.6	2.69
2019	16 020.7	6.2	42 358.8	5.0	2.64
2020	17 131.5	3.8	43 833.8	1.2	2.56
2021	18 931.0	9.7	47 412.0	7.1	2.50
2022	20 133	6.3	49 283	3.9	2.45

资料来源：国家统计局。

（三）小结

从以上分析可以得出几个基本结论：

（1）2012 年以来，农民收入持续较快增长，尤其是贫困地区增幅最大、增速最快。

（2）农民增收的结构动力发生较大变化。多数地方非农业收入已成为主要来源，在部分农业大省经营净收入仍是主要来源。

（3）城乡居民收入绝对差距仍然很大。增加农民收入仍是缩小城乡差距、促进共同富裕的突出难题。

改革开放以来促进农民收入增长的政策举措、效果及问题

党的十一届三中全会拉开了改革开放的序幕，此后随着改革的不断深入，国家逐步建立和完善社会主义市场经济体制，有效发挥政府作用，出台了一系列支持农民增收的政策措施，为农民增收创造了良好环境。特别

是 2016 年国务院办公厅印发了《关于完善支持政策促进农民持续增收的若干意见》，这是中央层面关于农民增收的第一个系统性文件。回顾 40 多年历程，政策在促进农民增收上发挥了重要作用；面向未来，在促进农民增收方面还有许多问题需要关注和研究，需要继续改进完善相关政策。

一、政策举措

（一）实行家庭承包经营，放还农民生产经营自主权

土地是财富之母、农业之本、农民之根。改革开放以来，我国确立了以家庭承包经营为基础、统分结合的双层经营体制，赋予农民长期而有保障的土地使用权，维护农村土地承包当事人的合法权益，放还农民生产经营自主权，提高了农民积极性和创造性，促进了农业农村经济发展和农民收入增长。

家庭承包经营最初发端于各地开始的联产承包责任制，特别是包干到户发展较快。1980 年 9 月，中共中央印发《关于进一步加强和完善农业生产责任制的几个问题》，肯定了农村各种形式的生产责任制。1982 年，中共中央印发了改革开放后第一个"一号文件"，进一步明确，各种形式的责任制，包括包产到户、包干到户等都是社会主义集体经济的责任制。1983 年中共中央印发《当前农村经济政策的若干问题》（中央一号文件）并明确，农村工作的主要任务是稳定和完善农业生产责任制。到 1983 年底全国实行联产承包责任制的基本核算单位已达到 99.5%，其中实行家庭联产承包责任制的占 98.3%。至此，农村土地由原来集体所有、集体统一经营转变成集体所有、农户承包经营，家庭承包经营制度正式确立。为消除广大农民群众的顾虑，给农民吃下定心丸，党和国家着力稳定和完善农村土地承包关系。1984 年中央一号文件首次明确了"土地承包期一般应在十五年以上"。此后中央多次强调要稳定农村土地承包关系，把以家庭承包经营为基础、统分结合的双层经营体制作为农村的一项基本制度长期稳定下来，并于 1999 年写入宪法修正案。1997 年 8 月，中共中央办公厅、国务院办公厅下发了《关于进一步稳定和完善农村土地承包关系的通知》，

全面部署开展延长土地承包期 30 年工作。通过土地承包，农民按照承包合同约定完成生产任务，交纳农业税费和"三提五统"，确立了"交够国家的，留足集体的，剩下都是自己的"分配制度。2002 年《农村土地承包法》颁布实施，赋予了农民对承包地的占有、使用、收益等权能，同时明确承包农户有权自主组织生产、经营和处置产品。2007 年《物权法》颁布实施，明确了土地承包经营权的用益物权属性，强化了对土地承包经营权的物权保护。2008 年，党的十七届三中全会作出决定，赋予农民更加充分而有保障的土地承包经营权，现有土地承包关系保持稳定并长久不变。党的十八大以来，农村改革取得新突破。2013 年 12 月，习近平总书记在中央农村工作会议上首次提出农村土地实行"三权"分置，即"落实集体所有权，稳定农户承包权，放活土地经营权"。2014 年 11 月，中共中央办公厅、国务院办公厅印发《关于引导农村土地经营权有序流转发展农业适度规模经营的意见》，贯彻落实习近平总书记讲话精神，系统部署土地"三权"分置改革政策措施，促进了农村土地资源在更大范围内优化配置。家庭承包经营制度的普遍实行和不断完善，解放了农村生产力，极大地调动了农民生产积极性，不仅使农业持续增长，农村经济全面发展，而且为农民增收奠定了制度基础。比如，改革初期农业实现超常规增长，农民收入也出现了快速增长。1978—1985 年，农民人均可支配收入从 134 元增加到 398 元，7 年间增长了 2 倍，为新中国成立以来农民增收最快的时期，城乡居民收入差距一度明显缩小，收入比降到 1.8：1。

（二）提价及取消统购统销，放开农产品市场

为了解决粮食收购困难，1953 年开始实施的统购统销制度，将"征购""配售"改为"计划收购""计划供应"，除了粮、棉、油 3 种最重要的农产品之外，烤烟、生猪、羊毛、牛皮及部分中药材、茶叶、水产品等几十种产品都被纳入统购统销范围。以粮食为主的农产品统购统销制度存续超过 30 年。如果以 1993 年取消粮票为标志，则存续了整整 40 年。作为特殊历史背景下的产物，统购统销制度通过严格的计划性操作，基本保证了粮食等重要农产品在较低生产水平下的稳定供给。统购统销政策取消了原

有的农产品自由市场，初期有稳定粮价和保障供应的作用，但由于农产品统派购制度的改革滞后于农村经济发展的新要求，特别是低价垄断收购政策严重抑制了农民生产积极性，已不适应家庭承包经营的新形势。

1979 年 3 月，国务院根据党的十一届三中全会的决议，决定从当年夏粮上市起，国家将小麦、稻谷等 6 种粮食加权平均统购价格提高 20.9%，超购部分从加价 30% 提高到 50%。这次粮食提价，结束了自 1966 年以后粮食统购价格 12 年未动的局面，极大地调动了农民生产积极性，促进了粮食生产连年丰收。1979—1984 年 6 年间粮食产量增加了 1.03 亿吨，首次迈上了 4 亿吨台阶。提高粮食价格也是这一时期农民收入快速增长的重要原因。1985 年 1 月，中共中央、国务院发布《关于进一步活跃农村经济的十项政策》，决定取消粮食和棉花统派购制度，实行合同定购和市场收购相结合的政策，定购粮食按"倒三七"比例价收购，国家定购以外的粮食可自由上市。即 30% 按原统购价计算，70% 按原超购价计算。除了提高农产品价格、取消统购统销政策之外，这一时期国家还逐步放开了农村集贸市场，鼓励农民发展多种经营，特别是逐步放开了鲜活农产品市场，实行自由购销政策。在率先放开淡水鱼市场后，1984 年又放开了牛肉、羊肉、鲜蛋、苹果、柑橘等 9 个品种的市场。1985 年，党中央决定逐步取消生猪、水产品和蔬菜的派购，实行自由交易、随行就市、按质论价。我国水果、蔬菜、畜禽、水产等鲜活农产品初级市场的建设步伐不断加快。1987 年中共中央、国务院印发《把农村改革引向深入》并指出：肉、禽、蛋、菜等鲜活易腐商品，市场风险较大，尚未放开的品种和地区应当积极准备放开。2004 年，随着我国粮食市场购销和价格全面放开，我国农产品市场体制机制得以确立，进入了市场对农业资源配置起决定性作用的阶段，市场机制对农民增收的作用显著增强。此外，20 世纪 90 年代中期，国家又数次提高了农产品定购价格，其中定购粮综合收购价格在 1994 年和 1996 年两次大幅提价，幅度分别达 40% 和 42%。棉花定购价格在 1994 年和 1995 年两次提价幅度分别达 64.9% 和 28.7%。1994 年农民人均纯收入增加额的一半以上来自农产品价格的提高。2004 年以后，国家实行稻谷和小麦最低收购价政策，除个别年份外，根据粮食生产成本不断提高最低收购价。2004—2022年，早籼稻收购价每斤从0.7元提高到1.24元，提高77.1%；中晚籼稻每斤从0.72元提高到1.29元，提高79.2%；粳稻每斤从0.75元提高到1.31元，提高74.7%；白麦每斤从0.72元提高到1.15元，红白麦混合麦每斤从0.69元提高到1.15元，分别提高59.7%和66.7%。粮食市场放开了，但提价还不够，粮食比价仍然偏低，主要是因为有国际价格比较，顾虑对物价和城市低收入人口的影响，也受到城镇化率还不高的限制。因此，后来又对棉花实行目标价格补贴政策，对玉米、大豆实行"市场化收购＋生产者补贴"，充分保护农民利益，确保改革让农民获得实惠。提价及取消统购统销，放开农产品市场，使农民经营性收入得以快速提升。2022年，农民人均经营净收入达到6 972.1元，比1978年增长193倍。

（三）支持农民办乡镇企业、外出打工，放活农村劳动力

改革开放以来，东部沿海省份经济在政策支持下实现了跨越式发展，也带来了大批乡镇企业的兴起，并带动了农民快速增收。乡镇企业的前身是改革开放前的社队企业，经过改革初期的调整发展，为后来乡镇企业的迅猛发展奠定了基础。1984年3月党中央批准了农牧渔业部将"社队企业"改名为"乡镇企业"的建议，1985年9月党中央将乡镇企业列入了国家"七五"计划，出台了一系列措施来推动乡镇企业发展，开创了乡镇企业发展的新局面。1984—1988年，乡镇企业数量由606.5万个增加到1 888.2万个，年均增长69.6%；总产值由1 709.9亿元增加到6 495.7亿元，年均增长44.9%。1988年乡镇企业总产值占全国社会总产值和农村社会总产值的比重分别达到24%和58%，可以说实现了异军突起。1992年党的十四大提出建立社会主义市场经济体制，1992—1996年乡镇企业迎来了全面发展。1996年底，乡镇企业数量已达2 336万个，吸纳农村劳动力达1.35亿人，占农村劳动力总数的29.8%，比1991年上升了7.8个百分点；实现增加值17 659亿元，农民人均纯收入中来自乡镇企业的比例达到29.9%，比1991年上升了11.4个百分点。乡镇企业的发展也为国民经济增长作出了巨大贡献。1992—1996年，乡镇企业增加值年均增速达到

42.8%，远高于国内生产总值年均 25.7% 的名义增速，占国内生产总值的比重达到 26%，其中乡镇企业工业增加值占全国工业增加值的比重达到 43.4%，乡镇企业一度成为农村经济的主体力量、工业经济的"半壁江山"。乡镇企业的大发展，为家庭承包之后农村富余劳动力找到了就业出路，前所未有地大幅增加了农民的非农收入。

在农村劳动力流动方面，改革开放以前实行城乡隔离的人口与就业管理体制，限制农村人口和劳动力向城市流动，改革以后逐步放开。1984 年中央一号文件提出，"允许务工、经商、办服务业的农民自理口粮到集镇落户"。1985 年 1 月，党中央明确提出允许农民进城开店设坊，兴办服务业，提供各种劳务。此后，陆续由允许国营企业招收农村工人，到允许农村集体和农民个人从事长途贩运，支持和鼓励农民兴办交通运输业，允许农民进入集镇落户等。20 世纪 90 年代后，农村劳动力转移呈现加速势头，特别是跨区域流动规模迅速扩大。国家陆续出台了引导农村劳动力有序跨地区流动、实行城乡劳动力统筹管理、建立健全就业服务体系、开展职业培训等政策，城乡就业服务体系不断健全，特别是 2006 年国务院出台《关于解决农民工问题的若干意见》（"农民工 40 条"），打开城门，鼓励农民工进城务工经商，有力地促进了农村劳动力转移就业。政府依法依规监管保障农民工工资，也是这一时期的政策重点，两任总理为农民工"讨薪"，曾成为佳话。2019 年国务院颁布《保障农民工工资支付条例》（自 2020 年 5 月 1 日起施行），有效维护了农民工的合法权益。2022 年，全国农民工总量达到 29 562 万人，农村居民人均工资性收入达到 8 447.8 元，占可支配收入的比重达到 42%，成为农民增收的第一动力源。农民外出务工，农业转移人口市民化，还促进了土地规模经营，"走一户活两户"，增加了务农种田农民的收入。

（四）减轻农民负担，取消农民税赋

减负也是增收。农村实行家庭承包经营制度后，农民与国家、集体的分配关系，主要是农民以承包合同面积作为计税面积向国家缴纳农业税，以农民人均纯收入为依据向乡镇和村缴纳乡统筹、村提留，并承担一定的积累工、义务工和其他费用，所谓农业税和三提五统。当时的问题是，农业收入低，而农民负担重，有些地方甚至超过了农民收入的15%。进入20世纪90年代，尽管党中央三令五申要求切实减轻农民负担，但农民负担如同"阴雨天背稻草，越背越重"。那个时期，我刚好在中央财办农村组工作，可以说农民的负担之重，让我触目惊心、忧心忡忡。党和国家为减轻农民负担采取了一系列措施，1996年中央制定出台13号文件，对农民负担总额进行占收入比例限制，但问题并没有彻底解决。2000年，一场围绕给农民减负增收的改革拉开序幕。党中央、国务院加快推进农村税费改革，2000年3月下发专门文件，2001年2月在安徽召开专题会议，开展税费改革试点。2004年3月，第十届全国人民代表大会第二次会议通过的《政府工作报告》指出：自2004年起逐步降低农业税税率，平均每年降低1个百分点以上，5年内取消农业税。2005年，农业税减免进一步提速。第十届全国人民代表大会第三次会议通过的《政府工作报告》提出加快减免农业税步伐，在全国大范围、大幅度减免农业税。2005年12月，第十届全国人大常委会第十九次会议通过决定，自2006年1月1日起废止《农业税条例》，实行了2600多年的农业税从此退出历史舞台，结束了种田缴纳皇粮国税的历史，包括三提五统一并免除，每年减轻农民负担1335亿元。农业税和三提五统等，也是地方尤其是乡级政府兴办和管理公共事务的资金来源。为确保农民负担不反弹，保障基层组织正常运转，免税后农村综合改革提上日程。中央财政积极调整支出结构，主要是增加教育和村级事务补贴，对村里建设"一事一议"给予补助。2000—2010年十年间中央财政累计安排农村税费改革专项转移支付资金达到5700多亿元，此后一直稳定增加。减轻农民负担，取消农业税，减少的是农民开支，等于相应增加了农民收入，并降低了农业生产成本，推动了农民生活质量的提高和农村社会的全面进步。

（五）实施农业补贴、生产性直补政策

2002年以前，我国对农业也有财政补贴政策，主要是对农产品收购的价格补贴及费用补贴，属于间接补贴政策。真正的直接补贴始于2002年实

行的大豆良种补贴试点，当年补贴资金 1 亿元，补贴规模为 1 000 万亩，补贴标准为每亩 10 元。当时的背景是加入世贸组织，对最容易受冲击的大豆首先实行"绿箱"政策试点。当时我在农业部任常务副部长，为了这件事，还专门到黑龙江省大豆主产区调研落实。2004 年中央一号文件提出建立种粮农民直接补贴制度，并明确当年从粮食风险基金中拿出部分资金，用作主产区种粮农民的直接补贴。2004 年 5 月，《国务院关于进一步深化粮食流通体制改革的意见》出台，在放开市场价格、放开收购主体的同时，决定从 2004 年起全面实行种粮农民直接补贴制度，当年种粮农民直接补贴资金达到 116 亿元。同年，国家开始实行农机购置补贴，当年补贴资金 7 000 万元，加上农作物良种补贴扩大到水稻、小麦、玉米三大主粮作物，补贴资金增加到 28.5 亿元，2004 年我国用于农业生产的直接补贴资金是 145.2 亿元。2006 年，针对农业生产资料快速涨价、农民种粮成本增加的情况，为保护农民利益，中央决定实施农资综合补贴。至此，我国建立起以种粮农民直接补贴、农作物良种补贴、农机购置补贴、农资综合补贴（"四补贴"）为主的农业直接补贴政策体系，补贴项目逐步增加，补贴规模不断扩大。2007 年，当时我在吉林省任省长，我向国务院领导和财政部领导提出建议，在吉林省扩大农机补贴试点，建立农机化示范省，当年农机购置补贴一下子增加到 20 亿元。至 2014 年，"四补贴"规模达到 1 668 亿元。2016 年，国家全面推行农业"三项补贴"政策改革，将以往的种粮农民直接补贴、农资综合补贴、农作物良种补贴合并为农业支持保护补贴，现在叫耕地地力保护补贴。

对农业实行保险补贴，是发达国家的通行做法。我国从 2007 年起开展农业保险补贴试点，此后试点地区不断增加，保险品种和补贴规模不断扩大。目前，中央财政提供农业保险保费补贴的品种达到 17 个，自 2007 年实施农业保险保费补贴政策以来，中央财政安排农业保险保费补贴资金逐步增加，2022 年达到 434.53 亿元。地方财政支持开展的特定农产品保险品种超过 260 个。至此，国家支持农业生产的政策已基本覆盖各类主要农产品。尤其是三大谷物保险保费补贴标准覆盖全部成本，覆盖所有粮食主产省和产粮大县。

党的十八大以来，党中央提出深化农业供给侧结构性改革，推动农业绿色发展，在此背景下，国家对农业支持保护政策进行了调整和完善。主要是，一方面完善与市场经济相适应的农产品价格形成机制：开展并完善棉花目标价格补贴政策试点；完善稻谷、小麦最低收购价政策，适度调整最低收购价水平；取消玉米临时收储政策，建立玉米生产者补贴制度；调整大豆目标价格政策，统筹实施玉米大豆生产者补贴政策。另一方面建立以绿色发展为导向的农业补贴制度。财政补贴资金开始由生产性导向转为生产与生态兼顾的可持续发展导向。目前，基本建成以绿色生态为导向、促进农业资源合理利用与生态环境保护的农业补贴政策体系和激励约束机制。如开展轮作休耕试点，对东北黑土地实施保护试点，开展保护性耕作，对试点地区按面积给予补贴；又如对湖南、江西重金属污染区、河北地下水漏斗区的治理和种植结构调整给予资金补偿。这些支持保护和补贴政策的实施，有利于促进现代农业发展，提高农业综合效益，对持续增加农民收入也具有重要作用。农民都有一个卡，每年补贴打到卡里。农民说"共产党好，种地不交税，还给钱"。农民收入中转移净收入占比由2000年的4.0%提高到2022年的20.9%，主要得益于财政补贴大幅增加。

（六）组织开展大规模、大力度脱贫攻坚战

小康不小康，关键看老乡。没有农村的小康，特别是贫困地区的小康，就没有全面建成小康社会。长期以来，贫困地区农民收入水平低，公共服务水平低，成为农民生活的痛点和全国发展的突出短板。党的十八大之后，以习近平同志为核心的党中央把打赢脱贫攻坚战作为全面建成小康社会的底线任务和标志性工程进行部署和推进。

2012年底，习近平总书记到河北省太行山区阜平县考察扶贫开发工作，作出全面小康"决不能落下一个贫困地区、一个贫困群众"的庄严承诺，新时代脱贫攻坚的序幕由此拉开。2013年，习近平总书记在湖南省湘西土家族苗族自治州花垣县排碧乡十八洞村考察时首次提出"实事求是、因地制宜、分类指导、精准扶贫"的理念，精准扶贫成为新时代扶贫开发的显著特征。2014年启动实施精准扶贫建档立卡工作。2015年，习近平

总书记在贵州考察时提出"六个精准"工作要求，在中央脱贫攻坚动员大会上的讲话中提出"五个一批"脱贫方略，脱贫攻坚战在832个国定贫困县全面地、大力度地展开，党中央发布《关于打赢脱贫攻坚战的决定》，吹响了脱贫攻坚战的冲锋号。2016年以来，每年的中央一号文件都强调扎实推进脱贫攻坚，坚决打赢脱贫攻坚战。8年来，习近平总书记对扶贫脱贫始终念兹在兹，走遍了所有集中连片特困地区。党的总书记亲自挂帅出征，五级书记抓脱贫攻坚，中西部22个省份党政主要负责同志向中央签署责任书、立下"军令状"，300多万名第一书记和驻村干部同近200万名乡镇干部和数百万名村干部一起奋斗在扶贫一线，各级财政专项扶贫资金8年累计投入近1.6万亿元。人心齐，泰山移，广大贫困群众跟着共产党，艰苦奋斗、苦干实干，日子一天天好起来。在全党全国人民共同努力下，最终完成了消除绝对贫困的历史性任务，补上了全面建成小康社会的最大短板。

到2020年底，现行标准下9 899万农村贫困人口全部脱贫，832个贫困县全部摘帽，12.8万个贫困村全部出列，区域性整体贫困得到解决，完成了消除绝对贫困的艰巨任务，实现了中华民族摆脱贫困的千年梦想，创造了彪炳史册的人间奇迹。2021年中央一号文件对巩固拓展脱贫攻坚成果同乡村振兴有效衔接进行了系统部署，"三农"工作重心实现由脱贫攻坚向全面推进乡村振兴的历史性转移。就增加农民收入来讲，脱贫攻坚使得贫困地区的农民收入大幅增加，并且跑赢了全国农民收入增速。2013—2022年，全国832个脱贫县农村居民人均可支配收入从6 079元增加到15 111元，年均增长10.6%，增速快于全国农村平均1.9个百分点。2022年，在脱贫攻坚与乡村振兴有效衔接的格局下，脱贫县农村居民人均可支配收入比上年增长7.5%，扣除价格因素，实际增长5.4%，比全国农民人均可支配收入增速快1.1个百分点。尤其是全国脱贫人口人均纯收入增加到2022年的14 342元，如果再算上"两不愁、三保障"补助，远远高于世界银行的国际极端贫困标准。而且在脱贫攻坚过程中，在各级财政和社会各方支持帮助下，贫困地区基础设施、公共服务、民房改造、人居环境等建设有了巨大的历史进步，农民生产生活条件发生了天翻地覆的变化，经济社会发展对农民收入产生了直接的影响。脱贫攻坚这"八年抗战"，是贫困地区农民得到实惠最多的历史时期。还有一点，贫困地区农民收入水平低，增收难度大，一直是"三农"发展中的一个突出问题。脱贫攻坚使贫困地区农民收入大幅提高，不仅保证了全国农民一个不少进入小康社会，而且对于缩小地区间的差距、缩小城乡差距具有重要的社会意义。

（七）建立农村社会保障制度和公共服务体系

税费改革之后，国家开始逐步全面推进这方面的改革，公共基础设施和基本服务向农村覆盖、倾斜。如下方面都从减支增收两个方向实际增加了农民收入：义务教育，农民不再负担建学校出资出劳和民办教师工资；修护农村公路，不再由农民出人出车；合作医疗、公共卫生补贴（2023年每人每年89元）；农村低保（2023年每人每月615元）；农村居民养老保险；农户改厕补贴；泥草房、危房修建补助。这笔账全国也很大。

（八）强化科技赋能，助力增产提质节本增收

邓小平同志在1982年曾指出："农业的发展一靠政策，二靠科学。"这两条对农民增收同样至关重要。科技直接带动农业增产、提质、增效，带动土地生产率和劳动生产率的提高，最终都体现在农业效益和农民收益上。经过多年努力，农业科技已成为促进农民增收的重要驱动力。

长期以来，中央高度重视科技促进农业增产、提质、节本工作。1990年，中央提出实施科技兴农战略，有力推动了农业科技成果进入田间地头。1995年，国家深化科技体制改革，成立各级农业技术推广中心，鼓励农业科技人员和推广人员直接进入农业生产一线，"把论文写在大地上，把成果送到百姓家"。2007年，《国家农业科技创新体系建设方案》和《现代农业产业技术体系建设实施方案（试行）》提出建立国家农业科技创新体系，明确提出把农民增收作为农业科技创新体系建设的重要任务之一。党的十八大以来，国家坚持科教兴农战略，把农业科技摆在更加突出的位置。先后开展国家现代农业示范区和国家农业科技园区建设，实施农业关键核心技术攻关行动，实施粮食丰产增效科技创新重大工程，强化现代农业产业技术体系建设，实施化肥农药使用量零增长行动、农业绿色发展行

动等，有力支撑了现代农业发展，有力促进了农民持续增收。截至 2022
年，我国农业科技进步贡献率提高到 62.4%，作物良种覆盖率超过 96%，
自主选育品种面积占比超过 95%，粮食品种对单产的贡献率达到 45%，主
要畜种核心种源自给率达 75%。秸秆综合利用率达 97%，畜禽粪污综合利
用率达 81%，农膜回收率达 80%，实现了变废为宝。精准变量施肥、水肥
一体化、农药高效低风险利用等先进技术得到推广应用，化学农药减施
30%，农作物平均增产 3%，全国农田灌溉水有效利用系数从 2012 年的
0.52 提高到 0.57。农作物耕种收综合机械化率超过 73%，农业生产进入
机械化主导的历史新阶段。设施大棚、智能温室等不断更新换代，高效节
能型日光温室、智能植物工厂、集装箱生态养鱼、工厂化循环水产养殖等
越来越常见。智能农业让手机种田、云端种地不再稀罕，科技赋能推动了
"汗水农业"向"智慧农业"的历史性转变，使农业更加节本增效，使农
民增收更有保障。

　　促进农民增收，关键在于增强农民增收能力，因此提高农民职业技能
和就业本领也很重要。长期以来，中央高度重视农民培训工作，出台了一
系列政策措施，提高农民职业技能和就业能力。2010 年 1 月，国务院办公
厅印发《关于进一步做好农民工培训工作的指导意见》，要求把农民工培
训工作纳入国民经济和社会发展规划，提高农民工技能水平和就业能力。
2017 年，中共中央办公厅、国务院办公厅印发《关于加快构建政策体系培
育新型农业经营主体的意见》，明确提出要围绕帮助农民、提高农民、富
裕农民，加快培育新型农业经营主体。2018 年 9 月，中共中央、国务院印
发《乡村振兴战略规划（2018—2022 年）》，明确将培育新型职业农民、加
强农村专业人才队伍建设、鼓励社会人才投身乡村建设作为强化乡村振兴
人才支撑的重点工作。2021 年 2 月，中共中央办公厅、国务院办公厅印发
《关于加快推进乡村人才振兴的意见》，提出要培养高素质农民队伍，突出
抓好家庭农场经营者、农民合作社带头人培育；要培育农村创业创新带头
人，加强农村电商人才培育，打造农民工劳务输出品牌，加快培养农村二
三产业发展人才；还要加快发展面向农村的职业教育。农业农村部等部门
大力实施农村实用人才带头人和大学生村官示范培训、高素质农民培育计

划、新型农业经营主体和服务主体带头人培育行动、农村创新创业带头人培育行动等，人力资源和社会保障部组织实施农民工职业技能提升计划——"春潮行动"，每年面向农村新成长劳动力和拟转移就业劳动者开展政府补贴性就业技能培训 700 万人次。截至 2023 年底，全国依法登记的农民合作社超过 220 万家，纳入全国家庭农场名录管理的家庭农场有近 400 万个，各类农业社会化服务组织超过 100 万个，返乡入乡创业人员累计达 1 320 万人。2020—2023 年，累计培育高素质农民 327.3 万人次。《2023 年全国高素质农民发展报告》显示，2022 年，高素质农民队伍相对年轻，平均年龄为 45 岁，受教育程度相对较高，高中及以上文化程度占 60.68%，大专及以上文化程度占 21.95%。高素质农民职业技术水平持续提升，获得农民技术人员职称、国家职业资格证书的比例分别比 2021 年提高 6.64、3.46 个百分点。高素质农民农业生产经营人均纯收入为 3.27 万元，是农村居民人均可支配收入的 1.62 倍。

图 13-1 展示了 1978—2022 年农村居民人均可支配收入的具体数据。图 13-2 展示了 1978—2022 年城镇及农村居民恩格尔系数的变化情况。

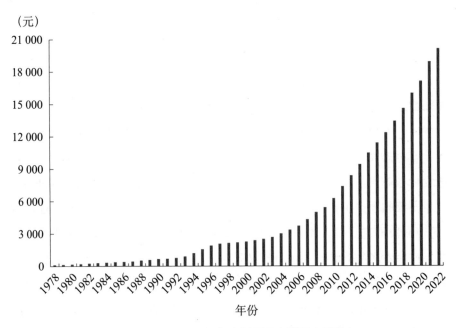

（元）

年份

图 13-1　1978—2022 年农村居民人均可支配收入

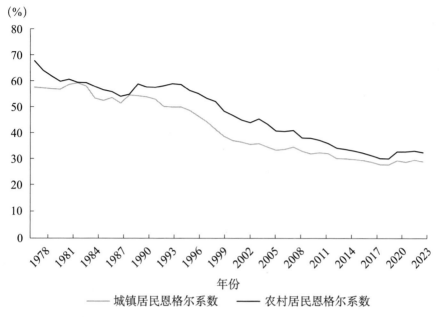

图 13 - 2   1978—2022 年城镇及农村居民恩格尔系数变化

（九）小结

改革开放以来，党和国家的一系列促进农民增收的政策举措，使我国农民收入发生了巨大变化。2022 年全国农村居民人均可支配收入达到 20 133 元，是 1978 年的 150 倍，按照不变价格计算，实际增长 21.3 倍。这充分表明，政策对头、工作对头是实现农民增收的重要保障。在这个过程中，基本政策思想和思路，有以下几点值得总结和坚持。

（1）始终把农民增收作为工作目标和战略考量。首先，始终把握好增收与稳粮的关系。粮食安全是"国之大者"，粮食生产年年要抓紧，面积、产量不能掉下来。稳定增加农民收入，保护和调动农民种粮积极性，对促进粮食生产至关重要。千方百计稳定粮食产量，千方百计促进农民增收，我国已实现多年粮食稳定增产、农民持续增收，两大目标相得益彰。其次，农民增收对经济健康循环发展意义重大。增加农民收入的政策有力促进了农民收入增长，实现了恩格尔系数和城乡居民收入比下降，促进了农民生活改善，耐用家电在农村基本普及，小汽车进入农村寻常百姓家，既增添了全面小康的成色，又促进了消费、扩大了内需，成为国民经济形成双循环发展新格局的重要动力。最后，农民增收对缩小城乡发展差距意义重大。中国式现代化是城乡协调、共同富裕的现代化。随着农民收入增长，农民生产生活条件发生了巨大变化，从 20 世纪五六十年代农村流行的现代化即"楼上楼下、电灯电话""干活不用牛、点灯不用油"到具备条件的建制村全部通电、通光纤和 4G 网络，从曾经高达 80％的文盲比例到义务教育全面普及，从缺医少药到城乡居民基本医疗保险全覆盖，农民的物质生活和精神面貌都发生了翻天覆地的变化。而这种变化不只是农村而是全局，不只是当前而是长远。抓住农民增收这个中心任务，就抓住了解决"三农"问题的牛鼻子，乃至抓住了解决城市问题的钥匙。

（2）坚持"多予少取放活"的方针。"三农"问题的核心是农民问题，农民问题的核心是利益问题。农村之所以长期稳定，农民之所以拥护共产党，就是因为我们始终坚持农民主体地位，在经济上保障农民物质利益，在政治上尊重农民民主权利。首先不捆农民手脚，不掏农民口袋，坚持"多予少取放活"的方针。这里，放活是基本面：家庭承包经营解决了农民温饱，外出打工拓展了收入来源，减负免税刺激了务农增收。1998 年 10 月，党的十五届三中全会通过的《中共中央关于农业和农村工作若干重大问题的决定》首次提出："坚持多予少取，让农民得到更多的实惠。"2002 年 1 月召开的中央农村工作会议进一步提出，新阶段增加农民收入总的指导思想是"多予少取放活"。这就提出了多予少取放活的方针。坚持农民主体，尊重农民意愿，鼓励农民创造，奠定了农民持续稳定增收的制度基础。坚持做到，不捆农民手脚，不掏农民口袋，像当年毛泽东同志在延安时所讲的，我们要用十分之九的时间给农民东西，用十分之一的时间向农民要东西，农民的积极性、主动性和创造力就能够激发出来，农民收入增长、获得感增加，党群干群关系就会越来越密切，党在农村的执政基础就会越来越巩固。这应该成为制定农村政策和推进农村工作的两条基本原则。

（3）坚持多渠道增加农民收入。农民增收是系统工程，需要多管齐下，多措并举。中国农业结构的多样性，乡村价值的多元性，城乡关系的成长性，以及农民自身的创造性，都蕴含着农民增收的空间和潜力。要紧紧围绕农业提质增效强基础、农民就业创业拓渠道、农村改革赋权增活力、农村社会保障固基本，进一步完善强农惠农富农政策，着力挖掘经营性收入增长潜力，稳住工资性收入增长势头，释放财产性收入增长红利，拓展转移性收入增长空间。特别要坚持改革创新，释放农村发展活力，在开发盘活农村资源资产、增加农民财产性收入方面下一番大功夫。

（4）坚持正确处理工农城乡关系。能否处理好工农城乡关系，关乎社会主义现代化建设全局，也关乎农民增收大局。新世纪以来，我国逐步调整完善工农城乡关系，各项政策向"三农"倾斜，不断加大对农业农村农民的支持力度。党的十六大提出"统筹城乡经济社会发展"；党的十六届四中全会提出我国在总体上已进入以工促农、以城带乡的发展阶段，要实施工业反哺农业、城市支持农村；党的十八大进一步提出"形成以工促农、以城带乡、工农互惠、城乡一体的新型工农、城乡关系"，强调推进城乡一体化发展；党的十九大提出农业农村优先发展方针，党的十九届五中全会提出"推动形成工农互促、城乡互补、协调发展、共同繁荣的新型工农城乡关系"，习近平总书记明确提出对农村做到"四个优先"。回顾新世纪以来工农城乡关系演变历程，向农村倾斜是基本导向，调整是基本手段，脱贫攻坚就是一个向农村倾斜、补短板强弱项的成功范例。多年经验证明，解决城里的问题有时候要到农村找办法，解决农村的问题有时候要到城里找办法。增加农民收入，也需要到城里找办法。农民不仅到城里打工挣钱，还要融入城市，这是一举两得的逻辑发展。这两点，反映了市场一手加政府一手，是"两个作用""两个有效"的成功运用。

二、存在问题

新世纪以来，我国农村居民人均可支配收入水平有了较大提高，但是与城镇居民相比，绝对数仍然偏低，相对数差距仍然较大。

（一）农村居民生产性支出较高

农村居民是农业生产经营的主体，农户的收入中有一部分主要用于生产经营支出，这一点和城市居民是不同的。新世纪以来，农村居民人均消费支出占人均可支配收入的75%～83%，相对稳定。但农村居民收入还有相当大的比例要用于生产性支出。2022年，农村居民人均用于第一产业的生产经营支出达到3 925.9元，其中现金费用支出3 691.4元，占上年农村居民人均可支配收入的比重达到19.5%。也就是说，农村居民可支配收入中真正可用于生活性消费和储蓄的只有80%多一点。对于很多普通农民家庭来说，收入只能维持"年吃年用"。

（二）东西部地区农民收入差距仍然较大

当前就总体而言，农村居民人均可支配收入呈现"东部地区＞东北地区＞中部地区＞西部地区"的梯次格局，地区差异仍较明显。2022年，东部地区、东北地区、中部地区、西部地区农村居民人均可支配收入之比为1∶0.76∶0.75∶0.66，东部地区分别为东北地区、中部地区、西部地区的1.31倍、1.32倍和1.50倍。从增速来看，除个别年份外，东北地区农村居民人均可支配收入的增长明显慢于其他地区，与东部地区的收入差距由2012年的18%扩大到24%。西部地区农村居民人均可支配收入增速虽然较高，但与其他地区的收入绝对差距依然在持续扩大。2022年，西部地区农村居民与东部地区、中部地区、东北地区的收入差距分别为8 405.2元、2 448元、2 287.1元，比2012年分别扩大了3 614.3元、1 039.4元和－532.8元。比如，西部省份甘肃和贵州2023年农村居民人均可支配收入分别为1.31万元和1.48万元，东部省份浙江和江苏2023年农村居民人均可支配收入分别为4.03万元和3.05万元，收入相差悬殊。

（三）普通农户收入相对较低

根据经济日报社、中国人民大学等单位2017年开展的"全国新型农业经营主体发展指数调查"，规模农户总体收入和家庭农业经营收入占比均处于更高水平，专业化和商品化经营特征明显；而普通农户总体收入和家庭农业经营收入占比明显偏低，农业生产经营兼业化特征更明显。2016年，规模农户家庭全年总收入平均为441 507.4元，2017年为423 675.9

元，且主要来源于农业经营收入，农业经营收入在总收入中占比稳定，其中 2016 年占比约为 79.3％，2017 年上升至 79.9％。相较而言，普通农户 2016 年和 2017 年总收入平均分别为 54 707.1 元和 51 596.7 元，农业经营收入占比较低且呈现下降趋势，2016 年农业经营收入占比为 52.5％，2017 年下降到 48.5％。此外，规模农户自主经营的占比高达 98％，而普通农户仅为 72％。从事自主经营的规模农户将主要资金和精力投入商品化的农业生产，因而农业经营收入的比重更大。总体上看，规模农户总体盈利能力强于普通农户，且差距逐渐拉大。2016 年规模农户年末盈余额为 53 037.5 元，是普通农户的 4.3 倍；2017 年规模农户的盈余额持续增长，而普通农户有所下降，由此两者差距拉大至 6.3 倍。农业大户和规模经营主体收入高、小农户收入偏低，使农民收入存在统计上平均数掩盖大多数的情况。由此可见，适度扩大经营规模是发展以家庭为单位的农业生产经营主体、提高农业生产者收入的重要选择。而普通农户仍大量存在，占经营农户的 90％以上，是目前农民增收的一大约束和一大难点。

（四）粮食主产区农民收入相对较低

全国 13 个粮食主产区粮食产量占全国粮食总产量的 78％以上，但粮食主产区农民收入低于全国平均水平，粮食大县多是财政小县。

以黑龙江为例。该省人均可支配收入比低于全国水平，城乡居民收入比也低于全国平均水平，2021 年、2022 年均低于 2。究其原因：一方面是由于黑龙江的城镇居民人均可支配收入明显低于全国水平，2022 年黑龙江城镇居民人均可支配收入为 35 042 元，比全国平均水平低 28.9％；另一方面是由于黑龙江土地面积大，农民来自第一产业的收入较多，在农民收入结构中，2022 年经营净收入占比 52.2％，高于全国平均 17.6 个百分点。但即便如此，黑龙江农民人均收入依然低于全国平均水平。2022 年黑龙江农民人均可支配收入为 18 577 元，比全国平均水平低 7.7％。也就是说，黑龙江城乡居民收入比低，并不是因为农民收入高了，而是因为城镇居民收入也低。从粮食主产区的角度来看，财政增收困难的问题更为突出。东北粮食主产区更为严重，如黑龙江、吉林人均地方一般公共预算收入水平位居全国后列。粮食主产区财政收入增长乏力，不仅妨碍财政通过支持产业发展带动农户经营性收入和工资性收入增长，还会通过制约政府财政转移支付能力的提高，导致农户转移性收入增长乏力。此外，粮食等大宗农产品的价格因受国际价格因素和国内价格因素的影响难以大幅度提高，直接制约粮食主产区农民收入增长，长此以往，必然会在农民种粮面积和要素投入上反映出来。黑龙江是全国粮食第一大省，但是近年来种粮成本上升、收益下降，种粮对农民增收的贡献在减弱。

再以河南为例。河南既是农业大省、粮食大省，也是农民大省。从总体来看，河南的农民人均可支配收入低于全国水平，农户总收入不高、财富积累较少。2022 年，河南农村居民人均可支配收入为 18 697 元，比全国平均水平低 7.13%。2000—2018 年期间，河南粮食作物种植面积占农作物种植面积的比重保持在 65.05%～75.29%，粮食作物比重高，挤压了经济作物和其他农作物的种植面积，实际上挤压了高效益的经济作物的种植面积。此外，河南农业种植的区域比较优势也没有得到充分发挥，各地市农产品品种基本相同，区域缺乏特色和品牌。河南农业种植结构、农产品结构都比较单一，制约了农业产值的增加，也影响了农民家庭经营性收入的增加。河南人口密度大，农村人口数量众多，人多资源少，人均财力有限，农民财产性收入主要来源于存款利息，而财富积累较少又直接决定了农民存款利息不多。

对两个农业大省农民收入状况的分析表明，农业大省特别是粮食主产省农民收入来源相对较少，农民增收困难，是一个带有普遍性的严肃的问题，这种状况无论是从稳定粮食生产还是增加农民收入角度看，都必须引起重视。

（五）城乡居民收入差距仍然明显

近年来，我国农村居民人均可支配收入保持了"两个高于"（高于GDP增速，高于城镇居民收入增幅），但和城镇居民收入的差距仍然在拉大。1978—2022 年，城乡居民收入绝对差距从 1978 年的 209.8 元扩大到2022 年的 29 150.2 元，扩大了 138 倍。即便是农民收入高的广东，城乡居民收入差距也很大。改革开放以来，广东城乡居民收入在不断增长的同时，绝对差距呈"剪刀差"持续扩大趋势。1978年广东城乡居民收入绝对差距为218.88元，1989年为1 131.19元，2005年突破万元大关、为10 079.45元，2015年破两万元大关、为21 396.72元，2022年达到33 307元。这说明，即使在发达的、农民收入增长较快的地区，城乡收入绝对差距也在拉大。

（六）小结

（1）比较而言，农民收入总体偏低，增收形势不容乐观，特别是粮食主产区、小农户等特殊区域和特殊群体增收困难，会从深层次影响到农业基础巩固和国家粮食安全，需要重点关注。

（2）城乡发展不平衡、农村发展不充分的问题仍然突出，城乡居民收入比仍然明显偏高，绝对收入差距仍然在拉大，这与缩小城乡差距、实现共同富裕的目标要求不相适应，需要有针对性地补短板强弱项，把农业农村优先发展的方针落实落地。

（3）农民增收的四个构成都面临困难和挑战，需要全面扶持、提升，要把促进农民增收作为全面现代化的战略性任务，制定并实施农民收入支持政策。

增加农民收入的思路与对策

党的十九届五中全会提出，要提高人民收入水平，扎实推动共同富裕，到2035年城乡居民人均收入再迈上新的大台阶，中等收入群体显著扩大，城乡区域发展差距和居民生活水平差距显著缩小。党的二十大进一步明确提出，到2035年，人民生活更加幸福美好，居民人均可支配收入再上新台阶，中等收入群体比重明显提高，基本公共服务实现均等化，农村基本具备现代生活条件，全体人民共同富裕取得更为明显的实质性进展。因此，在全面建成小康社会之后、在开启全面建设社会主义现代化国家新征程上，促进农民收入较快增长、持续缩小城乡收入差距，应该成为"三农"工作的中心任务，成为推进国家全面现代化的战略重点。

一、从提高粮价到拓展农业产业链

当前农民收入中经营净收入约占 1/3，其中大头是农业收入，农民增收的基本面仍然需要依靠农业。习近平总书记指出，产业是发展的根基，产业兴旺，乡亲们收入才能稳定增长。要不断延长农业产业链条，推动农业价值链向中高端迈进。发挥县域农产品加工业在纵向贯通产加销中的中心点作用，打造创新能力强、产业链条全、绿色底色足、安全可控、联农带农紧的农业全产业链，显著增加农业内部就业容量，增加农民家庭经营性收入。创新发展农村电商产业。大力发展农村电商、短视频直播、定制农业、共享农业、农创客等新产业新业态，使之成为挖掘农村资源、拓展产业体系、提升价值的有效方式。搭建平台载体增强产业协同力。以一村一品、一镇一业、一县一园、一省一群平台体系为依托，构建研发在县、制造在镇、基地在村、增收在户的发展格局。通过在生产两端、农业内外、城乡两头共同发力，带动引领重塑农业产业形态、推进农业产业链从低端向高端提升。在延伸农业产业链的同时，要防止"产业链长了，离农民远了"，加快完善利益联结机制，通过就业带动、保底分红、股份合作等多种形式，让农民合理分享全产业链增值收益。形成企业和农户产业链上优势互补、分工合作的格局，农户能干的尽量让农户干，企业干自己擅长的事，让农民更多分享产业增值收益。

二、资源性、财产性收入的实现

深化农村改革是增加农民财产性收入的重要途径。纵观 40 多年历程，以激活主体、激活要素、激活市场为主要目标的农村改革，从根本上破除了生产要素身上的"枷锁"，对促进农民增收发挥了重要作用。新时代增加农民收入，依然要用好农村改革这个法宝，释放农业农村发展内在活力，为农民增收提供不竭制度红利。继续深化农村集体产权制度改革，做好确权、赋权、活权文章，进一步明晰各类资产的产权归属，丰富产权权能，促进要素市场化配置，更好盘活农村各类资源资产。发展壮大新型农村集体经济，推动资源变资产、资金变股金、农民变股东。加强农村宅基地规范管理，探索不同区域"户有所居"的多种实现形式，盘活农村闲置住宅。稳妥有序推进农村集体经营性建设用地入市，推动开展集体经营性建设用地使用权抵押融资，赋予农民更加充分的财产权益。

三、发展农业规模经营

农业就业份额高、生产经营规模过小，是制约我国农业劳动生产率提高和农民务农收入增长的关键因素。要想富裕农民，必须减少农民。新型经营主体和规模经营不仅是农业现代化的引领力量，也是务农农民增收的必由之路。发展适度规模经营要把握好以下两个重点：一是稳步发展土地适度规模经营。把握好两个"适度"：其一，土地流转价格要"适度"。避免土地流转价格过高损害规模经营主体的积极性，影响土地流转市场和适度规模经营的健康发展。其二，土地经营规模要"适度"。避免土地过于集中造成收入差距扩大。支持各地确定本地区土地规模经营的适宜标准，制定促进土地有序流转和规模经营健康发展的扶持政策。二是大力培育新型农业经营主体。推进新型农业经营主体由数量增长向量质并举转变，以内强素质、外强能力为重点，突出抓好农民合作社和家庭农场两类农业经营主体发展。加快提升主体素质，开展针对性、实操性强的新型农业经营主体负责人培训，引导新型农业经营主体发展新产业新业态，推动品种培优、品质提升、品牌打造和标准化生产。鼓励新型农业经营主体间再联合、搞联盟，引导推动农民合作社办企业，深入推进社企对接。创新指导服务方式，加强新型农业经营主体辅导员队伍建设，为新型农业经营主体提供点对点指导服务。

四、完善生产性补贴政策，加大生态性补贴力度

农业补贴是农业支持保护制度中的政策安排，是农民转移性收入的一个重要来源。中外农民收入最大的差距是补贴收入，西方发达国家农民

40%～60%的收入来自政府直接补贴。随着国家财力增长，我国要加大对农民直接补贴力度，健全重要农产品生产者补贴制度，逐步扩大覆盖范围，出台农业服务补贴政策，探索建立普惠性农民补贴长效机制。创新完善财政投入保障机制，努力拓宽资金筹集渠道，调整完善土地出让收入使用范围，进一步提高农业农村投入比例。加快建立以绿色生态为导向的农业补贴制度，调整优化农业产品结构、产业结构和布局结构，夯实农业生产能力基础，提升农产品质量安全水平，增加绿色优质农产品供给。建立健全耕地、草原、渔业水域等重点农业生态系统的生态补偿政策体系，完善生态保护成效与资金分配挂钩的激励约束机制。支持耕地轮作休耕，促进农业可持续发展。

五、推广农业节本增效技术措施

减少农业生产成本和农民生产性支出，对于大多数小农户来讲，尤为重要。目前，我国化肥、农药等投入品利用率明显低于世界先进水平，水资源浪费较大，节本降耗对促进农民增收有很大的潜力和空间。要推进农业节水节肥节药节油。深入推进水权制度改革，稳步推进农业水价综合改革，引导农民节约用水。要完善财政补助政策，扩大低毒生物农药补贴项目实施范围，加大重大病虫害统防统治补贴力度。探索通过政府购买服务等方式，引导农业社会化服务组织使用配方肥、开展专业化统防统治。近年来我国农村青壮年劳动力缺乏，人工成本上升明显，要深入开展主要农作物生产全程机械化推进行动，尽快突破棉油糖和牧草等作物生产全程机械化和丘陵山区机械化瓶颈。加快培育新型农机服务主体，加大对全国农机合作社示范社的财政扶持力度，大力推进农机跨区作业。实施农机购置与应用补贴政策，优化补贴兑付方式，将中央财政补贴资金重点用于主要农作物生产关键环节所需机具，加大对绿色增产技术所需机具的补贴力度。推进农业废弃物资源化利用，把推进畜禽粪污、秸秆和加工副产物的综合利用作为一件大事来抓。确立企业的主体地位，研究建立终端产品补贴机制，形成可持续的商业运营模式。

六、建立健全农村公共服务体系，推进县域城乡公共福利政策制度并轨、标准接轨

生产费用、上学看病、生活设施，是农民三个支出大头，需要加快补上这些方面的短板，建立健全农村公共服务体系，逐步推进城乡基本公共服务均等化，筑牢民生保障底线。要加强农业农村基础设施建设。加快补齐农业生产性基础设施短板，推进高标准农田建设、耕地质量提升；加快补齐农产品产后处理设施短板，加大粮食烘干设施建设推进力度，加强产地仓储保鲜冷链物流设施与冷链集配中心、骨干冷链物流基地建设；加快补上农村生活性基础设施短板，因地制宜推进农村改厕、生活污水治理、生活垃圾处理等，使农村逐步基本具备现代生活条件。优化农村公共服务供给。着力提高农村教育质量，多渠道增加农村普惠性学前教育资源供给，加快发展面向乡村的网络教育。持续完善农村卫生健康服务体系，推进优质医疗资源下乡，促进县域内城乡医疗同质化。创新实施文化惠民工程，大力发展群众性文化体育活动。在城乡最低生活保障制度并轨的基础上，加快实现城乡标准统一。建立可持续的农村公共服务保障机制。创新公共服务多元化投融资机制，因地制宜构建好以政府为主体、市场和社会共同参与的多元供给模式。打造农村公共服务信息平台，加强有效供给和精准供给。通过财政、金融等手段强化资金保障，加大在教育、卫生、就业、社会保障、公共基础设施等方面的投入。

七、扶持乡村产业发展

农产品加工业、流通业、生产性服务业、农村一二三产业融合可以创造更多就业机会，在提高农民工资性收入和经营性收入方面作用明显。要依托乡村特色优势资源，大力发展乡村特色产业，促进农村一二三产业融合发展，把产业发展落到促进农民增收上来。要解决制约乡村产业发展的人、地、钱问题。在人的方面，完善乡村人才教育和培训体系，在搞好学历教育的同时，分领域、分层次强化农村职业培训。借鉴浙江引才工程经

验，完善地方人才引进政策，吸引各类人才到乡村创业就业，改善乡村居住生活条件，促进基本公共服务均等化，为各类人才返乡进村创造条件。在地的方面，在安排土地利用年度计划时，加大对乡村产业发展用地的倾斜支持力度。制修订相关法律法规，完善配套制度，开展农村集体经营性建设用地入市改革，增加乡村产业用地供给。在钱的方面，加强一般公共预算投入保障，提高土地出让收入用于农业农村的比例，鼓励有条件的地方按市场化方式设立乡村产业发展基金，重点用于乡村产业技术创新。同时，撬动金融资本、鼓励社会力量参与。引导各类金融机构创新产品、模式和服务，增加中长期信贷产品，开发专属金融产品，支持新型经营主体和农村新产业新业态。推进数字普惠金融和供应链金融，加快构建融担保、保险于一体的现代农村金融服务体系。定期发布《社会资本投资农业农村指引》，引导社会资本投资发展乡村产业，健全联农带农机制，把产业增值收益和就业岗位更多留在农村、留给农民。

八、农村多功能开发利用

拓展农业多种功能，挖掘乡村多元价值，激发田园风光、绿色生态、乡村风俗、农耕文化等资源价值，发展乡村吃住行、游购娱、文教养等乡村休闲旅游业，实现农民收入和就业来源多样化。城市文明和乡村文明各有千秋，城市便利的生活条件、时尚的生活方式、丰富的文化产品是乡村所追崇的，而乡村宁静的自然环境、独有的生活习俗、丰厚的历史传承也是城里人所向往的。因此，才有农村人进城、城里人下乡的双向流动，城乡融合开始加快，城乡关系正在重塑，城市与乡村的鸿沟逐步打通。拓展农村功能，推进乡村振兴，要始终坚持城乡融合发展，既要推动城镇基础设施向乡村延伸、城镇公共服务向乡村覆盖，也要尊重乡村文化、传承农耕文明，通过以城带乡、功能互补、有机衔接，实现城乡经济融合互联、协同发展，城乡文明共存共荣、互促互进。每个乡村都有自己的历史、个性和特点，要充分尊重乡村的自然机理和历史文脉，把挖掘原生态乡村风情和引入现代发展元素结合起来，发展乡村旅游、农事体验等，让山水林田路村成为吸引城里人的乡愁。拓展农村多种功能，要坚持尊重农民，让农民特别是原住民受益。农民是乡村的主人，乡村是农民的家园。要充分调动和发挥农民特别是原住民在拓展农村功能中的积极性、主动性，尊重农民主体地位，不能代替农民，更不能排斥农民。

九、支持重点地区农民增收

受各地的资源禀赋、发展水平、产业基础等因素影响，我国不同地区的农民之间一直存在明显的收入差距。随着经济社会发展，要更加重视特殊区域和特殊群体农民增收问题，特别是农村低收入群体增收问题，将政策资源更多地向增收困难区域和群体倾斜。

促进粮食主产区农民增收。这也是保障粮食稳定增产的重大措施。一方面，持续加强农业支持保护，确保农民种粮至少"保本微利"。以稻谷、小麦最低收购价和收储调控政策为主，守住"种粮卖得出"的底线，以收入补贴、保险保障、社会化服务、经营主体培育、耕地建设、科技兴农等一揽子措施为辅，同向发力降成本、稳预期、增收入。同时，发挥政府调控与市场机制的协同作用，建立粮食主产区利益补偿机制。另一方面，进一步加强中央财政转移支付力度和奖补力度，加大对粮食主产区综合生产能力建设项目的支持与补贴力度；逐步减少主产区项目配套资金，优化转移支付结构。

促进脱贫地区农民增收。这是防止发生规模性返贫的主要措施。重点要深入实施特色种养业提升行动，将中央财政衔接推进乡村振兴补助资金用于产业发展的比重提高到 60% 以上，支持脱贫地区聚焦特色主导产业，实施一批全产业链开发项目。推进脱贫地区特色产品产销衔接，依托大型农产品电商平台，利用中国农民丰收节等节庆展会，举办产销对接活动。加大东西部劳务协作力度，引导农民有序外出务工。拓展本地就业，扩大以工代赈规模，适当增加乡村公益性岗位。健全防返贫机制，将有返贫致贫风险和突发严重困难的农户全部纳入监测范围，及时落实产业就业、社会救助、医疗保障等针对性帮扶措施，做到"应纳尽纳""应帮尽帮"。

促进民族地区农民增收。民族地区多是边疆地区，应因地制宜找准主导产业。大力培育主导产业的市场主体,延伸主导产业链,提高产品附加值;大力发展村集体经济,增强主导产业抗风险能力。充分发挥政府服务职能,有效引导农村二三产业向县城、重点乡镇及产业园区集中,推动产业集群、产城融合发展。充分发挥民族地区资源环境优势,推进农村"旅游+"建设模式,加快发展生态观光游、民族文化游、休闲度假游等旅游产品,让农民从土地入股、景区服务、特产销售等各方面享受到发展乡村旅游带来的红利。

促进生态保护区农民增收。以增加生态建设项目带动增加就业数量、提高绿岗就业工资水准。积极推进以生态为导向的三产融合,打造"生态+"产业链,提升农民融入产业链的能力,带动经营收入增长。对碎片化的山、水、林、田、湖、草、沙等自然资源以及闲置农村土地、集体经营性用地等,进行规模化的收储、整合,引入社会资本和运营管理方,实现生态资源向资产的高水平转化,带动农民财产性收入增长。

十、小农户与现代农业有机衔接

小农户家庭经营是我国农业的基本面,在农业现代化过程中,要处理好培育新型农业经营主体和扶持小农户的关系,重点是帮助小农减少风险、降低成本。要积极发展农业社会化服务。农户家庭经营加上完备的社会化服务,适合多种形式的农业生产,符合我国国情农情,具有广泛的适应性和旺盛的生命力。中央明确提出,加快发展农业社会化服务,支持农业服务公司、农民合作社、农村集体经济组织、基层供销合作社等各类主体大力发展单环节、多环节、全程生产托管服务。未来要进一步推动主体壮大、模式创新、领域拓展、资源整合、行业规范,更好地引领小农户和农业现代化发展。引导小农户更多采用绿色循环生产方式。利用现代技术和管理手段,引导小农户合理利用农业生产和再生产各个环节资源,规范生产资料使用和生产行为,确保农产品质量。推进土地适度规模化、农民组织化、服务社会化,引导小农户推广应用现代生态成熟科技创新成果,发挥小农户生态振兴的主体作用,带动小农户念好

"山字经"、做好"水文章"、打好"文化牌",发展以森林康养、生态旅游、生态农业为主的绿色生态经济。调整优化小农户扶持政策,补助性、兜底性财政政策更多向小农户倾斜,保障农民基本收益。整合分散在不同部门、不同领域和不同项目中的小农户扶持政策,增强政策的系统性、协同性,形成政策合力。

十一、促进农民工高质量就业

让农村劳动力到效率更高的领域和部门就业,是增加农民收入的必然选择。促进农村劳动力就业,既要在推进城镇化过程中吸引农村劳动力向城市转移,也要在全面推进乡村振兴过程中拓展就近就地就业空间。继续引导农村劳动力外出就业。建立和完善平等竞争、规范有序、城乡统一的人力资源市场,落实农民工与城镇职工平等就业、同工同酬制度。推动农村劳动力有序外出就业,加大对脱贫人口转移就业支持力度。深入实施以新生代农民工为重点的职业技能提升计划,创新培训内容和方式,拓宽就业创业渠道。健全最低工资标准调整、工资集体协商和企业薪酬调查制度,落实保障农民工工资支付条例。积极扩大乡村就业空间。统筹城乡产业布局,将城市部分劳动密集型产业向农村地区产业园转移,实现城乡产业合理布局、优势互补。积极承接发达地区劳动密集型产业转移,支持发展新型劳动密集产业,促进农村劳动力就地就近就业。大力发展特色县域经济、魅力小镇、乡村旅游和农村服务业,为农村劳动力就地就近就业创造空间。深入实施返乡创业能力提升行动、乡村就业创业促进行动,培育一批家庭工场、手工作坊、乡村车间,鼓励在乡村地区兴办环境友好型企业,实现乡村经济多元化,提供更多就业岗位。创新农村劳动力就业领域和方式。鼓励发展家政、养老、护理等生活性服务业和手工制作等民族地区特色产业,吸纳更多中低技能劳动者就业。大力发展城乡社区服务,扩大劳动力市场的包容性。完善城镇失业登记制度和农村失业登记制度,对处于无业状态的农村劳动力在常住地进行失业登记,并为其提供均等化公共就业服务和普惠性就业政策。分类推进农民工市民化。县域内农民工市民化成本最低且公共服务保障难度最小,关键要维持好生活就业的稳定性、增加落户进城的福利、提升落户的吸引力；跨省农民工落户意愿最高，但制度性障碍最多、市民化成本最高，需要解决好教育、社保等制度接轨、公共资源承载力等问题；县外省内农民工市民化主要是推进省内统筹，实现对省内农民工的统一服务管理，不断提高农业转移人口市民化质量和生活品质。

第十四讲
农民工问题和农业转移人口市民化

本讲主要讲述农民工问题。城市化是世界各国现代化必然要走的道路。中国的城市化，主要是农村转移人口市民化。而这其中的路径主要是农民工进城打工进而市民化。这是中国特色，也是中国方案。这种成功是"三得利"：城市发展、农民进城、社会稳定。因而这也是中国式现代化的特色与经验。讲我们国家的农民工问题，我是有发言权的，农民工和新生代农民工这两个概念，就是我具体组织研究提出来的。对于农民工问题的研究，我也是一个创立者，一个亲历者。下面，我主要讲五个方面的问题：一是农民工的产生及演变轨迹，二是农民工为国家发展作出了巨大贡献，三是中国特色的农民工制度，四是农民工面临的问题与解决思路，五是农民工的终结。

农民工的产生及演变轨迹

一、农民工产生的背景

农民工是工业化、城镇化快速发展所带来的时代产物，是我国改革开放以后形成的，是中国城乡二元体制下一个特殊的社会群体，是我国社会转型时期出现的特有社会现象。简而言之，一个农民太多，一个二元结构，再加上一个赶上了改革开放，造就了农民工。

20世纪50年代，我们国家开始实行计划经济。为适应当时建立工业体系的要求，以及经济、供给困难的状况，开始实行城乡分离的户籍管理制度。1958年1月颁行的《中华人民共和国户口登记条例》将全国居民分为"农业户籍"和"非农业户籍"，规定"公民从农村迁往城市，必须持有城市劳动部门的录用证明、学校的录取证明，或者城市户口登记机关的准予迁入的证明"。该条例还确定了与城乡分割的户籍相关的就业、供应、福利、人口等二元管理制度。该条例的实行标志着城乡分治的二元经济社会结构开始形成。农村人口向城市自由流动的大门基本关闭，绝大多数农民只能在较少的土地上劳作。及至人民公社时期，农民外出打工、农村"五匠"外出揽活，也被当作资本主义尾巴割掉了。而人民公社内部，则由于大锅饭、大帮轰，出工不出力，大量农业富余劳动力在低效的农业生产中浪费掉了。

1978年党的十一届三中全会之后，我国拉开了改革开放的序幕，农村开始实行家庭联产承包责任制。家庭联产承包责任制带来了两个好处：一是农民拥有了生产自主权，生产效率提高了，温饱问题一下子解决了。二是解放了大量农村劳动力，农民什么时候去干活、干什么活、干多干少，都是自己说了算，这时农村内部制度改变产生了富余劳动力。同时，改革开放加快了工业化和城镇化的步伐，劳动力市场出现了需求。城镇需要大量劳动力，农村又有富余的劳动力，充足的供给和紧缺的需求使得农民进城打工成为可能和必然。

当然，由于长期实行城乡分割的政策，我国的城镇化严重滞后于工业化。在改革开放前的28年里，我国城镇化水平从新中国成立初的12.6%上升到17.9%，年均上升0.2个百分点，城镇化进程基本处于停滞状态。改革开放后，城乡二元经济社会体制开始逐渐被打破，城镇化步伐逐步加快。到2020年末，我国常住人口城镇化率超过60%，比改革开放初期提高了42个百分点。2023年末，城镇化率达到63.8%。随着国民经济快速发展和工业化进程加快，二三产业规模迅速扩大，形成了对劳动力的新需求，同时放开对农民生产经营包括流动就业的限制，农民可以自由支配劳动，这就不可避免地带来了大量农村劳动力通过各种途径进入城市就业。农民工进城就业务工经商是农民迈向城镇化的初始形式。

同时，考量我国国情和历史，在长期形成的城乡二元结构下，农民工的土地承包权、宅基地使用权和集体资产所有权得到了保留，既为农民工的流动与回流预设了回旋的空间，也为农民工的生存与发展构建了一张"安全网"。这也即是我国在城镇化过程中没有出现"贫民窟"以及农民工大规模迁徙没有带来大的社会震荡的关键因素。

通过以上对农民工产生背景的分析，我们可以给农民工下一个定义。所谓的农民工，就是基本脱离农村而又没有真正融入城市、尚处于社会结构中第三元状态的一个庞大社会群体。他们是两栖的：在城里打工，他们又不是城市人；在农村居住，他们又不完全是农民。农民工是夹在城市与乡村、工人与农民中间的第三元状态，是一个过渡状态，是我国社会经济转型时期的一个特殊概念。农民工的户籍身份还是农民，有承包土地，但主要是在城镇从事非农产业，以工资为主要收入来源。从一般意义上讲，农民工既包括跨地区的外出进城务工人员，也包括在乡及乡以内二三产业就业的农村劳动力。这两部分人数是 2.9 亿。据国家统计局数据，2021 年全国农民工总量为 29 251 万人，其中外出农民工为 17 172 万人，本地农民工为 12 079 万人，2023 年相应数字基本平稳。

二、农民工的演变轨迹

上面提到，农民工是伴随着我国工业化、城镇化和改革开放的进程而产生和不断发展的一个新的社会群体。作为劳动力市场上的农民工，是改革开放以后的新事物。从改革开放后算起，我把农民工的演变分成四代农民工、四个阶段，基本是十年一代农民工。

一是"离土不离乡、进厂不进城"的"第一代农民工"。 这一代农民工出生于 20 世纪 50—60 年代，并于 80 年代农村政策放活以后出去打工。这一时期的农民因为农村实行家庭承包经营以后生产效率提高，地不够种了，同时又有了自主支配劳动的权利，于是就有一部分农民选择到外面打工。与此同时，"乡镇企业异军突起"，乡镇企业的发展也吸引了很多农民选择到乡镇企业里打工，亦工亦农，离土不离乡。

这一时期的农民工还不是本质上的农民工，是白天在工厂做工，晚上回家，"单栖、单向流动"的农民，这是农民工的雏形。时至今日，这一代农民工已人过中年，多半已经步入老年，除了小部分具有技术专长或管理能力的人成为企业经营者外，大部分人已回到农村。因为是洗脚上田、进厂务工，他们应该算作第一代农民工。有关统计数据显示，改革开放后的 20 年间有 1 亿农业劳动力转移到乡镇企业，当时乡镇企业部门成为拉动工业经济增长的"半壁江山"，成为名副其实的"第一推动力"。仅 1983—1988 年，乡镇企业就吸纳农村劳动力 6 300 万人。

二是"离土又离乡、进厂又进城"的"第二代农民工"。这一代农民工出生于 20 世纪 70 年代，是真正意义上的农民工。他们大多是 20 世纪 80 年代成长起来的农村劳动力。20 世纪 90 年代在新一轮改革开放推动下，我国经济快速发展、经济外向度大幅提高，全国各地兴起了大规模的建设热潮，对劳动力的需求增加。城市有了用工需求，阻碍劳动力流动的壁垒被突破，农村劳动力大规模的跨地区流动方兴未艾。在这种情况下，国家适时调整政策，开始逐步放松对农民进城就业的限制。进入 90 年代，农村外出务工劳动力由改革开放初期不到 200 万人迅速增加到 3 000 万人。农民在不改变身份、不改变城市工农产品供给的情况下开创了"离土又离乡"转移就业的新模式。1989 年，由于大量跨区域就业的农民工春节返乡造成"春运"紧张，因此呈现蔚为壮观的"民工潮"。

外出进城打工是这一代农民工有别于上一代农民工的显著特点，他们大多在建筑业、纺织业、加工业、出口业打工。这部分农民工的城镇化走向是有所不同的：一部分有技能、有管理能力的人成为企业生产骨干，留了下来；还有一部分有文化的女工也留了下来，不少嫁给了城里人；但仍有很大一部分农民工随着年龄的增长，挣了一些钱而选择回乡。

三是新生代农民工，也就是"第三代农民工"。这一代农民工出生于 20 世纪 80—90 年代，户籍在农村，而就业、生活在城镇。在新世纪之后越江过海、务工经商，大规模跨省转移。20 世纪 90 年代，我国年均新出生人口约为 2 000 万，其中农村出生的一大部分人没有进入农业劳动力行列，而是走出农村，进入城市。

"80、90 后"新生代农民工有别于前两代农民工的主要特点是：第一，他们几乎从来没有种过地，没当过农民，对土地没有父辈那样的感情，对农村没有父辈那样的依恋。这是其最鲜明、最突出的特点。他们进城打工，在很大程度上不是基于生存需求，而是要改变自己的生活，把打工作为寻求进城的机遇和途径。简而言之，他们出来打工根本就不想再回农村。第二，这批人大部分都读过书，在乡镇或者县城读到初中，大多没上过高中，或者没上过技校，十六七岁就加入了劳动大军。当然，也有相当大一部分具有高中文化。因为有文化，再加上电视机和手机的使用，他们更了解外部世界，知道城乡之间的巨大差别，对城市生活有着极大的向往。第三，他们中的很多人是独生子女，有些人就是上一代农民工在城里生的孩子。较之父辈，他们的生活更为优越，从来不用考虑温饱问题，因此，在城里打工的忍耐力和吃苦精神远不及父辈，这一点已经在就业结构中体现出来。上一代农民工很多是制造业、纺织业的操作工，在生产一线就业，而"80、90 后"农民工则主要在服务业就业，如卖服装、卖保险、做餐饮、搞推销、送外卖的较多。这也是后来一些比较艰苦的劳动密集型行业招工困难的原因之一。第四，他们心理平衡度较差，难以接受"被歧视"。他们的父辈进城打工尽管遇到很多困难，吃了很多苦，有很多不如意，甚至有的比城里人干得多挣得少，但他们通过纵向比较觉得比在农村好，比其他农民好，因而比较能够接受城里的不平等待遇。而新生代农民工受现代开放社会影响，已经具有朴素但又有些盲目的平等和民主意识，对城乡差距、一城两制现象不认同。他们要求和城里人一样平等就业、平等享受公共服务，甚至要求得到平等的政治权利。

四是在城市里生长的农民工子弟，也可以叫他们"第四代农民工"。这一代农民工和前三代农民工的含义有所不同。这一代农民工是在新世纪，基本上是 2000 年前后在城市中出生的。可以说是城里生、城里长，在城里读小学读初中，现在城里干活。因为没有城市户口，他们还不是完全意义上的城里人。这一茬人由于高中时要回家乡就读、参加高考，很多人没有上高中或大学就出来打工了。当然，如果没有城乡地区户籍分割，他们就是城市劳动力。实际上，这是在城乡二元结构放活后在城市里产生的二元结构。这种城市二元结构中产生的农民工尚没有真正城市化，他们最关切的就是市民化问题，即真正融入城市。前两代农民工认命，觉得城里不接纳我，我可以回去，我家里有地有房子。新生代农民工及第四代农民工对农村没那么深的感情，也不认命，尤其是对自己的身份给孩子带来的影响不认可，所以他们希望成为平等市民的诉求更强烈一些。

虽然这一代农民工的农村户籍身份让他们在管理职位、收入水平、劳动保障等方面处于劣势，但市场经济和市场与社会的转型带给他们的就业、收入增加等向上流动的机遇和收益又多于制度差别给他们带来的不利。与他们的父兄辈相比，他们已经获得了相对较多的收益，甚至与城镇同龄人相比，他们的教育投入回报比也是较高的，相对较低的教育程度并不妨碍他们获得较高的收入。他们想得更多的是和城里人享受一样的待遇，能够成为一个真正的城里人。

农民工为国家发展作出了巨大贡献

可以毫不夸张地说，农民工是继农村家庭联产承包责任制和乡镇企业崛起之后的又一伟大创造，是解放农村生产力的伟大创举，是联结城乡之间劳动力资源和生产力布局优化配置的重要纽带。农民工的出现创造性地把"三农"问题和工业化、城镇化以及农业现代化有机联系在一起，为中国经济快速增长作出了巨大贡献。

农民工进城务工经商，跨地区流动就业，在所有的大中城市，在建筑、纺织、制造、第三产业等许多重要领域都活跃着他们的身影，在当时城乡二元结构存在的背景下闯出了一条城乡融合发展的新路子。他们在工业和城市中的作用和行为方式深刻影响着中国经济转型与社会变迁。作为我国改革开放和工业化、城镇化进程中涌现出的一支新型劳动大军，他们为改革开放贡献了体力，为城市增加了活力，为自己增加了收入，推动了农业农村现代化，是城市繁荣、农村发展和国家现代化建设的重要贡献者。

2001年诺贝尔经济学奖获得者约瑟夫·斯蒂格利茨曾经评价说："他们（指农民工）用朴素的行动，以一种不可抗拒的力量，缩小着城乡之间的社会、经济与文化差异，推动着国家的城市化和现代化，为改革开放40余年的历史进程贡献了不可磨灭的力量。"

农民工的突出贡献至少可以概括为以下几点：

一、农民外出务工成为农民扩大就业、增加收入的主要渠道

农村土地资源少、劳动力多，是农民增收难的主要根源。农民外出务工为增收提供了最大的可能。一方面，劳动力向城镇转移，农村人口减少，使得农村人均耕地占有量增加，土地可以规模化，农民从土地中获得的收入得以增加。另一方面，外出务工拓宽了农民的就业渠道，务工收入已成为农民收入的主要来源。现在农民的工资性收入已经占到他们总收入的40%以上。据国家统计局统计，2021年农村居民人均可支配收入为18 931元，其中工资性收入为7 958元，占农村居民人均可支配收入的42%，工资性收入成为农村居民最主要的收入来源。

2021年初，我国宣布消除了绝对贫困，而外出务工就是农村脱贫的重要支撑。老百姓讲，"输出一人脱贫一户，输出百人脱贫一村"。据国务院扶贫办统计，2020年，外出务工贫困劳动力为2 973万，其中跨省务工超过了1 000万人，外出务工涉及2/3的贫困家庭，这些家庭2/3左右的收入都是来自务工。

我国现在的农民工总量为2.9亿人左右，2023年是2.97亿。2021年农民工月均收入水平为4 432元，比上年增长8.8%。农民工的月均工资扣除他们的消费（按照33%计算，2013年、2014年和2015年的平均数），大体上每个农民工每年获得的纯收入为35 633元（每月2 969元）。这样算大账，全国农民工每年收入不少于10万亿元。这些钱大部分都带回了农村，是农民最为重要的收入，也是农村建设非常重要的资金，是目前任何途径的资金都替代不了的。我们说要加大财政对农村的支持，但目前我们

的财力还不够，一年也不可能给农村拿出这么多钱。有了打工挣的钱，农民可以建房子，供孩子上学，看病交社保，解决了很多问题。农民工在为城市、工业出力流汗的同时，也在为自己和下一代创造好的生活。

二、农民外出务工是加快中国工业化的重要力量

中国的工业化是快速工业化，我们用 30 年的时间走过了传统资本主义国家 300 年、起码 200 年的路程。在我国快速工业化发展阶段，劳动力成本低是我们工业产品竞争力强的一个重要原因。没有吃苦能干的农民工，我们的企业不可能发展得那么快，我们的出口也不可能增长得那么快。现在，在我国的产业工人中，特别是在建筑、制造、纺织、餐饮服务、批发零售、环卫保洁、快递家政等行业中，农民工已经成为主要组成部分。

2014 年，阿里巴巴去美国上市时邀请了几位中国农民工并登上了美国《时代》周刊封面。该杂志如此描述："中国经济顺利实现'保八'，在世界主要经济体中继续保持最快的发展速度，并带领世界走向经济复苏。这些功劳首先要归功于中国千千万万勤劳坚韧的普通工人。"

据国家统计局 2020 年数据，从事第三产业的农民工比重为 51.5%，约为 1.49 亿人。其中，从事批发和零售业的农民工比重为 12.2%，约为 3 538 万人；从事住宿餐饮业的农民工比重均为 6.5%，约为 1 885 万人。从事第二产业的农民工比重为 48.1%，约为 1.39 亿人。其中，从事制造业的农民工比重为 27.3%，约为 7 917 万人；从事建筑业的农民工比重为 18.3%，约为 5 307 万人。

大家都有切身体会：现在城里到处是高楼大厦，除了规划设计和组织管理人员，具体施工人员基本上都是农民工。我们在日常生活中看到的东西基本上都是农民工制造的，包括我们家里的电器、家具、炊具、灯饰、床上用品等等。我们使用的手机、电脑、电路板大都是农民工焊接的。在富士康的流水线上工作的大都是农民工，他们一天到晚重复一个动作，拧焊一个零件，默默为生产做着贡献。如果没有农民工，我们的工业发展是不可想象的。可以说，我们很多产业的快速增长都和农民工这支劳动大军的贡献有直接关系。

三、农民外出务工是推进城市化的重要力量

农民工既贡献了城市的形象，也贡献了城市的内涵。一座城市的发展不可能没有农民工。

首先，农民工进城大大推进了城市化。他们对城市的贡献与城市化进程高度相关。城里的安装家装、生活保姆、垃圾收运、货运快递、餐饮服务等等，没有哪一样离得开农民工。城市对农民工的依赖性越来越大。一个城市的建设、运转都要靠农民工。这些人如果离开了城市，城市就会按下暂停键，人们会感觉干啥都不方便，整个城市甚至都可能会瘫痪。2020年有一段时间由于疫情紧张，农民工离开北京没有及时返回，小区里的垃圾清理都不及时了。所以说城市的繁荣离不开农民工。

其次，城市化的一个基本标志是城市人口的增加。目前中国城市人口的增长主要不是自然增长，因为很多城市人口生育愿望降低，造成生育率下降。城市人口增加主要是机械增长，也就是外来人口增加。而外来人口的一部分是大学生，最大量的还是进城农民工，所以说城市常住人口增加的主要部分是农民工。1980 年的人口普查数据显示，全国 10 亿人口中有 8 亿农民，而现在，全国 14 亿人口中只有 5 亿农民。也就是说，改革开放40 多年，我国新增加了 4 亿人，城市常住人口增加了 7 亿。这其中，我估计直接从农村转到城市的人口至少应该在 3 亿人左右（8 亿减去 5 亿）。

随着进城农民工的增加、城乡二元结构的逐步改变以及户籍制度的改革，农业转移人口市民化将会加快，而这势必会有力促进消费，带动投资。与农村居民相比，农业转移人口用于住房、耐用品、服务等多样化的消费支出也会明显增加。

四、农民进城务工是工业反哺农业、城市文明辐射农村 的现实途径

在二元结构没有彻底打破、城乡隔离没有彻底拆除的情况下，农民工以他们自己的行动走出了一条城乡统一就业的新路子。在这里我想谈一个

观点：农民外出务工、进城打工，是工业带动农业、城市带动农村、发达地区带动落后地区的有效形式，是走中国特色城镇化道路的现实途径。

农民进城务工可以获得现金收入，直接支持农业建设和农民生活的改善，这是间接对农业的反哺。以四川为例，作为典型的劳务输出大省，四川农民收入中 60％ 来自务工收入。每年外出务工人员大概能"拿回"四川 4 000 亿～4 800 亿元，而返乡回乡创业的农民工能带动约 4 500 亿元收入，加起来有 9 000 亿元左右，而 2019 年四川全省 GDP 是 4.6 万亿元（数据来源于四川省人社厅）。这笔收入对于当地农业发展和开拓地方市场具有举足轻重的作用。如果没有这么多农民在外面打工，农村没有 2 亿多人把嘴带出去，每年不拿几万亿元资金回来，农村就不会有现在的状况。同时，一部分农民转移出来，就会给农村的资源配置带来良性的影响，没有地的人可以有地，有地的人可以开展规模经营。要想富裕农民，就要减少农民，用农民的话讲就是"走一户活两户"。2023 年农村人口比例已由 20 世纪 80 年代初的 80％ 降为 33.8％。如果现在农村不是有 5 亿农民，而是有 11 亿农民，农村的生产和就业环境会更差。

城市还是农民工的"大学堂"，农村青年成为农业农村现代化的引导力量。他们在打工过程中接触了先进的生产方式和文化理念，返乡创业时既可以为农村经济发展带来资金，又可以带来市场信息、管理经验，更可以带来现代文明的生活方式。这些对于促进农村的发展和社会进步、提高农村文明水平起到了潜移默化的作用。打工刚开始那些年，农村人结婚时小伙穿 80 块钱一套的西装，姑娘烫发化妆，都是受农民工的影响。第二代、第三代打工青年回农村时穿着西装、打着领带、穿着皮鞋、拉着拉杆箱，成为农村的一道风景线。现在农村人穿西装，穿短裙，出行用拉杆箱，早已习以为常了。

正如习近平总书记所说：长期以来，我们对工农关系、城乡关系的把握是完全正确的，也是富有成效的。这些年，我国农业连年丰产，农民连年增收，农村总体和谐稳定，特别是几亿农民工在城乡之间长时间、大范围有序有效转移，不仅没有带来社会动荡，而且成为经济社会发展的重要支撑。

中国特色的农民工制度

纵观人类发展史，人口流动是一个自然现象，而农业劳动力向非农产业转移、农村人口向城市转移是世界各国工业化、城镇化过程中的普遍规律。中国农民工制度形成的过程是中国工业化、城镇化的过程，也是在适应国家发展战略、顺应改革开放潮流、调适农民工政策、推动对农民工的管理服务中形成的。毫无疑问，中国农民工制度是中国特色城镇化发展的重要组成部分，是中国解决农民问题的重要内容，也是中国社会主义市场经济体制的重要表现。中国特色农民工制度是伴随农民工这一历史现象在主动与被动探索中逐渐形成的，本质上也是我们党和国家解决"三农"问题的一种实践探索和制度性安排。而这种制度性安排是从中国独特国情和所处发展阶段出发的，带有明显的过渡性、渐进性，当然也有明确的方向性。

一、中国农民工制度形成的过程

新中国成立后，党和国家在推进工业化、农业现代化以及后来的城市化过程中，一直在考虑农民问题。改革开放以后，农民工问题逐步被提上重要议事日程。只是由于城乡二元结构的实行及其影响，这个问题变得复杂起来。党所确立的改革开放和国家现代化的方针政策，再加上广大农民的历史主动精神，冲破了城乡二元结构的藩篱，中国农民工群体随着国家的发展变化日益成长壮大，推动形成中国特色的农民工制度便成为历史的必然。

回顾农民工制度形成的过程，绕不开改革开放以前我们所实行的就业制度和户籍制度。那个时期，我们经历了一个限制农民外出就业的阶段。新中国成立后，我们很快实行计划经济体制。计划经济要求农民按计划"车马归队，劳力归田"，农业发展的目标是要为工业建设提供粮食和原料。为了缓解城市在就业、食品供应、住房、交通、服务、社会治安等方面面临的压力，国家开始出台控制农村人口流动的政策，限制农民流入城市，直至形成了城乡隔离的户籍制度、就业制度以及与之配套的粮食等重点农产品统购统销政策。

而改革开放的历史大潮特别是家庭联产承包责任制的实行，为农民离开土地外出务工乃至离开农村进城就业开辟了可能的道路。中国的农民工现象以及由此引起的相关制度安排就是在这样的历史背景下发生和发展的。回顾起来，至今大体经历了四个阶段。

（一）改革开放后，允许农民从事非农产业外出就业的制度初步形成（1978—1992年）

1978年党的十一届三中全会之后我国拉开了改革开放的序幕。农村开始实行家庭联产承包责任制，这是在党的领导下我国农民的伟大创造。它的基本形态是土地集体所有、农户家庭经营。当时有个形象的说法叫"交够国家的，留足集体的，剩下都是自己的"。家庭承包经营极大地解放了农村生产力，农业生产迅速得到恢复，农民在获得生产经营自主权的同时也拥有了劳动力自由支配权。特别是随着农业经营状况的改善，农民在吃饱肚子的同时有了剩余产品，继而有剩余劳动力。家庭承包"两个剩余"的形成为农民从事非农产业、发展乡镇企业创造了制度上和产品生产上的条件。

长期计划经济造成的短缺经济为乡镇企业异军突起创造了市场条件。新中国成立之初，我国实施重工业发展导向，致使轻工业品特别是日用品短缺，从纽扣到杯子无不如此。这种短缺经济为乡镇企业的创立发展、农民"洗脚上田"进入乡镇企业创造了市场空间。乡镇企业在缺少技术的条件下即使生产的产品不是优质产品也有市场需要。缺少技术可以借用当时流行的"星期日工程师"，缺少资金和设备可以把倒闭的国有企业废旧的设备如车床搬到农村，厂房用地不用批准，废水排放不用交费。还有一个需要说明的是，乡镇企业劳动力成本也非常低。毫无疑问，政府的改革和市场的需求促使乡镇企业异军突起，而农民工进入乡镇企业也就顺理成章，成为必然。

同时，在国内资金技术短缺、国际上第三次产业转移的大背景下，中国选择了外向型经济发展战略。沿海迅速引进兴起大批"三来一补"企业和加工出口企业，为农民工创造了流动就业的机会。农民工的出现可以有效地降低劳动力成本，从而提升出口部门的竞争力。当时，企业对农民工只需要支付相对低廉的工资，如当时广东的"三来一补"企业，一个月20美元（给付外汇券）就是高工资了！而且无须支付与市民待遇相关的社会福利成本（比如住房、教育、医疗、失业、养老等），这使得出口部门能够拥有低成本的竞争优势，从而在国际贸易中获得高市场占有率，实现快速发展。农民工省吃俭用，把收入的绝大部分节余下来返回到乡村，用于养家糊口、教育子女、建设房屋、修路等，乡村的生活因为外部收入来源而有了相当大的改善。这种制度造就了国家发展战略视域下对农民工的需要，也成就了农民希望靠增加就业而增加收入的愿景。家庭联产承包责任制使农村形成大量剩余劳动力，而工业化和城镇化发展使城镇需要大量的劳动者。充足的供给和紧缺的急需使得农民进城打工成为必然。

在这一时期，代表性的政策文件有以下几个：

允许社队企业吸收农村剩余劳动力。1979年7月3日，国务院颁布了《关于发展社队企业若干问题的规定（试行草案）》，提出积极鼓励社队企业吸收农村剩余劳动力；1981年5月4日，国务院颁布《关于社队企业贯彻国民经济调整方针的若干规定》，进一步强化社队企业吸收农村剩余劳动力本地就业政策。为适应乡镇企业的发展，国家对农民工的限制政策有所松动。1983年1月2日，中共中央印发《当前农村经济政策的若干问题》，即当年的一号文件，指出："改革农业经济结构，利用有限的耕地，实行集约经营，并把大量的剩余劳动力，转到多种经营的广阔天地中去。"

1984年1月1日，中共中央发出《关于一九八四年农村工作的通知》，即当年的一号文件，这成为农村人口流动政策的转折点。该通知指出，各省、自治区、直辖市可选若干集镇进行试点，允许务工、经商、办服务业的农民自理口粮到集镇落户，这标志着农民向城市迁徙的严格限制政策开始松动。当年10月13日，国务院颁布《关于农民进入集镇落户问题的通知》，允许进入集镇务工、经商、办服务业的农民落户；1985年7月13日，公安部颁布了《关于城镇暂住人口管理的暂行规定》，决定对流动人口实行《暂住证》《寄住证》制度，允许暂住人口在城镇居留，这些规定对《中华人民共和国户口登记条例》中关于超过三个月的暂住人口要办理迁移手续或动员其返回常住地的条款做了实质性的变动。

需要着重指出的是，这一时期，始于 1953 年、被称为"第二货币"的粮票在 1992 年开始取消。长期以来，没有城市户籍就无法获得粮票，粮票与户口绑定，没有粮票的农民在城市里寸步难行。那时候即使是城市人口，买粮食、下饭馆也必须付粮票。1992 年 4 月广东省第一个取消粮票制度，至 1993 年 5 月，粮票在全国基本废除。粮票被取消后，大规模的人口跨省、跨区域流动成为可能、得以实现。

（二）市场经济体制下以劳动就业制度为重点的制度形成（1993—2005 年）

1992 年春，邓小平同志赴南方视察，发表南方谈话，提出计划多一点还是市场多一点，不是社会主义与资本主义的本质区别，资本主义也有计划，社会主义也有市场，即社会主义也可以搞市场经济。1992 年 10 月，党的十四大召开，明确了建立社会主义市场经济体制的改革目标。1993 年 11 月，党的十四届三中全会通过了《中共中央关于建立社会主义市场经济体制若干问题的决定》。该决定提出了社会主义市场经济体制框架并明确提出改革劳动制度，逐步形成劳动力市场。鼓励和引导农村剩余劳动力逐步向非农产业转移和地区间有序流动。发展多种就业形式，运用经济手段调节就业结构，形成用人单位和劳动者双向选择、合理流动的就业机制。随之，关于劳动力、劳动力市场的理论突破和政策创设就自然提出来了。

社会主义市场经济体制的建立，劳动力市场的建立，为农民工的存在和发展，特别是制度方面的构建奠定了体制基础。劳动力是生产要素，作为要素就自然有价格，可以交易，可以自由流动，这在当时是理论上的一大突破，由此就可以形成劳动力市场。这就为农民工跨地域流动、进城就业并逐步被纳入城乡统一劳动力市场奠定了理论依据和政策基础。加快发展土地、技术、劳动力等要素市场，取消对农民进城就业的限制性规定，形成城乡劳动者平等就业的制度等重大政策就相继提出来了。

建立社会主义市场经济体制后，农民工进城就业问题进入一个全新的阶段，即市场在调节劳动力资源过程中发挥决定性作用，劳动力按照市场需求自由流动。相应地，国家对农民工的政策也逐渐发生变化，即由控制农民工的盲目流动到鼓励、引导和宏观调控农民工的有序流动，并开始实施以就业证卡管理为主的农民工跨地区的就业制度。与此同时，公安、劳动部门也放宽了户籍管理、流动人口管理和劳动就业的一些规定，使进城务工的农民逐渐增加。到1998年，进城农民工总数已达到1亿人左右。

在这一时期，从中央到地方连续出台了许多政策，逐步改革、取消了农民工进城的制度和政策性障碍。农民工由自发、无序转移变为在政府的组织、支持、指导下积极有序地转移。当时，政府组织管理，农民工持"三证"上岗，即身份证、暂住证、流动就业证（18岁到49岁的女性还需要提供计划生育证明，当时是为了防止"超生游击队"）。

2003年1月，国务院发出了《关于做好农民进城务工就业管理和服务工作的通知》，提出对农民工要"公平对待、合理引导、完善管理、搞好服务"。2003年10月，党的十六届三中全会通过的决定进一步提出，改善农村富余劳动力转移就业的环境，建立健全农村劳动力的培训机制，取消对农民进城就业的限制性规定，为农民创造更多就业机会。逐步统一城乡劳动力市场，形成城乡劳动者平等就业的制度。当年9月，农业部等六部委还制定了《2003—2010年全国农民工培训规划》，着眼提高农民工的文化素质和就业技能，提高农村劳动力向非农产业和城镇转移就业的能力。劳动力市场的建立，农民外出及至进城务工经商的政策形成，大大促进了农村剩余劳动力转移就业，农民工以每年几百万人的速度增加。

（三）2006年后以解决农民工权益保障问题为重点的制度形成（2006—2011年）

随着社会主义市场经济的不断发展，庞大的农民工市场逐渐形成，大量农民工进城，城市农民工已经形成了一定规模。据国家统计局的统计，自1978年改革开放至2000年，中国农村累计向非农产业转移劳动力1.3亿人，平均每年增加591万人。2003年中国农村已有1.7亿人转移出农业领域，其中外出务工的劳动力有 1.1 亿人，2004 年外出务工的劳动力则增长为 1.2 亿人。农民工已经脱离农业，进入城里以二三产业为基本职业。农民工已经蜕变为产业工人，成为工人阶级的一部分。在这个阶段尽管农民工也会回家过年，也会回家收麦子等，但是留在农村的时间很短。农民工在非农产业中的比重不断扩大的趋势日益增强。

农民工进城后，其就业以及连带的生活保障等问题日益突出，经济、政治、文化权益得不到有效保障，引发了不少社会矛盾和纠纷。进一步做好农民工工作，对于改革发展稳定的全局和顺利推进工业化、城镇化、现代化都具有重大意义。如何确立农民工的政治、社会定位，如何保障农民工的权益问题，需要我们党和政府形成具体的政策框架体系。

2006 年 1 月 31 日，国务院制定下发的《关于解决农民工问题的若干意见》（国发〔2006〕5 号文件，即农民工 40 条），第一次从国家级文件角度提出了农民工这个概念，明确了这个群体的社会地位，比较全面地研究回答了农民工问题，就切实解决农民工工资偏低和拖欠问题、保护农民工劳动权益、搞好农民工就业服务和培训、解决农民工社会保障问题、为农民工提供相关公共服务等提出了具体的要求和政策措施。这个文件是在国家层面出台的第一个全面系统的农民工文件。这个文件的出台为之后国家部委及地方政府的一系列农民工相关文件确立了政策框架和基础。我亲自参与、组织了文件的调研和起草。在文件出台前我们先做了充分的调研。国务院研究室负责牵头，中央、国务院有 17 个部门和 8 个农民工输出和输入大省参加。我们还邀请了 5 位长期研究"三农"问题的专家，成立了农民工问题调研和文件起草组。从 2005 年 4 月开始工作，花了 4 个多月的时间调研，确定了 20 多个专题，分门别类地对农民工问题进行了深入研究，最后形成了《中国农民工问题研究总报告》和 50 多篇专题报告。这一次大调研，应该说基本上把中国农民工问题的历史、现状、发展趋势、面临的问题以及问题产生的原因搞清楚了，也基本上形成了解决农民工问题的指导思想、政策思路以及相关的措施。同时，我们把党中央、国务院、全国人大出台的与农民工相关的一些政策法规，各地出台的一些地方性法规，以及农民工管理、服务方面的做法与经验，能够收集到的都收集上来了。

可以说这是当时关于中国农民工问题最全面、最系统、最权威的研究成果。这些研究成果为起草《关于解决农民工问题的若干意见》奠定了坚实的基础。后来这些研究成果被汇集成了一本专著加以出版，该专著还获得了孙冶方经济科学奖。

2008年10月17日至21日，中国工会第十五次全国代表大会在北京举行，有47名农民工代表参加了大会，这是改革开放以来在中国工会代表大会上第一次出现农民工的身影，体现了党和国家对农民工工作的重视和社会对农民工地位的认同。

2008年，受国际金融危机影响，很多企业生产经营困难，很多农民工开始返乡——据不完全统计，约2 000万人——给经济社会发展稳定带来了不小的压力。当年12月20日，国务院颁布《关于切实做好当前农民工工作的通知》，要求确保农民工工资按时足额发放，提出完善工资保证金制度，建立劳动保障、建设、公安、工商、金融、工会等有关部门对企业拖欠农民工工资行为的联动防控机制，及时掌握企业拖欠工资的情况。此后一个时期，为农民工"讨工资"成为政府保障农民工权益的重点工作，国务院每年出台文件、下发通知，严禁拖欠农民工的"血汗钱"，各级加大监督，集中清欠，打击克扣、拖延欠发行为。每年的新年春节期间集中开展"清欠"工作从此成为惯例。

农民工权益保障问题涉及各个方面，该问题的解决是个长期过程。2014年9月，国务院印发了《关于进一步做好为农民工服务工作的意见》。这个意见进一步提出要着力维护农民工的劳动保障权益、着力推动农民工逐步实现平等享受城镇基本公共服务和在城镇落户、着力促进农民工社会融合等，可以说是对2006年农民工40条的补充和发展。

（四）党的十八大以来推进以农民工市民化为重点的制度形成（2012年至今）

改革开放以来，我国经历了世界历史上规模最大、速度最快的城镇化进程。城市发展可谓波澜壮阔，日新月异，举世惊叹。在此过程中，国家出台了一系列户籍制度改革的政策措施，在推动农业转移人口及其他常住人口落户城镇方面取得了明显成效。但是，许多长期在城镇就业的农业转移人口及其他常住人口还没有落户，许多农业转移人口还未能在教育、就业、医疗、养老、住房保障等方面享受城镇居民的基本公共服务，平等融入城市成为农民工的主要诉求，这些都对户籍制度及城乡二元制度提出了改革要求。需要围绕农民工市民化这个核心问题加快建立完善各种制度，包括就业、社保、户籍、基本公共服务、社会融合等制度，并切实推动转移人口城镇化、市民化。这是发展中提出的问题，也是一种逻辑必然。

2012 年 11 月 8 日，党的十八大召开。这是在我国进入全面建成小康社会决定性阶段召开的一次十分重要的大会。中国特色社会主义进入新时代，我国农民工制度发展进入了一个新的阶段，即由解决农民工权益保障问题阶段拓展到农民工市民化新阶段。

习近平总书记强调：我国城镇化正在推进，农民进城还是大趋势。要大力推进农民工市民化。这方面有很多事情要做，当务之急是让符合条件的农业转移人口在城市落户安居，加快实现基本公共服务常住人口全覆盖。要通过制度保障，让进城的进得放心，让留在农村的留得安心，实现城镇与乡村相得益彰。

2013 年 11 月 15 日，党的十八届三中全会通过了《中共中央关于全面深化改革若干重大问题的决定》，从实行改革开放到全面深化改革，这是一个新的里程碑。该决定专章部署了"健全城乡发展一体化体制机制"，明确提出坚持走中国特色新型城镇化道路，推进以人为核心的城镇化，推进农业转移人口市民化，逐步把符合条件的农业转移人口转为城镇居民，并稳步推进城镇基本公共服务常住人口全覆盖。

2014 年 3 月 5 日，十二届全国人大二次会议《政府工作报告》提出推进新型城镇化要着重解决好现有"三个 1 亿人"问题，即促进约 1 亿农业转移人口落户城镇，改造约 1 亿人居住的城镇棚户区和城中村，引导约 1 亿人在中西部地区就近城镇化。

围绕解决"三个 1 亿人"问题，国家出台了许多配套的政策措施和制度规定。两会一结束，中共中央、国务院就印发了《国家新型城镇化规划（2014—2020 年）》，提出要以人的城镇化为核心，合理引导人口流动，有序推进农业转移人口市民化。当年7月30日，国务院颁布了《国务院关于进一步推进户籍制度改革的意见》，确定到2020年基本建立与全面建成小康社会相适应的、规范有序的新型户籍制度，努力实现1亿左右农业转移人口和其他常住人口在城镇落户目标。主要政策是，全面放开建制镇和小城市落户限制、有序放开中等城市落户限制、合理确定大城市落户条件。建立城乡统一的户口登记制度、居住证制度。以居住证为载体，建立健全与居住年限等条件相挂钩的基本公共服务提供机制等。尤其是提出结合随迁子女在当地连续就学年限等情况，使随迁子女逐步享有在当地参加中考和高考的资格。

2015年12月20日至21日，中央城市工作会议召开，这是时隔37年后中央再次召开的专门针对城市问题的会议。习近平总书记在会上发表重要讲话，强调城乡统筹、在推进城镇化的同时注意解决好农村发展和农民工问题。为贯彻落实这次会议精神，2016年2月6日，国务院发布了《国务院关于深入推进新型城镇化建设的若干意见》，对解决好"三个1亿人"城镇化问题作出部署。主要内容有：促进有能力在城镇稳定就业和生活的农业转移人口举家进城落户，并与城镇居民享有同等权利、履行同等义务。推进居住证制度覆盖全部未落户城镇常住人口，保障居住证持有人在居住地享有国家规定的基本公共服务。实施财政转移支付同农业转移人口市民化挂钩政策，实施城镇建设用地增加规模与吸纳农业转移人口落户数量挂钩政策，中央预算内投资安排向吸纳农业转移人口落户数量较多的城镇倾斜等。

作为配套政策，2016年9月30日，国务院办公厅印发了《推动1亿非户籍人口在城市落户方案》。方案提出了进一步拓宽落户通道、制定实施配套政策。方案全面放开放宽重点群体落户限制，建立财政性建设资金对吸纳农业转移人口较多城市基础设施投资的补助机制，建立进城落户农民"三权"维护和自愿有偿退出机制。方案的亮点之一，就是将进城落户农民完全纳入城镇住房保障体系，落实进城落户农民参加城镇基本医疗保险政策，落实进城落户农民参加城镇养老保险等政策。

2021年5月11日，第七次全国人口普查结果公布：居住在城镇的人口约为9亿人，占63.89%；居住在乡村的人口约为5亿人，占36.11%。

与 2010 年相比，城镇人口增加 2.36 亿人，乡村人口减少 1.64 亿人，每年减少 1 600 万人，城镇人口比重上升 14.21 个百分点。2020 年我国户籍人口城镇化率为 45.4%，常住人口城镇化率达到 63.89%，这意味着中间有 18.49% 的差值，对应着 2.6 亿人口还没有真正意义上落户，这些人大部分是进城农民工。根据第七次全国人口普查数据，按平均每个家庭户人口 2.62 人计算，这十年间至少有 6 000 万户农村家庭举家进城（与 2010 年第六次全国人口普查相比，第七次全国人口普查乡村人口减少 164 361 984 人，按照第七次全国人口普查平均每个家庭户人口 2.62 人计算，用乡村减少人口除以家庭户人口，可得 6 273 万户）。党的十八大以来的 10 年，是农村转移人口市民化（包括常住）速度最快、数量最大的时期。

二、中国农民工制度的特点

通过系统梳理中国农民工发展的时代背景和政策举措，我们看到：我国把解决农民工问题作为建设中国特色社会主义的重大任务，作为实现国家工业化、城镇化发展目标的重要一环，形成了一整套适合中国国情、独具中国特色的农民工制度。这些制度包括：保留农民工农村基本权益的制度，土地"三权"分置、自主流转的制度，外出务工自由和城乡平等的劳动就业制度，基本和城市接轨的社会保障制度，逐渐同城市居民共享的公共服务制度，逐步完全放开的户籍制度，保障农村转移人口融入城市的相关制度，以及在此基础上形成的保障农民工权益的法律体系。当然，这些制度都还需要在实践和发展中进一步完善，有的还需要进一步突破。通过回顾和分析，我们还可以看到，中国农民工制度的形成、发展有这样一些特点：

（一）以人为本的制度安排

以人为本，是中国传统的治国理念。管仲曾经说过："夫霸王之所始也，以人为本。本理则国固，本乱则国危。"《书经》则说："民惟邦本，本固邦宁。"以人为本是中国共产党治国理政、践行为人民服务宗旨的集中体现，国家各项制度设定的出发点和落脚点都是一切为了人民。

中国农民工制度安排的核心就是以人为本，这也是中国农民工制度的特色基因和底色。具体体现在：第一，对农民工"不拔根"。保留农民工在农村的土地承包权、宅基地使用权和集体收益分配权，有"根"有"本"，立足根本，保障生活。让农民既可以在城市长期就业生活，也没有丧失其在农村的各种权利，既能从城市获得收入，也能从农村获得收入，拥有双份保障，为"他者不安"提供足够安全感。第二，身份自由，相对独立。可进城、可回乡，"有进有退，自愿选择"。让农民既进得了城又回得了乡，能够在城乡间"实现双向流动、吃到两头红利"；既可以在城市化过程中成为城里人，也可以回乡继续当农民，亦可以在城里做工，在乡下居住。通过这种制度安排，使其拥有"来去自由"的能力和"从心所欲"的选择。第三，适应农民工的愿望，坚持问题导向，从农民工进城务工的需要出发，着眼解决他们在城市就业过程中遇到的问题，不断健全、完善有关农民工的各项制度，努力保障农民工的合法权益，并把市民化作为国家解决农民工问题的推进目标，这在几十年的农民工政策逐步完善中都有鲜明体现。

在世界历史上，城市和农村、市民和农民关系的发展常常伴随着矛盾甚至冲突，进城农民往往被看作不稳定的社会群体，甚或成为国家不稳定的因素。无论是发达国家还是发展中国家，在农民向城市流动过程中并没有形成一个过渡性的农民工群体，而是直接由农民变成了城市工人。这一过程作为资本原始积累的重要环节充满了农民的血与泪。15—19世纪，英国的圈地运动，把大量农民变成无产者并抛向城市变为贫民就是典型例证。中国的农民工制度安排，充分保障农民工的权益，包括基本形成企业和劳动者依法构建和谐劳动关系的法律框架。同时，中国城镇化既以自身的突出特色和巨大成就包容了农民工，又使城里人的利益得到了发展，使中国没有发生如一些发达国家发生的原居民同新移民的严重对立和一些发展中国家出现的"贫民窟"等严重社会问题。

（二）与经济社会发展相适应的制度安排

梳理中国农民工制度发展历程，一个鲜明的特点就是中国农民工制度的安排始终与中国经济社会发展相配套，与国家经济发展目标相一致，与客观条件和经济环境相符合。从限制农民离开土地到允许农民"洗脚上田",进社队企业从事非农劳动,从允许农民进城务工到出台各种法规,有秩序保障农民工流动,从加大对农民工权益维护到推进农民工市民化,这一切都是在国家大战略调控范围之内,与经济社会发展相适应的。

作为农业人口大国,中国农民工数量庞大。解决好庞大数量农民工的迁徙、就业及其各种社会保障问题史无前例,需要庞大的物质基础以及与之相配套的制度保障。但与此同时,中国又是一个相对落后的国家。工业发展落后,城市发展不充分,在一个一时"供给巨大"、一时"容纳有限"的情势下,成为一段时间内中国的突出矛盾。农民工的大量进城必然给城市就业、治安、卫生、管理、社保、教育等都带来前所未有的挑战,让市民和城市管理者感到"压力"。1989年1月15日《人民日报》报道,春节期间输送旅客人次预计达8亿,其中最大量的是"民工潮",严重超出铁路运输能力。当时,国民经济处于"三年治理整顿"时期。地方政府采取措施严格管理农民工进城,限制农民工"盲目流动"。1992年后随着城市经济大发展,城市容纳性问题得到合理解决,各地积极动员组织农民外出务工。随着大量农民进城就业,农民工权益保障问题也提上农民工制度议事日程,此后,市民化的提出也是在中国经济持续向好、农民工获得相对稳定就业机会和社会保障的基础上逐渐推进的。

与经济发展相适应的农民工制度安排,既避免了农民工盲目流动,在城里找不到工作,无法获得稳定的收入,成为社会问题的"制造者",也为统筹城乡经济、有序推动国家经济发展创造了条件;既从国家经济基础出发,吸引农民工适时进入城市,为农民工提供广阔市场,也使亿万农民工在城乡之间长时间、大范围有序有效转移,成为经济社会发展的重要支撑。

(三)与改革发展进程相吻合的制度安排

中国在引导农民工进入城市的过程中,其制度设计是既发挥国家的宏观调控作用,采取政策引导,又发挥市场经济的调节作用,这是在国家发展大战略调控之下,伴随着工业化、城镇化、市场化以及全球化改革和发展而不断形成的。

在这个过程中，中国农村劳动力向城市和非农就业的转移变化，伴随着的就是我国土地制度和户籍制度的不断改革以及国家对于人口流动政策的调整。农村家庭联产承包责任制的实行，使得农村涌现出了大量剩余劳动力，这些剩余劳动力成为农民工的主体。而之后的一系列改革措施的实施，如粮票制度废除、农业税取消、农村土地"三权"分置等，都为农民外出务工和进城开辟了道路。"三权"分置制度适应了两方面的需要：一方面，进城农民工不想种田又不想放弃承包地；另一方面，留在村里的农民又想多种地进行规模经营。这一制度为满足这两方面需求提供了契机和制度保障。此后，中央又根据城市和农村发展，尤其是农民工发展面临的权益问题及时作出调整和跟进，进一步改变城乡关系中、市场规则中存在的不合理结构、不平衡局面和不公正因素。比如在城市方面，伴随城市对外开放，制定设立特区、开发区引进外资，发展个体私营企业，放开城市户籍等政策举措，为农业转移人口产业工人化、市民化不断奠定政策基础，使农民工在合理的制度演进完善中逐步完成身份演变。

（四）符合国情的渐进式制度发展

中国是一个传统的农业大国，工业化、城镇化是中国的发展目标，但工业化、城镇化不可能一步到位、一蹴而就，这决定了游走于城乡之间的农民工群体只能伴随城市化和工业化的不断发展而不断提高融入城镇的水平，这也决定了中国农民工制度发展的方向是放活农村劳动力和支持农民工市民化，但这个过程只能是一个较长的、渐进式的、有时还要双轨制的过渡过程，其最终目标的实现需要具备各种社会条件。

由此我们看到，中国农民工进入城市的过程是渐进性的，从最初的数量上适当控制，到最后全面放开：我国在农村劳动力管理领域进行了多次体制改革，对农村劳动力流动的限制程度不断降低，农村劳动力向城市和非农业就业转移的数量大幅增加。农民工外出务工的区域也是渐进性扩大的，从社队—乡镇—本省—跨省—出国经历了一个不断扩大的过程。建立和维护农民工的保障制度也是渐进性的，并伴随着过渡性，从基本性的劳动就业制度到社会保障制度再到公共服务制度等。这种稳步推进方式保证了农民工进入城市的数量与城市发展的需要相适应，即供给与需求同频率发展；保障农民工的就业能力与城市就业发展需要相适应，二者相得益彰。由此避免了城市出现流浪者，避免了生存困难的人口聚集于城市形成"贫民窟"，导致社会动荡等问题，这个策略保证了国家城镇化战略的健康推行，也契合国家经济长期快速发展、社会长期保持稳定的整体战略目标。

（五）政府与社会共同参与的管理体制

中国农民工数量庞大，农民工问题涉及范围很广，解决农民工问题有赖于各级政府与社会共同参与，政府和市场"两只手"共同用力。

中国农民工管理制度是政府主导、全社会共同参与的举国一致制度。中央政府为解决农民工问题提供的宏观指导和政策供给，为各级政府相关施政提供了方向和政策保证，使中国农民工制度的发展始终遵循正确的方向。在各级政府牵头下，政府各部门、社会各有关方面共同参与，建立相关研究落实机制，参加的党政部门和群团组织有几十家，保证了政策的执行力度和政策效果的形成。例如，针对拖欠农民工工资等问题，国务院每年专门召开全国性的会议来推动问题解决。地方各级政府在执行中央决策的同时还推出具有地方特点的政策，并发挥监督职能，全方位维护农民工的利益。中国农民工人数虽然众多，劳动争议时有发生，但劳动关系总体稳定；进城农民工数量虽然巨大，但社会关系总体和谐，避免了灾难性后果的形成。这得益于党的统一领导的政治优势，得益于政府主导、多方参与、综合施策、协同处置的独特高效的治理机制，得益于同时发挥市场配置资源的决定性作用和政府主动作为的重要作用。可以说，这是中国独有的优势和体制。

（六）初步形成较为完善的制度体系

改革开放后，我国出现了两大奇迹：经济快速发展、社会长期稳定。这两大奇迹是从哪里来的呢？还要从我们的制度优势找原因。我们的制度优势是系统优势、总体优势。从农民工问题的角度来说，工人阶级领导的、以工农联盟为基础的人民民主专政的社会主义国家制度，为中国农民工的身份奠定了政治基础；公有制为主体、多种所有制经济共同发展，按劳分配为主体、多种分配方式并存，社会主义市场经济体制等社会主义基本经济制度，为中国农民工制度奠定了经济基础；工业化、信息化、城镇化、农业现代化"四化"同步和城乡融合协调发展的方向目标，为中国农民工制度的发展奠定了战略基础；以政府为主导、多方联合共举的管理体制，为中国农民工制度的形成和完善奠定了管理基础。

时至今日，中国农民工制度已初步形成了较为完整的制度体系，这个体系既包括政策体系、管理体系、法律体系等宏观制度体系，也包括有关农民工的具体制度，如劳动就业制度、土地制度、户籍制度、社会保障制度、公共服务制度、医疗制度、教育制度、住房制度等。

较为完整的农民工制度体系是中国农民工事业发展取得成就的重要保障，也是直接体现。这个完整的制度体系，为中国农民工权益提供了全方位的保障，避免了"头痛医头，脚痛医脚"，实现了"兴利除弊，水到渠成"；也为未来中国农民工事业不断发展，最终实现农民工市民化战略目标创造了条件。

可以说，中国特色的农民工制度，是中国现代化伟大进程中的宝贵探索。对农民工问题作出深入的研究和思考并给出具有历史性的、前瞻性的解决方案，不仅事关中国特色社会主义现代化建设中重大现实问题的解决，也事关人类发展过程中城乡矛盾、阶层冲突等重大理论和实践问题的解决。

我上面讲述的如此多的成绩和好的方面，都是实实在在、弥足珍贵的。当然，这里也必须指出，中国解决农民工问题仍然在路上，还有不少不到位乃至不尽如人意的地方，而这其中的主要原因，仍然是相关改革还没有完全到位，根子还是城乡二元结构的影响尚未完全消除。"革命尚未成功，同志仍需努力！"

农民工面临的问题与解决思路

解决农民工问题将伴随我国工业化、城镇化和现代化的始终，既是一个长期的历史过程，也是一个长期的战略任务。随着经济社会的发展，中国也会逐渐走向后工业化时代、大城市及城市群时代，特别是随着人口高度聚集、产业快速升级以及劳动密集型产业的转型与转移，中国新生代农民工作为参与其中的农民工最大群体和基本力量将与之同进同退、同喜同悲。解决好农民工的问题，保障好他们的权益，改善他们的就业环境，调动他们的积极性，让他们更好地融入城市，形成工农、城乡良性循环，不仅能促进"三农"问题的解决，而且能推动整个国家的工业化、城镇化和现代化。这是我们需要进一步破解的重大课题，需要进一步做好的重大工作。

一、农民工面临的问题

农民工面临的问题是多方面的，挑战也是多重的。

一是农民工的收入还不高。在我国的经济建设中，农民工作出了巨大的贡献，但他们无论是在经济收入上还是在劳动保障上都还处于相对低位。

二是农民工的职业技能水平还不高。总体来讲，农民工还属于靠"苦力"、靠"体力"在挣辛苦钱，职业技能不高，已经影响到他们的就业质量和收入水平。农民工职业技能培训还有待加强。

三是农民工的公共服务享有度还不高。近年来，我国不断完善公共政策供给，已初步构建起覆盖全民的国家基本公共服务制度体系。但就农民工群体而言，由于户籍身份等原因，仍难以获得与城市户籍配套的公共服务，参加社会保障的比例还比较低。

四是农民工的社会认同度还不高。受长期实行的城乡二元管理体制影响，农民工群体进城打工后既不能融入城市社会，又不想回归农村社会，成为已经脱离乡村而又没有真正融入城市社区的人群。虽然他们住在城市社区，但很少参与社区事务。农村有事也找不到他们，他们也不找村里，村民权利和政治参与也难以实现。政治社会参与较弱。

二、解决的思路和措施

面对农民工生产生活以及市民化过程中遇到的新情况和突出问题，我们是有整体的对策基础和政策框架的。具体来说，可以从以下几个方面来认识政策中蕴含的对策和措施。这里我只点点题，说说思路。

第一，解决农民工问题的方向是让他们融入城市。要坚持城市化导向，引导农民工向城市合理流动，有序进城。着眼农民工市民化，城镇在制定政策时要向农民工倾斜，关心关爱新市民，引导培育新市民，使他们的思想文化素质与城市发展的方向一致，努力消除、绝对不制造城市里新的二元结构。

第二，要发挥县域力量，让农民工就近城市化。农民工不可能都到大城市工作和安居，在县域范围内就近就地就业安家，是一种成本较低、更为现实的选择。要坚持城乡一体化发展：一方面，努力改善进城农民工的就业和居住环境，建立适合农民工的社会保障体系，让一部分农民进城务工并逐步市民化；另一方面，要全面推进乡村振兴，大力发展现代农业和乡村产业，加大县城建设，发展县域经济，引导农民向小城镇转移和就业，鼓励农民工返乡创业，实现就近城市化。

第三，充分发挥市场和政府两种力量的调节作用。通过体制改革和政策创新构建解决农民工问题的社会支持体系，解决农民外出务工的现实突出问题，消除深层次问题。一方面，政府要提供政策保障，重点解决农民工面临的突出问题，如权益保护、就业环境以及子女上学等问题。另一方面，要坚持用好市场的力量，充分发挥市场在劳动力资源、就业岗位资源等要素配置上的决定性作用。

第四，要把实现长远目标和解决当前问题结合起来，保持历史耐心，不能等也不能急。一方面，要解决当前急需解决的农民工念兹在兹的问题，比如，农民工的住房问题、随迁子女上学待遇同城化问题等。另一方面，要解决深层次二元结构的问题，尤其是附着在户籍上的医疗、社保等基本公共服务问题，让他们彻底拥有与城里人同等的权利和机会。

三、具体要重视的七个方面

第一，关于农民工就业问题。

2008年底金融危机导致2 000万农民工提前返乡，近年新冠疫情冲击造成 3 000 万农民工回流农村，都成为社会关注的热点问题，这反映了农民工就业的脆弱性和不稳定性。这几年，我国不时出现用工荒，2024 年全国两会上，就有代表委员呼吁加大职业教育力度，实际上说的意思并非农村剩余劳动力供给不足，而是结构性短缺。一方面，掌握一技之长的农民工供不应求；另一方面，没有技术专长的农民工则面临无人问津的尴尬局面。

今后要把提高就业竞争力和增强就业稳定性放在突出位置，采取多渠道措施促进农民工转移就业：大力开展农民工职业技能培训，增强他们的外出适应能力、就业能力和创业能力；加强输出地与输入地劳务对接，多渠道为农民工提供就业信息；积极发展小城镇、县域经济，引导农民就地就近转移就业；鼓励引导返乡农民工参与现代农业建设和乡村振兴，发展规模种养业，创办工商企业，发展农产品加工业、乡村旅游业等，以创业带动就业。

第二，关于农民工工资问题。

目前农民工的工资水平总体还比较低，增长速度较慢，与城镇职工工资差距拉大，与农民工的价值贡献不相称。特别是农民工的工资大多是在劳动时间长、强度大、条件差的情况下获得的，而且很多农民工没有享受到城市里的医疗、养老、失业、住房等社会福利，这些都直接或间接影响农民工的工资收入。

我国现有 2.97 亿农民工，如果每人每月工资提高 100 元，按农民工每年就业 10 个月计算，每年就能增加收入 2 970 亿元。农民工将大部分资金寄回农村，对扩大消费市场特别是农村消费市场很重要。

在我国目前的收入分配中，劳动工资收入占比仍偏低，要努力提高劳动工资收入在初次收入分配中的比重。这需要妥善处理好国家、企业和农民工的利益关系，建立农民工工资合理增长机制，促进农民工工资合理增长，让农民工充分享受到工业化、城镇化快速发展的成果。有几点特别重要：合理提高农民工最低工资标准，尤其是劳动输入大省要严格执行这项制度；要以工资分配、工时和劳动定额等劳动标准为主要内容，推动全面开展企业工资集体协商；要进一步完善工资支付监控制度和工资保证金制度，确保农民工工资按月足额发放。

第三，关于农民工子女教育问题。

子女教育在中国对一个家庭尤其是农民家庭极为重要，很多农民工到城市打工并不是单纯地为了就业，而是为了能让孩子和城里孩子一样享受到良好的教育。

解决农民工子女教育问题，要统筹发展公办教育资源和民办教育资源，着力提高教学质量，同时还应对随迁子女教育公平从关注入学公平向升学公平、从关注义务教育阶段向非义务教育阶段拓展。要落实好"同城化"政策，尽可能让农民工子女在公办学校就读，并有序增加城镇学位供给，提高民办教学资源水平，对以接受农民工子女为主的民办学校实行与公办学校同等的财政扶持政策；逐步分离学籍和户籍，完善流动人口子女异地升学考试制度，让农民工子女在父母就业生活地参加中考、高考。

第四，关于农民工社会保障问题。

目前，农民工社保制度不断完善，农民工养老保险和医疗保险的转移接续问题基本得到解决，城镇职工基本医疗保险、城镇居民基本医疗保险和新型农村合作医疗保险也可以实现转移接续。但目前农民工社保覆盖面仍然比较窄，保障水平仍然比较低。截至 2019 年底的数据显示，农民工参加工伤保险、失业保险、城镇职工养老保险和城镇医疗保险体系的比例分别只有 29.7%、17%、21% 和 15.17% 左右。大多数农民工参加的医疗保险还是"新农合"（75.64%），也就是说，农民工在城镇就业，但是仍然在户口所在地参加医疗保险。社会保障问题不解决，农民工就很难实现真正意义上的城市化。

应当加快完善农民工社会保障制度，不断扩大农民工社会保障覆盖面，建立健全转移接续机制。要加大农民工工伤保险政策落实力度，简化农民工工伤认定、鉴定和纠纷处置程序。要健全农民工医疗保障制度，鼓励农民工参加城镇职工基本医疗保险或者城镇居民基本医疗保险，引导和鼓励农民工参加城镇企业职工基本养老保险和城镇居民社会养老保险。

社会有关方面应当对农民工的社会保障问题给予更多关心。农民工用他们的青春和汗水支撑了工业化、城镇化。农民工工资待遇上的相对差距、社会保障上的相对差距以及相关公共福利上的相对差距是显而易见的。他们对流入地的社保基金的结余贡献也是显而易见的。农民工打工时交的社保基金，虽然个人账户部分拿走了，但企业交的部分留下来了，变成了当地的结余。珠三角、长三角等沿海农民工流入大省的社保结余中的很大一块也是农民工的辛苦钱。应该通过适当方式对回乡农民工养老及医疗给予帮助。

第五，关于农民工住房问题。

目前大部分农民工集中在"城中村"、城乡接合部租房，配套设施不完善，居住条件很差。保障农民工在城市具有真正意义上的居住权，才能避免出现城市"贫民窟"。

为解决农民工住房问题，国家出台了一系列政策措施，提出用工单位是改善农民工居住条件的责任主体。地方政府也进行了一些探索。如重庆市参照经济适用房政策，鼓励企业在工业园区为农民工建设集体宿舍或经济公寓；通过适当补贴，鼓励街道、社会单位和集体将存量房、闲置房改建为适合农民工租住的"阳光公寓"；允许符合条件的进城务工农村家庭购买一套经济适用房。

解决农民工住房问题，过去顾不上、做不到，现在应该提上城市政府日程了。一方面是很多农民工，尤其是新生代农民工已经不可能离开城市；另一方面是城市居民绝大多数家庭已有自己的产权房，真正"刚需"的是农民工。应当把农民工作为保障房的一个重点，把在城市稳定就业、居住一定年限的农民工纳入政府廉租房、经济适用房、限价商品房政策享受范围。鼓励社区街道、工业园区、企业建设适合农民工租赁的社会化公寓，培育小户型房屋租赁市场。有条件的农民工可以申请住房公积金贷款，并且可以用来支付房租。把农民工住房纳入城镇建设规划、土地利用规划，统筹考虑农民工住房位置、基础设施配套、公共服务能力建设，避免形成大规模农民工居住区集中的情况。

第六，关于城市如何接纳与对待农民工问题。

农民工已成为我国产业工人的重要组成部分，事实上已成为城市居民的一部分，他们与城市既密不可分，但又有隔膜。城市必须放宽胸怀，拆除围墙，欢迎新市民的到来。要用现代文明和城市文化同化农民工，让具备条件的农民工有序地融入城市，成为新市民和新产业工人。

从政府的角度讲，除了在经济层面要给予农民工同等待遇之外，还要调整完善相关的公共管理和社会政策，推动农民工的社会融入和心理融入。核心是改革城乡分割的户籍制度。目前，县城落户已全面放开，中小城市落户也已基本放开，大城市户籍制度也可以加快放开步伐，少数超大特大城市也应实行渐进式改革，比如完善落实积分落户制度，提高就业、居住、社保缴纳、经营纳税年限积分所占比重，扩大积分落户数量。要把农民工纳入城镇社区管理，并一视同仁地提供服务，竭力避免大批农民工集中居住，造成新老市民分割居住的局面。城市的公共服务设施应当向农民工开放。从社会的角度讲，应高度重视对农民工的人文关怀，营造良好的社会舆论，形成关心农民工工作、关怀农民工生活、关注农民工心理的良好氛围。

第七，关于农民工转移后的乡村权益保障问题。

我国每年都有上亿人规模的农民工流动，尤其是在遭遇金融危机、民工荒、新冠疫情冲击的情况下，大量农民工返乡在乡，社会没有出现令人担忧的问题，很重要的一点就是农民工在家乡有承包地，有宅基地，他们在农村的权益得到了充分保障，完全可以做到"进可攻、退可守"。所以，现行政策规定，农民工进城落户不能以交出在农村的土地承包权、宅基地使用权和集体资产所有权为前提，这三项权利还要保留，就是要给他们留一条后路，不拔"根"。

在这三项权利保留问题上，我们要有历史耐心。农民进城稳定下来需要一个很长的过程，进城成本也需要有一个很长的积累消化过程，不要急于收回进城农民的承包地、宅基地，同时要保障农民工作为集体成员享受集体收益的权利，这样农民工进退有路，从而可以降低其进城打工成本，降低社会面临的不稳定风险。

农民工的终结

农民工问题的解决是一个经济、社会、政治、文化等多领域交叉的复杂的系统工程，农民工从产生到最终市民化是我国现代化建设过程中不可回避和逾越的发展阶段。这一群体随着中国工业化和城镇化的发展而壮大，并将随着中国工业化和城镇化的完成而终结自己的历史使命。所谓终结，是指由于各方面条件发展变化，农民工不再作为一个独立的特殊群体而存在。从一个较长的历史时期来看，随着时间的不断推移，随着我国工业化和城镇化水平的不断快速提高，进城务工的农村劳动力及其随迁人口将不断在城市沉淀，这是农民工问题不断缓解和解决的主要标志和特征。中国农民工终结的前提是中国户籍制度的改革、农民身份的取消和职业与身份的统一，以及附着在户籍身份上的显性和隐性公共服务差别的消除。现在，全国各省市已相继宣布户籍管理制度改革方案，取消城乡户籍性质之分，并纷纷为农民工融入城市消除羁绊、打开通道。农民工政策的重点已从为进城务工的农民创造公平、宽松的就业环境逐步转向促进农民工向工人和城市市民的彻底转化。

当年我做博士学位论文的时候提出过农民工终结模型，提出了一些结论和设想。后来我出版了一本名为《中国农民工的发展与终结》的书，对于我对农民工的发展和未来趋势的思考做了一个总结。我当时用三个模型来分析农民工的流动和消亡过程，现在 16 年过去了，经过了 3 个五年规划，回过头来看，当时的判断还立得住，当时的模型还是有科学性的。大家有兴趣的话可以回去看看该书。我这里简单做个介绍。

一、农民工的流动和消亡过程

（一）农民工城乡流动模型

图 14-1 是农民工城乡流动模型。该图表明：不断有农民工从农村流出加入城乡间流动；其间有一部分农民工在城市沉淀下来成为市民；也有一部分回流农村，而与此同时又有更多的农村劳动力加入进城大军行列。这个过程方向既定而又循环往复，总趋势是不断向城市输送劳动力，而且输送出去的多，回来的少。如此不断地沉淀，不断地增加，如同一个不断输水又不断溢出的"水池"。假定没有对这个过程的人为阻断，当农村劳

动力自身需求达到平衡点，即再没有剩余劳动力输出时，则向城市沉淀的部分将会消化流动着的存量，由此农民工流动规模将会逐渐缩小，直至完全消化完。到那时，农民工问题也就基本终结了。

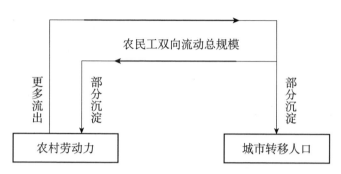

图 14 - 1　农民工城乡流动模型

（二）农民工及伴随人口城市转移模型

图 14 - 2 是农民工及伴随人口城市转移模型。图中的大箭头表示人口流动的趋势和方向；图形下面标明的是改革开放之前农村人口与城市人口的比例关系；图形上面标明的是当前的农业劳动力及人口和城市人口的比例关系；左右两侧分别是指改革开放以来，农村及城市人口的自然增长。而农村人口减少和城市人口增加的主要原因是农民进城打工带动人口由农村向城市迁移，也即城镇化人口比例的提高主要是机械增长。（机械增长是指，左侧黑色的粗竖条不断向左移动，原来城乡人口是二八开，现在是四六开。）

从图 14 - 2 中可以看出，在改革开放之初，城乡人口基本是二八开，农村占约 80%，城市人口占不到 20%；在我写那本书的时候城乡人口大概可以三七开了，现在是四六开。我们现在人口已过 14 亿，到人口峰值时可能接近 15 亿，到 2035 年基本实现现代化时，可能接近 75% 城市化，农村占 25%。到第二个百年的时候，全面现代化实现后，城乡人口会从改革开放之初的倒二八变成正二八，也就是城市人口占 80%，农村人口只占 20%。当然这有个前提条件，那就是中国的城镇化和工业化能够保持平稳较快发展，并且能够基本实现"四化同步"。

通过理论分析和模型说明，我们可以看出，我国在很长时间内农民工

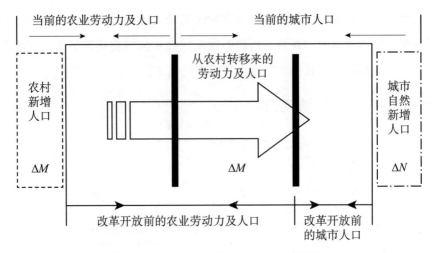

图 14-2　农民工及伴随人口城市转移模型

将保持在一个较大规模。2021 年全国农民工总量为 29 251 万人。也就是说，改革开放 40 多年来，农民通过进城务工已经转移了 2.9 亿多富余劳动力，这是一个了不起的成绩。在进城务工人员中，有一部分人在城里有了稳定的职业，逐步变成了城里人；有一部分人又回到农村务农；多数仍是亦工亦农、在城乡之间流动就业的"两栖人口"。与此同时又不断有新的农村劳动力加入转移就业进城的行列。如此循环推进，从这几年的统计看，大概有 2 亿以上的农民工规模将会保持一段时间（见图 14-3）。

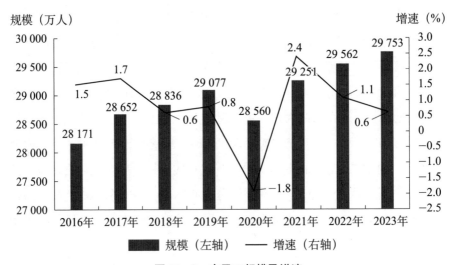

图 14-3　农民工规模及增速

要使如此规模巨大的流动就业的农民工真正实现稳定就业，进而在城市定居，将需要更长的时间。因此，农民工亦工亦农，亦城亦乡，流动就业，逐步转移出来，这种形式将长期存在，这也是中国特色。

（三）农民工城市沉淀曲线

图 14 - 4 中的沉淀曲线是在图 14 - 1、图 14 - 2 的基础上抽象出的理论推测，它有助于我们分析和把握中国农民工问题的阶段性和历史进程。这条曲线主要描述了到什么时候、在什么情况下城乡人口会相对平衡和稳定。到那个时候，甚至可以想象城里人开始回流到农村，出现逆城市化问题。

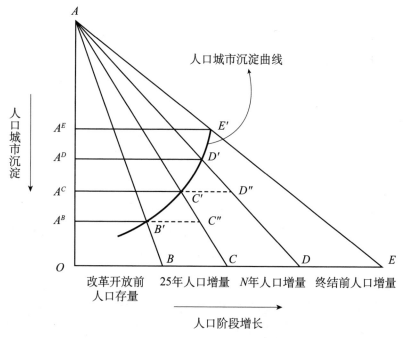

图 14 - 4　农民工城市沉淀曲线

在图 14 - 4 中，横轴 OE 表示人口的阶段增长，纵轴 OA 表示人口城市沉淀，图中形成三角形的部分为对应阶段农村劳动力数量变化结果，梯形部分则为城市人口数量变化面积。例如三角形 AA^BB' 的面积就表示改革开放前农村劳动力数量，梯形 $A^BB'BO$ 的面积表示改革开放前城市人口数量。改革以后的 25 年间，由于农业部门和非农部门比较收益的差异，大量农村劳动力涌入城市，通过努力，部分农村劳动力最终在城市定居，这种现象随着时间的推移愈发明显。图中将人口数量分为四个阶段进行分析、推测，由图可知三角形不断变小，梯形面积不断扩大，这也说明了城乡间劳动力流向情况。农村人口比例不断减小，城市人口比例不断扩大，农民工源源不断为城市输入新活力。改革开放初期 1980 年人口普查时，全国大约是"10 亿人口 8 亿农民"。25 年后，我国农村实际人口总量仍然是"8亿农民"，当时，城市化进程中消化的农村劳动力只是农村劳动力的净增量部分。后来随着国家的发展、政策的向好以及城市及农村观念的转变，农村劳动力净增量大量进入城市从事非农产业，进而在城市沉淀下来。又15 年过去了，农村常住人口已降至 5 亿多，呈现出增量进城而后存量进城（就整体数量而言），其方向和进程是一致的，规律是通用的。这表明当年该图的描述是符合后来的发展状况的。

连接人口增长各阶段的农村劳动力数量与城市人口数量的分界点，可得一条人口城市沉淀曲线（即 $B'E'$）。因为城镇化进程的推进必然意味着农村劳动力的减少，即前面所说的，代表农村劳动力的三角形的面积逐步减小，这就意味着人口城市沉淀曲线的趋势必然是上升的。随着城乡发展差距的缩小、现代化达到一定水平，城乡之间的人口流动最终要达到一种均衡状态，届时农村劳动力数量和城市人口数量及比例将处于相对稳定状态，即人口城市沉淀曲线在达到 E' 点后自然会趋向终结。当然，这里指的是大规模的或曰阶层群体性的向城市集中流动终结。

这条连接农村劳动力数量与城市人口数量各个阶段的分界点的曲线，具有两个特点：平滑性和阶段性。平滑性指的是在农村劳动力向城市过渡过程中，国家对农村劳动力流动和就业政策、渐进的制度变迁的正向作用以及我国经济快速而平稳的增长，都必然使人口城市沉淀曲线是平滑的、向上的。而阶段性则为改革开放之后，国家对农村劳动力流动及就业政策的放开经历了一个由紧到松、由无序到规范、由歧视到公平的过程。我们可以看出农村劳动力向城市转移是城乡良性互动的过程，而历史形成的城乡二元结构的消除需要一个长期的过程，因而农民工城市沉淀至终结点也必然要经历一个历史阶段。

二、农民工终结的条件

中国农民工问题的产生与发展带有鲜明的中国特色：一是中国农民太多，二是长期城乡分治。因而中国农民工问题的终结，即农民工问题的最终解决，必须打破城乡二元结构，促进城乡协调和一体化发展。考虑到我国人口峰值时间、全面建成小康社会和实现现代化的时间，再考虑到农村劳动力净流出终止以后还要有一段较长时间来消化城乡两栖流动的存量，制度变迁的活力释放也要一个过程。因此，我国农民工问题将伴随现代化的全过程，并将伴随现代化基本实现而终结。

第一，城乡的劳动力供给和需求趋于平衡。劳动力市场是个供需动态变化的过程。农民工的形成是由城市和农村劳动力供给和需求不平衡导致的。农村富余劳动力以及城市对农民工需求的增加推动了农民工进城就业。同样，当农业自己需要劳动力，劳动力不能满足农业发展的需求时，也就不能向城市提供新的劳动力了。因此，当城市和农村劳动力供给和需求趋于平衡时，农民工向城市的单向流动也就基本停滞了。

第二，城乡基础设施和服务特别是公共基础设施和公共服务趋于均等。毫无疑问，城市在基础设施和公共服务方面优于农村，这成为城市吸引农民工进入城市的重要原因。城乡、区域差距缩小需要经历一个艰难而漫长的过程。随着我国城乡统筹、城乡一体化发展，城乡基础设施一体化和公共服务均等化，农民在农村所享受的道路交通日益便捷、所需生活资料得到充分满足，加之农村地区具有相对自然清新的环境和空气，特别是不差于城市的公共服务，城市对农民也就无更多的吸引力了。农民工回归农村，留在农村就业生活就成为必然了。而且，在推进乡村全面振兴的目标下，农村在基础设施和公共服务上都在努力改善自己的面貌。农村环境的改善、社保制度的完善等让农民在农村有了更多的保障。此外，随着乡村旅游、休闲、民宿的发展，农民居家就可以获得较高的收入，如此，农民也没必要背井离乡进城务工了。

第三，从事第一产业和第二三产业的收入趋于相当。如果说流动是反映农民工身份的重要属性和标志，收入则是影响农民工流动的核心要素，对经济利益的追求既是农民工流动的指挥棒，也是我们思考打开农民工走向终结之门的钥匙。对农民工而言，选择进入城市还是留在农村，收入是决定性要素。如果在农村从事第一产业（如流转经营大面积耕地，形成规模经济，发展乡村旅游或农产品初级加工等）的收入相当于或超出从事第二三产业的收入，农民就不会背井离乡进城打工了。而乡村产业振兴发展，正在增加农民就地就近就业的机会。

第四，全国城乡统一劳动力市场完全形成。等到全国城乡统一劳动力市场从根本上突破城乡、地区就业市场的分割而基本形成，从就业环境、就业要求、就业收入、就业保障、就业服务等方面达到统一，与之相联系的城乡二元社会保障、公共服务也从制度接轨过渡到标准接轨时，过去具有多种标签的农民工就不存在了。2022年4月10日，《中共中央 国务院关于加快建设全国统一大市场的意见》发布，提出了从基础制度建设、市场设施建设等方面打造全国统一的大市场目标。在关于打造统一的要素和资源市场方面，该意见第十一条提出，健全统一规范的人力资源市场体系，促进劳动力、人才跨地区顺畅流动，完善财政转移支付和城镇新增建设用地规模与农业转移人口市民化挂钩政策等，这无疑为实现农民工的历史终结提供了新的政策支撑。

第五，劳动力就业素质提高。随着经济的发展，产业升级改造，劳动密集型产业逐渐向资本技术密集型产业转化，新的产业使得劳动力市场更加青睐高技能、高知识的劳动者或者有一技之长的职校学生。尤其是随着科技的进步，依靠农民工的很多苦力活被机器替代了，城市将无法提供更多适合农民工的工作机会和职位。所以，农民的非农职业技能培训及技术养成，将成为他们同城市劳动力竞争，以及由此进入城市获得稳定就业的决定性因素，也将是他们能否留在城市安身立命之托。当然，随着劳动力素质的提高，具有高技术的就业市场也会在农村形成，农民也能在农村从事高素质、高技术的工作，如现在农业中的农机化作业和无人机撒药。农民不再是传统意义上带有歧视意味的标签化身份，而是在农村从事和城市工人相同技术水平工作的人。进城农民工也会由于文化和职业教育水平提升而与城市职工在素质技能上没有区分。

最后一点，农民工问题的最终解决，当然有赖于户籍制度改革的完全到位。即消除城乡户籍差别，消除小城镇、县城与大城市乃至特大城市的户籍差别。将来改革的方向、理想的结果，是实现全国统一的、无差别的居住证制度，实际上取消城乡户口。公民（当然包括农民工及农民）在哪里就业、在哪里居住，就拥有哪里的"户口"，享受哪里的公共服务，服从哪里的政府管理。也就无所谓城市工、农民工啦！

解决农民工问题是一个长期的历史任务，需要经过长期不懈的努力，不能超越阶段，操之过急，但又必须明确方向，不能违逆现代化的一般规律，人为限制农民工向城市流动。应该将农民工问题放在国之大者的全局和实现第二个百年奋斗目标的大局中看待，战略性地、前瞻性地加以把握和解决。研究、解决农民工问题既要有大历史观，增强历史主动性，也要有历史耐心，把解决农民工问题的方向性、渐进性与经济、社会、文化发展乃至政治、政策和制度设计结合起来，顺应历史大趋势，把握历史规律，顺势而为，创新进取，争取到 2050 年第二个一百年，中国变成现代化强国时，二元结构彻底消除，城乡分割彻底消除，工农、城乡基本无差别了，农民工概念也就不存在了，农民工问题就画上了圆满的句号！

第十五讲
中国共产党与中国农民 *

百年征程波澜壮阔,百年初心历久弥坚。中国共产党成立 100 年来,跟农民同呼吸、共命运、心连心,取得了革命、建设、改革、新时代的伟大成就。特别是党的十八大以来,以习近平同志为核心的党中央坚持把解决好"三农"问题作为全党工作重中之重,夯实农业基础,决胜脱贫攻坚,全面建成小康社会,开启了乡村全面振兴的历史新篇章。习近平总书记强调,只有深刻理解了"三农"问题,才能更好理解我们这个党、这个国家、这个民族。习近平总书记在庆祝中国共产党成立 100 周年大会上的讲话中还指出,我们要用历史映照现实、远观未来,从中国共产党的百年奋斗中看清楚过去我们为什么能够成功、弄明白未来我们怎样才能继续成功,从而在新的征程上更加坚定、更加自觉地牢记初心使命、开创美好未来。我们要深入学习、领会。党的十九届六中全会全面总结了我们党的百年奋斗重大成就和历史经验,我们要很好地坚守、践行。

下面我将结合党史学习教育,回顾我们党正确认识和处理农民问题、领导和引导农民一起创造奇迹的辉煌历程。本讲主要讲三个问题:一是讲故事,二是讲道理,三是讲课题。供大家学习研究。

---

* 本篇为建党 100 周年时在中国人民大学农业与农村发展学院所做的专题报告。

百年来我们党认识和解决农民问题的历史成就

2021年是我们党建党100年。在波澜壮阔的百年征程中，中国共产党基于对中国农民问题的充分认知和科学把握，始终重视农民问题，尊重农民意愿，维护农民利益，保障农民权益，增进农民福祉，把解决农民问题作为我们党解决中国问题的突破口、制定农业农村政策的出发点、治国理政的头等大事。

一、新民主主义革命时期

近代以来，中国陷入内忧外患、积贫积弱、山河破碎的黑暗境地，中国人民陷入兵燹（xiǎn）连年、灾害频仍、民不聊生的深重苦难。1921年中国共产党成立后，将马克思主义理论与中国具体实际相结合，把革命活动的重心放在了农村，通过土地革命荡涤封建的剥削制度、赢得农民，在农村进行游击战争和根据地建设，实行工农武装割据，找到了农村包围城市、武装夺取政权的新民主主义革命道路。在这一进程中，我们党正确把握了中国农民问题的关键，找到了解决农民问题的办法。

一是农民是中国革命的主要力量，农民问题是中国革命的中心问题。 1922年7月，党的二大宣言认为，农民是革命运动中的最大要素。1923年6月，党的三大通过的《农民问题决议案》对农民参加革命的可能性和建立工农联盟对革命成功的必要性有了初步认识。1925年1月，党的四大通过的《对于农民运动之议决案》，强调农民阶级是社会的"重要成份"，农民协会运动已成为政治生活里面的"新动力"，农民为工人阶级之革命的"同盟"。1925年12月，毛泽东同志发表《中国社会各阶级的分析》一文，指出农民阶级是"我们真正的朋友"，广大农民特别是贫农，是革命可以依靠的真正力量，提出中国无产阶级必须联合最大多数（主要是农民）反对少数的战略思想。1926年3月，在国共合作期间，国民党中央农民部决定主办第六届农民运动讲习所，任命毛泽东同志为所长。毛泽东同志亲自给学员讲授"中国农民问题""农村教育"等主课，主持编印了《农民问题》等二十几种小册子，组织学员开展农民运动。1927 年 3 月，毛泽东同志发表著名的《湖南农民运动考察报告》，进一步阐明农村阶级分类，把农村阶级划分为地主、富农、中农、贫农四种，并进一步明确了党在农村的阶级路线，旗帜鲜明地宣称农民斗土豪劣绅反封建的农民运动"好得很"。1939 年毛泽东同志在《中国革命和中国共产党》中指出，农民是"中国革命的最广大的动力，是无产阶级的天然的和最可靠的同盟者，是中国革命队伍的主力军"。1940 年毛泽东同志在《新民主主义论》一文中，再一次阐释了"中国的革命实质上是农民革命"的思想，"中国有百分之八十的人口是农民，这是小学生的常识。因此农民问题，就成了中国革命的基本问题，农民的力量，是中国革命的主要力量"。正是基于对农村的深刻了解和对农民运动的高度重视，毛泽东同志在实践斗争的基础上把农民问题提高到了中国革命的中心问题的高度，为农民问题特别是土地问题的解决，为党在农村正确的科学的阶级路线的最终形成奠定了基础。

二是土地问题是中国农民问题的根本，土地革命是新民主主义革命的中心任务。农民问题能否得到妥善处理，在很大程度上取决于不合理的地权关系——土地问题能不能得到有效解决。1927 年 5 月，党的五大通过的《对于土地问题决议案》，提出了"要推翻土豪乡绅的政权，没收大地主及反革命派的土地，以贫农为中坚，建立农民的政权，实行改良农民的经济地位，一直到分配土地"。1927 年 8 月 7 日，我们党在汉口召开了八七会议，明确提出开展土地革命是中国资产阶级民主革命的中心问题，标志着中国革命进入土地革命时期（中国革命从此开启由大革命失败到土地革命战争兴起的历史性转变）。接着，党发动和领导了秋收起义，之后在红色根据地"打土豪、分田地"。1928 年 10 月，毛泽东同志主持召开湘赣边界党的第二次代表大会，讨论通过了农村革命根据地的第一部土地法——井冈山《土地法》。此后于 1929 年 4 月，毛泽东主持制定了兴国县《土地法》。1931 年颁布的《中华苏维埃共和国土地法》规定：没收所有封建地主、豪绅、军阀、官僚以及其他大私有主的土地，以分配给农民个别耕种为主要方式，按人口平分土地，分配后禁止买卖。第一次以法律的形式否定了封建土地所有制，肯定了农民分配土地的权利。抗日战争时期，在根据地实行"减租减息"。1946 年 5 月 4 日，党中央发出《关于清算减租及土地问题的指示》（简称《五四指示》），肯定了农民夺取地主土地的做法，并进一步提出全面实现"耕者有其田"的政策。1947 年 7—9 月，党中央在西柏坡召开土地会议，制定了《中国土地法大纲》，宣布"废除封建性及半封建性剥削的土地制度，实行耕者有其田的土地制度"，"废除一切地主的土地所有权"。1947 年 12 月，毛泽东同志在《目前的形势和我们的任务》一文中指出："全党必须明白，土地制度的彻底改革，是现阶段中国革命的一项基本任务。如果我们能够普遍地彻底地解决土地问题，我们就获得了足以战胜一切敌人的最基本的条件。"他还说，谁赢得了农民，谁就赢得了中国，而谁解决了土地问题，谁就赢得了农民。农村土地改革的胜利，使中国共产党找到了人民革命战争的兵源、粮源、财源和政治支持的群众基础。正如毛泽东同志所说，"兵民是胜利之本"。

十年土地革命战争，党赢得了农民群众的拥护和跟随，一个县 10 万农民当红军，黄麻起义"铜锣一响，四十八万"，农民群众用血与火支持掩护党建立了红色根据地和第一个苏维埃政权；三年解放战争，党首先在解放区发动和领导了土地改革。《太阳照在桑干河上》反映晋察冀边区、《暴风骤雨》反映东北解放区的土改工作。"参军支前"成了分得土地的农民的共同口号和踊跃行动。解放战争的胜利离不开广大农民的全力支持和巨大牺牲。淮海战役的胜利是靠老百姓用小推车推出来的，渡江战役的胜利是靠老百姓用小船划出来的。淮海战役 60 万部队、500 万支前民工、88 万辆推车、30.5 万副挑子，渡江战役 100 万部队、300 万支前民工、5 万多只船，超出预想迅速瓦解了国民党的统治，建立了新中国。

28 年浴血奋战的新民主主义革命历史告诉我们："只有制定和执行了坚决的土地纲领、为农民利益而认真奋斗、因而获得最广大农民群众作为自己伟大同盟军的中国共产党，成了农民和一切革命民主派的领导者。"为了农民、依靠农民、领导农民，新民主主义革命是中国共产党领导的不同于一切旧农民起义的新型的农民战争，农民党员成为党的最大多数，农民革命战士成为军队的最大多数，农民成为土地革命战争、抗日战争和解放战争的中流砥柱。这是我们党与其他党派的重要区别之一，是取得新民主主义革命彻底胜利的根本保障。

二、社会主义革命和建设时期

我们党领导推进社会主义改造并基本完成，我国建立起计划经济体制，进行了社会主义经济建设的艰辛曲折探索。在这一时期，我们党一如既往，把农民问题作为巩固政权、建立新制度、建设社会主义的大事来对待，特别注重从三个方面来把握和处理农民问题。

第一，全面实行土地改革，使农民在政治上、经济上翻了身，农民土地问题的彻底解决是社会主义制度建立的基础。 1950 年 6 月，党的七届三中全会决定利用三年左右的时间，恢复国民经济，争取财政经济状况的根本好转。其中，我们党把继续完成新中国广大农村的土地改革，作为解放农村生产力、迅速恢复国民经济的首要任务，在全国开展了新中国农村土地改革运动。到 1953 年春，顺利地完成了中国历史上规模最大的土地改革运动，约有 3 亿多无地少地的农民（包括老解放区的农民在内）分得了 4 660 多万公顷土地和大量生产资料，满足了中国农民最根本也是最大的追求——农民土地所有权，实现了"耕者有其田"。农村所有制和阶级（阶层）关系发生了根本性变化，彻底废除了封建土地所有制，农民翻了身，成为土地的主人。

第二，发展农民互助合作运动，实现对农业的社会主义改造，是建立社会主义经济制度的基本任务。 全国范围的土地改革完成后，农村经济迅速恢复，但农业生产也受到了一家一户个体经济的限制，小农经济力量分散，工具简陋，增产缓慢，难以抗灾，受土地改革和农村阶级关系变化的影响，农民的思想也发生了一些变化，小农经济成为改造对象。为了解决农业生产中的困难和农村中出现的贫富差距，在社会主义改造中，我们党主张用互助合作的形式，把分散的农业和手工业生产组织起来，进行农业互助合作化运动。1951 年 9 月，中央召开全国第一次农业互助合作会议，通过《关于农业生产互助合作的决议（草案）》。1953 年 12 月，党中央发布了《关于发展农业生产合作社的决议》及指示，1956 年发展高级合作社，实行土地等生产资料由农民个体所有制向合作社集体所有制的转变。到 1956 年底，参加合作社的农户达 1.17 亿户，占全国农户总数的 96.3%，其中参加高级社的农户占 87.8%，基本完成了农业社会主义改造，实现了土地等生产资料的集体所有，在农村建立了社会主义公有制度。到 1958 年，开始由高级社向人民公社迈进。虽然这一时期向高级社过渡有点急、有点快，特别是实行"一大二公"的人民公社制度，超越了生产力发展实际，挫伤了农民积极性，走了一段弯路，但是对当时农业基础设施建设，特别是水利建设，以及农村社会事业发展还是起到了很大的促进作用。我国农业的社会主义改造任务基本完成，标志着社会主义基本经济制度在农村的确立，我们党探索开创了一条有中国特色的从新民主主义经济向社会主义经济过渡的改造道路。

第三，农民问题是社会主义建设道路探索中的重大问题，依靠农业积累，为建立完整的国民经济和工业体系提供了基础支撑。1956 年 9 月，党的八大作出了党和国家的工作重点转移到社会主义建设上来的重大战略决策，实行国家工业化。为此，中央采取集体化统一生产经营、农产品统购统销、城乡户籍分割和工农产品价格剪刀差等措施，靠农业剩余支持工业化，农民为国家工业化作出了巨大贡献。据有关方面计算，至 1980 年，国家累计从农业上积累的建设资金达 8 000 亿元，相当于同期财政收入的 30%，相当于当时的工业净资产。回过头看，这在当时也是没有办法的办法。新中国是在一穷二白的基础上建立的。1949 年，全国农业人口占全国总人口的 80% 以上，农业总产值占 GDP 的 70% 以上。要搞国家工业化，只能从农业农民那里拿积累。正如毛主席所说，"革命靠了农民的援助才取得了胜利，国家工业化又要靠农民的援助才能成功"。我国用二十几年时间，初步建立了国家工业体系，这个成就是很大的。农业和农民的牺牲也是值得的。

三、改革开放和社会主义现代化建设新时期

党的十一届三中全会开启了我国改革开放和社会主义现代化建设新时期，我们党从农村实际出发，率先在农村启动改革。从以家庭联产承包责

任制为基础、统分结合的双层经营体制，到"多予，少取，放活"方针的确立及实行，建立了基本经营制度及由此衍生出的系列政策和制度。

在改革开放初期，农民问题主要表现为解决农民温饱问题，关键在于调动农民生产积极性，鼓励农民"摸着石头过河"，农民成为改革的先行者和实践者，农民问题成为改革开放的突破口。邓小平同志讲："不管天下发生什么事，只要人民吃饱肚子，一切就好办了。"1982—1986年，党中央连续出台5个专注"三农"的一号文件。其中最重要的是，肯定支持农民搞家庭承包，建立起在土地集体所有基础上的家庭经营为主的新的土地经营制度，这是一项带有根本性的"一包就灵"的改革。在1979—1984年6年时间里全国粮食增产超过30％，大多数农民解决了温饱问题。土地家庭承包经营带动了农业管理体制、农产品购销体制、劳动力就业体制等一系列重大改革，并由此取消了人民公社和农产品统派购制度，农民可以兴办乡镇企业、进城打工，等等。这些重大改革带来了农村经济社会发展和农民地位角色的重大变化。随着改革的不断深入，农产品购销体制和流通体制也逐步由计划向市场转变。自1983年起中央逐步缩小农产品统派购范围，直至2005年全面放开粮食购销、价格和市场，农产品市场体系得以建立。这标志着社会主义市场经济体制在农村基本建立。

党的十三届四中全会后，党中央把农民问题当作进一步改革和现代化建设的核心问题来抓。重点解决当时农民负担过重、农村贫困突出问题。20世纪80年代以来，我们党在全国范围内开展了有组织有计划的扶贫开发工作。1994年制定实施《国家八七扶贫攻坚计划》，1996年、1999年两次召开全国扶贫开发会议，2000年又编制了10年扶贫规划。针对农民负担过重、农村干群矛盾突出的问题，1991年12月颁布具有法律效力的《农民承担费用和劳务管理条例》。1996年发布的《中共中央、国务院关于切实做好减轻农民负担工作的决定》，强调要切实把不合理的农民负担减下来，并长期稳定在政策规定的范围内。

党的十六大以后，党中央把解决好"三农"问题作为全党工作的重中之重，将统筹城乡发展作为推动科学发展、促进和谐社会的重要任务。党中央提出采取工业反哺农业、城市支持农村和"多予、少取、放活"的方针，稳定农村基本政策，努力增加农民收入。

进入 21 世纪后，我国城乡经济社会发展中存在的不平衡问题日益突出，农民问题主要表现为增收难、农民工问题。2004 年 1 月，中央下发了《关于促进农民增加收入若干政策的意见》，成为新世纪第一个聚焦"三农"的中央一号文件，此后至 2024 年，共连续下发了 21 个聚焦"三农"的一号文件。2003 年开始全面推开农村税费改革；2004 年决定逐步降低农业税税率；2005 年 12 月 29 日十届全国人大常委会第十九次会议决定，自 2006 年 1 月 1 日起废止《中华人民共和国农业税条例》，附加在农业税上的一系列地方性收费也一并取消（包括"三提留五统筹"）。由此，国家不再针对农业单独征税，结束了我国 2 600 多年来农民种田交税的历史，根本性地扭转了农民负担过重的状况，当年减轻农民负担 1 300 多亿元，给亿万农民带来了看得见、摸得着的实惠，为增加农民收入和密切农村干群关系奠定了制度基础。为了增加农民收入和农民福利，中央出台了一系列强农惠农富农政策。在农业生产上，实行生产扶持和价格支持政策，对种粮农民实施农作物良种补贴、农机购置补贴和农资综合补贴等制度，最高年份达到 1 680 亿元，同时对小麦、水稻等重点粮食品种实行最低收购价和临时收储政策。公共服务开始全面向农村覆盖，建立农村义务教育经费保障新机制，全面免除农村义务教育学杂费。建立了新型农村合作医疗制度、农村最低生活保障制度、农村社会养老保险等一系列重大制度，农村社保从无到有。

随着工业化、城镇化加快发展，农民工问题出现并突出起来。我们党高度重视农民工问题，制定了一系列保障农民工权益和改善农民工就业环境的政策措施。2006 年国务院出台《关于解决农民工问题的若干意见》，也称"农民工 40 条"，第一次把"农民工"概念写入国家具有行政法规地位的文件，第一次形成全面解决农民工问题的政策体系。农民工政策和制度安排对增加农民收入、农民城市化产生了深远影响。

四、中国特色社会主义新时代

围绕实现社会主义现代化和中华民族伟大复兴的总任务，我们党深刻认识到，农民是乡村全面振兴、农业农村现代化建设的主体，农民问题是关系中国特色社会主义事业发展全局、全面建成小康社会目标实现的根本性问题。党中央强调，必须坚持、完善和发展改革开放以来党在农村的基本政策，坚持把解决好"三农"问题作为全党工作的重中之重，坚持农业农村优先发展，建立健全城乡融合发展体制机制和政策体系，加快推进农业农村现代化。党中央作出了打赢脱贫攻坚战、实施乡村振兴战略的重大决策。习近平总书记对"三农"工作作出了一系列重要论述，发展了我们党的"三农"理论，为做好新时代"三农"工作提供了根本遵循和行动指南。我们党在这一时期解决农民问题的目标、任务、思路和职责更加明确、更加坚定、更加自觉。

一是深化农村改革，建立土地"三权"分置制度。我们党以农民与土地关系改革为主线，对深化农村土地制度改革作出了一系列重大决策部署，中央全面深化改革委员会审定出台了一系列旨在深化农村改革的文件。2019 年党中央印发《关于保持土地承包关系稳定并长久不变的意见》，提出了"两不变，一稳定"。在长期稳定农村土地承包关系基础上，提出并建立了承包地"三权"分置制度。这是我国农村改革的又一次重大创新，在 2013 年底中央农村工作会议上，习近平总书记正式提出了这一制度创新。2017 年 10 月，习近平总书记在党的十九大报告中明确提出，第二轮土地承包到期后再延长 30 年。

二是实施粮食安全新战略，确保国家粮食安全。习近平总书记指出，"粮食安全既是经济问题，也是政治问题，是国家发展的'定海神针'"，并强调"一个国家只有立足粮食基本自给，才能掌控粮食安全主动权，进而才能掌控经济社会发展这个大局"，"中国人的饭碗要牢牢端在自己手里，而且里面应该主要装中国粮"。他在 2013 年 12 月中央经济工作会议的讲话中提出，新形势下保障国家粮食安全，总的思路就是坚持"以我为主、立足国内、确保产能、适度进口、科技支撑"的国家粮食安全战略，即 20 字方针。党的十八届五中全会提出"两藏"（藏粮于地、藏粮于技）战略。习近平总书记特别强调保护耕地、振兴种业。党的十八大以来，我国粮食产量跃上了 1.3 万亿斤的台阶并连续 9 年保持这一高水平。

　　三是打赢脱贫攻坚战，历史性地解决农村绝对贫困问题。党中央把脱贫攻坚摆在治国理政的突出位置，把消除绝对贫困作为全面建成小康社会的底线任务、标志性工程，组织开展了声势浩大的脱贫攻坚人民战争，实施精准扶贫、精准脱贫战略。党的总书记亲自挂帅出征，全党尽锐出战，脱贫攻坚力度之大、规模之广、影响之深，前所未有。到 2020 年底，新时代脱贫攻坚目标任务如期完成，现行标准下 9 900 万农村贫困人口全部脱贫，832 个贫困县全部摘帽，易地扶贫搬迁任务全面完成，消除了几千年农村绝对贫困和区域性整体贫困，我国农民一个不少同步进入全面小康社会。

　　四是深入推进农业供给侧结构性改革，推动农业高质量发展。习近平总书记指出："要坚持以农业供给侧结构性改革为主线，坚持质量兴农、绿色兴农。""要突出农业绿色化、优质化、特色化、品牌化。"党的十八大以来，农业科技贡献率达到 60%，农作物耕种收综合机械化率超过 70%，良种覆盖率超过 96%，农产品质量安全例行监测合格率保持在 97% 以上，化肥农药使用量实现负增长。现代农业的进步，使农民"面朝黄土背朝天"成为历史；农业效益的提高，使农民收入逐年较快增加，2020 年提前一年实现翻番。

　　五是实施乡村振兴战略，全面推进农业农村现代化。党的十九大提出实施乡村振兴战略，并将其作为七大战略之一写入党章。习近平总书记提出，"农业农村现代化是实施乡村振兴战略的总目标，坚持农业农村优先发展是总方针，产业兴旺、生态宜居、乡风文明、治理有效、生活富裕是总要求，建立健全城乡融合发展体制机制和政策体系是制度保障"（即"三总一保障"）。要坚持农业现代化和农村现代化一体设计、一并推进，推进乡村产业、生态、文化、人才、组织"五大振兴"。2018 年 1 月，中央印发了《中共中央 国务院关于实施乡村振兴战略的意见》（一号文件）。2018 年 9 月，中共中央、国务院印发了《乡村振兴战略规划（2018—2022年）》。2020 年党的十九届五中全会又提出全面推进乡村振兴，实施乡村建设行动。2019 年 3 月，中共中央办公厅、国务院办公厅批转印发《中央农办、农业农村部、国家发展改革委关于深入学习浙江"千村示范、万村整治"工程经验扎实推进农村人居环境整治工作的报告》。2021 年 12 月 5 日又印发了《农村人居环境整治提升五年行动方案（2021—2025 年)》。两办和中央农办、农业农村部还先后印发了关于推进乡村产业振兴、文化振兴、乡村治理等的专门文件。2020 年 12 月在中央农村工作会议上，习近平总书记作出"民族要复兴，乡村必振兴"的重大论断，明确提出，脱贫攻坚胜利完成之后，全党农村工作重心要历史性地转移到乡村振兴上来，要求举全党全社会之力推动乡村振兴，促进农业高质高效、乡村宜居宜业、农民富裕富足。随着乡村振兴战略的全面实施、农业农村现代化的全面推进，农业将成为有奔头的产业、农民将成为有吸引力的职业、农村将成为安居乐业的美丽家园。党的十八大以来，广大农民的获得感、幸福感、安全感大为增强。

回望我们党百余年奋斗路，前进路上有曲折，苦难过后是辉煌。我们党为了农民、依靠农民、领导农民，夺取了新民主主义革命的彻底胜利，开展了全国范围的农村土地改革运动，发展了农民互助合作，实现了对农业的社会主义改造，依靠农业积累和农民贡献，初步实现了国家工业化，在曲折探索中积累了领导社会主义建设的重要经验。我们党率先在农村发动改革，尊重农民首创精神，建立了农村基本经营制度，解决了农民温饱问题，并由此带动了工业和城市改革，促进了经济长期快速发展和社会长期稳定。党的十八大以来，我们党解决了许多长期想解决而没有解决的难题，办成了许多过去想办而没有办成的大事，在"三农"方面也取得了开创性的历史性成就，发生了历史性变革。100 多年来，在党的领导下，中国农村社会发生的变革，中国农民命运发生的变化，其广度和深度，其政治影响和社会意义，在人类发展史上都是十分罕见的。

我学习思考认为，百余年来党领导农民主要有六大历史成就：一是发动农民、依靠农民力量，夺取革命胜利，探索走出了一条在农民占大多数的国家夺取革命成功之路；二是组织农民，依靠农民贡献，建立工业体系，探索走出了一条在一穷二白农业国实现国家工业化的成功之路；三是支持农民、依靠农民创造，建立中国特色土地制度，探索走出了一条符合人多地少国情的农村改革发展稳定之路；四是历史性地解决了 14 亿多中国

人的吃饭问题，把中国人的饭碗牢牢端在自己手里；五是历史性地解决了
农村绝对贫困问题，全国农民同步进入小康社会；六是推动实施乡村振兴
战略，正在加快实现农业农村现代化。

中国农民跟定共产党，中国共产党为农民谋福祉，亿万农民也切身感
受到了六大历史变化：一是农民翻身得解放，政治上当家作主；二是农民
成了土地的主人，经济上翻了身；三是农民温饱问题得到了彻底解决，
"妻子冻馁"成为历史；四是农民开始全面享受公共服务，只有富家子弟
才能上学读书成为历史；五是农业生产手段日益现代化，"面朝黄土背朝
天"成为历史；六是农民收入翻番增长，过上了小康生活，享有现代文
化。今非昔比，天翻地覆，天壤之别，天上地下。农民打心眼里拥护党的
领导，拥护党的政策，农村、农民成为党长期执政的稳固基础。

我们党正确处理农民问题的历史经验

党的十九届六中全会审议通过的《中共中央关于党的百年奋斗重大成
就和历史经验的决议》，深刻揭示了"过去我们为什么能够成功、未来我
们怎样才能继续成功"。我们必须清醒地认识到，实现中华民族伟大复兴，
最艰巨最繁重的任务依然在农村，巩固拓展脱贫攻坚成果、缩小城乡差
距、实现共同富裕任务依然艰巨，乡村振兴、民族复兴绝不是轻轻松松、
三年五载就能实现的。不断解决好"三农"问题，推进中国式现代化，要
从中国共产党和中国"三农"发展历史中总结经验、汲取智慧，以史为
鉴，开创未来，在新时代新征程上开创"三农"事业新局面。

**一是高度重视农民问题，始终把解决好"三农"问题放在首要位置，
把依靠农民作为基本立足点，把为亿万农民谋幸福作为根本使命。**民惟邦
本，本固邦宁。历史和现实充分证明：正确认识和处理农民问题是我们党
从胜利走向胜利的重要秘诀。农民问题解决得好与坏，直接关系到中国革
命、建设、改革、现代化的成败，关系到从站起来、富起来到强起来伟大
飞跃的实现，是实现中华民族伟大复兴"两个一百年"奋斗目标的基础保

障。中国革命力量之所以能在大革命失败后极其残酷的环境中求得生存和发展，之所以能在兵荒交乘、内忧外患的情势下取得中国近代史上民族抵抗侵略的第一次完全胜利，赢得人民革命战争的胜利，带领中国人民彻底推翻"三座大山"，让中国人民从此站立起来，实现中国从几千年封建专制向人民民主的伟大飞跃，一个极为重要的原因，是由于我们党始终高度重视农民问题，将马克思主义理论和中国具体实际相结合，正确认识、寻找、领导、依靠农民，坚持把农民作为重要的革命力量，着力解决农民问题，合理维护了农民的土地利益，得到了广大农民的强有力支持，从而赢得了革命、建设和改革的主动权。进入新时代，"三农"工作重心历史性转移到全面推进乡村振兴、加快农业农村现代化上来，提高农民、扶持农民、富裕农民，让农民平等参与现代化进程、共享现代化发展成果，是新时代发展进步的重要任务。

前进道路上，要始终坚持"三农"工作重中之重的战略思想不动摇，充分认识稳住农业基本盘、守好"三农"战略后院对于应变局、开新局的压舱石作用，以为农民谋福祉为根本依归，以农民喜怒哀乐为判断依据，举全党全国之力持之以恒强化农业、繁荣农村、富裕农民。

二是农民利益至关重要，始终把关心并维护广大农民群众的根本利益，作为制定政策的出发点和落脚点。农民不怕吃苦，但怕吃亏。经济上物质利益得到满足，政治上民主权益得到保障，是农民的基本诉求，也是亿万农民积极性发挥的根本动因。毛泽东同志在延安时期讲，我们"要用十分之九的时间给农民东西，然后用十分之一的时间向农民要东西"。他指出，"一切群众的实际生活问题，都是我们应当注意的问题"，要"解决群众的生产和生活的问题，盐的问题，米的问题，房子的问题，衣的问题，生小孩子的问题，解决群众的一切问题"。由此，形成了"小米加步枪"的兵民胜利之本。历史和现实充分证明：什么时候重视和发展了农民的利益，农民就高兴和满意，我们的事业就顺利发展；什么时候忽视和损害了农民的利益，农民就有意见，我们的事业就会遭受挫折。习近平总书记强调："人民群众对美好生活的向往，就是我们的奋斗目标"，"党中央的政策好不好，要看乡亲们是笑还是哭。如果乡亲们笑，这就是好政策，要坚持；如果有人哭，说明政策还要完善和调整"。

前进道路上，要始终坚持维护农民群众的根本利益，以"坚持多予、少取、放活，不能掏农民的口袋，更不能做损害农民利益的事情"为农村工作的基本准则，围绕农民群众最关心最直接最现实的利益问题，加快补齐农村发展和民生短板，让亿万农民有更多实实在在的获得感、幸福感、安全感。

三是坚持以人为本，始终尊重农民主体地位，注意调动农民的积极性、主动性、创造性。 人民立场是中国共产党的根本政治立场，是马克思主义政党区别于其他政党的显著标志。历史和现实充分证明：农民的实践智慧、首创精神、奋斗精神、牺牲精神，是中华民族实现站起来、富起来、强起来的伟大夙愿的有力依靠。因为农民的勤劳和智慧，中国创造了灿烂的中华农耕文明；因为农民的支持和参与，中国开辟了独具特色的新民主主义革命道路；因为农民的付出和牺牲，中国建立起了完整的工业体系；因为农民的勇敢和创造，中国开启了波澜壮阔的改革开放进程。从群众中来，到群众中去，这是我们党在长期革命和建设中积累的一条宝贵经验。习近平同志指出："江山就是人民，人民就是江山"，"在人民面前，我们永远是小学生，必须自觉拜人民为师，向能者求教，向智者问策"。从互助合作到包产到户，从乡镇企业到进城务工，从粮食丰收到脱贫致富，广大农民群众的智慧力量是无穷的，他们的创造因为来自实践而具有强大的生命力。站稳人民立场，坚守人民至上初心，既是中国共产党与其他政党的"根本差别"，也是中国共产党民心向背的"特色"，更是中国共产党永葆生机的"底色"。

前进道路上，要始终尊重农民的主体作用和首创精神，充分调动亿万农民的积极性、主动性、创造性，广泛听取农民群众意见，总结提炼农民群众的鲜活创造，充分发挥蕴藏在农民群众中的巨大力量，使我们党的伟大事业在亿万农民的积极参与下再续辉煌，使农民在推动中华民族伟大复兴的历史进程中不断提升自己的前途命运。

四是解决农民问题，始终坚持从实际出发，把握客观发展规律，保持历史耐心和战略定力。 中国小农生产有几千年的历史，"大国小农"是我国的基本国情农情。中国是农业大国，乡村之广大，情形之多样，天下没有成型的经验，必须从农村实际出发。农业现代化、农村现代化及农民现代化需要经历几代人的努力，在方向上不能出现偏差，不能犯颠覆性错误，也不能急于求成。历史和现实充分证明：解决农民问题，务必尊重客观规律，保持历史耐心，切忌急功近利、急躁冒进。如果错把少数农民的觉悟和积极性、少数乡村的条件和进程当成多数，那么农村发展就会得急性病；历史上出现的曲折与教训都是因为急，脱离实际目标，盲目吊高胃口，搞"大跃进""一刀切"。习近平总书记强调，要处理好长期目标和短期目标的关系，一件事情接着一件事情办，一年接着一年干，久久为功，积小胜为大成。要有足够的历史耐心，把可能出现的各种问题想在前面，切忌贪大求快、刮风搞运动，防止走弯路、翻烧饼。很多问题要放在历史大进程中审视，从历史的、全局的高度，把握好解决农民问题的历史规律。他还说，土地家庭承包经营不要老想变，即便75年，作为基本制度在历史长河中也是一瞬。村庄撤并不要太急，更不能搞运动；对于进城农民，不要急于收回其在农村的权益（土地承包权、宅基地使用权、集体资产收益分配权）。凡是涉及农民切身利益、牵一发而动全身的事情，均要保持足够的历史耐心，必须看准了再改，一时看不清的就不要急着去动；凡是关系国计民生、长治久安的事情，均要保持战略定力，不能长期目标短期化，把持久战打成突击战，要以钉钉子精神推进长期任务目标的实现。

前进道路上，要始终全面把握国情，坚持实事求是，把握不断深化农业农村改革、解决农民问题的历史逻辑，把握好时、度、效。既要谋划长远，又要干在当下，在战略上积极进取，在战术上稳扎稳打。察实情、鼓实劲、出实招、办实事、求实效，一张蓝图绘到底，一茬接着一茬干，确保农业农村改革发展扎实推进、行稳致远。

五是始终重视教育、引导、组织、提高农民，首要是教育党员干部。农民也有自己的局限性，如何提高农民的组织程度和觉悟程度，如何教育农民、引导农民跟党走，跟上时代潮流，始终是摆在我们党面前的重大课题。历史和现实充分证明：无论是革命时期还是建设、改革时期，我们党通过政策和策略对农民问题的成功解决，均是通过大量教育尤其是思想政治教育工作来落实的，让农民认识到自己的根本利益和长远目标。在革命时期，我们党在充分肯定农民革命进步性的同时，还注意启发农民的阶级觉悟，组织农民搞合作化，进行深入的教育发动，对农民中存在的保守、自私、散漫、文化水平低等问题进行教育引导。毛泽东同志于 1949 年 6 月在《论人民民主专政》一文中指出，"严重的问题是教育农民"，强调满足农民最切身的利益是开展思想政治教育的最根本的方法，农民教育要与农民的实际生活相联系，要尊重农民智慧。在建设、改革时期，我们党注意引导组织农民，总结肯定其创造，着力提升农民的思想道德、科技文化水平。进入新时代，农业农村要现代化，农民也要现代化，大量小农户需要与现代化衔接起来，这些都需要教育引导。而教育引导农民，总是需要做大量细致具体的工作，总是需要有先进分子示范引领，这都需要各级干部有很强的宗旨意识、很高的政策水平和良好作风，干部不能当"鞭子"，也不能当"尾巴"。农村是"村看村，户看户，群众看干部"，因此必须重视干部教育。我们党在进行农民教育、引导、组织、提高的同时，注意加强干部自我教育，强调发挥好基层干部自身的榜样带头作用，要求"凡是需要动员群众做的，每个党员，特别是担负领导职务的党员，必须首先从自己做起"。

前进道路上，要始终坚持将农民全面发展作为促进农民富裕富足、参与现代化的内生动力，注重对农民进行听党话、感党恩、跟党走教育，进行党的创新理论和农村政策教育，进行乡村振兴战略和现代化教育，丰富农民精神文化生活，提高农民科技文化素养，提升农民精神风貌，形成文明乡风、良好家风、淳朴民风。推进乡村全面振兴，基层是主战场，乡村干部队伍建设是关键。要注重乡（镇）、村（社区）党员干部能力素质提升，发挥基层党组织在农民教育过程中的基础作用，造就一支懂农业、爱农村、爱农民的农村工作队伍。

总之，我们党领导"三农"工作取得辉煌成就，有很多经验值得总结。其中，最根本的还是我们党始终奉行人民立场，与人民站在一起，代表人民利益；始终坚持实事求是，从中国国情出发，从实际出发。这是我们党独有的抓大国"三农"的价值观和方法论，值得我们永远坚守，从历史中学习，在新时代践行。

回顾百年来我们党认识、探索、解决农民问题的伟大历程，可以说，我们党领导的农民运动史，是中国共产党为人民求解放、谋幸福光辉历程的生动诠释；我们党领导农民取得的辉煌成就，是中国共产党丰功伟绩的直接体现；我们党解决"三农"问题的丰富经验，是中国共产党历史经验的重要组成部分；我们党探索创立的"三农"工作理论和政策体系，是党的基本理论和政策体系中的宝贵财富。

新的历史阶段需要重视和解决好的农民问题

当代中国农民问题既是历史的延续，又具有鲜明的变革时代特征，具有新的内容与表现。解决农民问题将伴随现代化全过程，有些问题可能随着工业化、城镇化水平快速提升而愈加凸显。今后15～30年是解决好农民问题的关键时期，农民问题解决得好与不好，将直接决定我国现代化进程快慢和质量高低。按照国家战略安排，到2035年要基本实现农业农村现代化，农民问题也应基本得到解决。从保证国家长治久安、实现国家发展战略的角度看，从我国农民问题发展逻辑看，在国家基本现代化的进程中，需要高度重视和努力解决好以下主要问题。

一、保持农民务农种粮积极性从而保证国家粮食安全问题

粮食安全，是执政兴国的头等大事，乃国之大者。保障粮食安全，离不开土地农资、良种良法，但最根本的还是种粮农民的积极性。离开了农民的辛勤耕耘，再好的土地、再优良的品种、再高效的生产技术，也难以发挥其效用。种粮农民是典型农民，在农民中占多数，是保障粮食安全的根本。全国2亿多农户构成了我国粮食安全的坚强基石，保护好农民的种粮积极性，让他们种粮有收益、生产有奔头，才能长期稳住我国粮食生产

的好形势，将 14 亿多人的饭碗牢牢端在自己手里。在当前新的形势下，尽管全国粮食供给总体充裕，人均粮食产量连续多年保持在 400 公斤以上，但由于各种原因，农民种粮积极性下降，国家粮食安全存在着潜在的风险。

一是土地撂荒现象不容忽视。现在的确有一些耕地撂荒、季节性抛荒，没人耕种或管理粗放，这种现象之所以出现，除了自然条件差、土地贫瘠、地块零散、灾害多发等客观原因之外，最重要的原因是种粮成本高，粮食价格低，收益少，农民的种粮积极性下降了。随着工业化、城镇化的快速发展，农村劳动力机会成本提升，许多农民更向往城镇生活，更希望从事二三产业的工作，向城镇转移和存在非农就业取向，造成了一些耕地撂荒。

二是谁来种地问题日益凸显。长期以来，在人们的思想观念中，当农民、干农业被认为是没有文化、没有出息、没有奔头的代名词，加之自然环境和基础条件的制约，劳动强度大，收入水平低，农民对自身职业的认同感较低。目前农业生产的主力军仍然是"50后""60后"和一部分"70后"，"80后"和"90后"真正安心于农村、愿意干农业的人并不多。由于城镇的极大吸引力，许多农村劳动力特别是青壮年劳动力流向了城镇，留在农村的大多是妇女、儿童和老人，也就是所谓的"386199部队"，谁来种地的问题亟待解决。

造成农民种粮务农积极性下降的原因有很多，最主要的是农业的比较收益低。虽然对于国家来讲粮食的重要性不能单单用金钱的价值来衡量，但是对于个体农民来说，经济上的收益还是第一位的。农民种粮的决策跟企业生产经营的决策是一样的。农民也是理性人，也追求收益最大化。如果农民认为粮食生产无利可图，或者收益较少，或者付出同样劳动比做其他工作收入少，则很可能会减少或放弃粮食生产，转而从事其他工作。要正确处理经济与政治、计划与市场、国家与农民、生产与消费关系，粮食安全说到底是政治和社会问题，没有哪个国家会完全推给市场。而且粮食安全实际来讲是政府的问题，不是农民的问题。因此，提高农民的种粮积极性，既要教育引导农民响应国家利益，积极生产粮食，又要从降低种粮投入、提高种粮收益、提高种粮农民的社会地位等方面采取措施。

二、增加农民收入从而缩小城乡差距实现共同富裕问题

收入问题是农民利益问题的核心。农民及其家庭的收入，关系到其个人与家庭的生活水平，关系到国家的粮食安全，关系到经济循环，关系到社会的稳定，关系到国家发展目标的实现。因此，农民收入问题向来是党和国家关注的重点。现实看，共同富裕，最突出的问题是城乡差距，实现共同富裕，最繁重的任务是缩小城乡差距。直接的表象的差距主要体现在两个方面：一是个体的收入，二是群体的公共服务。城乡居民人均可支配收入比为 2.5∶1，还不算生产性支出和财产性收入（农民有很大一块生产性支出，而财产性收入明显低于城镇人口）；城乡公共服务差距是显而易见的，无论是社会事业还是生活环境。

经过各方面不断努力，我国农民收入增幅近年来一直保持"两个高于"（高于 GDP 增幅、高于城市居民收入增幅）。2020 年农村居民人均可支配收入为 17 131 元，提前一年实现党的十八大提出的翻一番目标。2021 年农村居民人均可支配收入为 18 931 元，城乡居民收入比呈缩小趋势。

虽然农民的收入在持续提高，但农民在增收方面依然面临这样几个问题：一是粮食主产区农民种粮收入增加困难；二是脱贫地区农民收入可持续增长是个问题；三是深化以土地为主线的农村改革，增加农民财产性收入还有待突破；四是城乡居民收入差距依旧较大。

习近平总书记说："检验农村工作成效的一个重要尺度，就是看农民的钱袋子鼓起来没有。"要坚持农业农村优先导向，城乡两头做功，市场与政府两手发力，从经营性收入、务工性收入、转移性收入、财产性收入四结构同步推动，实行农民收入支持政策，多渠道持续较快增加农民收入。一是提高农业生产经营效益，包括帮助优化生产结构，降低生产成本，提高产品价格，分担农业风险，延长产业链、提升价值链，促进小农户和现代农业衔接；二是提高农民打工收入，增加非农就业，促进农民工市民化，在增加非农收入的同时，提高农村资源配置效率；三是增加普惠式、公益性转移支付，增加涉农补贴，提升农村公共服务覆盖度和水平；四是深化土地制度改革，盘活农村资源资产，增加农民财产性收入。

三、保障农民权益从而实现农村长治久安问题

随着我国经济社会的不断发展进步，农民的生活水平不断提高，农民的社会地位日益提升，但由于历史积弊过深，农民在整个社会中仍是弱势群体。其原因固然有很多，但权益没有得到有效保障是一个不能回避的因素。进一步保障农民权益是农村改革发展稳定的重要问题，也是实施乡村振兴战略的时代要求。

农民权益保护需要重点关注以下几个方面：

其一是经济权益方面。 经济权益最集中的是土地权益和资源资产权益的保护和实现。要稳定农民的土地承包关系和"三权"（土地承包权、宅基地资格权、集体资产收益分配权）。土地权益是农民安身立命之本，保护农民的经济权益首要的是保护农民的土地权益。长期以来，我国人地矛盾突出。尤其是近年来，随着工业化城镇化加快和农民分化加深，农村土地问题更加凸显，土地纠纷是农民上访的主要问题。农民在土地方面面临的突出问题包括：一是一些地方土地承包关系不稳定，一些村集体存在承包期内随意调整承包地的现象，甚至违背农民意愿，违法收回农户承包地，侵害了农民的合法权益。二是一些地方土地流转机制不健全，土地流转存在求大、求快倾向，为吸引投资，行政推动土地大规模向工商企业集中，出现了与农民争利和土地非农化、非粮化现象，"反租倒包"中侵蚀农民的土地流转收益。三是财产权益保障不够，主要是征地过程中侵害农民利益的问题。一些地方征地规模过大，不尊重农民意愿，甚至强行征地，补偿标准过低，对失地农民不能妥善安置。存在集体土地、林地、水沼等被低价长期包给工商企业，把农民排挤在局外的现象。一些村庄被撤并拆迁甚至变相强拆，使农民权益和长期利益受到损害。这方面的问题解决不好，会妨碍现代农业发展，损害农民利益，影响农村稳定。

土地、山水、林园、田园风光、乡村风物是农民的资源财产，也是农民的发展、增收机会，工商企业可以参与开发，但不能排斥农民发展机会。老板下乡，要带动老乡，不能排挤老乡。

其二是民主权益方面。 农民的民主权益是农民基本的政治权益。民主

权益在农村还处在一个逐步发展的初级阶段。在实践过程中，有些地方村民自治没有得到很好贯彻：一是存在村委会选举宗族化现象，有些地方存在宗族黑恶势力把控村庄现象；二是村级决策和村庄管理存在干部越俎代庖，代农民作主甚至强迫命令的现象；三是村民监督存在形式化和虚置化现象。这些都损害了农民的民主权益。

其三是公共服务权益方面。 农村居民与城镇居民一样有权享受公共服务，这些年来农村公共服务从无到有明显改善，但是由于长期城乡二元结构的影响，加之一些农村地区地处偏远，公共服务没有覆盖到，或标准相对于城市过低，农民迫切需要的公共服务供给仍然不足。城乡之间公共服务供给不公平以及农村地区之间的公共服务供给不公平现象仍然存在。

农民权益，说到底还是保障农民的物质利益和民主权利。在改革开放40多年的熏陶感染下，农民的权利意识在觉醒。这件事处理好了，农村干群关系就会更加密切，党在农村的执政基础就会更加牢固。

四、促进农民工市民化从而带动城乡融合发展问题

改革开放40多年来，农民流动已经成为常态。这种劳动力由农村到城市、由一产到二产三产的流动，促进了工业和城市的发展，成为推动中国工业化、城镇化的重要力量，同时也带动了农业和农村的发展。这是社会进步的体现，是现代化的必然。

目前，我国农民工总数在2.9亿左右，其中走出县域的农民工人数在1.7亿左右。进城农民工及其子女中，已约有1亿人成为城市常住人口。农村向城市的人口转移，已成为城市人口增加的主要来源，其规模与速度古今中外无与伦比。

农村劳动力进入城镇务工经商，由此带来农民工市民化问题。农民工市民化既涉及农民工进城享受市民待遇、享受同等公共服务的权利，又涉及农民工在农村权益的保障，还涉及保证农民工在城市中能有比较稳定的就业和获得相应的收入，避免出现"贫民窟"等问题。今后20～30年，农民流动迁徙的过程还将延续下去，农村的人口总量、人口结构还将继续发生更大的变化。

　　几亿农民进城转化为市民,对城乡两端都是重大问题,因而是国家现代化进程中需要把握和处理好的重大问题。要做到"两个实现,两个防止",因势利导,健康推进。即实现农民工从"两栖人口"转为真正的市民,防止出现"贫民窟";实现农村劳动力和人口合理流转、农业资源合理配置,防止农业、农村出现凋敝。

　　要深化户籍制度改革,进一步破除城乡之间的壁垒,有序推进农民工市民化。对进城农民工,特别是对新生代农民工的社会保障制度要予以战略性安排,与时俱进设计新型的公共产品供给体制,为农民工真正融入城镇成为新市民提供制度保障。现在突出的是住房问题、子女上学问题,要加快探索解决。要重视农民工的职业培训工作,增强其就业质量和稳定性,落实同工同酬同社保。要处理好农民转移过程中的利益关系,保障农民工在农村的土地、财产权益,让农民离开土地、离开农村转化为市民在一定时期内进退有据,以使这个历史过程健康平稳。

五、提升农民自身发展从而实现农民的现代化问题

　　作为现代化实践主体、价值主体的农民,其现代化程度决定和影响着农业农村现代化的发展进程。从这个意义上来讲,实现农业农村现代化的关键应该是农民的现代化。由于我国长期存在的城乡二元制度影响和历史上农村长期封闭落后,农民群体整体上思想观念和科技文化素质相对不高,再加上青壮年农民大量进城就业落户带来的农村人口素质结构性下降,导致农民自身现代化问题更加不容乐观。同时,由于农民生产经营相对分散,组织化、社会化程度偏低,一些陈规陋习死灰复燃,不利于农民现代化水平的提升。我们与西方国家农业现代化上的差距,在农民素质上表现得十分明显。提升农民,是中国农业农村现代化的一个艰巨任务,一个需要优先考虑的历史课题。今后,随着各种职业培训、高素质农民培训项目的实施,现代农业生产经营的带动,工商企业下乡办项目的推进,以及农民工返乡创业群体的壮大,农民科技文化水平、思想观念、生活方式必将朝向现代化发展。当然,这也将是一个历史过程,也需要久久为功。

　　因此,要充分认识高素质农民在乡村振兴中的重要作用,牢固树立人

力资本的理念，很好回答"谁来振兴"问题，细化制定有力的政策措施，加快培育一支整体水平较高的高素质农民队伍。政府应建立稳定的投入机制，改革完善职业教育结构，不断满足农民的教育培训需求。未来，老年农民会逐渐退出历史舞台，新一代职业农民会发展规模经营，再加上城市各方面人才到乡村创业，现代农业和自然选择这两个过程同步，必将促进形成现代化的新型农民队伍。

面向 2035 年，放眼第二个百年，随着乡村振兴战略的实施、农业农村现代化的推进，农民这一群体将会发生全新的变化，农民数量将进一步减少，结构会更加优化。农民将不再是身份，而是职业称谓。新一代农民有知识有文化懂科学、掌握一定的现代农业生产技能、具备一定的经营管理能力、有创新创业的眼光。将来当农民不仅收入可观，有一定规模的资产，生活富裕富足，还拥有较好的社会地位，受人尊重，农民将成为令人羡慕的职业。到那时，中国农民问题将呈现出完全不一样的崭新面貌。

纵观百年历程，领会基本经验，把握时代课题，应特别强调一下，我们党在长期革命、建设、改革的历程中，不断进行理论创新、实践创新、制度创新，形成了一整套正确的"三农"理论、方针、政策，并一以贯之，与时俱进。这也是我们党的财富、优势、特色。新时代，党的"三农"理论，就是习近平总书记关于"三农"工作的一系列重要论述。习近平总书记关于"三农"的思想、理论、观点、方法、情怀是一个完整的体系。学习研究投身"三农"工作，推动乡村振兴，首先要学习好习近平新时代中国特色社会主义思想，特别是学懂弄通习近平总书记关于"三农"工作的一系列重要论述，用以武装头脑、指导实践、推动工作。这可以使我们更好地理解和把握"三农"工作的基本问题、基本任务、基本原则、基本方法，可以使我们进一步提升价值观、方法论、"三农"情怀，可以使我们的学习和工作更有方向感、更有自觉性。

图书在版编目（CIP）数据

大国三农讲义 / 韩长赋著. --北京：中国人民大
学出版社，2024.10
　ISBN 978-7-300-32732-7

　Ⅰ．①大… Ⅱ．①韩… Ⅲ．①三农问题－研究－中国
Ⅳ．①F32

中国国家版本馆 CIP 数据核字（2024）第 081442 号

中国人民大学核心通识课程
大国三农讲义
韩长赋
Daguo Sannong Jiangyi

出版发行	中国人民大学出版社				
社　　址	北京中关村大街 31 号		**邮政编码**	100080	
电　　话	010－62511242（总编室）		010－62511770（质管部）		
	010－82501766（邮购部）		010－62514148（门市部）		
	010－62515195（发行公司）		010－62515275（盗版举报）		
网　　址	http://www.crup.com.cn				
经　　销	新华书店				
印　　刷	涿州市星河印刷有限公司				
开　　本	720 mm×1000 mm　1/16		**版　　次**	2024 年 10 月第 1 版	
印　　张	28.25 插页 3		**印　　次**	2024 年 10 月第 1 次印刷	
字　　数	418 000		**定　　价**	118.00 元	

版权所有　　侵权必究　　印装差错　　负责调换